마음을
잡는
자,

세상을
잡는다

일러두기
- 이 책에 나오는 몽골어의 표기는 몽골어 발음에 따르되, 고대 지명과 인명의 표기는 『몽골 비사』를, 현재의 지명과 강 이름은 현대 몽골어 발음에 따랐다. 단, 대중적으로 널리 알려진 '칭기즈칸'은 국립국어원 표기법을 따랐다.
- 'shaman'과 'shamanism'의 표기는 퉁구스어 'shaman'의 발음에 따라 '샤만'과 '샤마니즘'으로 표기했다.

마음을 잡는 자, 세상을 잡는다

사람답게 사는 사회를 꿈꾸었던 칭기즈칸 이야기

서정록 지음

학고재

프롤로그

사람답게 사는 사회를 꿈꾸었던 자,
그가 바로 칭기즈칸이다

    2011년 가을 이 책을 집필하기 시작했을 때, 국내에서는 놀라운 변화가 일어나고 있었다. 기존의 정치를 불신한 민초들이 직접 시민 후보를 내고자 '좌파 집권 계획' '민란 프로젝트' '내가 꿈꾸는 나라' '혁신과 개혁' '연대와 희망' 등의 기치를 내걸고 조직 운동에 들어간 것이다. 그것은 시민 후보 박원순이 서울시장에 당선되고, 야당이 시민 참여 모바일 투표를 도입하면서 가시화되었다.
    이런 변화의 바람은 국내뿐만이 아니었다. 2011년 봄에는 멀리 중동 지역에서 민주화 바람이 일어났으며, 세계 금융의 중심인 월가에서도 젊은이들이 금융자본가들의 횡포에 반기를 드는 시위가 벌어졌다. 가진 자들이 부와 명예와 권력을 한 손에 틀어쥐고 있는 동안 고통받던 대다수 시민들이 이대로는 안 되겠다며 일어선 것이다.

이런 일련의 변화는 놀랍게도 800년 전, 몽골 고원에서 일어났던 하층 유목민들의 변화 요구와 정확히 일치한다. 내가 칭기즈칸에 대한 책을 쓴 것은 세계 정복자에 대한 이야기를 하기 위해서도, 한 영웅의 일대기를 쓰기 위해서도 아니다. 800년 전 몽골 고원에서 일어났던 변화의 흐름을 정확히 되짚어보고 싶었고, 하층 유목민들의 변화 요구를 받아들인 칭기즈칸이 어떻게 동시대 사람들의 마음을 잡았는지, 그리고 800년이 흐른 지금까지도 그가 몽골인들로부터 절대적인 신뢰와 추앙을 받는 이유가 무엇인지 알기 위해서였다.

사람들은 칭기즈칸 하면 야만적인 군주, 사람들을 무자비하게 살육한 자, 기마 군단으로 세계를 정복한 자 등으로 인식하는 경향이 있다. 그러나 칭기즈칸을 공부하면 할수록 더 뚜렷해지는 것은, 그가 정복 군주의 이미지와 달리 영적으로 대단히 심지 깊은 사람이었다는 사실이다.

실제로 그는 자신을 벌레보다 낮출 줄 알았으며, 전쟁터에서는 병사들과 똑같이 식사하고, 똑같은 모포를 덮고 이슬을 맞으며 생사고락을 함께했다. 약속을 하면 반드시 지켰고, 병사들과 백성들에게 대칸의 칭호가 아닌 자신의 이름을 부르게 했다. 순박하고 정직한 하층 유목민들을 통해 인간의 참된 모습이 무엇인지 깨닫고 감격했으며, 그들을 '평생동지'로 삼았다. 많은 재물을 소유했음에도 늘 소박한 생활을 했으며, 종교 지도자들의 말에 귀를 기울였다. 그의 말에는 조금도 가식이 없었으며, 언제나 진정성이 있었다. 따라서 칭기즈칸을 한낱 전쟁 영웅이나 정복 군주로 치부하는 것은 그의 진면목을 놓치는 것이다.

당시 몽골 고원의 상황은 그 어느 봉건사회보다도 열악했다. 몽골의 명문 귀족들은 돌궐족과 위구르족이 떠난 초원을 차지하기 위해 격렬한 전쟁을 벌였고, 그 과정에서 몽골의 전통적인 친족 체계는 급속히 와해되었다. 전쟁에 패한 씨족이나 부족들은 '예속민隸屬民'으로 전락했다. 그들은 지배 민족의 창과 칼이 되어 싸워야 했다.

칭기즈칸은 그런 무한 경쟁의 제로섬게임에서 벗어나려면 사람들이 본래의 착한 심성을 회복해야 된다는 것을 알았다. 그러기 위해서는 무엇보다 서로 믿고 신뢰하는 관계가 회복되어야 했다. 그렇지 않으면 서로 으르렁대며 싸울 수밖에 없기 때문이다. 그는 자신을 따르는 유목민들에게 믿음과 신뢰를 잃어버린 자는 새 시대의 주인공이 될 수 없다고 역설했다. 그리고 믿음과 신뢰를 지킨 자는 적군일지라도 포상했으며, 믿음과 신뢰를 저버린 자들은 아군일지라도 반드시 징벌했다.

그와 함께 귀족과 평민의 신분제도를 철폐하고, 각자의 능력만큼 대접받는 새로운 세상을 열었으니 그것이 바로 1204년 동몽골의 어르 노오에서 선포한 천호제千戶制, 만호제萬戶制다. 사실상 몽골 제국은 바로 이 어르 노오에서 탄생했다고 해도 과언이 아니다.

그것은 혁명이었다. 몽골 사회를 짓누르던 귀족 중심의 신분제와 봉건주의를 일거에 타파했기 때문이다. 칭기즈칸은 귀족들이 누려오던 모든 권리를 평민들에게 돌려주었으며, 모든 사람이 능력에 따라 대접받는 새로운 민주 사회를 열었다.

당시 전 세계의 인류가 봉건 체제하에서 신음하고 있었음을 고려할 때, 그것은 경천동지驚天動地할 대사건이었다. 하지만 몽골인들은 누구도 그것을 혁명이라고 말하지 않았다. 사람이 사람을 신뢰하고, 서로 존중하며, 능력만큼 대접받는 사회. 그것은 너무도 절박하고 간절한 염원이었기에, 그것이 실현되었을 때 그들은 당연한 것으로 받아들였던 것이다.

그로부터 2년 뒤인 1206년, 칭기즈칸은 마침내 서부 알타이 지역의 나이만족을 평정하고 몽골 고원을 통일했으며, 모래알처럼 흩어졌던 몽골 사람들을 단단한 바위처럼 하나로 뭉치게 하는 데 성공했다. 놀라운 것은 몽골 고원에서 전쟁이 끝났을 때, 몽골 사람들이 예전의 소박한 상태로 돌아갔다는 점이다. 그것은 기적이었다. 전쟁의 와중에서 그는 어떻게 야수와 같던 몽골인들을 변화시켜 그처럼 순박한 삶으로 돌아가게 할 수 있었던 것일까?

칭기즈칸은 그 뒤 주변국들을 정복하고 역사상 유례가 없는 세계 제국을 이루었다. 그러나 칭기즈칸이 몽골 밖으로 시선을 돌려 주변국들을 정복한 데는 크게 두 가지 요인이 있었다. 하나는 몽골 고원의 기후가 불안정하여 자급자족이 어려웠다는 점이다. 따라서 주변 국가들과 교역을 통해 생필품을 확보하지 않으면 안 되었다. 하지만 주변국들은 교역을 빌미로 몽골을 정치적으로 지배하려고 했다.

따라서 안정적인 교역 체계를 만들기 위해서는 몽골에 우호적인 국제 환경을 조성하지 않으면 안 되었다. 결국 이를 위해 칭기즈칸은 주변 국가 정복에 나설 수밖에 없었다. 그러나 반드시 먼저 상대 국가에 정중하게 교역 사절단을 보냈다. 몽골의 교역 제의를 받아들인 국가들은 즉시 몽골 제국의 일원이 되었으며, 자신의 제도와 문화, 관습, 종교 등을 그대로 보존할 수 있었다.

또 다른 하나는 사람답게 사는 세상에 대한 그의 꿈과 이상을 주변 국가로 확대하고자 하는 바람을 갖고 있었다는 점이다. 그는 분명 전 세계가 몽골의 기치 아래 봉건제도를 철폐하고 사람답게 사는 세상이 되기를 바랐다. 하지만 자신의 꿈과 이상을 다른 나라에 강제로 이식하지는 않았다. 새로운 세상을 열려면 백성들의 의식이 깨어 있어야 하는데, 주변국 백성들의 의식 수준이 아직 낮았기 때문이다.

칭기즈칸은 아시아의 다른 나라들이 민주화되려면 오랜 시일이 걸려야 한다는 것을 알았다. 그는 자신의 열망이 자손 대에서 이루어지기를 바랐다. 하지만 칭기즈칸의 후손들은 그의 깊은 뜻을 헤아리지 못했고, 몽골 제국은 무너졌다.

칭기즈칸의 유업은, 아이러니하게도 그들에게 짓밟혔던 유럽인들에 의해 실현되었다. 몽골의 말발굽에 짓밟혔던 유럽은 중세의 암흑에서 깨어나기 시작했다. 그와 함께 몽골 제국과 주변 세계에 대한 정보와 지식이 폭발적으로 증가했으며, 몽골 제국을 여행했던 마르코 폴로의 『동방견문록』은 베스트셀러가 되었다. 유럽인들은 팍스-몽골리아의 부와 풍요의 혜택을 누리고자 했으나, 오스만 튀르크에 의해 유라시아로 통하는 길목이 막히자 과감하게 바다로 우회하는 길을 선택했다. 그들의 야심찬 모험은 신대륙의 발견으로 이어졌고, 신대륙으로부터 거둬들인 막대한 은과 재물은 유럽의 자본주의를 발전시켰다. 그리고 자본주의의 모순은 마침내 서구 민주주의를 출현시켰다.

서구 민주주의는, 비록 제국주의의 깃발 아래 확산되었으나, 인류를 구시대의 봉건 체제로부터 해방시켜주었고, 사람들은 모두가 주인이 되는 민주주의 이념 속에서 사람다운 세상을 꿈꾸었다.

그러나 최근 신자유주의가 전면에 등장하면서 사람들의 꿈과 이상이 무참히 깨지고 있다. 과거 봉건시대와는 비교할 수 없을 정도로 생산성이 높아지고, 물질이 풍요로워졌음에도 불구하고, 삶의 질은 점점 더 열악해지고 있기 때문이다. 뿐만 아니라 세상은 빠르게 상위 1퍼센트와 나머지 99퍼센트의 세상으로 재편되고 있다.

상위 1퍼센트가 지배하는 사회는 구체제의 신분 사회와 다를 바 없다. 그것은 일찍이 칭기즈칸과 하층 유목민들이 꿈꾸었던 '사람답게 사는 세상', '사람들이 서로 믿고 신뢰하며 더불어 사는 세상'과는 거리가 먼 것이다.

칭기즈칸은 자본주의와 사회주의의 이념 없이도 몽골 고원에 정치 경제적 평등과 자유를 가져왔다. 칭기즈칸은 말한다. 사람은 누구나 사람답게 살 권리가 있다고, 또 자신의 능력을 발전시키고 펼칠 자유가 있다고. 그 말은 지금 이 시대에도 그대로 적용된다.

이 책은 꿈과 이상을 가지고 있는 사람들을 위한 책이다. 자신의 미래를 남에게 의지하지 않고 스스로의 힘으로 개척하고자 하는 사람들을 위한 책이다. 사람을 한번 믿었으면 끝까지 신뢰할 줄 아는 사람들을 위한 책이다. 더 많은 부를 축적하기 위해 사람들을 착취하고 자연을 파괴하기보다는 생명을 공경하고 자신을 낮출 줄 아는 사람들을 위한 책이다. 이웃을 사랑하고 가진 것을 함께 나눌 줄 아는 사람들을 위한 책이다.

왜? 그것들이야말로 사람 사는 세상에 없어서는 안 될 가장 소중한 가치들이기 때문이다.

이 책은 당초 학고재 우찬규 사장의 권유로 시작되었다. 지금 이

시점이야말로 칭기즈칸에 대한 재평가가 필요하다는 데 우리는 생각을 같이했다. 나는 2011년 5월과 9월에 각각 3주 일정으로 칭기즈칸과 관계있는 몽골과 내몽골, 바이칼 지역을 여행했고, 이 책은 그때의 여행을 토대로 썼다. 이 책에서는 칭기즈칸의 꿈과 이상 외에도 특별히 고구려의 기원과 관련된 바이칼 코리족의 이야기를 다루고 있다. 코리족은 고구려와 몽골의 뿌리를 이루는 민족으로, 그들에 대한 이야기는 북방에 대한 올바른 시각을 갖게 해줄 것이다.

몽골과 중국의 내몽골, 러시아의 치타와 바이칼 지역을 여행하는 동안 나는 많은 사람의 따뜻하고 헌신적인 도움을 받았다. 내몽골 하일라르에서는 소욜마 교수와 운전대를 잡아준 헉질투의 도움이 없었다면 그 일대를 제대로 둘러볼 수 없었을 것이다. 러시아에서는 울란우데 과학아카데미 연구원인 B. P. 조릭투에브 교수의 도움이 컸다. 그분과 함께 여행하면서 오랫동안 비밀의 땅으로 알려진 바르코진에 대해 많은 것을 알 수 있었다. 그분들께 진심으로 감사드린다. 그리고 가는 곳마다 많은 현지인들의 도움을 받았다. 그들을 일일이 다 거론하며 감사한 마음을 표현하지 못하는 것이 못내 아쉽다. 그리고 몽골과 중국, 러시아를 여행하는 동안 내내 함께하며 안내해준 가이드 N에게 깊이 감사드린다. 그는 개인 사정으로 이름을 밝히기를 원치 않아 부득이 익명으로 처리할 수밖에 없었다. 그가 없었다면 이 책을 쓰는 일은 거의 불가능했을 것이다.

우리는 대륙에서 활보하던 선조들과 달리 오랫동안 한반도에 갇혀 살았다. 게다가 고구려와 백제가 멸망한 이래 중국의 영향을 받으면서 역사를 중국사 중심의 편향된 시선으로 바라보았다. 그러다 보니 우리 역사와 떼려야 뗄 수 없는 북방사를 소홀히 취급하거나

도외시해왔다. 그러나 북방사에 대한 올바른 이해 없는 한국사는 모래 위의 성에 불과하다.

아무쪼록 이 책이 칭기즈칸을 올바로 이해하고, 한반도에 갇혀 있는 우리의 인식틀을 확장하여 우리 역사와 미래를 좀 더 넓은 시각으로 바라보는 데 조금이나마 도움이 된다면 더 바랄 것이 없겠다.

2012년 여름
서정록

차례

4　　프롤로그 사람답게 사는 사회를 꿈꾸었던 자, 그가 바로 칭기즈칸이다

1　초원에도 길이 있다

18　몽골을 이해하려면 꽃 피는 5월에 가야
24　카라툰의 옹칸
33　옹칸의 행궁 터를 보다
40　초원의 고속도로를 달리다
57　사아리 케에르 초원의 갈로트 행궁
69　헤를렌 강을 만나다
76　붉은 바위산 바얀올란으로 들어가다
81　돌로드 올, 칠형제봉에 이르다
92　칭기즈칸의 겨울 행궁지

2　칭기즈칸의 성산, 보르칸 칼돈 산에 오르다

102　보르칸 칼돈 산을 향해
105　멍건모리트에 도착하다
109　테렐지 강가의 게르에서
118　보르칸 칼돈 산 국립공원에 들어가다
128　칭기즈칸의 선조가 보르칸 칼돈 산으로 이주해오다
132　알랑 고아가 도본 메르겐과 결혼하다
140　마침내 보르칸 칼돈 산에 도착하다
146　알랑 고아가 버드나무 여인이라고?

3 칭기즈칸의 탄생지를 찾아

- 154 예수게이는 누구인가
- 163 타이치오드족의 성소 코르코나크 조보르에서
- 174 칭기즈칸의 탄생지 빈데르
- 184 다달의 금강송
- 195 금나라의 천리장성
- 207 테무진이 버르테를 만나러 간 길

4 초원에 부는 야망의 바람

- 218 허엘룬, 키모르카 냇가로 들어가다
- 224 타이치오드족 사람들에게 잡혀온 테무진
- 231 푸른 호수로
- 243 버르테와 신접살림을 차리다
- 247 물안개 피는 언덕 보르기 에르기에서
- 254 너의 흩어진 백성들을 되찾아주겠다!
- 261 테무진과 자모카, 코르코나크 조보르에서 함께 유목하다
- 270 테무진, 키야트족의 칸이 되다

5 보르지긴 씨족들을 통일하다

- 276 자모카의 분노
- 280 주르킨 씨족을 치기 위해 7년을 기다리다
- 288 역시 옹칸이야
- 294 타이치오드족을 치다

6   숙명의 라이벌 자모카, 동몽골에 피바람이 불다

- 300 초원의 보석, 하일라르
- 305 초원으로 나가다
- 315 헐런보이르 호수
- 329 달란 네무르게스에서 타타르의 주력군을 치다
- 336 자모카가 구르칸에 오르다
- 345 테무진, 새로운 분배법을 정하다
- 348 쿠이텐 전투

7   몽골인들의 초기 이동로를 따라

- 354 실위 마을을 찾아서
- 363 몽골 기원지, 에르군네 쿤
- 371 도리이 류조의 발자취를 따라 러시아 땅으로 들어가다
- 379 오논 강가의 아긴 부리야트족
- 389 오논 강가를 둘러보다
- 399 치타에서 울란우데로
- 403 코리 부리야트족이 바로 코리족이라고?
- 410 코리족 사람들이 만주로 이동한 경로
- 420 바이칼의 성지, 바르코진에 들어가다
- 434 바르코진 평원, 훈테탈
- 452 몽-러 국경을 넘어 울란바토르로

8 모래알 같던 몽골 사람들을 단단한 바위로 만들다

- 460 옹칸과의 부자 동맹은 깨지고
- 473 케레이트부를 괴멸시키다
- 477 동몽골의 보이르 호수로
- 482 할힌 강 하구를 보다
- 498 아니, 이거 수제비잖아!
- 505 동명왕 람촐로가 있던 자리에는
- 516 아무도 들어가보지 못한 땅, 어르 노오에 들어가다
- 523 귀족제를 타파하고 천호제, 만호제를 선포하다
- 528 마침내 몽골 고원을 통일하다

9 칭기즈칸은 죽지 않았다

- 538 예크 자사크, 칭기즈칸의 대법령
- 545 중국과 서역 원정에 나서다
- 554 칭기즈칸의 죽음과 그의 무덤을 둘러싼 미스터리
- 563 초이발산으로 돌아오다
- 571 버스 타고 울란바토르로
- 580 자나바자르를 만나다

596 에필로그 몽골 여행을 마치며

1

초원에도 길이 있다

몽골을 이해하려면 꽃 피는 5월에 가야

몽골을 이해하려면, 봄에 꽃이 피는 것을 보아야 한다고 한다. 초원에 꽃이 피는 계절이라! 말만 들어도 가슴이 설렌다. 그런데 왜 하필이면 초원에 꽃이 필 때인가?

몽골 초원은 봄이 늦다. 9월부터 눈이 오고 얼음이 얼기 시작해 이듬해 5월 초까지 얼음이 남아 있다. 때론 눈발이 날리기도 한다. 그런데 5월 중순이 되면 누런 초원에 초록빛이 돌기 시작하자마자 여기저기서 꽃들이 무더기로 피기 시작한다. 그러고는 곧바로 뙤약볕이 내리쬐는 여름이 닥친다. 때문에 꽃들은 비 온 뒤 우후죽순처럼 핀다. 마치 꽃 그림을 그려 넣은 도미노 블록을 쭉 세워놓은 다음, 한쪽 끝을 건드리면 블록이 쓰러지면서 초원이 눈 깜짝할 사이에 꽃으로 가득 차듯이.

그래서 몽골 초원의 꽃은 삽시간에 퍼져나가는 소문처럼 민첩하고 재빠르다. 발 없는 말이 천 리를 가듯, 그렇게 꽃은 초원을 달려오는 것이다.

몽골 초원에서는 속도가 생명이다. 꽃들도 마찬가지다. 비 온 뒤 하루 이틀 사이에 꽃을 피우지 못하면 다른 꽃들이 우르르 피기 때문에 다음 해를 기약할 수밖에 없다. 그런 이유로 몽골 초원에서는 봄에 어떤 꽃이 필지 아무도 모른다고 한다. 그해의 날씨에 따라 이 꽃이 피기도 하고 저 꽃이 피기도 하기 때문이다. 어떤 사람은 몽골 초원에 몇 년을 다녔는데, 똑같은 장소에 똑같은 시기에 가도 매번 꽃들이 달랐다고 한다. 왜 아니랴. 자기가 개화해야 할 때 하늘이 허

비 온 뒤 삽시간에 초원을 덮는 꽃들.

용치 않으면 고개조차 내밀 수 없는 것을.

그래서 꽃들은 시간을 다툰다. 비가 오면 열병처럼 삽시간에 꽃이 피는 것도 그때를 놓치면 다시 1년을 기다려야 하기 때문이다. 그렇게 몽골 초원의 꽃들이 다투어 피고 지는 모습을 보아야 비로소 초원에 사는 사람들의 삶이 보인다고 하는 것이다.

이전에 두 번이나 몽골을 다녀왔지만, 꽃 피는 봄에 가기는 처음이었다. 2011년 5월 24일 몽골에 가기로 한 날, 나는 인천공항으로 나갔다. 그런데 비행기 출발 시간인 저녁 7시 40분이 다 되도록 탑승 수속을 하지 않는다. 탑승 게이트 앞에 장사진을 친 사람들이 웅성거렸다. 이윽고 승무원의 멘트가 흘러나왔다. 울란바토르에 바람이 많이 불어 비행기 출발 여부가 아직 결정되지 않았다고 했다. 나는 대수롭지 않게 생각했다. 그러다 곧 가겠지.

그때 한 여인이 탑승 게이트 앞에 서 있는 승무원에게 다가가 물었다.

"혹시 비행기가 안 뜰 수도 있나요?"

나는 그제야 정신이 번쩍 났다. 3주간의 일정이라고는 하지만, 몽골을 여행할 때는 기후변화가 심해 하루가 아쉽다. 비행기가 뜨지 않으면 가만히 앉아서 하루를 까먹는 게 된다. 당연히 일정에 차질이 생길 수밖에 없다.

나는 두 눈을 감고 마음을 진정시킨 다음 울란바토르의 모습을 떠올렸다. 울란바토르의 대기가 넘실거리는 파도처럼 들썩대는 게 느껴졌다. 웬일일까? 앞서 두 번의 몽골 여행 때는 아무 일도 없었는데…… 하필이면 이번처럼 중요한 여행 때 웬일이람. 나는 울란바토르 남쪽 산기슭에 그려져 있던 칭기즈칸의 그림을 떠올리며 기도했다. 고구려의 후손이 당신의 발자취를 살피기 위해 몽골에 갑니다. 제가 몽골 땅에 무사히 도착할 수 있도록 도와주십시오.

그러나 울란바토르의 대기는 계속 불안정했다. 술렁거림이 멈추질 않았다. 그때 문득 울란바토르가 케레이트부部 옹칸의 본거지라는 것이 생각났다. 옹칸이라면 칭기즈칸이 몽골 고원을 통일하기 전까지 가장 막강한 세력을 가지고 그곳을 지배하던 인물이다. 나는 그 순간 칭기즈칸만 생각하고 옹칸과 또 다른 수많은 몽골의 영들에게 몽골 땅에 들어가니 받아달라고 기도하지 않았음을 깨달았다. 몽골은 영들의 땅이다. 내가 그걸 깜빡 잊었던 것이다.

나는 다시 마음을 모아 옹칸과 몽골의 영들에게 기도했다. 제가 몽골의 땅에 들어가 몽골인들의 마음을 살필 수 있도록 받아주십시오. 곧 울란바토르의 술렁대던 대기가 빠르게 가라앉기 시작했다.

그렇다면 울란바토르의 대기가 술렁댄 것은 내 마음이 준비되지 않았기 때문이란 말인가. 남들은 그저 흔히 있는 일이라고 생각할지 모르지만, 내겐 남의 일 같지 않았다. 문득 영들이 이렇게 말하는 것 같았다. '네가 칭기즈칸을 알아? 네가 몽골을 알기나 해?'

가슴이 저려왔다. 20년 가까이 북방을 공부한다고 해왔지만, 그리고 나름대로 칭기즈칸을 안다고 생각했지만, 그는 내게 여전히 미스터리였다. 그가 그 거친 몽골인들의 마음을 잡을 수 있었던 이유는 무엇일까? 몽골 고원을 넘어 세계를 '팍스-몽골리아'로 물들였던 그 역량과 배경은 무엇일까?

내가 그런 생각에 빠져 있을 때, 승무원의 멘트가 다시 흘러나왔다. 비행기는 22시간 순연하여 내일 25일 오후 5시 40분에 출발할 거라고 했다. 시간을 보니 8시 20분이었다.

결국 몽골은 다음 날 비행기로 갔다. 서울에서 울란바토르까지는 세 시간. 평소처럼 저녁 7시 40분에 출발하면 몽골 시간으로 9시 40분에 도착한다. 우리나라와 시차가 한 시간 나기 때문이다. 울란바토르는 위도가 서울보다 10도가 높아 우리보다 늦게 어두워지고, 해가 일찍 뜬다. 하지만 밤 8시가 넘으면 울란바토르 역시 어둠 속에 잠긴다. 한데 그날은 평소보다 두 시간 빠른 5시 40분에 인천공항을 출발했다. 7시 20분쯤 되자 구름 위를 날던 비행기가 구름 아래로 내려오면서 몽골의 땅이 보이기 시작했다. 한국 같으면 이미 땅거미가 졌을 시간인데, 아직 대낮처럼 밝았다. 산 빛이 검은 황색을 띠었고, 산들 사이로 초록빛이 옅게 묻어났다. 비행기 날개 아래

몽골인들이 나무 집과 게르를 같이 짓고 사는 모습.

로 몽골의 작은 도시가 보였다.

다시 몇 굽이의 산들이 보이더니 빽빽하게 밀집해 있는 몽골의 나무 집과 게르들이 보이기 시작했다. 울란바토르가 가까워진 모양이었다. 나무판자를 세워 울타리를 만들고, 그 안에 나무 집과 게르들을 같이 짓고 사는 모습은 도시와 초원이 공존해 있는 독특한 모습이다. 도시에 와서도 게르라니. 그만큼 몽골인들이 초원의 문화에 익숙하다는 이야기일 것이다. 비행기가 선회하자 넓게 습지를 형성하며 여러 갈래로 흐르는 톨 강의 모습이 들어온다. 톨 강은 서울의 한강처럼 울란바토르의 젖줄이다.

울란바토르가 몽골의 수도가 된 것은 1639년 몽골 라마교의 최고 지도자인 '복드칸'이 머무르기 시작하면서부터다. '복드Bogd'는 '신성한', '성스러운'의 뜻이고, '칸Khan'은 북방 민족의 왕, 군주에 대한 칭호다. 그 이름에서 엿볼 수 있듯이, 복드칸은 티베트의 달라이라마와 마찬가지로 종교적 수장이면서 최고의 정치 지도자다.

복드칸 시절 수도의 이름은 후레Hüree였다. 후레가 지금의 울란바토르로 바뀐 것은 1924년이다. 몽골은 1924년 러시아의 도움을 받아 중국으로부터 독립하면서 사회주의 국가가 됐고, 수도 이름을 '울란바타르Ulaan-Baatar'로 바꾸었다. 울란바타르는 '붉은 영웅'이란 뜻이다. '울란바토르'는 울란바타르의 러시아식 표현인데, 이것이 국제적으로 통용되면서 흔히 울란바토르라 부른다.

울란바토르의 인구는 1889년에 조사한 통계자료에 의하면, 라마승이 1만 3,850명이었고, 민간인은 고작 2,000명 정도였다. 그나마 민간인은 라마교 사원의 일을 돕는 사람들과 무역상들이 거의 전부였다. 울란바토르가 몽골 정부의 공식 수도가 된 뒤에는 인구가 늘어 10만 명쯤 거주했다고 한다. 그러던 것이 1991년 사회주의가 붕괴되고 자유화되면서 빠르게 인구가 증가해 현재는 100만을 넘는 대도시가 됐다. 몽골 인구가 280만 명을 약간 상회하는 것을 고려할 때, 인구의 3분의 1 이상이 수도에 몰려 사는 것이다.

마침내 비행기가 덜컹거리더니 칭기즈칸 국제공항에 안착했다. 현지 시간으로 8시 5분. 나는 짐을 챙겨 입국 신고대를 빠져나왔다. 공항은 마중 나온 사람들로 북적댔다. 하나같이 통통한 몸집에 배가 나오고, 엉덩이가 볼록 나와 있었다. 전형적인 몽골 사람들의 체형이다. 여자들은 몸에 딱 붙는 옷을 입어 그 모습이 더욱 두드러져 보였다. 그들의 체격이 이처럼 독특한 모습을 하고 있는 것은 그들의 식습관 때문이다. 그들은 육식을 주로 하는데 살덩어리보다는 비곗덩어리를 더 좋아한다. 추운 지방이라 몸에 지방을 비축하려는 본능적인 욕구가 있는 것이다.

그런 몽골인들을 볼 때마다 왠지 기분이 좋았다. 그들은 순박했고 어딘지 모르게 당당했다. 중국인들을 만날 때 느끼던, 무언가 눈치를 보는 그런 게 없어 좋았다. 그들은 자유로운 영혼의 소유자들임이 분명해 보였다. 거칠 것 없는 초원에서 사는 사람들의 본성이 아마도 그런 것이리라.

공항에는 한국인들도 여럿 보였다. 일하러 온 사람들이 한 무리 있었고, 선교하러 온 사람들도 있었다. 하지만 그들은 금방 표가 났다. 몽골 사람들과 체형이 완전히 다른 데다, 낯선 땅에 발을 디딘 사람의 망설임과 주저함이 묻어났기 때문이다.

나는 이번 여행을 안내해주기로 한 가이드 N 일행과 공항을 나섰다. 이미 어둠이 짙게 깔려 있었다.

카라툰의 옹칸

차는 울란바토르 시내와 반대편으로 향했다. N이 숙소를 예약해 두었다며, 마음에 들 거라고 했다. 차는 공항 뒤쪽으로 해서 톨 강을 따라갔다. N이 말했다.

"숙소는 옹칸의 본거지가 있던 카라툰의 요양소입니다."

그의 말에 나는 귀를 의심했다. '옹칸의 카라툰이라고?'

나는 감격했다. 옹칸의 카라툰을 볼 수 있다니! 그런데 N이 재미있는 말을 했다.

카라툰에 있는 엥흐 사란 소비랄 치료 요양소(위). 카라툰의 숲. 오래된 버드나무들이 숲을 이루고 있다(아래).

1 초원에도 길이 있다

"왠지 이번 여행길에 카라툰을 보고 싶다고 하실 것 같아 어제부터 카라툰을 수소문했는데 겨우 오늘에야 그 흔적이 남아 있는 장소를 찾아냈습니다. 만일 어제 예정대로 오셨다면 카라툰을 둘러보지 못하실 뻔했습니다. 비행기가 연착한 것은 아무래도 카라툰을 보시라고 그런 것 같습니다."

"그런 일이 있었구먼."

우리는 즐겁게 웃었다. 나는 비로소 어제 인천공항에서 있었던 일이 이해되었다. 울란바토르의 대기가 술렁대던 이유도.

카라툰은 '검은 숲'이란 뜻이다. 몽골 중부 지방에는 숲이 드물다. 헨티 아이막(몽골의 '아이막'은 우리나라의 '도道'에 해당한다) 북부 지방이나 셀렝게 강가, 유명한 관광지인 홉스골 또는 러시아의 바이칼에나 가야 울창한 숲을 볼 수 있다. 그런데 그 옛날 칭기즈칸 시대에 바로 이곳 울란바토르의 톨 강 주변에 울창한 숲이 있었던 것이다.

비포장도로를 지나 얼마쯤 가니 다리가 나왔다. 톨 강이었다. 그런데 나무다리 앞에 홍살문 같은 것이 세워져 있었다. 그 문을 통과할 수 있는 차만 건너라고 해놓은 거라 했다. 차가 조금만 커도 통과할 수 없을 듯싶었다. 조심조심 그 문을 통과해 다리를 건너니 게르가 있는 요양소가 나왔다. N이 오늘 내가 묵을 숙소라고 했다. 나는 가슴이 설레었다. 두 손 모아 카라툰의 영들에게 감사드렸다.

요양소 주변은 칠흑처럼 어두웠고, 밤하늘에는 다이아몬드를 뿌려놓은 것처럼 별들이 반짝반짝 빛났다. 바로 머리 위에서 북두칠성과 북극성 그리고 카시오페이아가 마주 보며 돌고 있었다. 아마 옹칸이 살아 있을 때도 별들은 보석처럼 반짝였을 것이다. 공기가 신선했다. 어둠에 눈이 익으면서 주변의 나무가 어렴풋이 보였다.

게르에 둘러앉아 일행들과 식사를 하며 여행 일정에 대해 이야기를 나누는 동안, 게르의 천장을 바라보던 나는 문득 세계적인 전위예술가 백남준이 생각났다. 그는 시베리아와 몽골에 남다른 관심을 갖고 있었다. 그리고 몽골의 게르를 가리켜 우주를 표현한 거라고 말했다. 또 "내 몸에 흐르는 몽골리안, 시베리아의 피를 나는 사랑한다"고 했으며, 유럽 사람들 속에서 예술 활동을 하며 종종 자신을 '황색 공포'라고 말하곤 했다. 그 말은 몽골군이 1237년 유럽으로 쳐들어가 일거에 동유럽을 점령하자, 유럽인들이 혼비백산해서 도망갔던 것처럼 모두 자신의 예술 작품에 놀라리라는 것을 비유적으로 표현한 말이었다. 그에게는 자신의 예술적 행위가 황색 몽골리안의 예술적 행위라는 자부심이 있었던 것이다.

그렇다면 내게 몽골은 무엇일까? 오랫동안 북방을 공부해오면서 몽골은 신비로운 나라였다. 어려서부터 만주와 한반도가 우리 역사의 무대라고 배워온 내게 몽골은 흥안령興安嶺 너머의 나라였고, 그들은 우리와 다른 유목 문화를 갖고 있던 사람들이었기 때문이다. 그런데 몽골에 몇 번 다녀온 뒤로 나의 생각은 바뀌었다. 우리 역사와 그들 사이에 깊은 연관이 있다는 사실을 알게 된 것이다. 그 뒤 몽골은 북방을 공부하는 내게 반드시 거쳐야 할 관문이자 꿈이 되었다.

새벽에 눈을 떴다. 새들이 시끄럽게 지저귀는 소리에 더는 잠을 잘 수 없었다. 나는 부석부석한 눈을 비비며 밖으로 나갔다. 카라툰의 검은 숲의 흔적이 남아 있는 넓은 숲 속으로 새벽의 여명이 스며들었다. 새벽 5시가 조금 지났는데도 벌써 환했다. 숲 속에선 새들

천상의 새처럼 노래하던 새(위). 카라툰의 까마귀들(아래).

이 지저귀는 소리가 귀를 가득 채웠다. 나는 숲 속 이곳저곳을 돌아다니며 새벽의 상쾌한 공기를 들이마셨다. 그런데 숲의 바닥이 여느 숲과 달랐다. 파랗게 풀이 나 있기는 했지만, 마치 봄에 쟁기로 논을 갈아엎어놓은 것처럼 바닥이 울퉁불퉁했다. 뒤에 안 사실이지만, 몽골의 습지에서 흔히 볼 수 있는 지형으로 겨우내 언 땅이 녹으면서 부풀어오른 것이라고 했다. 공기가 상쾌했다. 아마도 건조하기 때문일 것이다.

한쪽에 톨 강의 지류처럼 보이는 조그만 냇가가 보였다. 물은 거의 말라 있었다. 숲 뒷산에는 몽골 중부 지방의 산들이 그렇듯 나무가 거의 없다. 그때 게르 근처 나무들 사이에서 새들이 무리 지어 노는 모습이 보였다. 참새처럼 생겼는데, 우는 소리가 달랐다. 참새들처럼 '짹짹' 하는 것이 아니라 맑고 투명한 소리로 '스륵~~ 스륵~~' 하고 울었다. 나는 그 새들을 좀 더 살펴보기 위해 나무 가까이 다가갔다. 그런데 새들은 나를 전혀 경계하지 않았다. 내가 바로 옆에서 지켜보고 있는데도, 아랑곳없이 이 가지 저 가지로 옮겨 다니며 '스륵~~ 스륵~~' 하고 울었다. 그들에게는 이곳의 아름다움을 노래해야 할 사명이라도 있는 것 같았다.

그때 멀리서 까마귀들이 요란스럽게 '깍깍'대며 키 큰 나무에서 다른 나무로 옮겨 다니며 노는 것이 보였다. 나는 까마귀들이 있는 나무 쪽으로 걸어갔다. 그리고 보니 '케레이트Kereit' 부족명과 까마귀를 가리키는 몽골어가 매우 유사하다는 말을 들은 게 생각났다. 기록이 없어 확인할 길은 없지만, 케레이트부에 까마귀 토템이라도 있었던 것은 아닐까? 더욱이 이곳의 까마귀들은 텃새들이다. 대대로 이곳에 터전을 잡고 살아온 까마귀들인 것이다. 과연 나무마다 까마귀 둥지들이 여러 개씩 달려 있었다. 아직 산란기가 아닌데도 그들은 내가 나무 가까이 다가가기만 해도 신경질적으로 사납게 깍깍대며 자리를 떴다. 까마귀들이 원래 까칠하긴 하지만, 이곳 까마귀들은 훨씬 더 예민했다.

까마귀들이 야망을 이루지 못하고 비극적인 최후를 마쳤던 옹칸의 슬픔을 아는 것일까?

옹칸의 초기 이름은 토오릴이다. 그는 케레이트부의 칸이었던 코르차코스 보이로크의 장남이었다. 그에게는 한배에서 난 동생 자카 감보 외에 38명의 이복형제가 있었다. 아버지 코르차코스 보이로크가 죽을 당시 그는 변방에 나가 군대를 지휘하고 있었다. 아버지가 사망한 후 칸의 계승권이 장남인 자신을 제쳐두고 이복동생들에게 돌아가자 분노한 토오릴은 군대를 몰고 회군하여 그들을 모두 무참히 살해한 뒤 칸에 올랐다. 그에게 붙은 '옹칸'이란 칭호는 1196년 금金나라가 하사한 '왕'이란 칭호에 '칸Khan'을 결합한 이름이다.

그의 아버지 코르차코스 보이로크가 칸으로 있을 당시 케레이트부는 그리 강성하지 못했다. 그래서 칸의 아들임에도 불구하고 토오릴은 일곱 살 때 북쪽의 메르키트족에게 납치되어 그곳에서 방아 찧는 일을 했으며, 열세 살 때는 보르칸 칼돈 산 일대까지 진출한 타타르족에게 습격을 당해 토오릴과 그의 할머니 일마 카톤(칸의 부인을 이르는 칭호)이 그들에게 사로잡히기도 했다.

타타르족은 동몽골과 내몽골의 실링골 초원을 본거지로 삼은 몽골 고원의 대표적인 부족으로, 그들이 단합하면 그 어떤 민족도, 심지어 중국인들조차 맞설 수 없다고 사가들이 기록할 정도로 강력한 부족이었다. 훗날 몽골족을 칭하는 이름으로 널리 사용된 타타르,

달단達靼, 달달達怛 등의 명칭은 모두 이 민족의 이름에서 유래된 것이다.

당시 타타르와의 전투에서 죽은 케레이트부의 전사자가 4만 명이라고 하니 케레이트부가 얼마나 큰 타격을 입었을지 짐작할 수 있다. 타타르족에게 끌려간 토오릴은 낙타를 방목하는 일을 하며 지내다 한 양치기의 도움으로 천신만고 끝에 케레이트부로 돌아왔다. 그 뒤 케레이트부는 서쪽 알타이 지방에 있던 나이만부의 도움을 받아 가까스로 타타르족을 동몽골로 쫓아냈다.

이렇게 옹칸은 어려서부터 온갖 고초를 겪으며 위기를 넘긴 사람이다. 이복동생들을 살해하고 칸이 되었지만, 그의 칸위 계승은 순탄치 않았다. 그가 이복형제들을 제거한 것을 문제 삼아 숙부인 구르칸이 공격해온 것이다. 구르칸은 옹칸에게 이렇게 말했다고 한다. "형의 눈물이 채 마르기도 전에, 형의 등짝이 아직 굳기도 전에 동생들을 죽이다니 이래 가지고 나라 꼴이 뭐가 되겠는가!" 숙부와의 전쟁에서 패한 옹칸은 겨우 100여 명의 추종자만 데리고 도망쳤다. 다급했던 옹칸은 바이칼 남쪽 셀렝게 강의 중하류에 있는 메르키트부部의 유력한 족장인 토크토아 베키에게 자신의 딸까지 바치며 도움을 요청했지만 거절당했다.

그러자 옹칸은 당시 몽골족의 강자였던 예수게이 바타르에게 도움을 청했다. 예수게이 바타르. 그가 누구인가? 훗날 칭기즈칸이 되는 테무진의 아버지다.

당시 테무진의 아버지 예수게이는 코톨라칸 다음 칸의 자리를 노리고 세력을 확장해가던 중이었다. 숙부 구르칸에게 쫓기던 옹칸이 한 가닥 희망을 걸고 예수게이를 찾아온 것은 바로 그 무렵이었다.

"예수게이여, 구르칸에게서 나의 백성을 찾아달라."

예수게이는 흔쾌히 그의 요청을 수락하며 이렇게 말했다.

"타이치오드족의 코난과 바가지 두 사람을 데리고 가서 너의 백성을 구해주겠다."

예수게이는 군대를 끌고 가서 구르칸을 내쫓고 옹칸의 백성들을 되찾아주었다. 그런 다음 두 사람은 이곳 카라툰에서 '안다' 맹약을 맺었다. '안다'는 몽골 말로 '영혼의 친구'라는 뜻이다. 몽골 사람들은 아주 가까운 친구들끼리 '태어난 곳은 달라도 죽을 때는 한날한시에 같이 죽자'라는 뜻으로 안다 맹약을 맺는다. 이때 옹칸은 크게 감격하여 이렇게 말했다.

"네 자손의 자손에 이르기까지 반드시 너의 은혜를 갚겠다. 하늘과 땅의 가호 아래 맹세한다."

예수게이의 도움으로 자신의 백성을 되찾은 옹칸은 예수게이가 죽은 뒤 세력을 크게 확장해 몽골 고원의 절대 강자가 되었다. 그리고 카라툰은 내내 그의 본거지였다.

만일 옹칸이 없었다면 칭기즈칸이란 영웅이 탄생할 수 있었을까? 아마도 불가능했을 것이다.

예수게이가 죽고 여러 해가 지난 뒤, 그의 아들 테무진이 찾아와 도움을 청했을 때, 옹칸은 한눈에 그가 예사롭지 않은 인물임을 알아보고는 기꺼이 도와주겠다고 했다. 그리고 칭기즈칸의 아내 버르테가 메르키트부에 약탈되자, 그녀를 되찾아주기 위해 군대를 일으켰다. 또 고작 몇 명의 추종자만 있던 테무진으로 하여금 동몽골의 신흥 세력인 자모카와 어깨를 겨룰 수 있도록 기회를 만들어준 것도 옹칸이었다. 테무진에게 그는 아버지였고, 경쟁자였으며, 노회한

술책가였다. 그는 테무진을 강철처럼 단단하게 벼렸고, 테무진이 몽골 고원을 통일할 수 있도록 시대를 준비한 인물이었다.

시끄럽게 깍깍 울어대던 까마귀들의 소리는 내가 등을 보인 뒤에야 비로소 잦아들었다. 옹칸의 혼을 돌보는 새들은 내게 말하고 있었다. 카라툰의 슬픔을 기억하라고. 그를 위로하라고.

옹칸의 행궁 터를 보다

아침에 요양소 식당에서 식사를 하고 옹칸의 행궁 터가 있는 곳으로 가려는데, 식당에서 일하는 남항가이 출신의 오양가라는 아가씨가 좋은 말로 격려해준다.

"천식 야바레. 호르당 모르식 야바레."

내가 N에게 무슨 말이냐고 묻자 그가 설명해주었다.

"'늑대처럼 살펴 가소서. 빠른 말처럼 빨리 가소서'라는 뜻입니다. 남항가이 사람들이 헤어질 때 하는 인사말이지요."

우리는 차를 타고 요양소를 나왔다. 어제 그 나무다리의 홍살문처럼 생긴 문이 보여 사진을 몇 장 찍겠다고 차를 세워달라 하니 운전기사 K가 뭐라고 중얼거린다. N이 웃으며 말했다.

"한번 지나가면 다시는 못 오니 반드시 확인하고 가시랍니다. 몽골은 너무 넓어서 '한번 가면 다시 돌아올 수 없다'는 말이 있어요. 그러니 사진 찍을 곳이 있으면 주저 없이 차를 세우고 사진 찍고 가

울란바토르 시의 젖줄인 톨 강.

시라는 말입니다."

나는 그에게 고맙다는 표시로 엄지를 들어 보이며 "바이를라!" 하고 웃었다. 그도 엄지를 들어 보이며 "바이를라!" 하며 활짝 웃었다. '바이를라'는 감사하다는 몽골 말이다.

톨 강을 건너 서쪽으로 가는데, 갑자기 왼쪽에 뾰족한 산이 나타난다. 그리 높지는 않지만 우람한 수문장처럼 위압적이다. 오른쪽을 보니 그곳의 산 역시 급경사를 이루고 있다. 양쪽의 두 산이 우리가 지나가는 길을 좁은 협곡으로 만들고 있었다. 문득 이곳을 틀어막으면 아무도 통과할 수 없겠다는 생각이 들었다.

그때 N이 말했다.

"이곳은 울란바토르에서 서쪽으로 나가는 길목인데, 양쪽 산이 좁은 협곡을 이루고 있지요. 때문에 울란바토르 서쪽에서 적이 침공해도 이 안으로 들어와 협곡을 지키면 더는 공격해오지 못합니

카라툰과 옹칸의 행궁 터 사이의 협곡. 마치 양쪽의 산이 개처럼 입구를 지키고 있다.

다. 반대로 동쪽에서 울란바토르로 쳐들어오면, 옹칸의 군대는 이곳을 빠져나간 뒤 협곡을 막아버리면 됩니다. 따라서 이 협곡은 옹칸 군대의 전략적 요충지라 할 수 있습니다. 어느 쪽에서 공격해와도 방어하기가 쉽기 때문이지요. 게다가 울란바토르는 동쪽이 열려 있긴 하지만 커다란 분지 형태로 되어 있어 적군이 동쪽에서 공격해 올 경우 도리어 울란바토르 분지에 갇힐 위험이 높습니다. 당시 옹칸은 울란바토르 동쪽의 테렐지 산 쪽에 군대를 주둔시키고 있었는데, 울란바토르를 방비할 목적도 있지만, 적군이 울란바토르로 들어오면 동쪽 입구를 막고 협공하려는 것이지요."

그의 말을 듣고 보니 과연 그렇겠다 싶었다. 울란바토르가 넓어 보이긴 해도, 북쪽과 남쪽이 산들로 막혀 있고, 서쪽은 좁은 협곡이었다. 동쪽이 터져 있으나, 테렐지 산에 주둔한 군사들이 그쪽을 틀어막으면 완전히 포위되는 지세인 것이다. 넓어 보이던 울란바토르

1 초원에도 길이 있다 35

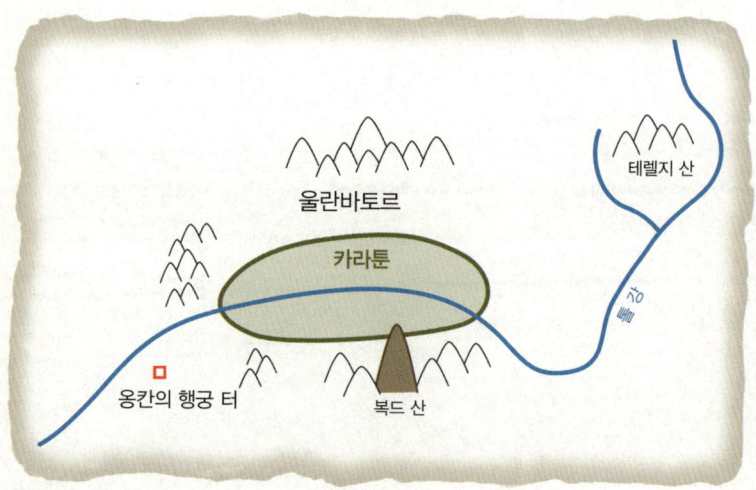

울란바토르 일대 지도. 카라툰, 행궁 터 등.

가 갑자기 좁게 느껴졌다.

울란바토르 서쪽의 좁은 협곡을 빠져나가니 순식간에 드넓은 초원이 펼쳐졌다. 아니, 이럴 수가!

과연 옹칸이 이곳 카라툰 일대에 둥지를 튼 이유를 알 것 같았다. 멀리 나지막한 구릉들이 보이는 초원은 아주 넓었다. 그때 길 오른쪽에 양 떼를 방목하는 유목민 가족이 보였다. N이 그들에게 다가가 "사인 바이 노~~" 하며 말을 건다. '안녕하세요'라는 뜻이다.

N이 이야기를 끝내고 돌아와 내게 말했다.

"초원에서 사람을 만날 때 인사말이 뭔지 아세요? '소식 들은 거 없습니까?' 또는 '좋은 소식 없습니까?'입니다. 초원에서는 정보가 생명이거든요. 그래서 만나면 새로운 소식을 주고받는 것이 인사랍니다."

"그렇다면 초원의 사람들이 손님을 반갑게 맞아주는 것은 새로운 소식을 듣기 위한 점도 있겠군."

"당연하지요. 따끈따끈한 소식을 가지고 가면 대환영입니다."

과연 초원에서는 정보가 생명이라는 말이 실감 났다. 우리는 유목민 가족과 헤어진 뒤 오보 같은 것이 보이는 곳에서 멈췄다. N이 말했다.

"이곳이 바로 옹칸의 행궁 터입니다."

"여기가?"

내가 놀란 목소리로 물었다.

"네. 그렇습니다."

행궁 자리라고 하기엔 너무도 초라했다. 초원의 땅을 1, 2미터 돋

초원의 소와 양 떼들.

운 곳으로 사방 100여 평 정도 되는 곳이었다. 주위에는 보호를 위해 나무와 철로 울타리를 둘러놓았다. 하긴 초원에서 행궁이라 해 봐야 게르 몇 개 설치하면 되는 것이니 넓을 필요가 있으랴만, 그래도 빈터에 오보 하나만 있는 모습은 영 초라해 보였다. 이곳이 그 옛날 몽골 고원을 호령했던 옹칸의 행궁 터라니. 왠지 서글펐다. 세상을 호령했던 권력도 세월이 지나면 무상하기 짝이 없는 법이라지만, 옹칸의 행궁 터는 더 초라하고 보잘것없었다.

나는 그 앞에서 '어르거' 의식을 했다. 어르거는 '올린다'는 뜻이다. 우리의 고수레 풍습처럼 조상이나 영들에게 감사의 마음을 표하기 위해 술잔을 바치는 행위다. 나는 술잔에 오른손 무명지를 살짝 담근 뒤 하늘에 술을 세 번 튀기며 옹칸의 영혼을 위로한 다음 카라툰을 볼 수 있게 해준 것에 감사드렸다. 그리고 행궁을 향해 남은 술을 힘껏 뿌렸다.

기록에 의하면, 1203년 케레이트부를 무너뜨린 뒤 테무진은 이 카라툰의 행궁에서 봄을 보내곤 했다고 한다. 그러므로 이곳은 칭기즈칸의 봄 유목지이기도 하다. 그가 이곳에서 봄을 보냈다는 것은 봄에 이곳의 풀이 그만큼 좋다는 뜻이리라.

옹칸의 행궁 터는 봄에 풀이 좋은 비옥한 초원이기도 했지만, 몽골 중부의 교통의 요충지였다. 동쪽으로는 동몽골로 갈 수 있고, 서쪽으로는 알타이 지방으로 갈 수 있으며, 남쪽으로는 고비 사막과 내몽골 지역으로 갈 수 있고, 북쪽으로는 톨 강이 흘러드는 오르혼 강을 따라 바이칼로 올라갈 수 있었다. 그렇게 사통팔달의 중심지에 옹칸이 자리 잡고 있었던 것이다.

나는 일행과 함께 차에 올랐다.

옹칸의 행궁 터에서 바라본 초원.

초원의 고속도로를 달리다

·
·

포장된 도로는 얼마 안 가 끝나고, 비포장도로가 나타났다. 몽골의 도로 사정은 매우 열악해서 울란바토르 시내 밖으로 나가면 대부분 비포장도로다. 마른 냇가를 지나 얼마나 갔을까. N이 외쳤다.

"저기 오른쪽에 보이는 길이 고비 지방으로 내려가는 길입니다."

"얼핏 보기엔 좁은 골짜기 같은데…… 누군가 알려주지 않으면 모르고 그냥 지나치겠는걸."

그랬다. 길을 모르는 초행자라면 분명 그냥 지나치고 말았을 것이다. 몽골 중부 지방의 산에는 나무가 없다. 들판과 산들이 모두 초원을 이루고 있는 것이다. 따라서 외부인들의 눈에는 그 산이 그 산처럼 보이게 마련이다.

몽골에 처음 왔을 때 산의 북쪽 사면에만 나무가 있고 남쪽 사면에는 나무가 없는 것이 너무도 이상했다. 처음에는 온난화 때문에 일어나는 현상인가 싶었다.

그것이 '푄 현상' 때문이라는 걸 안 것은 얼마 뒤였다. 푄 현상이란 차가운 북풍이 산을 넘어오면서 고온 건조해지는 현상을 말한다. 자연히 북쪽 사면에는 비가 자주 오지만, 산을 넘어온 바람은 고온 건조해지기 때문에 남쪽 사면에는 나무가 자라지 못한다. 우리나라 대관령의 높은 산정에도 나무 대신 풀만 자라는 곳들이 있는데 바로 푄 현상 때문이다. 우리나라는 그런 현상이 대관령 일대에서만 나타나지만 유라시아에서는 그런 현상이 북위 50도 근방에서 동서로 광범위하게 일어난다. 덕분에 넓은 초원이 만들어지고 유목이 가능한 것이다.

초원은 더욱 넓어졌다. 우리가 탄 차는 구릉 진 초원을 시원하게 달렸다. 울란바토르 남쪽에 이런 초원이 있을 거라곤 생각 못했는데, 대단했다. 아마 그 옛날 옹칸도 군사들을 데리고 이 길을 달렸을 것이다.

사실 울란바토르 주위에서 대규모 군대가 이동할 수 있는 초원은 이곳 하나뿐이다. 양옆으로는 초원이 넓게 펼쳐져 있었다.

사람들은 초원이라고 하면 아무 데나 가도 되는 줄 안다. 하지만 그렇지 않다. 초원에도 길이 있다. 아무 데나 함부로 갔다가는 길을 잃거나 적의 공격을 받을 수 있다. 또 식수를 구하지 못해 위험에 빠질 수도 있다. 따라서 초원의 길은 길도 좋아야 하지만, 가축들이 먹을 수 있는 풀이 풍부해야 하고, 또 근처에 강이나 호수가 있어야 한다. 그런 조건을 갖춘 길을 '초원의 길'이라고 한다. 그중에서도 대규모 군대가 이동할 만큼 넓은 초원의 길은 흔치 않다. 때문에 그런 길을 특별히 '초원의 고속도로'라고 한다.

1368년 코빌라이의 후예들이 중국 지배를 포기하고 몽골 초원으로 돌아가자, 주원장의 뒤를 이어 명나라 황제가 된 영락제는 초원으로 돌아간 몽골군을 치기 위해 군대를 이끌고 이곳 울란바토르까지 진군해온 적이 있었다.

당시 몽골 초원에서 중국으로 내려가는 길은 크게 두 개가 있는데 모두 울란바토르 동쪽에 있는 '허더 아랄'이란 곳을 거치게 되어 있다. 허더 아랄은 북쪽에서 남쪽으로 흐르던 헤를렌 강이 동쪽으로 꺾어지는 곳인데, 헤를렌 강과 그 지류인 쳉헤르 강으로 둘러싸인 섬처럼 생긴 지역이다. 초원의 고속도로가 한곳으로 모이는, 몽

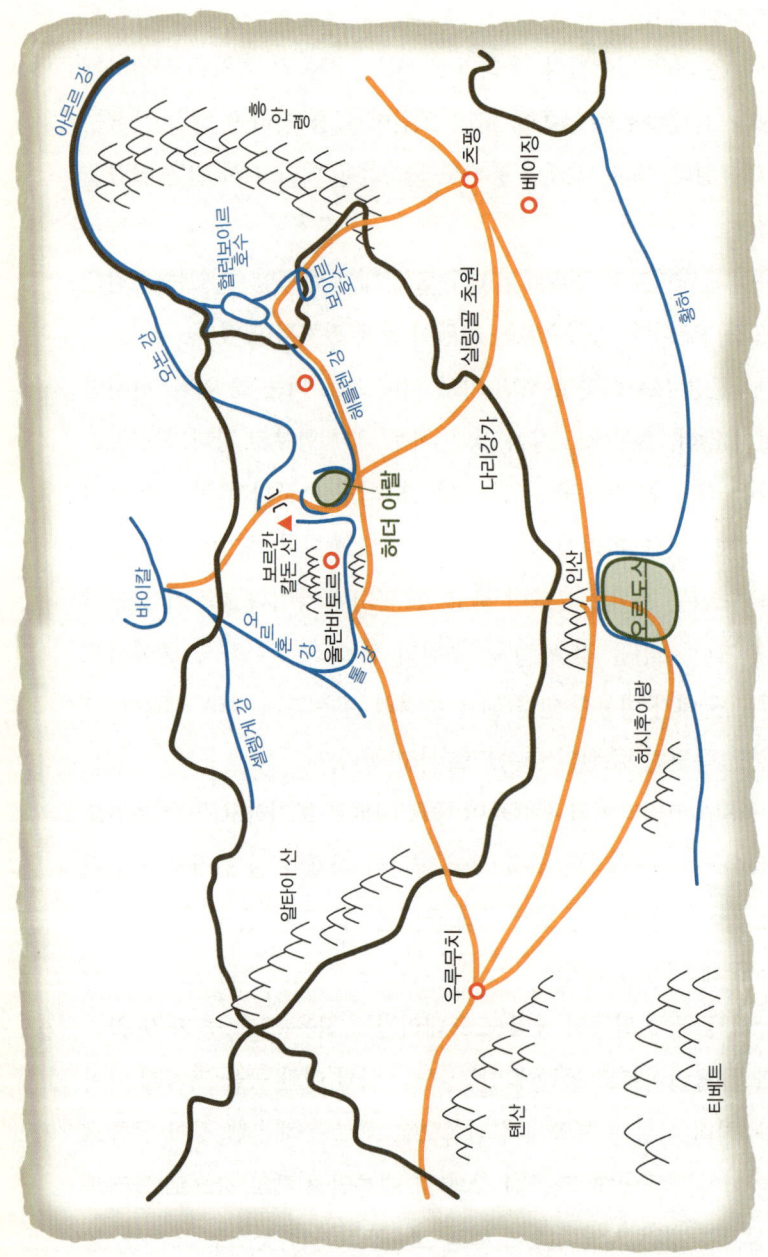

골의 심장과 같은 곳이다. 중국으로 내려가는 두 길은 그곳에서 갈라진다. 하나는 허더 아랄에서 헤를렌 강을 타고 동쪽으로 가 동몽골의 '헐런보이르 호수'와 '보이르 호수'를 거쳐 남쪽으로 내려간 뒤 내몽골의 '실링골 초원'으로 해서 츠펑赤峰과 베이징北京으로 내려가는 길이고, 다른 하나는 허더 아랄에서 곧장 남쪽으로 내려간 뒤 '다리강가 초원'을 거쳐 실링골 초원으로 해서 츠펑과 베이징으로 가는 길이다.

영락제가 군대를 이끌고 온 길은 바로 후자다. 그의 군대는 베이징을 출발한 뒤 내몽골의 실링골 초원을 지나 몽골의 다리강가 초원에 이른 다음, 그곳에서 북진하여 허더 아랄에 도착한 후 계속 서진해서 울란바토르까지 왔던 것이다.

이런 이유로 몽골 초원을 지배하려는 자는 반드시 먼저 초원의 고속도로와 물이 있는 강을 장악했다. 몽골 북부의 산림 지대나 동부의 흥안령 일대에 사는 사람들이 웬만큼 힘이 커지고 말을 확보하기 전까지는 초원에 나올 수 없었던 것도 그 때문이다. 초원은 텅 비어 있고 마냥 자유로울 것 같지만, 강력한 힘을 가진 세력들이 패권을 겨루는 격전지이기 때문이다.

몽골 사람들 역시 몽골 초원으로 나오기 전까지는 흥안령 북부 서쪽 자락에서 살았다. 당시 몽골 초원은 강력한 돌궐족과 위구르족이 장악하고 있었다. 몽골 사람들이 흥안령을 떠나 몽골 초원으로 이동하기 시작한 것은 돌궐족과 위구르족이 몽골 초원을 떠난 뒤인 8세기 무렵이다.

초원의 고속도로는 울란바토르를 지나 다시 서쪽과 남쪽으로 이어지는데, 칭기즈칸 당시 크게 세 갈래 길이 있었다. 하나는 서쪽의 알타이 지방으로 해서 지금의 중국 신장新疆 지역으로 넘어가는 길이고, 다른 하나는 고비 사막 아래에 있는 인산陰山으로 내려간 뒤 초원을 따라 서쪽으로 가는 길이다. 고대 유목민들과 대상들이 가장 빈번하게 왕래한 길이다. 또 하나는 인산에서 황허黃河를 건너 오르도스 초원으로 들어간 다음 그곳에서 다시 황허를 건너 간쑤 성甘肅省의 허시후이랑河西回廊으로 나가는 길이다. 기원전에 흉노가 바로 이 길을 통해 허시후이랑으로 들어갔었다.

허시후이랑은 중국에서 서역으로 가는 그 유명한 '실크로드'의 중국 쪽 기점이 되는 곳으로 남쪽의 눈 덮인 치롄 산祁連山과 북쪽의 사막 사이에 난 좁은 길이다. 허시후이랑을 지나 둔황敦煌으로 빠지면 톈산天山 남쪽으로 넘어가게 되는데, 고대 실크로드의 톈산 남로가 바로 그 길이다. 하지만 유목민들은 그 길을 이용하지 않았다. 산길이 많아 말 타고 달리기에 적합하지 않아서다. 대신 그들은 지금의 신장 성 수도인 우루무치로 올라가 톈산 북쪽의 광활한 초원으로 나아갔다. 지금의 카자흐스탄이 바로 그곳이다.

유라시아 북위 50도 근방의 스텝 지역에는 몽골 고원에서 시작해 중앙아시아를 거쳐 유럽의 헝가리 평원까지 이어지는 초원의 고속도로가 고대부터 잘 발달해 있었다.

칭기즈칸 이전의 군대들은 그 길을 통과하기만 했으나, 칭기즈칸의 군대는 그 길을 장악함으로써 세계 제국을 건설할 수 있었다. 역사 학자들이 몽골 제국으로부터 '세계사'가 시작되었다고 말하는 것은 바로 그 때문이다.

흥미롭게도 유라시아 대륙에서 있었던 대규모 유목민들의 이동은 모두 몽골 초원에서부터 시작되었다. 스카타이도 그랬고, 흉노족

울란바토르 남쪽 초원의 고속도로. 대규모 군대가 지나갈 수 있을 정도로 넓다.

도 그랬고, 돌궐족도 모두 몽골 초원에서 이동을 시작했다. 유목민들이 이동할 때마다 유라시아 대륙은 격동했다.

　기원전 8세기 스키타이인들이 알타이 지방에서 흑해 연안으로 옮겨갔을 때 그들에게 밀려 그리스 반도로 들어간 마케도니아 민족으로부터 알렉산드로스란 걸출한 영웅이 출현했다. 그는 이웃의 강력한 제국 페르시아를 무너뜨리고 중동사를 바꾸었다. 그 여파는 동아시아까지 이어져 기원전 3세기에 갑자기 몽골 초원에 말 타고 활을 쏘는 흉노족이 나타났다.

　흉노족은 한때 유방의 한나라를 제압할 정도로 강성했지만, 한족 漢族과의 오랜 전쟁으로 피폐해지자 기원후 2, 3세기에 서쪽으로 이

1　초원에도 길이 있다　　45

동하기 시작했다. 5세기경 헝가리 벌판에 훈족(흉노족)이 출현하자 유럽은 공포에 휩싸였고, 그들을 용병으로 고용한 로마는 붕괴되었다. 그런가 하면 수나라와 당나라 때 몽골 초원을 호령하던 돌궐족 역시 당나라와의 오랜 전쟁에 지치자 8세기에 중앙아시아를 거쳐 지금의 터키로 이동했다. 그들은 그곳에서 셀주크튀르크라는 강력한 이슬람 제국을 세웠고, 그들에게 위협을 느낀 유럽은 마침내 십자군 원정을 단행했다.

놀랍게도 이 모든 발단이 몽골 초원에 살던 유목민들의 대규모 이동에서 비롯되었다. 한마디로 몽골 초원은 유라시아 대륙의 '태풍의 눈'이었던 것이다.

몽골 초원은 우리 같은 여행자가 볼 때 그저 드넓은 초원일 뿐이다. 그리고 그곳에는 순박한 유목민들이 양과 염소, 소, 말 등을 기르며 살고 있다. 한데 왜 그곳이 태풍의 눈이 되곤 했던 것일까? 거기에는 그럴 만한 이유가 있다.

가장 큰 이유는 몽골 초원의 생태계가 불안정하다는 점이다. 지금도 몽골 초원에는 11년 내지 12년을 주기로 한 번씩 큰 가뭄이 든다고 한다. 만일 가축들이 새끼를 낳는 봄철에 그런 가뭄이 닥치면 가축들은 떼죽음을 당한다. 가뭄으로 풀이 부족해지면 어미들의 젖이 나오지 않아 새끼들이 무더기로 굶어 죽는 것이다. 심지어 탈진한 어미들까지 죽기도 한다. 한마디로 대재앙인 것이다. 한데 그런 가뭄 못지않은 또 다른 재앙이 있으니, 수년마다 한 번씩 닥치는 강추위다. 몽골 말로 '조드'라고 부르는 강추위가 닥치면 수많은 가축들이 얼어 죽는다.

지난 2010년 겨울, 몽골에 영하 35도 이하의 강추위가 지속되면서 전체 가축의 5분의 1에 해당하는 820만 마리가 얼어 죽었다는 보도가 있었다. 그때 골짜기마다 죽은 가축들을 갖다 버리는 바람에 썩은 내가 진동했다고 한다.

그 옛날 스키타이나 흉노족, 돌궐족 등이 몽골 초원을 떠나야 했던 이유도 몽골 초원의 가뭄과 한파가 가장 큰 요인이었던 것으로 알려져 있다. 하지만 가뭄이나 한파가 닥쳤을 때 그들이 그곳에서 순순히 물러났던 것은 아니다. 누구나 자기가 살던 땅을 쉽게 포기하지 않는 법. 도저히 극복할 수 없는 재앙이 닥치거나 다른 세력에 밀려났을 때만 어쩔 수 없이 자신의 터전을 떠났다.

스키타이족은 서쪽으로 이동하기 전 중국의 변경에 출몰해 약탈을 일삼았고, 흉노족 역시 서쪽으로 이동하기 전까지 한나라를 괴롭혔다. 돌궐족도 마찬가지여서 당나라와 오랫동안 갈등을 빚었다.

이처럼 한 번씩 찾아오는 가뭄과 한파로 몸살을 앓는 곳이지만, 몽골 고원은 지정학적으로 대단히 중요한 위치에 있다. 동쪽으로는 만주가 있고, 남쪽으로는 중국 그리고 북쪽으로는 바이칼의 산림 지대가 넓게 자리하고 있다. 또 서쪽으로는 초원의 길이 열려 있다. 따라서 몽골 고원에 재앙이 오면, 그 파급이 주변 지역으로 빠르게 확산될 수밖에 없다.

반대로 몽골 고원에 강력한 세력이 들어서면 주변 지역은 두려움에 떨게 된다. 강력한 기마 군단의 말발굽에 짓밟힐 위험에 놓이기 때문이다. 따라서 몽골 고원의 변화는 좋든 싫든 주변 지역에 직간접으로 영향을 미치게 마련이다.

그런 점에서 몽골은 유라시아 역사의 '키워드'라고 할 수 있다. 몽골의 상황이 어떻게 변하느냐에 따라 주변 각국의 상황 또한 달라지기 때문이다. 이런 까닭으로 주변국들은 어떻게든 몽골에 대한 지배력을 행사하려 했다. 한편으로는 몽골로부터 오는 재앙을 막기 위해서이고, 다른 한편으로는 몽골을 지배함으로써 다른 아시아 각 국들에 대한 영향력을 확대하기 위해서다.

몽골이 과거에 청나라에 복속했던 역사를 근거 삼아 중국이 몽골의 모든 영토가 자기네 땅이라고 주장하는 것이나, 러시아가 몽골을 자기 땅이라고 주장하는 것은 다 그 때문이다. 20세기 전반에 만주와 몽골을 지배하려 했던 일본이 자기들의 뿌리가 몽골이라고 주장하며 몽골을 자기 역사에 끌어들이려 하는 것도 같은 이유에서다.

하지만 우리나라는 현재 고려 삼별초의 대몽 항쟁을 크게 부각시키는 교육 정책을 쓰고 있다. 이는 결과적으로 몽골을 우리 역사에서 밀어내는 것이라 할 수 있다. 그런 탓에 대다수 국민들은 몽골을 우리와 상관없는 먼 나라로 생각한다. 하지만 몽골을 알지 못하면 아시아에서 주변부로 밀려날 수밖에 없다. 그만큼 몽골의 위치는 중요하다.

문제는 우리나라 역사 학자들이 이 점을 제대로 인식하지 못하고 있다는 점이다. 사실 우리나라는 대륙에서 일어나는 변화로부터 늘 비켜서 있었다. 고구려가 멸망한 이후로 한 번도 대륙적 사고를 해본 적이 없기 때문이다. 그 대가는 몽골의 침입이나 청나라의 침입에서 보듯이 늘 국가의 존망을 위협하는 것이었다.

혹자는 그건 과거 이야기가 아니냐고 할지도 모르겠다. 지금의 몽골은 인구가 300만도 안 되는 조그만 나라가 아니냐고. 그들이 유라시아 대륙에 무슨 영향을 미치겠느냐고. 그러나 놀랍게도 몽골은 다시 세계사의 중심적 위치를 회복해가고 있다.

근대 이후에는 유럽의 해양 세력이 세계를 제패해왔지만 근래에 아시아가 세계경제의 중심으로 부상하면서 다시 몽골의 지정학적 위치가 부각되기 시작한 것이다. 생각해보라. 만일 중국이 몽골을 차지한다면 러시아는 큰 위협을 느낄 것이다. 바이칼 일대가 당장 중국의 군사적 위협에 놓이기 때문이다. 바이칼 일대가 중국에 점령될 경우 러시아는 양분될 수밖에 없다. 반대로 러시아가 몽골을 차지한다면 중국 역시 큰 위협을 느낄 수밖에 없다. 사회주의 시절 마오쩌둥毛澤東이 러시아에 굴욕적인 자세를 취했던 것은 몽골 고원에 러시아 군대와 비행기가 주둔해 있었기 때문이다. 만에 하나 미국이 몽골에 군사기지를 건설한다면, 미국은 중국과 러시아에 대해 강력한 지렛대 역할을 할 수 있게 된다.

마침내 중국, 러시아, 미국, 일본 등 강대국들이 몽골을 장악한 나라가 동아시아의 패권을 차지해왔다는 역사적 사실을 깨닫기 시작한 것이다.

그런 이유로 이들 강대국은 몽골에 코를 박고 치열한 외교전을 펼치고 있다. 몽골은 비록 인구는 적지만, 땅덩어리가 한반도의 일곱 배나 되는 큰 나라다. 게다가 그 땅에는 어마어마한 자원이 매장된 것으로 알려져 있다. 1,000억 톤의 석탄과 50억 배럴의 석유, 5억 4,000톤의 구리를 비롯해 우라늄, 은, 반도체 산업의 진주로 불리는 희토류까지. 현대의 외교는 자원 외교다. 강대국들이 그런 몽골의 땅을 그냥 지나칠 리 없는 것이다.

내가 그런 생각에 잠겨 있을 때 갑자기 왼쪽에 산록 초원들 사이로 침엽수림이 울창한 산이 보였다. 몽골 중부에서 이처럼 산의 남쪽 사면에 침엽수가 무성하게 자란 경우는 매우 드물다. N이 그 산을 가리키며 말했다.

"저기, 나무들이 울창한 산이 바로 복드 산입니다. 그곳에는 돌궐의 유명한 석인상들이 있습니다."

그의 말에 흥미가 일었다. 돌궐족이 남긴 석인상들은 흉노족이 남긴 사슴돌鹿石과 함께 몽골 초원의 대표적인 유물이기 때문이다. 복드 산은 울란바토르의 남산에 해당하는 산이다.

우리는 초원의 고속도로를 따라가다 존모드 시에서 복드 산으로 향하는 북쪽의 좁은 길로 들어섰다. 존모드는 '100개의 나무'란 뜻이다. 복드 산에는 만조시르란 유명한 라마교 사원이 있다고 했다.

과연 복드 산 주차장에 이르니 바로 앞에 석인상들이 보였다. 사진을 통해 널리 알려진, 바로 그 돌궐의 석인상이었다. 눈이 튀어나온 석인상은 누가 봐도 서역인임을 알 수 있었다. 이 산에 돌궐의 석인상이 있다는 것은 돌궐인들 역시 이 복드 산을 매우 신성시했다는 것을 의미한다. 그 석인상 뒤로 돌궐 석인상 2기가 더 보였다. 하나는 얼굴이 온전한데, 다른 하나는 얼굴이 마모돼 형체를 알 수 없었다. 하지만 두 석인상 모두 푸른 하닥을 목에 두르고 있었다. 하닥은 몽골 말로 비단 댕기를 가리키는 말이다. 누군가 와서 걸어준 것이리라.

석인상들 뒤에는 박물관이 있었는데, 기대했던 돌궐족의 유물 대신 몽골 지방에서 볼 수 있는 늑대와 멧돼지, 곰, 살쾡이, 말코손바닥사슴 등 각종 동물들이 박제된 채 전시되어 있었다. 흥미로운 것은 복드 산 정상의 모습을 모형으로 만들어놓은 것이었는데, 커다란 바위가 새 모양을 하고 있었다. 몽골인들은 복드 산에 불사조가

울란바토르의 남산인 복드 산 입구(위). 돌궐의 석인상들. 뒤쪽은 만조시르 박물관(중간). 멀리 테렐지 산이 보인다(아래).

산다고 믿는데, 아마도 이 새바위 때문이 아닌가 싶었다.

우리는 라마교 사원 형태로 지은 그곳 식당에서 몽골 칼국수 코릴태 셜을 부탁했다. 코릴태 셜은 양고기에 칼국수 그리고 소금 간만 하는데도 맛이 매우 좋아서 몽골 사람들이 주식으로 먹는 음식이다. 한국 사람들도 이 코릴태 셜을 무척 좋아한다. 나 역시 마찬가지여서 몽골에 가면 코릴태 셜을 즐겨 찾는다.

우리는 다시 존모드 시로 나와 울란바토르 동쪽으로 이어진 초원의 고속도로를 달렸다. 얼마쯤 달렸을까, 차가 언덕에 이르자 멀리 앞쪽에 테렐지 산이 보였다. 뾰족뾰족한 돌산의 능선이 한눈에 드러나 보였다. 몽골에 여행 온 외국인들이 가장 많이 찾는 관광지다.

"테렐지 산이 보이는 데서부터 길이 갈라집니다. 왼쪽으로 가면 울란바토르이고, 오른쪽으로 가면 날라이흐 시입니다."

N이 말했다. 우리는 두 갈래 길에서 오른쪽 길로 들어섰다. 내몽골 후허하오터呼和浩特에서 울란바토르로 올라오는 철도 길을 지나 얼마쯤 가니 조그만 도시 날라이흐가 나타났다. 이곳부터 헨티 지방의 중심 도시 언더르항까지는 아스팔트 길이다. 몽골에서 유일한 자동차 고속도로인 셈이다.

날라이흐는 사회주의 시절에 러시아 비행장이 있던 곳이다. 몽골 고원이 평균 600~700미터의 고지대이기 때문에 중국이 얼마나 위협을 느꼈을지 짐작할 만하다. 지금은 노천 탄광이 있어 카자흐 사람들이 많이 와 있다고 한다.

우리는 그곳에서 기름을 넣었다. 마침 몽골에서는 차 한 대당 20리터씩 제한 급유를 하고 있어 우리처럼 장거리 여행을 하는 사람들은 기회 있을 때마다 기름을 넣어두지 않으면 안 되었다. 그런데 몽골 사람들은 러시아의 영향을 받아 기름을 '벤젠'이라고 불렀다.

"왜 제한 급유를 하는 거지?"

그러자 N이 말했다.

"몽골은 러시아에서 석유를 공급받고 있는데, 최근에 기름 공급을 제한하고 있어요."

"몽골은 러시아와 가깝지 않나?"

"하지만 몽골의 풍부한 자원을 놓고, 중국·미국·일본·캐나다 등과 각축을 벌이고 있거든요."

아마도 러시아가 자신들의 입지를 강화하기 위해 석유를 가지고 몽골을 압박하는 모양이었다. 어쨌든 몽골과 러시아의 관계도 순탄치만은 않아 보였다. 몽골은 1921년부터 1991년까지 러시아 사회주의 아래 있었다. 따라서 그들의 언어나 문화에는 러시아적인 요소가 적지 않다. 벤젠도 그중 하나이고, 몽골 사람들이 러시아의 보드카를 마시는 것도 그 때문이다. 또 현대 몽골문자가 러시아 키릴 문자 형태로 되어 있는 것도 그 영향이다. 하지만 러시아가 몽골을 러시아 사회주의하에 둘 수 있었던 것은 무엇보다 몽골인들이 중국에 강한 경계심을 갖고 있기 때문이다.

중국인들은 지금도 몽골을 외몽골이라 부르며 중국 땅이라고 주장한다. 당연히 몽골인들은 이를 인정하지 않는다. 그것은 약자가 살아남기 위한 외교적 제스처일 뿐이라고 생각하는 것이다. 하지만 중국은 끝내 몽골의 독립을 허용하지 않으려 했고, 몽골은 러시아의 도움으로 가까스로 독립할 수 있었다. 러시아는 그 대가로 몽골을 사회주의국가로 편입시켰다.

하지만 중국으로부터 벗어나기 위해 러시아를 끌어들인 것이 몽

에르데네솜의 경계 오보

골에 득이 되었던 것만은 아니다. 러시아 사회주의자들은 몽골의 샤만들을 처형하는 한편 라마교 사원들을 무참히 파괴하고 라마승들을 살육했다. 그때 죽은 라마승이 수만 명이라고 했다.

  잠시 후 우리가 탄 차는 에르데네솜(솜은 우리나라의 군郡에 해당한다) 입구에 있는 바얀다와 오보에 이르렀다. 차를 세우고 오보 앞에서 어르거 의식을 하고 시계 방향으로 세 바퀴 돌았다. 바얀다와는 '부자 고개'란 뜻으로, 에르데네솜의 입구를 나타내는 일종의 경계 오보다. 그 앞에서 어르거 의식을 하는 것은 에르데네솜 지역에 들어가니 그 땅의 영들에게 잘 보아달라는 뜻이다. 몽골인들은 다른 지방의 경계를 넘을 때, 또는 큰 산에 들어갈 때 반드시 그 땅의 영들에게 알리고 축원을 비는 의식을 행한다.

오보를 지나 버스 정류장 표지판이 있는 곳에 이르자 가이드 N이 운전기사 K에게 오른쪽 비포장도로로 내려가게 했다. 지금은 울란바토르에서 언더르항을 거쳐 초이발산으로 가는 지름길이 새로 나 있지만, 칭기즈칸 시대에는 이렇게 날라이흐를 거쳐 사아르 케에리 초원으로 가는 길이 초원의 고속도로였던 것이다. 과연 골짜기에 내려서니 초원의 고속도로답게 앞쪽으로 시야가 탁 트여 있었다.

시원한 초원을 달리는데 멀리서 한 떼의 말이 오는 것이 보였다. 말들은 초원을 흐르는 조그만 냇가에서 물을 찾고 있었다. 말 떼가 지나가자 뒤쪽에서 목동이 다가왔다. N이 차에서 내려 그에게 길을 물었다. 초원에서는 아는 길도 물어가야 한다.

얼마쯤 달려가니 언덕 아래로 아르호스트 마을이 보였다. 그리고 동쪽으로 드넓은 초원이 펼쳐져 있고, 멀리 건너편 산들이 지평선에 아스라이 걸려 있었다. 이곳이 바로 '사아리 케에르' 초원으로, 칭기즈칸의 행궁이 있던 곳이다.

사아리 케에르는 '말 엉덩이'란 뜻이다. 초원 어딘가에 말 엉덩이처럼 보이는 곳이 있다는 이야긴데, 아무리 둘러보아도 말 엉덩이처럼 생긴 곳은 보이지 않았다. 주위는 끝없는 초원이다. 그나저나 이 넓은 초원에서 칭기즈칸의 여름 유목지 '갈로트 행궁 터'를 어떻게 찾을지가 문제였다. 갈로트란 기러기를 가리킨다. 따라서 갈로트 행궁은 '기러기 행궁'이란 뜻이다. 날은 이미 저물어가고 있었다. 몽골 시간으로 저녁 8시가 넘었다.

마침 멀리서 양 떼를 모는 노인이 보였다. N이 전에 만난 적이 있는 노인이라며 다가갔다. 노인도 N을 알아보았는지 반가워했다.

언더르항으로 가는 아스팔트 길에서 오른쪽 골짜기로 내려서니 시야가 뻥 뚫렸다. 바로 이 곳이 사아리 케에르로 가는 초원의 길이다.

N은 얼른 보드카를 꺼내 노인에게 권했다.

　노인은 우리와 대화하는 도중에도 조그만 망원경으로 주위를 계속 살폈다. 아무래도 새끼 양 한 마리가 길을 잃은 것 같다고 했다. 초원에는 늑대들이 덤불 같은 곳에 숨어 있기 때문에 길을 잃은 양은 자칫 늑대의 밥이 되기 쉽다. 우리는 노인이 수시로 주변을 살피는 표정에서 애타게 양을 찾는 심정을 헤아릴 수 있었다.

　그때 N이 오늘은 자기가 아는 사람이 있는 철도 여행자 숙소에서 하룻밤 신세를 지는 것이 어떻겠느냐고 했다. 우리는 선택의 여지가 없었다. N은 노인에게 철도 여행자 숙소로 가는 길을 물었다. 노인이 가르쳐준 대로 우리는 철길을 따라 남쪽으로 내려갔다. 주위에는 이미 땅거미가 지기 시작했다. 그곳에서 잘 수 없다면, 늑대가 돌아다니는 초원에 꼼짝없이 텐트를 쳐야 할 판이었다.

한참을 헤맨 끝에 우리는 철도 여행자 숙소를 찾아냈고, N의 친구는 오랜만의 해후를 기뻐했다. 덕분에 우리는 식사 대접까지 받고 첫날의 긴 여행을 무사히 마칠 수 있었다.

초원에서 만난 노인.

사아리 케에르 초원의 갈로트 행궁

아침에 일어나 숙소 밖으로 나오니 보이는 것은 그저 망망초원뿐. 멀리 나지막한 산들이 초원을 병풍처럼 둘러싸고 있었다.

자료를 보니 갈로트 행궁은 제에긴 텐드게르 산 밑에 있다고 적혀 있다. '제에긴'은 낙타 코에 꿴 끈이란 뜻이다. 과연 사아리 케에르 초원을 둘러싼 산들을 다시 바라보니 낙타에 코를 꿰어 끌고 가는 형상을 하고 있었다.

우리 일행은 아침 식사를 하며 드넓은 초원에서 갈로트 행궁 터를 어떻게 찾을지 논의했다. 그리고 인근에 있는 유목민 집을 찾아가 묻기로 했다. 어제 지나왔던 철길을 건너 동쪽 평원을 향해 달렸다. 길옆으로 창포 꽃들이 무더기로 피어 있었다.

푸른 하늘에는 구름이 빠르게 흐르고 있었다. 우리나라 하늘에 흘러가는 구름보다 훨씬 빨랐다. 잠시 다른 곳으로 시선을 돌렸다 쳐다보면 하늘은 또 다른 모습을 보여주었다. 그때 차를 몰던 K가 뭔가를 보았는지 갑자기 핸들을 오른쪽으로 꺾더니 동쪽 초원을 향해 내달렸다. 멀리 흰 게르가 보였다. 차는 빠르게 달려 게르 앞에 멈추어 섰다.

갑자기 개들이 달려와 차를 둘러싸더니 사나운 표정으로 컹컹 짖는다. N이 나를 돌아보며 주의를 준다.

"주인이 나오기 전까지는 절대로 차 문을 열고 나가면 안 됩니다. 개가 달려들거든요. 가만히 계세요."

그러고 보니 개들의 눈빛이 사납다. 초원의 개들은 경비병이다. 주인이 손님을 환대하는 모습을 보이기 전까지 개들은 결코 경계를 늦추지 않는다. 그때 섣불리 차에서 내리면 개들이 달려들어 무는 것이다.

게르 문이 열리고 50대 초로의 안주인이 모습을 드러냈다. 안주인이 우리와 이런저런 이야기를 나누는 모습을 본 개들은 비로소 제 할 일을 다했다는 듯 꼬리를 감추고 흩어진다.

그때 안주인과 이야기를 나누던 N이 환호성을 올린다. 안주인이 갈로트 행궁 터를 알고 있다는 것이다. 더 놀라운 점은 그녀의 유목지 안에 갈로트 행궁 터가 있다는 것이다. 우리는 '이런 횡재가 있나!' 하는 마음으로 보드카 한 병과 사탕 한 봉지를 꺼내 들고 서둘러 안주인을 따라 게르로 들어갔다.

안주인의 이름은 아디야라고 했다. 수태 차와 어름 등을 내주며, 상석에 앉으라고 권했다. 수태 차는 우유에 찻잎을 조금 넣은 것으로, 몽골인들이 일상적으로 마시는 차다. 어름은 우유를 끓이면 제일 먼저 엉기는 것인데, 버터보다 맛있었다. 게르 안에는 아들과 딸, 어린 손주 세 명이 함께 생활하고 있었다.

아디야는 알타이 고비 사막에 살던 유목민이다. 2008년에 유목지가 비어 있다는 소식을 듣고 이곳을 매입해 이사 왔다고 한다. 그러면서 유목 허가증을 꺼내 보여주었다.

갈로트 행궁이 있는 곳을 안내해줄 수 있겠느냐고 묻자 아디야가 옷을 차려입고 앞장섰다. 우리는 차를 타고 아디야가 일러주는 대로 초원을 이리저리 누볐다. 그때 아디야가 한 곳을 가리켰다. 야트막한 토담처럼 사방을 둘러친 유적이 있는 곳이었다. 토담 높이는 1미터쯤 되어 보였다. N이 말했다.

"이곳이 바로 갈로트 행궁 터입니다."

옹칸의 행궁 터보다는 몇 배나 커 보였다. 다른 유적지와 마찬가지로 이곳 역시 아무런 표식이 없었다. 그저 바람만이 우리보고 왔냐는 듯 반갑게 뺨을 스치고 지나갔다.

우리는 보드카를 꺼내 어르거 의식을 시작했다. 어르거 의식을 마치고 나서 토담 위를 천천히 걸으며 걸음 수를 세어보니 남북으로 150보, 동서로는 160보 정도였다. 행궁 터 가운데에는 동그랗게 흙을 다져 돋운 곳이 있었고, 남서쪽 모퉁이에도 동그랗게 흙을 다져 돋운 곳이 있었다. 동쪽과 서쪽 토담 중간에 넘나드는 입구가 보

사아리 케에르 초원에서 만난 아디야의 게르. 아이들이 집 앞에 나와 있다(위). 아디야의 게르. 딸과 아들, 손주와 함께 살고 있다(아래).

였다. 행궁 서편에는 건물 터 같은 곳 세 개가 남북으로 나란히 있었다.

나는 눈을 감고 칭기즈칸이 이곳 행궁에 머물 때의 모습을 떠올렸다. 멀리서 칭기즈칸의 군대가 말 타고 달리는 모습과 함께, 행궁 안에는 크고 높은 화려한 게르가 있고, 이따금 사람들이 그 앞을 왔다 갔다 했다. 그런데 다음 순간 또 다른 군대가 이곳 행궁 터를 짓밟고 지나가는 모습이 스쳐 지나갔다. 혹여나 명나라 군대일까?

다시 눈을 떠보니 칭기즈칸이 머물던 행궁이었던가 싶을 정도로 사위가 고요했다. 칭기즈칸은 1227년 여름에 내몽골의 류판 산六盤山에서 낙마 사고를 당한 후 회복이 불가능하다는 것을 알자 영혼이라도 이곳에서 하늘로 올라가기를 원했다. 그만큼 이곳을 사랑했다는 이야기다.

일반적으로 칭기즈칸은 내몽골의 류판 산 칭수이 현淸水縣에서 서하西夏를 공격하던 중에 병사했다고 알려져 있다. 당시 서하는 티베트의 탕구트족이 세운 나라로 지금의 간쑤 성, 칭하이 성青海省 쪽에 있었다. 그런데 『원사元史』는 칭기즈칸의 죽음에 대해 다음과 같이 서술하고 있다.

칭기즈칸이 1227년 음력 7월 5일 류판 산의 칭수이 현에서 발병하여 음력 7월 12일 사아리 케에르의 갈로트 행궁에서 영원히 눈을 감았으며, 기련곡에 매장했다秋七月壬午, 崩羽薩里川哈老徒之行宮. 葬起輦谷.

칭기즈칸이 칭수이 현에서 병사했다는 것과 칭기즈칸의 유해가 기련곡에 매장되었다는 것은 모두 알려진 사실이다. 그런데 한 가

칭기즈칸이 머물렀던 갈로트 행궁 터.

지 묘한 것은 발병한 지 일주일 뒤에 사아리 케에르의 갈로트 행궁에서 영원히 눈을 감았다고 되어 있는 것이다. 또 다른 자료에 의하면, 칭기즈칸은 죽기 전에 이런 유언을 남겼다고 한다.

나의 갑옷이나 말안장, 칼과 활, 나를 상징하는 검은 깃발과 흰 깃발들은 오르도스 초원에 묻고, 나의 유골은 사아리 케에르의 갈로트 행궁으로 옮겨라. 그리고 그곳에서 내 영혼이 영원한 하늘로 올라가게 해다오.

칭기즈칸이 자신의 유골을 사아리 케에르로 옮겨 이곳에서 장례 치러주기를 원했다는 이야기다. 몽골 역사책 『황금사 *Altan Tobchi*』에도 오르도스에는 칭기즈칸의 갑옷과 말안장, 칼과 활 그리고 깃발들만 묻었다고 적혀 있다. 따라서 오늘날 내몽골 오르도스에 있는 칭기즈칸의 능묘 '에전호르'는 칭기즈칸의 유품을 묻은 곳이라고 할 수 있다.

칭기즈칸이 이곳 갈로트 행궁에 머물기 시작한 것은, 칭기즈칸 시대의 역사를 기록한 『몽골 비사』에 사아리 케에르 초원이 처음 언급된 1187년 무렵이다. 테무진과 자모카의 연합이 이루어진 직후라고 할 수 있다. 테무진은 몽골 제국의 대칸이 된 후에도 여름이면 이곳에 머무르는 것을 좋아했다. 갈로트 행궁 터에서 바라보는 사아리 케에르는 목초지가 남북으로 길게 펼쳐져 있었다.

1413년 3월 17일 명나라 영락제는 50만 대군으로 몽골 초원을 위협하던 알타이 서쪽의 오이라트부(청나라 때의 준가르부)를 치기 위해 베이징을 출발해 이곳 사아리 케에르에 도착했다. 그때 행군 일지를 쓴 김유자金幼孜는 『후북정록後北征錄』에 이곳 사아리 케에르의 경관을 다음과 같이 기록했다.

6월 3일 점심을 해 먹은 다음 다시 행군을 시작해 저녁 무렵 두 개의 샘이 있는 호수双泉海에 이르렀다. 이곳이 바로 사아리 케에르다. 칭기즈칸(원나라 태조)을 하늘로 올려 보낸 곳發跡之所이다. 늘 궁전과 신단神壇을 함께 세웠으며, 해마다 여기서 여름을 보냈다. 산천이 쭉 둘러싸고 있는데, 가운데 초원의 넓이가 수십 리에 이른다. 그리고 앞에는 두 개의 호수가 있는데, 하나는 염호이고, 다른 하나는 담수호다. 서북쪽 산에서 세 개의 초원의 길三關口이 갈라지는데, 음마하(飮馬河, 헤를렌 강)와 톨 강으로 통한다. 몽골인들이 늘 드나드는 곳이다.

바로 이 기록 덕분에 역사학자들은 사아리 케에르에서 갈로트 행궁을 찾을 수 있었다고 한다. 서북쪽 산에서 세 개의 초원의 길이 교차한다는 말은 울란바토르의 톨 강으로 가는 서쪽 길과 몽골의 성산인 보르칸 칼돈 산으로 가는 북쪽 길, 그리고 사아리 케에리를 거쳐 허더 아랄로 가는 남쪽 길을 말한다.
　그때 문득 "궁전과 신단을 함께 세웠다"는 내용에 내 생각이 멈췄다. 행궁 터 앞에 있던 세 개의 건물 터에 종교 제단들이라도 세워져 있었단 말인가? 나는 가만히 생각해보았다. 칭기즈칸이 토착 종교인 샤머니즘 외에 다른 종교를 신봉했다는 기록은 어떤 사서에도 없다. 그런데 종교 제단이라니! 하긴 칭기즈칸은 대칸에 오른 뒤 몽골에 들어와 있던 여러 종교의 지도자들을 불러 모아놓고 그들의 논쟁을 가만히 지켜보곤 했었다. 그렇다면 그곳에 종교 제단들을 세우게 했던 것일까?
　알 수 없다. 하지만 그 역시 몽골 고원을 통일하는 과정에서 인간적인 외로움과 깊은 고독을 느꼈을 것이다.
　그때 남쪽을 보니 멀리서 집들이 아른거리는 게 보였다. 뭐 하는 곳일까? 민가 같지는 않았다. 우리는 아디야와 함께 다시 차를 타고 남쪽으로 내려갔다. 건물들의 모습이 점점 뚜렷하게 보였다. 조그만 건물들이 일렬로 쭉 서 있는 게 한눈에 요양소임을 알 수 있었다. 그 요양소를 서쪽으로 돌아 내려가니 마른 호수에 소금기가 가득하다. 바로 갈로트 강의 발원지였다. 갈로트 강은 행궁을 향해 북쪽으로 흐르다가 동쪽으로 방향을 틀어 헤를렌 강으로 흘러들어 간다.
　과연 강의 발원지답게 습지가 넓게 형성되어 있었다. 좀 더 내려가니 호수들이 나타났다. 호수 주위의 땅에도 흰 소금기가 가득했다. 호수 반대편에는 말들이 물을 먹고 있었다. 그리고 호수 앞에 조그만 사당이 하나 있었다.

우리는 얼른 보드카를 꺼내 어르거 의식을 행했다. 의식을 마치고 호숫가로 가니 바람에 쓰러지지 않도록 네모난 상자 형태로 만든 안내판이 서 있었다. 거기에는 '아라샹(샘물)에 들어갈 때의 지침'이 적혀 있었다.

아라샹 입욕 규정

아라샹에 들어갈 때는 첫날은 5분, 두 번째 날은 10분, 셋째 날은 15분, 넷째 날은 20분, 다섯째 날은 15분, 여섯째 날은 10분, 일곱째 날은 5분 동안 물속에 앉아 있는다. 이때 물속의 벌레가 무는 것은 좋은 것이므로 물이 고인 곳에 앉아 다리를 움직이지 않는 게 좋다. 아라샹에 들어갔다 나온 뒤에는 다시 진흙을 문질러 말린 다음 호수에 들어가 씻는다. 매일 이렇게 반복한다.

하얀 진흙: 머리 통증이나 눈의 통증에 효험이 있다.
붉은 진흙: 목의 아픔이나 편도성 염에 효험이 있다.
검은 진흙: 신장과 허리 그 외의 통증에 효험이 있다.
-건강한 신체에 뛰어난 지혜가 깃든다.

-A. 알탄수흐

말하자면 요양소에 온 사람들이 샘에 들어갈 때의 요령을 적은 지침문이었다.

주위를 둘러보니 호수는 하나뿐이었다. 『후북정록』에는 이곳에

갈로트 행궁 터 남쪽에 있는 두 개의 호수에 있는 사당(맨 위). 아라샹 입욕 규정 안내판(가운데 왼쪽). 타타르인의 면모를 연상시키는 목동(가운데 오른쪽). 샘에서 물을 긷는 목동(맨 아래).

호수가 두 개 있고, 다시 샘이 나오는 호수가 있다고 기록되어 있었다. 그때 우리를 보았는지 건너편에서 말을 치던 목동 둘이 말을 타고 달려왔다. 아저씨와 조카쯤 되어 보였다. 손위 목동은 인상이 예사롭지 않은 게 전형적인 타타르족의 모습이었다. 두 사람은 버드나무로 만든 긴 장대를 지니고 있었는데, 도망치는 말을 낚아챌 때 사용하는 도구였다. 그들과 대화하던 가이드 N이 말했다.

"왼쪽의 작은 호수와 오른쪽의 큰 호수가 물이 많을 때는 하나로 이어지고, 가물면 두 개로 나뉜다고 합니다. 현재는 두 호수 모두 염호랍니다."

"그럼 샘은 어디 있는 거지?"

내가 물었다. 그러자 N이 다시 그들과 대화하더니 말했다.

"왼쪽과 오른쪽 호수 중간에 돌 몇 개가 포개져 있는 곳이 바로 샘이랍니다."

『후북정록』의 기록은 정확했다. 우리가 샘물 맛이 어떠냐고 묻자, 조카 목동이 얼른 말 머리를 돌려 샘으로 가더니 말에서 내려 물병에 물을 가득 채워 가지고 왔다. 마셔보라고 우리에게 물병을 건네주는데, 물맛이 상쾌했다. 유황기와 탄산기가 있었지만, 전혀 자극적이지 않고 달콤하기까지 했다. 우리는 물을 마시고 나서 모두 "야! 물맛이 아주 특별하네" 하고 탄성을 질렀다. 나는 샘물을 떠서 물병에 담았다.

칭기즈칸은 갈로트 행궁에 묵으며 건강을 위해 종종 이 광천수 샘이 솟는 호수에 와서 몸을 씻었으리라. 어디 칭기즈칸뿐이랴. 몽골의 병사들도 병이 나면 이곳에 와서 호수 물에 몸을 담그며 치료했을 것이다.

호수가 있는 곳에서 남동쪽으로 내려가면 명나라 영락제가 삼봉산三峯山으로 고쳐 부르게 한 산이 나오고, 그 앞으로 헤를렌 강이 흐른다. 그 강을 건너면 바로 허더 아랄이다. 허더 아랄은 동몽골이나 내몽골의 실링골 초원으로 가려면 반드시 거쳐야 하는 교통의 요충지다. 사아리 케에르와 허더 아랄은 헤를렌 강을 사이에 두고 그렇게 하나로 이어져 있었다. 말을 타면 바로 헤를렌 강을 건너 허더 아랄로 들어갈 수 있었다.

하지만 타고 갈 말이 없었다. 자동차로 헤를렌 강을 건널 수는 없었다. 따라서 헤를렌 강을 건너려면 북쪽에 있는 바가노르 시까지 올라갔다가 그곳에서 강을 건넌 다음 남쪽으로 내려와야 했다. 하루 이상을 우회해야 하는 거리였다.

그러고 보면 현대 문명이 발전했다 해도 역시 초원에서는 말이 최고다. 자동차는 조금만 비가 와도 수렁에 빠지기 일쑤인 데다, 조금만 큰 강을 만나도 건널 수 없기 때문이다. 게다가 초원에서는 기름 넣을 곳도 없으니 몽골 초원을 자동차로 다닌다는 것은 편리함 못지않게 불편한 점도 많다.

삼봉산과 허더 아랄을 보지 못하는 것이 아쉬웠지만, 말이 없으니 별도리가 없었다. 이미 해는 중천에 떠 있었다. 우리는 여기까지 올 수 있도록 도와주신 몽골의 영들에게 감사의 어르거를 올린 다음 아디야의 게르로 향했다.

아디야가 마른 소똥을 화덕에 넣고 불을 지핀 후 양고기를 썰어 넣고 코릴태 셜을 끓여 내왔다. 맛있게 점심을 먹은 다음 우리는 아디야에게 사례하고 게르를 떠났다. 아디야의 딸과 손주가 잘 가라며 손을 흔들었다.

우리는 바가노르 시로 가는 길에 사아리 케에르 동쪽에 있다는 갈로트 강을 찾아보기로 하고 동북쪽으로 달렸다. 몇 개의 구릉을 넘자 초원이 온통 쟁기로 땅을 뒤집어놓은 것 같은 마른 습지로 변했다. 하얀 소금기가 가득했다. 그 마른 습지를 넘어서자 조그만 실개천이 나타났다. 갈로트 강이었다.

강폭이라고 해봐야 불과 2미터쯤 될까 싶은 조그만 개천이었지만, 비만 오면 이 일대가 모두 강으로 변할 게 틀림없었다. 그때 주위를 지나가던 목동이 우리가 궁금했는지 말 타고 다가왔다. 그의 말로는 가물 때도 갈로트 강은 마르는 법이 없다고 했다. 틀림없이 옛날에도 그랬을 것이다.

드넓은 초원과 물이 있으니 초원의 유목민들에게 무엇이 부족하리. 더욱이 이 사아리 케에르 평원을 지키고 있으면 동서남북의 정세를 모두 관망할 수 있고, 여차하면 대군을 움직일 수 있으니 칭기즈칸이 이곳을 사랑한 것도 무리가 아니었다.

그때 초원에 한바탕 바람이 불었다. 모든 것을 잠재우는 바람. 그 바람 소리에 우리는 오히려 마음이 열리고 흥분에 휩싸였다. 기분이 묘했다. 마치 우리가 이곳에 온 것을 알기라도 하는 듯이.

헤를렌 강을 만나다

우리는 북쪽으로 방향을 잡았다. 바가노르 시에 들러 차를 수리한 다음, 해 질 무렵 헤를렌 강 다리를 건너 여행자 숙소가 있는 곳을 향해 달렸다. N이 여러 번 들러봤다며 음식도 괜찮다고 했다.

헤를렌 강 다리를 지나기 전에 검문소가 나타났다. N이 말했다. 통행료를 내는 곳이라고. 통행료 500투그릭을 건네며 잘 만한 숙소를 물으니 검문소 아가씨가 다리 건너 여행자 숙소는 6월이나 되어야 개장한다며, 검문소 바로 옆에 새로 생긴 여행자 숙소에서 묵는 게 좋을 것이라고 했다.

여행자 숙소에서 짐을 풀고 창을 내다보니 붉게 노을이 지는 헤를렌 강이 아름다웠다. 달이 차오르면 어둠이 내린 뒤의 헤를렌 강 빛깔은 한층 더 빛날 것 같았다. 우리는 숙소에서 저녁을 먹은 뒤 일찍 자두기로 했다. 내일 마침내 꿈의 땅 '허더 아랄'을 볼 것이기 때문이다. 하지만 좀처럼 잠이 오지 않았다. 그곳을 본다고 생각하니 가슴이 설레기까지 했다.

허더 아랄은 카라코룸 일대와 다리강가 초원을 제외하면 몽골에서 풀이 가장 좋기로 유명한 곳이다. 뿐만 아니라 초원의 고속도로가 한곳으로 모이는 터미널 같은 곳이다. 따라서 허더 아랄을 장악하면 동서남북 어디든 갈 수 있었다.

게다가 허더 아랄 남쪽에는 수백 킬로미터에 걸쳐 광활한 초원이 펼쳐져 있다. 거기서 좀 더 아래로 내려가면 몽골의 대표적인 말 목장 중 하나인 다리강가 초원과 내몽골의 실링골 초원에 이르게 된다. 츠펑과 베이징이 바로 코앞인 것이다. 그런가 하면 북쪽으로는 바가노르를 거쳐 몽골 제국의 자궁에 해당하는 보르칸 칼돈 산에 갈 수 있고, 헤를렌 강과 함께 허더 아랄을 둘러싸고 있는 쳉헤르 강을 따라 올라가면 오논 강으로 올라갈 수 있다. 헤를렌 강을 타고 동쪽으로 가면 동몽골의 광활한 초원이 펼쳐진다. 또 서쪽으로는 사아리 케에르 평원을 거쳐 옹칸이 있는 카라툰과 고비 지방, 알타이 지방으로 직행할 수 있으니 그야말로 사통오달의 입지요, 천혜의 요충지다. 몽골 고원의 마지막 승자가 되려면 반드시 차지해야 하는 곳이었다.

몇 년 전 그곳에 가본 적이 있었다. 그때는 가볍게 역사적 유적을 돌아보는 식이었기 때문에 그곳의 지정학적, 역사적 의미를 제대로 알지 못했다. 그럼에도 그 지역의 인상이 너무 강해 단번에 몽골의 심장과 같은 곳임을 알 수 있었다.

허더 아랄은 1206년 몽골 제국이 성립한 후 몽골 제국의 수도였으며, 제2대 어거데이칸 때 울란바토르 서쪽의 카라코룸으로 수도를 옮겨 가기 전까지 몽골 제국의 정치, 경제, 군사, 문화의 중심지였다. 보르칸 칼돈 산이 몽골족의 자궁과 같은 곳이라면, 허더 아랄은 몽골족의 심장에 해당하는 곳이라고 할 수 있었다.

더욱이 허더 아랄은 『몽골 비사』가 쓰인 유서 깊은 곳이기도 하다. 『몽골 비사』는 몽골 제국이 남긴 칭기즈칸 시대의 대표적인 역사책이다. 칭기즈칸과 고락을 함께하며 곁에서 지켜보았던 장로들의 생생한 이야기를 모아놓은 이야기책으로, 문체도 구어체로 되어 있다. 몽골족이 푸른 늑대와 흰 암사슴으로부터 시작되었다는 건국 신화에서부터 몽골족의 계보와 칭기즈칸의 어린 시절, 그리고 칭기즈칸이 대칸에 이르기까지의 숱한 사건들이 자세히 기록되어 있어 몽골사를 연구하는 사람이라면 반드시 읽어보아야 할 책이다.

현재 학계에서는 『몽골 비사』의 편찬 연도에 대해 1228년과 1240년으로 입장이 갈려 있다. 『몽골 비사』 말미에 보면, "대大코릴타를 열어 쥐띠 해 고라니 달(7월), 헤를렌 강의 허더 아랄의 돌로안 볼다크 산과 실긴체크 두 지점 사이에 오르도(이동식 행궁)를 세우고 있을 때에 책을 마쳤다"고 되어 있다. 그 쥐해를 1228년과 1240년 중 어느 해로 보는가 하는 것인데, 1228년이면 어거데이가 대칸으로 등극하기 전해이고, 1240년이면 어거데이가 대칸으로 등극한 지 11년이 되는 해다.

이 책이 1228년에 쓰였을 거라고 주장하는 학자들의 견해는 이렇다. 어거데이는 칭기즈칸 사후 바로 대칸으로 등극하지 못했다. 그가 대칸으로 지명되었다는 사실을 의심하는 사람들이 있었기 때문이다. 어거데이는 자신이 칭기즈칸의 후계자로서 정통성을 갖고 있다는 것을 사람들에게 보여줄 필요가 있었다. 그래서 나이 든 장로들이 죽기 전에 칭기즈칸의 육성을 전할 책을 편찬할 필요를 느꼈고, 그렇게 해서 서둘러 세상에 나오게 된 것이 바로 『몽골 비사』라는 것이다.

실제로 『몽골 비사』에는 칭기즈칸이 장남 조치와 차남 차가타이를 제치고 어거데이를 후계자로 정하는 이야기가 나와 그들의 주장을 뒷받침하는 듯한 인상을 준다.

때는 바야흐로 칭기즈칸이 호라즘에 보냈던 사신들과 대상들이 모두 피살되었다는 소식을 듣고, 호라즘으로 원정을 떠나기 직전이었다. 칭기즈칸 말년에 옆에서 그를 모시던 예수이 카톤이 슬쩍 칭기즈칸에게 말했다.

"칸은 오랫동안 전투를 치러왔습니다. 태어난 모든 것은 언젠가 죽습니다. 큰 나무와 같은 칸의 몸이 갑자기 쓰러지기라도 하면 초원의 풀과 같은 백성들은 누가 다스립니까?"

그녀의 말이 옳다 여긴 칭기즈칸은 아들들을 불러놓고 큰아들 조치에게 말했다.

"너는 나의 아들 중 장남이다. 너는 어떻게 생각하는지 한번 말해보라."

그러자 차남인 차가타이가 끼어들며 항의했다.

"조치에게 말하라고 하는 것은 대칸의 자리를 물려주시려는 겁니까? 조치는 메르키트 부족의 혈통을 갖고 있습니다. 그런 이에게 어떻게 몽골의 통치를 맡기려 하십니까?"

조치가 어머니 버르테가 메르키트부에 약탈당했을 때 임신해서 낳은 아들임을 지적하고 있는 것이다. 그러자 조치가 차가타이의 멱살을 움켜쥐고 말했다.

"칸께서는 단 한 번도 내가 아들이 아니라고 말씀하신 적이 없다. 너는 어찌 이리 나를 능멸하는 것이냐?"

그렇게 조치와 차가타이가 서로 멱살을 잡고 있을 때 칭기즈칸은 묵묵히 듣기만 할 뿐 말이 없었다. 그때 옆에 있던 텝 텡그리가 일어나 그들을 꾸짖었다. 텝 텡그리는 칭기즈칸이 늘 옆에 두고 있던 대샤만으로, 테무진이 온 세상을 지배할 것을 예언하면서 그에게 '칭기즈칸'의 칭호를 준 인물이다.

"차가타이! 너는 어찌 그리 성질이 급한 것이냐. 네 어머니는 결코 원해서 끌려간 게 아니었다. 결코 다른 남자를 사랑해 떠난 것이 아니었다. 너희는 어찌하여 어머니 버르테의 마음을 아프게 하느냐. 너희들은 모두 버르테의 자궁에서 태어나지 않았느냐……."

텝 텡그리가 조치와 차가타이를 크게 나무라자, 그제야 가만히 듣고만 있던 칭기즈칸이 차가타이를 꾸짖으며 말했다.

"차가타이는 앞으로 형에게 그리 말하지 마라. 조치는 누가 뭐라 해도 나의 맏아들이다."

그러자 잠시 후 조치와 이야기를 나눈 차가타이가 칭기즈칸에게 말했다.

"어거데이야말로 온후한 성품을 갖고 있습니다. 우리는 어거데이를 후계 대칸으로 천거하고자 하니 부디 어거데이를 아버지 칸 옆에 두고 훌륭한 대칸이 되도록 가르침을 베풀어주시기 바랍니다."

그러자 칭기즈칸은 어거데이에게 말했다.

"형들이 너를 지목했다. 하고 싶은 말이 있으면 해보아라."

어거데이가 말했다.

"형님들께서 그리 말씀하셨는데, 제가 무슨 말씀을 드릴 수 있겠습니까. 다만, 나중에라도 저의 자손들 중에 신선한 풀에 둘러싸여 있어도 소가 먹지 않고, 비곗덩어리에 싸여 있어도 개가 먹지 않는 아무짝에도 쓸모없는 자가 태어날까 두렵습니다. 또 사슴이 눈앞을 가로질러 가는데도 맞히지 못하고, 초원의 다람쥐가 머리를 내미는데도 맞히지 못하는 서툰 사냥꾼이 나오지 않을까 두렵습니다."

그러자 칭기즈칸은 어거데이를 지그시 바라보며 말했다.

"그렇다면 네가 형들의 말을 받아들인 것으로 알겠다."

칭기즈칸은 다시 막내 톨로이에게 말했다.

"너도 하고 싶은 말이 있으면 해보라."

톨로이가 대답했다.

"저는 아버지 칸이 지명한 형님 곁에 머무르며 형님이 잊어버린 게 있으면 그것을 일깨워주고, 형님이 잠들면 깨워주는 듬직한 동지가 되겠습니다."

그러자 칭기즈칸이 크게 기뻐하면서 말했다.

"너희들은 나의 뜻을 어기지 마라. 만일 어거데이의 자손 중에 신선한 풀에 싸여 있어도 소가 먹지 않고, 비곗덩어리에 싸여 있어도 개가 먹지 않는 그런 무능한 자가 태어난다면, 나의 다른 자손들 중에서라도 어찌 훌륭한 자가 태어나지 않겠느냐."

이렇게 해서 칭기즈칸은 어거데이를 다음 대칸으로 내정했던 것이다. 따라서 이 대목만 보면 어거데이가 자신이 대칸으로 내정되었음을 세상에 알리기 위해 『몽골 비사』를 집필케 했다고 생각할 수 있다.

그러나 『몽골 비사』 269절에는 어거데이가 코릴타에서 대칸으로 추대되었다는 분명한 구절이 나온다. 어거데이가 대칸으로 추대된 것은 1229년이다. 또 칭기즈칸의 호위 병사들인 케식텐을 어거데이가 넘겨받았다는 구절이 나온다. 이는 어거데이가 이미 대칸으로 공식적인 활동을 했다는 것을 뜻한다. 따라서 『몽골 비사』는 1228년보다는 1240년에 쓰였을 가능성이 높다. 몽골 정부도 이런 점을 고려하여 공식적으로 1240년에 쓰였다고 말하고 있다.

허더 아랄은 이처럼 칭기즈칸의 행궁이 있었던 곳이자, 장로들의 입을 빌려 몽골 제국의 성립 과정을 기록한 『몽골 비사』가 탄생한 곳이기도 하다. 따라서 허더 아랄은 칭기즈칸과 몽골 제국에 관심 있는 사람이라면 반드시 가보아야 할 곳이라고 할 수 있다.

붉은 바위산 바얀올란으로 들어가다

아침에 눈을 뜨니 날씨가 좋았다. 창밖을 내다보니 푸른 하늘보다 더 시퍼런 헤를렌 강의 물빛이 사파이어처럼 반짝거린다. 우리는 아침을 먹고 서둘러 길을 나섰다. 다시 초소를 지나려는데 어제 그 아가씨가 반갑게 미소 지으며 길을 열어준다. 우리는 헤를렌 강 다리를 지나 오른쪽 비포장도로로 들어섰다. 시퍼런 헤를렌 강가에는 버드나무가 무성했다.

한 5분쯤 갔을까, 가이드 N이 왼쪽 바얀올란 산길로 가자고 한다.

헤를렌 강. 강물이 사파이어처럼 시퍼렇다.

바얀올란은 '붉은 바위'란 뜻이다. 아마도 붉은 바위가 많아 그런 이름이 붙었을 것이다. 바얀올란은 그 안에 1,000개의 유목지가 있다고 할 정도로 골짜기가 많고, 겨울 유목지로도 유명한 곳이다.

마침내 차가 고개 정상에 오르자 갑자기 시야가 확 트인다. 그리고 겹겹의 산으로 둘러싸인 넓은 초원이 나타난다. 과연 그 안에 1,000개의 유목지가 있을 만하다는 생각이 들었다. 곳곳에 숨을 곳도 많아 군사적 요새로도 손색없어 보였다.

우리는 잠시 바얀올란의 산세를 둘러본 뒤 초원으로 내려갔다. 넓은 초원에 이르자 운전기사 K가 주위를 살폈다. 그때 멀리 앞쪽에 양 떼가 보였다. 그는 재빨리 양 떼가 있는 곳으로 차를 몰았다.

1,000개의 겨울 유목지가 있다는 바얀올란에 들어서니 산들이 겹겹이 둘러 있고, 그 사이에 넓은 목초지가 있다.

차가 다가가자 양들이 우르르 달아난다. 그러자 양 떼를 몰던 목동이 오토바이를 타고 다가왔다. 요즘은 말 대신 오토바이를 타는 목동들도 자주 볼 수 있다. K가 그에게 인사를 건네며 이야기를 나누었다.

"사인바이노······."

N에게 무슨 이야기를 나누냐고 물었더니, 허더 아랄에 있는 돌로드 올로 가려면 어느 골짜기로 가야 하는지 묻는 거라고 했다. 초원에 나가면 수시로 길을 물어야 하는데, 특히 이곳은 골짜기가 많아 길을 잃기 쉽다고 했다. 과연 그 산이 그 산 같아 보였다.

목동이 가르쳐준 길을 따라 두어 개의 고개를 넘자 건너편 산기슭에 전봇대들이 보였다. 순간 K의 얼굴이 환해졌다. 이제부터 전봇대들만 따라가면 된다는 것이다. 초원에서는 길을 잃기 쉬운데 전봇대를 따라가면 길을 잃을 염려가 없기 때문이다.

전봇대를 따라 산길을 가고 있을 때, 갑자기 앞쪽에서 타르박이 쪼르르 달려가는 게 보였다. N이 "저기 타르박이 달려갑니다!" 하고 외쳤다. K가 기분 좋게 싱끗 웃더니 서둘러 그쪽으로 핸들을 돌렸다. 토끼보다 커 보이는 타르박이 돌멩이들이 모여 있는 곳으로 가더니 쫑긋 머리를 들고 우리를 살핀다. 그러더니 우리가 다가가자 서둘러 굴속으로 숨는다. K는 총을 가져오지 않은 것이 몹시 섭섭하다는 듯 입맛을 다셨다.

현재 몽골에서는 1년 중 8월에만 타르박 사냥을 허용하고 있다. 또 그때가 돼야 제법 살이 오른다. 지방이 많은 타르박은 초원의 가을철 별미다. 고대 몽골인들은 가을철 식량이 부족할 때 대대적으로 타르박을 사냥하여 보충하곤 했다. 그러나 지금은 무분별한 남

타르박.

획으로 타르박 수가 많이 줄어들었다고 한다.

계곡을 지날 때 타르박이 몇 마리 더 보였다. 그때마다 타르박이 도망가는 모습을 보며 즐겁게 웃었다. 타르박은 호기심과 겁이 많은 동물이다. 그래서 몽골 사람들은 타르박의 호기심과 두려움을 이용해서 잡는다고 한다. 타르박이 굴에서 나왔을 때 멀리서 흰 천이나 깃털을 살살 흔들며 타르박 쪽으로 조용히 다가가면 타르박은 최면에 걸린 듯 그 자리에 멈춰 서서 꼼짝 않는다는 것이다.

신기하게도 흰색의 물건이 왔다 갔다 하는 것을 보고 있으면 타르박은 일종의 패닉 상태에 빠져드는데, 이때 다가가 타르박을 잡는다는 것이다. 일부 학자들은 타르박이 흰색을 보고 패닉 상태에 빠지는 것에 대해 흰색이 천적인 늑대의 털빛과 비슷하기 때문일 거라고 설명한다.

다시 몇 개의 고개를 넘자 갑자기 정면에 닭 볏 같은 바위 능선들이 보이기 시작했다. 바얀올란의 주 능선이었다. 석양 무렵이면 바얀올란의 능선이 붉은색으로 물든다고 한다. 그래서 바얀올란, 붉은 바위라고 한 것일까. 바얀올란의 주 능선은 동북에서 남서 방향으

바얀올란 산의 바위 능선(위). 그 남쪽 끝은 용 머리 모양을 하고 있다(아래).

로 달려가고 있었다. 내몽골의 츠펑에 있는 훙산紅山보다 규모가 더 컸다.

바얀올란의 바위 능선이 점점 더 뚜렷하게 그 모습을 드러낼수록 주변 산들은 점점 낮아졌다. 얼마나 지났을까, 문득 남쪽 방향이 환하게 열리기 시작했다. 앞쪽에 초원이 있는지 멀리서 아지랑이가 피어올랐다.

그때 왼쪽에서 우리와 함께 남쪽으로 달려가던 바얀올란의 마지막 능선이 놀랍게도 용의 머리 모양을 하고 있었다. 나는 비로소 닭 볏 같던 바얀올란의 바위 능선들이 용의 등줄기였음을 깨달았다. 바얀올란의 용 머리는 남서 방향을 가리키고 있었다.

돌로드 올, 칠형제봉에 이르다

다시 남쪽으로 10분쯤 내려갔을까, 멀리 지평선에 조그만 산들이 보이기 시작했다. 그때 N이 차를 세우더니 여기서 그 산들을 보고 가는 게 좋겠다고 했다.

우리는 차에서 내렸다. 멀리 지평선 끝에 조그만 산들의 봉우리가 보였다. 바로 돌로드 올이었다. 고대의 이름은 칠형제봉이란 뜻의 '돌로안 볼다오트'다. 칭기즈칸이 속해 있던 키야트족의 핵심 세력인 주르킨 씨족의 성소였던 곳이다.

'주르킨'은 몽골 말로 심장이란 뜻이다. 주르킨 씨족은 몽골족의 첫 번째 칸인 카불칸의 주력군을 이어받아 몽골족 내에서 가장 강력한 군사력을 갖고 있었다.

그런데 칠형제봉을 유심히 바라보던 나는 깜짝 놀랐다. 바얀올란과 마찬가지로 용 머리 모습을 하고 있었기 때문이다. 그 머리 방향으로 보아 바얀올란이나 칠형제봉 모두 남쪽의 어떤 지점을 가리키고 있음이 분명했다. 바로 허더 아랄이었다! 그랬다. 허더 아랄은 신성한 곳이고, 몽골의 심장이었다. 그래서 이렇게 바얀올란과 돌로드 올이 반복해서 그곳을 가리키고 있었던 것이다.

그때 N이 말했다.

"돌로드 올의 오른쪽을 보면 또 하나의 산이 보이지요. 바로 삼봉

돌로드 올. 바얀올란 산과 마찬가지로 용 머리 모양을 하고 있었다.

산입니다. 칠형제봉과 저 삼봉산 사이에는 헤를렌 강이 흐릅니다. 헤를렌 강을 건너 서북쪽으로 올라가면 어제 우리가 들렀던 사아리케에르 초원이 나옵니다."

삼봉산이라면 세 개의 봉우리가 나란히 있는 산이어야 할 텐데, N이 삼봉산이라며 가리킨 산은 전혀 삼봉산처럼 보이지 않았다.

"저 산이 삼봉산이라고? 여기서 봐선 잘 모르겠는데."

"가보시면 압니다."

그러면서 N은 유쾌하게 웃었다.

우리는 들판을 가로질러 칠형제봉으로 달려갔다. 오른쪽 멀리서 헤를렌 강이 우리와 나란히 달리고 있었다. 30분가량 달린 뒤에야 칠형제봉 근처에 이를 수 있었다. 가까이 다가갈수록 칠형제봉은 그 자태가 뚜렷했다. 산 아래쪽에는 데레스 풀이 무성하게 자라고 있었다. 몽골인들은 이 데레스 풀을 꺾어 바구니나 수공예품을 만드는데, 초원에서는 늑대가 낮에 종종 이 데레스 풀 속에 숨어서 어린 가축을 노린다.

그때 칠형제봉 못미처 데레스 풀밭 가장자리에 유목민 게르가 한 채 보였다. 그 앞에는 트럭 두 대가 서 있었다. 우리는 방향을 돌려 그곳으로 갔다. 게르 앞에 차를 세우자 역시 개들이 컹컹대며 차를 둘러쌌다. 잠시 후 집주인과 아이들이 나왔다. 돌로드 올을 보러 온 사람들인데, 잠시 쉬어가도 좋겠느냐고 하자 선뜻 들어오라고 했다. 우리는 보드카 한 병과 사탕 한 봉지를 꺼내 들고 게르로 들어갔다. 젊은 부부가 노모와 함께 살고 있었다.

젊은 안주인이 수태 차와 어름 등 유제품을 가져왔다. N이 할머니에게 이것저것 물어보았다. 할머니의 이름은 '헨메데흐'로 '누가

돌로드 올 바로 아래의 유목민 게르(위). 헨메데흐 할머니와 며느리(아래).

알랴'라는 뜻이었다.

우리가 칠형제봉에 올라갈 수 있느냐고 묻자 할머니가 말했다.

"우리 주민들은 이곳에 살면서도 평생 한 번도 올라가보지 못한 사람들이 많아요. 신성한 곳이기 때문이지요. 하지만 외국인들은 올라가도 괜찮답니다."

"산 위에 오보가 있지요?"

N이 물었다.

"있다고 들었지만 보진 못했어요. 마을 어른들이 기도하기 위해 더러 올라가는데, 그때는 반드시 우유를 가지고 올라가요."

할머니가 말했다.

"보드카가 아니라, 우유를 말입니까?"

N이 뜻밖이라는 듯 확인하며 물었다.

"네. 반드시 우유라야 합니다. 옛날부터 칠형제봉에 어르거를 할 때는 우유를 뿌리는 전통이 있어요."

N은 이곳에 몇 번 왔지만, 오보에 우유를 뿌린다는 이야기는 처음 듣는다고 했다. 차를 다 마시고 밖으로 나오자 N이 서쪽을 가리키며 말했다.

"저 앞쪽에 흐르는 강이 헤를렌 강입니다. 그 건너편 산이 바로 삼봉산이고요. 산의 느낌이 어떠세요? 이젠 삼봉산처럼 보이나요?"

"봉우리 세 개가 또렷한 게 확실히 삼봉산에 가깝군."

"그러실 겁니다. 돌로드 올에 올라가서 보시면 정확히 삼봉산 형태로 되어 있음을 아시게 될 겁니다."

우리는 유목민 가족과 작별한 뒤 차를 타고 칠형제봉 중 세 번째와 네 번째 봉우리 사이로 들어갔다. 칠형제봉의 가슴이 넓게 드러났다. 온통 황토 빛이었는데, 보석처럼 빛났다. 우리는 정상에 오보가 있는, 서쪽에서 두 번째 산기슭으로 향했다. 칠형제봉은 동서로 길이가 900미터쯤 되고, 각각의 봉우리는 높이가 불과 100미터에서 200미터밖에 되지 않는다. 하지만 망망초원에서 100~200미터의 산은 꽤 높은 것이어서 사방 어디서나 한눈에 보이게 마련이다.

차에서 내려 정상으로 올라가는데 바위가 많았다. 그런데 키 작은 분홍색 꽃나무들이 여기저기 보였다. N에게 무슨 꽃이냐고 물으니 벚꽃이라고 했다.

"아니, 무슨 벚꽃이 저렇게 키가 작아?"

나는 놀라서 그를 쳐다보았다. N이 빙그레 웃으며 말했다.

"몽골의 벚나무들은 추위 탓에 잘 자라지 못합니다. 그래서 키가 작지요."

몽골 초원의 벚꽃이라. 우리나라 벚꽃들이 흰색에 가까운 분홍색이라면 이곳의 벚꽃들은 짙은 분홍색을 띠고 있었다. 초원은 겨울이 길고 봄이 짧다. 눈 깜짝할 사이에 봄이 지나간다. 그래서 꽃 색깔도 저렇듯 진한 빛을 띠고 있는 것일까?

마침내 두 번째 봉우리 정상에 오르니 바윗돌로 쌓은 오보가 눈앞에 나타났다. 사람 키를 넘는 큰 오보였다. 그 꼭대기에는 버드나무 신대가 꽂혀 있고, 갖가지 색깔의 하닥이 매어져 있었다. 오보 주위에도 벚꽃이 여기저기 피어 있었다.

"이곳이 바로 주르킨 씨족의 본거지인 돌로드 올, 칠형제봉입니다."

N이 말했다.

나는 감상에 젖어 주위를 둘러보았다. 한눈에도 신성한 곳임을 알 수 있었다. 칠형제봉은 일곱 개의 봉우리가 둥근 원을 그리며 가운데 분지를 만들고 있었다. 모두 나무가 없는 민둥산들이었지만 아주 특별한 기운을 품고 있었다. 천상의 산들을 지상으로 옮겨놓은 듯 신비로운 기운이 감돌았다. 건너편 봉우리 아래쪽에는 작은 호수도 있었다.

기운이 매우 좋은 곳이었다. 바얀올란의 기운이 이곳까지 내려오고 있음이 분명했다. 과연 주르킨 씨족이 성지로 삼을 만한 곳이었다.

멀리서 헤를렌 강이 이곳 칠형제봉을 서남쪽에서 둥글게 감싸며 흐르고 있었다. N이 술을 오보에 뿌리며 어르거를 했다. 나는 삼봉

짙은 분홍색을 띤 초원의 벚꽃(위). 돌로드 올 두 번째 봉우리 위에 있는 오보(아래).

바얀 에르테흐 산. 명나라 영락제는 이 산을 삼봉산으로 고쳐 부르게 했다.

산을 바라보았다. 세 개의 봉우리 모양이 선명했다. 아래서 보았을 때는 뚜렷하지 않았는데, 칠형제봉에 올라와서 보니 세 개의 봉우리가 너무나도 선명한 '산山' 자 형태를 이루고 있었다. N이 다가와 말했다.

"정확히 세 개의 봉우리 모습이지요? 오직 이곳에 올라야만 삼봉산의 모습을 제대로 볼 수 있답니다."

"그렇군. 놀라워. 마치 삼산형 왕관을 벗어 내려놓은 모습이라고나 할까."

"명나라 영락제가 다리강가에서 북상해 이곳 허더 아랄에 도착한 뒤 헤를렌 강에서 자신이 탄 말에게 물을 먹입니다. 그러고는 헤를렌 강을 '내 말이 물을 먹은 곳'이란 뜻의 '음마하飮馬河'로 고쳐 부르게 합니다. 그리고 바얀 에르테흐로 불리던 저 세 개의 봉우리 산도 '삼봉산'으로 바꿔 부르게 했지요."

에르테흐는 몽골 말로 '젖가슴처럼 봉긋 올라온 산'이란 뜻이다. 젖가슴처럼 봉긋 올라온 산과 삼봉산. 초원 문화와 중원 문화의 차이라고나 할까. 중국의 황제들은 만리장성을 넘어와 백성을 괴롭히는 북방의 유목민들이라면 치가 떨렸을 것이다. 따라서 몽골 기마군단의 뒤를 쫓아 초원의 고속도로를 달려 몽골 심장부까지 온 영락제의 심사는 자못 감개무량했을 것이다. 150년 넘게 몽골족에게 지배당한 수모와 치욕을 씻는 기분이었을 것이다. 그래서 지명도 모두 중국식으로 바꿔 부르고 싶었을 것이다.

그러나 중국은 결코 몽골을 정복하지 못했다. 사람들은 몽골이 원나라를 버리고 몽골 고원으로 돌아갔을 때 원나라가 망했다고 말했지만, 오히려 몽골은 초원으로 돌아온 뒤 빠르게 그 힘을 회복했다. 영락제가 무려 다섯 번에 걸쳐 몽골 정복을 시도했으나, 첫 번째만 성공했을 뿐 나머지 네 번은 모두 실패했다. 그 뒤 명나라 영종英宗이 다시 50만 대군으로 몽골을 치려다 불과 2만의 몽골 기병에게 전멸당했으며 자신도 사로잡히는 수모를 겪는다. 그 뒤 명나라는 몽골을 두려워했다.

그때 N이 말했다.

"이곳 돌로드 올과 저 바얀 에르테흐 산 사이로 두 개의 강이 흐릅니다. 바얀 에르테흐 산 앞쪽으로 헤를렌 강의 본류가 둥글게 서

남쪽 초원을 감싸고 흐른다면, 돌로드 올 바로 밑으로는 헤를렌 강의 지류인 나린 강이 흐릅니다."

자세히 보니 과연 두 개의 강이 칠형제봉 서남쪽의 드넓은 초원을 감싸며 흐르고 있었다. 헤를렌 강과 쳉헤르 강으로 둘러싸인 허더 아랄 안에 헤를렌 강과 나린 강으로 둘러싸인 또 하나의 작은 섬이 있는 셈이었다. 바얀올란의 용 머리가 틀고 있던 방향과 칠형제봉이 머리를 틀고 있던 방향이 모두 헤를렌 강과 나린 강으로 둘러싸인 초원의 섬을 가리키고 있던 것이 생각났다. 몽골의 대지를 지키는 영들은 놀랍게도 이곳이 몽골 성지임을 가리키고 있었던 것이다.

어쩌면 어거데이는 1240년, 칭기즈칸 시대의 장로들이 하나둘 나이 들어가는 것을 보면서, 그들이 죽기 전에 칭기즈칸 시대의 이야기들을 기록으로 남겨두어야 한다고 생각했을 것이다. 나린 강과 헤를렌 강으로 둘러싸인 이 '섬 중의 섬', 신성한 곳에서 『몽골 비사』를 쓰게 했던 것이리라.

실제로 『몽골 비사』에는 "이곳 돌로안 볼다크 산과 실긴체크 사이에 게르를 치고", 그곳에서 집필한 것으로 되어 있다. '실긴체크'는 아마도 저 섬 중의 섬에 있는 한 곳을 가리키는 지명일 것이다.

칠형제봉은 주르킨 씨족의 본거지가 있던 곳이다. 내게는 『몽골 비사』보다도 주르킨 씨족의 일이 더 마음 아프게 다가왔다. 주르킨 씨족은 칭기즈칸과 대립하다 1196년에 칭기즈칸의 공격을 받고 사라졌다.

그때 N이 말했다.

"이곳 칠형제봉은 신성한 곳이라 예부터 사람들이 살지 않았다고 해요. 여기에서 자면 이상한 기운에 휩쓸려 괴이한 꿈을 꾼다는

돌로드 올 가운데 분지 너머로 멀리 토노 산이 보인다.

겁니다."

"괴이한 꿈이라. 영들이 많은 곳이라는 말이군."

왜 아니랴. 나는 칠형제봉과 삼봉산, 허더 아랄이 갖는 의미를 생각하며 다시 주위를 천천히 둘러보았다. 그때 동쪽으로 멀리 토노 산이 보였다. 토노 산은 허더 아랄 동쪽에 있는 산으로, 예부터 몽골의 샤만들이 큰 제사를 지내던 산이다. 흐릿하긴 했지만 토노 산의 등줄기가 용처럼 꿈틀거렸다. 이곳 칠형제봉에서 동쪽으로 방향을 바꾼 헤를렌 강은 저 토노 산 뒤쪽으로 흘러 망망초원을 적시며 동몽골로 흘러간다.

그러고 보니 칠형제봉은 북쪽으로는 바얀올란, 서쪽으로는 삼봉

1 초원에도 길이 있다 91

산, 동쪽으로는 토노 산을 모두 관망할 수 있는 허더 아랄 최대의 성소라 할 수 있었다. 이곳을 차지한다는 것은 곧 몽골 초원의 심장부를 차지하는 것이나 다름없었다. 게다가 바얀 에르테흐 산 앞쪽의 헤를렌 강을 건너면 사아리 케에르 평원으로 올라갈 수 있고, 서북쪽으로는 우리가 온 길을 따라 1,000개의 겨울 유목지가 있는 바얀올란으로 갈 수 있으며, 남쪽으로는 끝없이 펼쳐진 초원을 따라 다리강가에 이를 수 있고, 동쪽으로는 헤를렌 강을 따라 동몽골로 갈 수 있었다. 바로 이곳을 키야트족의 주르킨 씨족이 차지하고 있었던 것이다.

따라서 주르킨 씨족을 장악하지 못하고는 키야트 씨족들의 통일은 불가능했다. 이런 이유로 테무진이 키야트계의 칸이 되고 나서 가장 공을 들인 것이 주르킨 씨족이었다. 그러나 테무진이 주르킨 씨족을 누르고 칠형제봉과 허더 아랄을 차지한 것은 그로부터 8년 이상 지난 뒤였다.

1196년, 마침내 테무진은 주르킨 씨족을 치고 이곳을 차지했지만, 자신이 갖지 못하고 옹칸에게 내줬다. 아직은 옹칸의 힘이 필요했기 때문이다.

칭기즈칸의 겨울 행궁지

얼마나 시간이 지났을까, 돌로드 올 칠형제봉에서 내려오려고 할 때 갑자기 N이 소리쳤다.

"여기 좀 와보세요."

나는 그쪽을 쳐다보았다. 개가 한 마리 N 앞으로 다가와 살랑살랑 꼬리를 흔들고 있었다.

"뭔가 달라는 것 같습니다."

그러고는 주머니에서 사탕 하나를 꺼내 주었다. 그러자 개는 기다렸다는 듯이 와서 덥석 받아먹었다.

"그 개가 돌로드 올의 영들을 지키는 모양이군."

내가 말했다. 모두들 그런가 보다며 웃음을 터뜨렸다.

우리는 칠형제봉에서 내려와 서둘러 토노 산 쪽으로 움직였다. 산은 동쪽에서 병풍처럼 허더 아랄을 감싸고 있었다. 가까이 다가갈수록 바위산의 위용이 드러나면서 금세라도 용이 튀어나올 듯한 기세였다. 산을 바라보며 초원을 한참 달린 끝에 우리는 마침내 몽골 비사 기념비가 있는 곳에 도착했다.

토노 산을 배경으로 서 있는 몽골 비사 750주년 기념비는 한 폭의 그림 같았다. 나무 울타리에는 군데군데 푸른 하닥이 걸려 있었고, 입구는 동쪽으로 나 있었다. 몽골은 1991년 사회주의가 붕괴되자마자 그해 7월 민족 정체성 회복 운동의 첫걸음으로 허더 아랄에 칭기즈칸의 영욕을 읊은 몽골 비사 기념비를 세웠던 것이다.

본래 몽골 비사 기념비는 돌로드 올과 실긴체크 사이의 초원에 세워야 하는데, 그곳 지형이 비만 오면 습지가 되므로 이곳에 세웠다고 한다. 가시적인 역사 기념물을 좀처럼 남기지 않는 몽골인들로서는 매우 이례적인 기념비라고 할 수 있다.

몽골 비사 기념비 안으로 들어가니 비 정면에 부조로 각인된 칭

몽골 비사 750주년 기념비.

기즈칸이 우리를 반갑게 맞았다. 그 앞에서 어르거 의식을 한 뒤 주위를 살펴보니 한눈에 그 일대의 중심임을 알 수 있었다. 신성한 기운이 절로 느껴지는 천하의 명당 터였다. 동쪽으로는 토노 산이 병풍처럼 둘러싸고 있고, 서쪽 지평선 위로는 삼봉산과 칠형제봉이 나란히 시야에 들어왔다. 남쪽으로도 끝없는 초원이 이어져 있었고, 북쪽도 마찬가지였다.

기념비에는 당시 몽골 고원의 모든 씨족들의 문장紋章이 4면에 걸쳐 빽빽하게 새겨져 있었다. 당시 몽골 씨족들이 말이나 가축에 새기던 문장으로, 몽골어로는 '탐가'라고 한다. 각 부족마다 자기 문장이 있어, 그것을 말에 새겨 자기 말과 다른 사람의 말을 구별했던 것이다. 지금도 몽골 사람들은 말 문장을 보면 어느 씨족의 말인지 단번에 알 수 있다고 한다. 비문에는 그런 인장이 4면에 가득 새겨져 있었는데, 족히 400~500개는 되어 보였다.

나는 수년 전 몽골 비사 기념비 옆에 텐트를 치고 밤을 새웠던 일을 떠올렸다. 그때 밤하늘을 새카맣게 뒤덮던 별들. 그리고 새벽 여명에 붉게 빛나던 기념비의 모습들⋯⋯. 아마 이곳 허더 아랄에 칭기즈칸이 머무를 때도 그랬을 것이다.

몽골 비사 기념비 북쪽에는 박물관이 있었다. 붉은 벽돌로 지은 단층 건물이었다. 박물관 옆에는 게르와 목조 주택이 있었는데, 관리인이 사는 곳이라고 했다. 그러나 우리가 갔을 때는 아쉽게도 관리인이 출타 중이어서 박물관에 들어갈 수가 없었다. 우리는 동쪽에 있는 칭기즈칸의 행궁 터로 갔다. 행궁 터 입구 좌측에는 몽골과 일본 탐사대의 발굴 기념비가 세워져 있었다.

이곳의 옛 이름은 '아오로크A'urug'다. 그러나 몽골 제국 붕괴 후 사람들의 기억 속에 사라져 그 본래의 이름조차 남지 않았고, 전설의 땅이 되었다. 이곳 칭기즈칸의 행궁 터가 세상에 알려진 것은 1990년부터 1992년까지 몽골과 일본 고고학자들의 연합으로 이루어진 '고르반 골 프로젝트(3강 프로젝트)' 덕분이다. 3강은 칭기즈칸의 성지인 보르칸 칼돈 산에서 발원하는 톨 강, 오논 강, 헤를렌 강을 말한다. 당시 조사단은 인공위성을 이용해 보르칸 칼돈 산에서 허더 아랄에 이르는 곳까지 칭기즈칸의 무덤으로 생각되는 곳들을 탐사했는데, 그때 이곳에 큰 행궁 터가 존재한다는 사실을 알게 됐던 것이다. 그리고 새 천 년 들어 본격적으로 발굴한 결과, 세 개의 유적층이 확인되었는데, 맨 아래층에서는 칭기즈칸 시대의 유적이, 중간층에서는 어거데이 시대의 유적이, 맨 위층에서는 라마교 사원의 유적이 확인되었다고 한다.

칭기즈칸의 행궁 터 주위에는 유적지를 보호하기 위해 남북으로

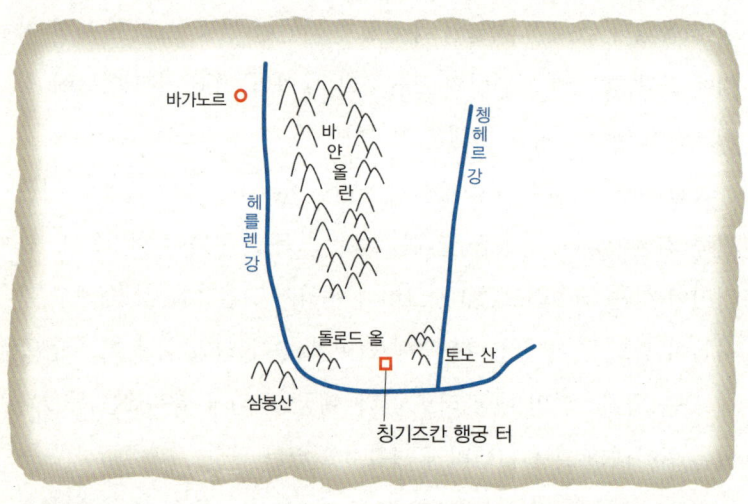

허더 아랄 일대. 이곳을 중심으로 초원의 길은 동몽골과 남쪽의 다리강가로 이어진다.

칭기즈칸 행궁 터 안의 광천수 샘터.

1,200미터, 동서로 500미터의 울타리가 쳐져 있었다. 멀찍이 철제 울타리 너머로 토노 산 아래 있는 광천수 샘터가 보였다. 지금은 그 안에 들어갈 수 없지만, 몇 년 전에 왔을 때는 샘터까지 갈 수 있었다. 샘터 주위에는 조그만 냇물이 흐르고 있었다. 그리고 샘 위에는 라마교 사원의 분위기를 풍기는 건물이 세워져 있었다. 우리는 그때 앞다투어 광천수를 받아 마셨다. 사아리 케에르 행궁 터 남쪽에 있는 광천수 샘터보다 물맛이 훨씬 더 강하고 자극적이었지만, 칭기즈칸이 마셨던 물을 마신다는 생각에 모두 즐겁기만 했었다. 이곳 광천수는 탄산 농도도 높았던 것으로 기억한다.

그러고 보니 흥미롭게도 칭기즈칸의 행궁이 있는 곳마다 근처에는 광천수 온천이 있었다. 사아리 케에르도, 이곳 허더 아랄도. 어쩌면 칭기즈칸이 피부병 등 지병을 앓고 있었던 것은 아닐까? 그래서 늘 이렇게 광천수 샘터 근처에 행궁을 두었던 것은 아닐까? 문득 그런 생각이 들었다. 하지만 칭기즈칸이 병을 앓았다는 기록이 없는 걸 보면 그저 건강을 위해 광천수를 찾았을 가능성도 있었다.

칭기즈칸은 대칸에 오른 1206년 이후 겨울이면 주로 이곳 허더 아랄 행궁에 와서 머물렀다. 봄에는 카라툰에 머물고, 여름에는 사아리 케에르 초원에서 머물다 겨울이 되면 허더 아랄로 옮겨오곤 했던 것이다.

칭기즈칸은 1207년 주변 국가들의 정복에 나서면서 몽골 제국 내에 수많은 연방 국가들을 거느리게 되자 허더 아랄을 중심으로 제국을 거미줄처럼 잇는 역참驛站 제도를 실시했다. 30킬로미터 단위로 역참을 설치해 상인들과 물류의 이동을 손쉽게 한 것이다. 페르시아나 중국에도 비슷한 제도가 있었지만, 기능과 역참의 수에서 비교가 되지 않는다. 이를 통해 사람과 물자와 정보의 전달 체계가 획기적으로 빨라졌을 뿐 아니라 동서양이 하나로 연결되었다.

그 결과 중국과 인도, 중앙아시아, 중동 등 이제까지 각기 독립적으로 존재하던 경제권들이 하나의 경제체제로 통합되었다. 또 유라시아 각국에 대한 정보와 문물이 넘쳐나면서 다양한 문화들이 서로 융합되었다. 그와 함께 인류사에서 처음으로 '세계'에 대한 인식이 싹텄다. 그리고 '세계지도'가 등장했는데 1402년 조선에서 만든 혼일강리역대국도지도混一疆理歷代國都之圖가 바로 최초의 세계지도다.

또 페르시아에 있던 일칸국의 재상 라시드 앗 딘이 최초의 세계사 책인 『집사集史』를 펴냈다. 『집사』는 그 규모의 광대함, 기획의 방대함에서 전례가 없을 정도였다. 몽골족의 주요 부족들과 역사는 물론 세계 각 지역의 지리까지 기록하고 있다.

한편 1237년 유럽까지 쳐들어간 몽골 군대에 혼쭐이 났던 유럽인들은 팍스-몽골리아의 열기 속에 새롭게 '동양'을 발견하며 중세의 암흑에서 깨어났다. 그때까지 외부 세계에 대해 거의 무지했던 유럽인들은 몽골 제국으로부터 밀려들어오는 온갖 정보와 지식과 문물을 통해 '세계 인식의 대전환'을 이루었다. 교황의 사절로 몽골을 여행했던 카르피니나, 대상을 따라 몽골 제국을 여행했던 마르코 폴로 같은 이들의 저술은 베스트셀러가 되었다. 또 몽골 제국으로부터 들어오는 호화로운 교역 물품은 사치품의 대명사가 되었다. 나침반과 화약, 무기 등 몽골 제국의 기술 혁신 결과들 또한 속속 유럽으로 전래되었다. 그 결과 콜럼버스 같은 인물들의 모험이 시작되면서, 마침내 대항해 시대가 열렸던 것이다.

유럽의 해양 시대는 이처럼 몽골 제국이 끼친 문화적 영향에서 비롯되었다. 당시 유럽인들이 유라시아 대륙의 초원의 길을 두고 굳이 해양으로 눈을 돌린 것은 오스만튀르크가 유라시아 대륙의 동서 교역로를 장악하고 있었기 때문이다. 그들에게 막대한 통행료를 지불하고 나면 남는 게 별로 없어 바다로 눈을 돌렸고, 마침내 식민지에서 거둬들인 막대한 재화를 바탕으로 자본주의라는 새로운 세계 질서를 만들어냈던 것이다.

하지만 그런 것들은 현상적으로 드러난 결과에 불과할지도 모른다. 정작 중요한 것은 몽골 고원을 통일한 칭기즈칸 군대가 그런 세계사적인 변화를 가져올 수 있었던 동력이 무엇이냐는 것이다.

역사에서 비약은 결코 그냥 오지 않는다. 반드시 사람들의 마음을 부글부글 끓게 만드는 비등점이 있었을 것이다. 그것이 무엇일까. 나는 오랫동안 몽골을 공부하면서, 그것은 칭기즈칸과 그를 따르던 하층 유목민들이 품었던 꿈과 이상이라는 것을 알게 되었다. 꿈과 이상이 있는 사람들은 죽음을 두려워하지 않는다. 자신들이 간절히 원하는 것을 추구하는 데 무서울 게 없기 때문이다. 그들의 꿈과 이상은 자신들은 물론 주변의 모든 것을 변화시켰다. 그들은 오직 자신들의 꿈과 이상을 위해 앞으로 나아갔다.

칭기즈칸의 군대가 무적이었던 것은 그들이 꿈과 이상으로 단단한 돌처럼 뭉쳐 있었기 때문이다. 그들의 꿈과 이상을 아는 것, 그것이야말로 칭기즈칸을 이해하는 지름길이다. 왜냐하면 칭기즈칸이야말로 몽골인들의 꿈과 이상 한가운데에 있던 사람이고, 그 꿈과 이상을 현실로 만들기 위해 신명을 바친 사람이기 때문이다.

우리는 칭기즈칸 행궁 터 주변을 좀 더 돌아본 뒤에 천천히 허더 아랄의 중심 도시인 델게르항을 지나 바가노르 시를 향해 초원을 달렸다.

2

칭기즈칸의 성산, 보르칸 칼돈 산에 오르다

보르칸 칼돈 산을 향해

·
·

몽골사를 전공하는 이들은 칭기즈칸을 이해하려면 보르칸 칼돈 산을 꼭 보아야 한다고 말한다. 보르칸 칼돈 산을 알지 못하고서는 칭기즈칸과 몽골 제국을 이해할 수 없다는 것이다. 실제로 보르칸 칼돈 산과 칭기즈칸은 떼려야 뗄 수 없는 관계였다. 칭기즈칸의 어린 시절 행적이 보르칸 칼돈 산과 관련이 있는 데다 그의 선조들이 몽골 땅에 들어와 자리 잡은 곳이 바로 보르칸 칼돈 산이기 때문이다.

뿐만 아니라 칭기즈칸은 자신을 위기에서 구해준 보르칸 칼돈 산을 향해 매일 감사의 기도를 드렸다. 그런 연유로 칭기즈칸은 몽골 사람들에게 이 산을 영원히 기억하게 했다. 그가 죽은 뒤 이 산에 묻히자 몽골 제국은 보르칸 칼돈 산을 '이흐 호리크', 즉 대금구大禁區로 지정했고 일반 사람들의 출입이 금지되었다.

그런데 '대금구'라는 말은 역설적으로 그곳에 뭔가 대단한 것이 있음을 의미한다. 감출 수 없는 존재의 무거움이라고나 할까. 실제로 그곳에는 칭기즈칸은 물론 그의 직계가족들이 묻혔다. 따라서 보르칸 칼돈 산은 몽골의 역사는 물론 각종 신화와 전설이 깃든 몽골 최대의 성산이라 할 수 있다.

보르칸 칼돈 산은 몽골 초원을 적시는 세 개의 강, 톨 강과 오논 강 그리고 헤를렌 강의 발원지다. 이들 세 강은 몽골 역사에서 빼놓을 수 없는 중요한 강으로 톨 강의 종착지는 바이칼 호수이고, 오논 강과 헤를렌 강은 아무르 강으로 흘러들어간다.

얼마 전 KBS에서 아무르 강 특집을 했을 때, 오논 강변에서 촬영한 것도 그 때문이다. 우리는 아무르 강과 몽골은 아무 관련이 없다고 생각하는 경향이 있다. 하지만 아무르 강은 몽골의 보르칸 칼돈 산에서 발원해 몽골과 만주를 품에 안고 태평양으로 흘러간다.

우리의 차가 바가노르 시내로 들어섰다. 이미 해는 서편으로 기울고 있었다. 바가노르에서 멍건모리트까지는 40킬로미터였다. 거기서 보르칸 산까지는 다시 80킬로미터 거리였다. 우리는 조그만 슈퍼에 들어가 필요한 물건을 산 뒤 서둘러 바가노르 시를 빠져나왔다.

헨티 지방의 산들이 서서히 그 웅장한 모습을 드러내기 시작했다. 그러나 헤를렌 강 주변에는 넓은 초원이 펼쳐져 있었다. 초원의 구릉 길을 10여 분쯤 달렸을까, 오른쪽에 철거 중인 아파트촌 같

사회주의 시절 러시아 군대가 주둔했던 병영. 몇 년째 철거 중이다.

헤를렌 강.

은 것이 보였다. 사회주의 시절 러시아 군대가 주둔했던 병영으로, 1991년 그들이 물러간 뒤로 방치되었다가 조금씩 철거 중인 모양이었다.

바가노르에서 멍건모리트를 거쳐 보르칸 칼돈 산으로 가는 길은 외길이었다. 차를 타고 이 길로 들어온 사람은 다시 이 길로 되돌아 나와야 한다는 뜻이다. 물론 말 타고 가는 경우에는 사방 어디든 갈 수 있지만. 러시아 군대가 주둔한 것도 아마 그런 지리적 이점 때문이었을 것이다.

오른쪽에 헤를렌 강이 보이기 시작했다. 강가에는 버드나무들이 빽빽이 들어서 있었다. 몽골에서는 강가에 버드나무가 무성하게 자라는 것을 볼 수 있는데, 버드나무는 크게 두 종류다. 하나는 활대를 만드는 데 사용하는 보르가스 버드나무로, 하천가나 습지에서 자란다. 우리나라의 강가나 습지에서도 이 버드나무를 볼 수 있다. 다른 하나는 올리아스 버드나무인데, 포플러처럼 잎도 크고 나무도 크다.

나무줄기가 자작나무처럼 하얀 것이 특징이다. 흔히 '백양나무'라고 부르는데, 울란바토르 등 몽골의 주요 도시에는 이 올리아스 버드나무가 많이 심겨 있다. 대부분 사회주의 시절에 심은 나무들이라고 한다.

나는 한동안 헤를렌 강을 바라보았다. 강은 말이 없다지만, 몽골의 역사를 타고 흘러온 세월의 무게를 어찌 감출 수 있으랴.

멍건모리트에 도착하다

해가 서녘으로 기우는 가운데 구릉이 끝도 없이 이어졌다.

구릉이 계속되는 초원의 길을 얼마나 달렸을까. 마침내 멍건모리트 입구에 서 있는 세 개의 장승이 보였다. 가운데 있는 장승 상단에는 칭기즈칸의 얼굴이 조각된 동그란 나무가 장식되어 있고, 왼쪽 장승 위에는 흰 말이, 그리고 오른쪽 장승 위에는 곰이 장식되어 있었다.

멍건모리트는 보르칸 칼돈 산으로 가는 길에 있는 마지막 도시다. 멍건모리트는 '은빛 말이 있는 곳'이란 뜻으로, 칭기즈칸의 아버지 예수게이의 본거지였다. 따라서 칭기즈칸은 어린 시절의 한때를 이곳에서 보냈을 것이다.

동쪽으로 넓게 펼쳐진 들판이 꽤 넓어 보였다. 당시 칭기즈칸의 대표적인 두 가문 가운데 하나인 키야트 씨족들은 보르칸 칼돈 산

멍건모리트 입구의 장승 제단(위). 멍건모리트의 델구르 상점(아래).

에서부터 멍건모리트, 바가노르 그리고 허더 아랄 일대에 살았고, 다른 가문인 타이치오드 씨족들은 오논 강 상류와 중류 지역에서 살았다.

우리는 보드카를 꺼내 장승 앞에서 어르거 의식을 한 뒤 다시 출발했다. 오른쪽으로 드넓은 초원을 낀 멍건모리트가 바로 눈앞에 나타났다. 초원에는 말들이 여기저기 흩어져 있었다. 멍건모리트는 우리나라 면 소재지 정도의 크기다.

우리는 조그만 상점 앞에 차를 세웠다. 몽골에서는 이런 상점을 '델구르'라고 부른다. 이곳을 지나면 더는 상점이 없다. 때문에 필요한 것이 있으면 이곳에서 구입해야만 한다.

가이드 N과 운전기사 K가 델구르로 들어갔다. 나는 상점 앞에서 마을을 살펴보았다. 작은 마을이지만, 제법 큰 목조 가옥들도 몇 채 있었다. 아마 학교나 관공서일 것이다. N과 K가 델구르에서 몇 가지 물건을 들고 나왔다.

우리는 멍건모리트를 뒤로하고 다시 보르칸 칼돈 산 쪽으로 달렸다. 하지만 멍건모리트를 빠져나와 언덕을 돌아가니 넓은 습지가 길을 막았다. 한쪽 바퀴가 수렁에 빠질 때마다 차는 좌우로 춤을 췄다. 조그만 내에 흐르는 물빛이 빙하시대의 물처럼 시푸르고, 5월인데도 저녁 공기는 싸늘했다.

습지를 통과하는 동안 어느새 해는 서녘으로 넘어가 주위가 어둑했다. 30분쯤 인적 없는 길을 갔을 때 멀리서 어슴푸레하게 흰 게르의 모습이 보였다. 게르 가까이 가자 강을 건너는 조그만 다리가 나왔다. N이 말했다.

"테렐지 강입니다. 헤를렌 강의 지류인데 테렐지 산이 발원지입니다."

강을 건너자 길 왼편에 두 채의 게르가 있었다. 우리는 두 게르 앞에 차를 세웠다. 우르르 몰려나오던 개들이 아이들이 나오자 꼬리를 감추며 사라졌다. N이 차에서 내려 왼쪽 게르로 들어갔다. 주위를 둘러보니 게르 앞쪽으로는 넓은 초원이 있고, 벌판 끝에 헤를렌 강이 남쪽으로 흐르고 있었다. 게르 남쪽으로는 테렐지 강이 흘렀다. 한눈에 공기 좋고 살기 좋은 곳임을 알 수 있었다.

게르에 들어갔던 N이 나오며 엄지손가락을 들어 보였다. 자고 가도 좋다는 허락을 얻었다는 뜻이다. 우리는 기뻐했다. 집주인은 벌목하러 멀리 가고 안주인과 아이들만 있다고 했다. 우리는 보드카 한 병과 사탕 봉지를 챙겨 들고 게르로 들어갔다. 젊은 안주인이 반갑게 맞아주었다. 여느 게르와 달리 깔끔한 것이 살림살이가 여유 있어 보였다. N이 얼른 그 집의 제일 안쪽에 있는 침대에 앉았다. 안주인도 당연하게 여기는 듯했다. 우리는 손님 자리인 입구 왼쪽의 침대에 앉았다. 안주인은 수태 차와 어름과 기름에 튀긴 빵 보브 등 유제품을 내놓았다.

N이 안주인에게 이름을 묻자 알탄 자야라고 대답했다. 몽골 말로 알탄은 '황금'이란 뜻이고, 자야는 '운명'이란 뜻이다. 그러고 보니 사아리 케에르에서 만난 아디야의 딸 이름도 오트공 자야였다. '마지막 운명'이라는 뜻이다.

우리는 저녁을 먹고 쉬다가 게르 바닥에 매트를 깔고 누웠다. 몽골에서 만들어 러시아에 수출한다는 양털 군용 침낭 속에 들어가니 널찍하고 좋았다.

테렐지 강가의 게르에서

29일 아침. 일찍 일어나 게르 밖으로 나왔다. 하늘은 맑았고, 바람은 상쾌했다. 게르 뒤쪽의 테렐지 강을 따라 올라가보았다. 벌써 소들이 테렐지 강을 따라 버드나무 숲으로 들어가고 있었다. 소들은 차가운 시냇물을 저벅저벅 건넜다. 늘 다니던 길인 듯했다. 물살이 제법 빨랐다. 버드나무엔 이제 막 올라온 버들개지가 군데군데 맺혀 있었다. 추운 곳이라 봄이 늦게 오는 것이다.

나는 잠시 테무진이 이 일대를 오가는 상상을 해보았다. 멍건모리트에서 말 타고 달리면 한 시간 뒤엔 이곳까지 올 수 있을 것 같았다.

사실 테무진은 아버지 예수게이가 살아 있을 때는 그리 불행하지 않았다. 몽골족 내에서 예수게이의 위세는 대단했다. 하지만 예수게이가 죽자, 테무진의 친족들과 예속민들은 예수게이의 가축들마저 끌고 떠났다. 테무진의 어머니 허엘룬이 어떻게든 막아보려 했지만 소용없었다. 결국 그녀는 눈물을 흘리며 아이들을 데리고 오논 강 상류의 산림 지대로 들어가 풀뿌리 등을 캐먹으며 살았다.

이 일은 예수게이가 몽골족의 칸 자리를 노릴 정도로 실력자였다는 점을 고려할 때 선뜻 이해하기 어렵다. 예수게이를 추종하던 사람들 또한 많았을 것이기 때문이다. 그런데 예수게이가 죽자 그의 친족들과 예속민들은 마치 그날이 오기만을 기다렸다는 듯, 허엘룬과 테무진의 가족을 버리고 떠났던 것이다.

뭔가 잘못된 것이다. 도대체 무슨 사연들이 있기에 남편이 죽고 혼자 남겨진 가엾은 여자와 아이들을 버리고 떠난단 말인가. 여기

테렐지 강.

에는 곡절이 있는 게 틀림없었다.

어쩌면 모든 일은 예수게이가 테무진의 어머니 허엘룬을 약탈해 부인으로 삼은 데서부터 시작되었는지도 모른다. 『몽골 비사』에는 예수게이가 허엘룬을 약탈한 사건의 내막을 자세히 전한다.

메르키트부의 귀족 칠레두는 동몽골 보이르 호수 근처에 사는 옹기라트 씨족들 중 하나인 올코노오트 씨족장의 딸 허엘룬과 혼인한 뒤, 그녀를 마차에 태우고 메르키트부로 돌아가는 길이었다. 그 소식을 들은 예수게이는 즉시 동생과 함께 오논 강을 건너는 칠레두를 습격해 그녀를 빼앗았다. 이 약탈 사건은 몽골의 역사를 바꿔놓을 만큼 큰 회오리바람을 일으켰다.

당시 예수게이가 허엘룬이 탄 마차를 뒤에서 쫓아오자 허엘룬은 자기 속옷을 벗어주며 칠레두에게 어서 도망가라고 재촉했다고 한다.

    사랑하는 임에게 나의 속옷을 바칩니다.
    당신은 다시 사랑하는 여인을 만나 내 속옷의 향기처럼 그 여인을 사랑하세요.
    그리고 영원토록 그대를 사모할 내 사랑의 향기를 잊지 마세요.
    당신은 비바람 휘몰아치는 광야에서 나를 그리며 울고 있지는 않나요?
    굶주림에 싸인 채 흐르는 눈물을 두 손으로 닦고 있지는 않나요?
    당신은 그 고운 머리털을 휘날리며 지금 어디쯤 가고 있나요?
    아, 나의 사랑 칠레두…….

『몽골 비사』는 이 사건을 전하며 "여인은 오논 강에 물결이 일어나고 숲이 흔들릴 정도로 큰 소리로 울었다"고 기록하고 있다.

  이 일화를 통해 짐작할 수 있듯이, 허엘룬과 칠레두는 깊이 사랑하는 사이였음이 분명하다. 허엘룬이 칠레두에게 자기 속옷을 벗어주며 도망갈 것을 재촉한 이야기가 오늘날까지 전해오는 것을 보면, 이 사건은 두고두고 사람들의 입에 오르내렸던 게 틀림없다.

  허엘룬은 사랑하던 칠레두를 떠나보내고, 모든 것을 포기한 채 예수게이의 부인이 되었다. 그리고 아이 넷을 낳아 기르는 동안 여느 북방의 어머니들처럼 모진 여인으로 변했을 것이다. 그것이 당시 몽골 여인의 운명이었으니까. 그런데 예수게이 못지않게 그녀의 위세 또한 대단했던 모양이다.

  흥미롭게도 『몽골 비사』에는 당시 허엘룬의 위세가 어땠는지를 엿볼 만한 사건이 기록되어 있다. 당시 키야트족과 타이치오드족은 해마다 봄이 오면 보르칸 칼돈 산에 모여 조상의 제를 지내는 풍습이 있었다. '예케스 가자르'라고 하는 이 의례는 당시 몽골족의 가장 큰 제사였다. 키야트족과 타이치오드족은 평소에는 분열과 갈등을 반복했지만 이때만큼은 모두 한마음으로 모여 조상의 제를 지냈다.

  예수게이가 죽은 뒤 얼마 안 되었을 때, 보르칸 칼돈 산에서 예케스 가자르가 있었다. 그런데 허엘룬이 무슨 일이 있었는지 그곳에 늦게 도착했다. 허엘룬이 도착했을 때는 이미 귀족들에 대한 제사 음식의 분배가 끝나고 예속민들에 대한 배분도 거의 다 끝나갈 무렵이었다. 귀족으로서 당연히 자기 몫을 생각했을 허엘룬으로서는 당혹스러웠을 것이다. 이미 분배가 거의 다 끝나 부스러기만 남아 있는 상태였기 때문이다. 그러자 분노한 허엘룬이 제사 음식을 분배한 암바카이칸의 두 카톤에게 따졌다.

예수게이 바타르가 죽었다고, 나의 아들들이 아직 어리다고, 어떻게 내가 올 때까지 기다리지도 않고, 예케스 가자르의 신성한 음식을 카톤들께서 마음대로 분배할 수 있단 말입니까?

허엘룬의 이 말에는 두 가지 항의 내용이 담겨 있다. 하나는 예수게이가 살았을 때는 그녀가 제사 음식을 귀족들과 예속민들에게 분배했다는 것이다. 따라서 당연히 자신이 와서 분배해야 하는데, 왜 자기들 멋대로 분배했느냐는 것이다. 다른 하나는 자신이 좀 늦게 왔기로서니 어떻게 귀족인 자신의 몫도 안 남기고 모두 분배했느냐는 것이다. 그러자 오르바이와 소카타이 두 카톤이 기다렸다는 듯 되받았다.

자네를 불러서 나눠주어야 한다는 법도는 없다. 자네가 와서 먹어야 한다. 예전에 암바카이칸이 죽었을 때, 자네가 그리 말하며 우리를 멸시하지 않았더냐!

이 대목에서 허엘룬이 예수게이의 위세를 믿고 선대 카톤들에게 홀대했음을 알 수 있다. 때문에 그동안 예수게이의 위세에 밀려 제대로 말을 못하던 선대 카톤들이 예수게이가 죽자 보란 듯이 대놓고 허엘룬을 무시했던 것이다.

결국 예수게이가 죽자 그의 친족들과 예속민들이 허엘룬을 떠난

데는 허엘룬이 예수게이의 위세를 믿고 다른 귀족들에게 함부로 했던 것이 한몫했을 가능성이 높다. 그녀가 누구인가. 부유한 옹기라트족의 씨족장 딸 아닌가.

하지만 모든 것을 허엘룬의 탓으로 돌리는 것은 옳지 않아 보인다. 라시드 앗 딘의 『집사』에 다음과 같은 구절이 나오기 때문이다.

> 예수게이는 13년 동안 자기 종족에 대한 지배권을 확실하게 다졌다. 그러나 그의 친족들은 마음속에 깊은 적개심과 원한을 가지고 그를 미워했다. 하지만 대항할 힘이 없었기 때문에 그의 생애 마지막까지 증오의 씨앗을 마음속에 뿌리고만 있었다.

왜 예수게이의 친족들이 그를 그토록 미워하고 적개심까지 품었는지는 알 수 없다. 하지만 예수게이에 대한 친족들의 불만과 원한이 매우 컸음을 알 수 있다. 아마도 그런 원한과 적개심이 그가 죽자 미련 없이 그의 가족으로부터 등을 돌리게 만들었을 것이다.

당시의 사정을 좀 더 잘 설명해주는 것은 예수게이의 동맹자였던 타이치오드족의 적장자嫡長子 타르코타이 키릴토크가 남긴 말이다. 그는 예수게이가 죽자 예수게이의 병사들과 예속민들 그리고 가축들을 모두 빼앗아 떠나면서 이렇게 말했다.

> 깊은 샘은 말랐고, 단단한 돌은 깨졌다.

예수게이가 죽었으니 모든 게 끝났다는 것이다. 그의 말은 친구의 부인이 나댄다고, 그것이 섭섭하다고 해서 할 수 있는 말이 아니다. 타르코타이 키릴토크 역시 예수게이의 힘과 권위에 밀려 말을 못하고 있었을 뿐, 그를 저주하고 미워하고 있었음이 분명하다. 하지만 친구이자 동맹자였던 예수게이의 병사들과 예속민들 그리고 가축들까지 모두 빼앗아간 그의 행동 역시 납득하기 어렵다. 허엘룬과 남겨진 아이들에 대한 배려는 전혀 찾아볼 수 없기 때문이다.

한 가지 분명한 것은 당시 몽골 고원의 상황이 치열한 생존경쟁 상태에 있었다는 점이다. 당시 상황을 『몽골 비사』는 이렇게 노래하고 있다.

> 하늘의 별들마저 돌아눕고
> 사람들은 서로 다투었다.
> 사람들은 편안히 침대에 들어가 자지도 못하고
> 서로 노략질했으며,
> 대지 또한 잠들지 못한 채 구르고 있었다.
> 온 나라가 서로 다투었다.
> 사람들은 편안히 이불 속에 들어가 눕지도 못하고
> 서로 공격했다.

한마디로 아버지와 아들이 편을 갈라 싸우고, 형제들이 서로 다른 편이 되어 칼을 겨누던 어두운 시대였다. 아무도 믿을 수 없고, 누가 언제 배반할지도 알 수 없었다. 생존을 위해서라면 못할 게 없는 험악한 시대였던 것이다.

나는 테렐지 강을 내려와 게르로 돌아왔다. 아침 햇살이 초원의 게르를 환하게 비추고 있었다. 게르 안으로 들어가니 마침 알탄 자

소똥을 줍는 아이들.

야가 화덕에 마른 똥을 넣고 있었다. 몽골 사람들은 초원에 널려 있는 소똥과 말똥을 주워다 연료로 때는데 마른 똥 한 양동이면 하루 연료로 충분하다고 한다. 나무를 할 필요도 없고, 석탄을 캐기 위해 고생할 필요도 없으니 생태적으로 이만한 연료가 다시없을 듯싶었다. 그래서 초원에서는 물과 가축만 있으면 생활하는 데 전혀 문제가 없다고 한다.

그때 알탄 자야가 식탁에 아침 식사를 차렸다. 식탁에는 수태 차와 말린 양고기 보르츠를 썰어 넣은 칼국수 코릴태 셜, 그리고 우유를 발효시킬 때 제일 먼저 걷어낸 어름, 밀가루 빵을 기름에 튀긴 보브 등 유제품이 전부였다. 비록 단출해 보이지만, 육식을 주로 하기 때문에 농경 지역보다 영양이 부족하지 않았다. 또 식사를 차리는 것이 번거롭지 않았다. 주식으로 먹는 양고기 칼국수 정도만 준비하면 되기 때문이다. 우리의 식탁에 차려지는 김치나 다양한 반찬들은 없지만, 그들에게는 그것으로 충분했다.

그러고 보면 초원의 생활은 의외로 소박하다. 탁 트인 초원과 하늘은 머리를 맑게 해주지, 애써 농사지을 필요도 없지. 문득 이런 곳에서 살아봤으면 좋겠다는 생각이 들었다.

식사를 마치고 나서 가이드 N에게 물었다.

"다 먹고 나서 잘 먹었다는 말을 몽골 말로 뭐라고 하지?"

"'암트태!' 하고 말하면 됩니다."

"암트태? 몽골 말로 무슨 뜻인가?"

"'입이 말하다'라는 뜻입니다. 맛있는 음식을 먹고 나니 입이 즐거워서 말한다는 거지요."

입이 말하다! 생각할수록 기가 막힌 말이었다. 마치 아메리칸인디언 문화를 보는 듯싶었다. 인디언들은 모든 것에는 다 생명이 있다고 말한다. 그리고 생명은 자신을 표현하고 싶어 하고, 춤추고 싶어 하고, 노래하고 싶어 한다고 한다.

내가 알탄 자야에게 "암트태!" 하고 말하자, 그녀는 나를 쳐다보며 씩 웃었다. 우리는 식사를 마치고 짐을 챙긴 다음 서둘러 출발했다.

보르칸 칼돈 산 국립공원에 들어가다

알탄 자야는 돌아갈 때 들러가라고 말했다. 그녀의 친절함에 가족 같은 정이 느껴졌다.

　찻길로 나오니 길 건너편에 또 다른 게르가 보였다. N이 그 게르 앞에 차를 세우게 했다. 그리고 나를 보며 말했다.

　"이 댁 할머니가 타락을 아주 잘 만들어요."

　타락은 요구르트와 비슷한 음식이다. 몽골 사람들은 타락을 매우 좋아해서 자주 만들어 먹는다. 고려 시대에 몽골 사람들이 들어와 살면서 우리나라에도 이 타락이 알려지게 됐는데, 몽골 사람들이 많이 살았던 제주에서는 지금도 '순다리'라는 것을 만들어 먹는다. 제주에서 몽골 문화가 사라지고 가축들이 없어지자, 우유 대신 쉰밥을 발효시켜 타락을 만들어 먹었는데, 쉰밥으로 만든 타락이라고 해서 순다리라 불렀던 것이다.

타락을 만들고 있는 강터머르 할머니.

　게르에 들어가자 몽골 전통 의상인 델을 잘 차려입은 할머니가 큰 솥에 흰죽 같은 것을 끓이고 있었다. 할머니의 이름은 강터머르로, 예순일곱이라고 했다. N이 강터머르는 '강철'의 뜻이라고 설명해주었다.

　기름기가 모두 빠진 우유를 솥에 넣고 약한 불을 때며 발효시키면 타락이 완성된다고 한다. 타락은 약간 시큼한 맛이 나는데, 설탕을 넣으면 영락없는 요플레 맛이다. 강터머르 할머니가 타락을 한

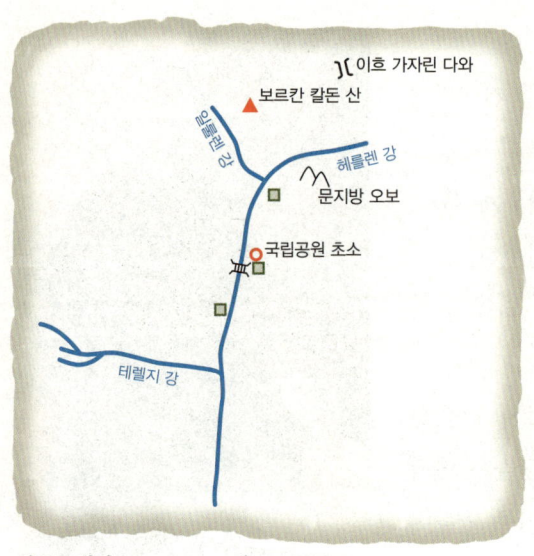

대금구 위치.

그릇씩 내주었다. 모두 맛있다며 단숨에 삼켰다. 나도 한 그릇을 받아 먹었는데 죽을 떠먹는 기분이었다. 아마 단맛이 없어서 그랬을 것이다.

그때 N이 할머니에게 지도를 꺼내놓고 보여주며 뭔가를 물었다. 가만히 옆에서 지켜보니 이흐 호리크, 즉 '대금구'의 위치를 묻는 거였다. 다행히 할머니는 대금구에 대해 잘 아는 듯했다.

모두들 할머니가 지도에서 가리키는 위치에 주목했다. 할머니의 말로는, 이곳에서 보르칸 칼돈 산 쪽으로 좀 더 올라가면 봄철에 흰 눈 덮인 보르칸 칼돈 산이 보이는데, 거기서부터 대금구가 시작된다고 했다. 그곳이 첫 번째 대금구이고, 헤를렌 강 다리를 넘으면 보르칸 칼돈 산 국립공원 초소가 나오는데, 그곳이 두 번째 대금구다. 그 위쪽으로 좀 더 올라가면 세 번째 대금구가 있다고 했다.

칭기즈칸이 죽은 뒤 몽골 제국은 그의 유해를 보르칸 칼돈 산에 묻고 사람들의 출입을 금한 뒤, 이곳의 원래 주인이었던 오리앙카이족으로 하여금 묘를 지키게 했다. 오리앙카이족에게 칭기즈칸의 무덤을 지키게 한 이유는 그들이 충성스러운 몽골군이기도 했지만, 몽골족이 오기 전에는 보르칸 칼돈 산이 그들의 성산이었기 때문이다.

그런데 보르칸 칼돈 산과 관련해서 주목할 것은 전국시대에 동이족이 쓴 『산해경山海經』에 "숙신 땅에 불함산이 있다"고 한 점이다. 숙신은 만주에 살던 여진족을 가리키는 말이다. 이는 당시에도 이미 백두산이 불함산이라 불리며 신성시되었음을 의미한다.

학자들에 의하면, 숙신의 불함산은 몽골어 보르칸Burkhan을 한자로 음역한 말이라고 한다. 그리고 보르칸은 '빛이 내려오는 곳'이란 뜻이라고 한다. 일찍이 최남선도 불함산은 '밝음'과 관계된 말이라고 해석한 바 있으며 고대 한국어 '불구내弗矩內' 역시 밝음과 관계된 말이다. 이처럼 보르칸이 '빛이 내려오는 곳' 또는 '밝음'과 관계되어 있다는 것은 그곳이 하늘의 뜻이 임하는 신성한 산임을 의미한다.

그렇다면 『산해경』에 나오는 불함산과 몽골의 보르칸 칼돈 산은 어떤 관계가 있을까? 만일 불함산의 이름이 몽골의 보르칸 칼돈 산에서 온 것이 사실이라면, 동아시아에는 두 개의 보르칸 산이 있는 셈이다. 하나는 몽골의 보르칸 칼돈 산. 다른 하나는 우리나라의 백두산.

어쨌든 몽골의 보르칸 칼돈 산과 만주의 백두산, 즉 불함산이 같은 어원을 갖고 있다는 것은 매우 흥미로운 사실이 아닐 수 없다. 이것은 양 지역에 사는 사람들이 서로 연결되어 있다는 뜻이다. 고대에는 사람들이 이동하는 일이 잦았고, 이동할 때는 자기가 살던 곳의 지명이나 신성한 이름을 가져가는 일이 많았기 때문이다.

더욱이 두 산은 모두 아무르 강의 수원에 해당한다. 몽골에서는 헤를렌 강과 오논 강이 아무르 강의 상류가 되고, 만주에서는 백두산에서 흘러내리는 쑹화 강松花江이 아무르 강의 상류가 된다. 그렇게 아무르 강은 몽골과 만주, 보르칸 칼돈 산과 백두산을 아우르며 태평양으로 흘러간다. 우리가 한반도에 갇혀 사는 동안 잊고 살았던 아무르 강이 만주와 몽골을 하나로 품고 있다니, 필시 몽골과 만주가 하나라는 것을 강은 말하고 있는 것이리라.

우리는 강터머르 할머니가 준 타락을 받아 가지고 차에 올랐다. 출발한 지 얼마 안 돼 차가 구릉을 막 넘었다 싶을 때 갑자기 멀리

앞쪽 멀리 설산 보르칸 칼돈 산이 보이기 시작했다.

앞쪽에 설산이 보였다. 내가 외쳤다.
"저기 보게, 저기. 설산이 보여."
N 역시 흥분해서 외쳤다.
"저 산이 바로 보르칸 칼돈 산입니다!"
그렇다면 바로 여기부터 대금구에 드는 셈이었다. 강터머르 할머니가 흰 눈 쌓인 보르칸 칼돈 산의 산봉우리가 보이는 곳부터 대금구라고 했는데, 말 그대로였다.
설산은 갑자기 그 모습을 드러내더니 이내 시야에서 사라졌다. 마치 신기루라도 본 것 같았다. 바로 그때, 왼쪽 언덕에 보르칸 칼돈 산을 바라볼 수 있는 전망대가 나타났다. 과연 전망대로 가니 망루에 올라가지 않아도 눈 덮인 보르칸 칼돈 산이 보였다. 이곳이 대금

헤를렌 강에 있는 다리. 여기서부터 몽골 국립공원 특별 보호구역이 시작된다.

국립공원 초소. 게시판에 달라이라마 상이 보인다(위). 관리인 아들이 차가 지나갈 수 있도록 가로대를 올려준다(아래).

구의 경계임을 알리기 위해 세워놓은 것이 분명했다.

그곳을 지나 얼마 후 우리는 헤를렌 강에 도착했다. 몽골의 강치고는 폭이 제법 넓었는데, 큰 나무다리가 놓여 있고 건너편에는 국립공원 초소가 있었다. N이 말했다.

"저 다리에서부터 국립공원 특별 보호구역이 시작됩니다. 이곳을 헤를렌 타반 살라라고 하는데, '다섯 갈래의 헤를렌 강이 합쳐지는 곳'이란 뜻입니다."

천천히 다리를 건넌 우리는 초소 앞에 차를 세웠다. 마침내 두 번째 대금구에 도착한 것이다. 흥미롭게도 초소 게시판에는 티베트의 달라이라마 초상이 걸려 있었다. 예전에는 없던 사진이었다. 아마도 관리인이 라마교를 신봉하는 모양이었다. 보르칸 칼돈 산에 비가 많이 왔었는지, 큰 나무뿌리들이 떠내려와 다리 기둥에 수북이 걸려 있었다. 마치 전쟁이 끝난 뒤의 모습을 보는 것처럼, 나무 시체들의 잔해는 처참했다. 그들은 홍수가 얼마나 대단했는지 여실히 보여주고 있었다.

초소 관리인 부부가 우리를 따뜻하게 맞아주었다.

"아직 이른 봄철이라 올 때가 아닌데도 뻐꾸기가 울더군요. 좋은 분들이 오신 줄 아는가 봅니다."

우리는 모두 기뻐했다. 우리가 차에 오르자 관리인의 어린 아들이 재빨리 공원 입구를 막은 긴 나무 가로대를 들어 올려 길을 내주었다. 우리는 아쉬운 작별 인사를 하고 공원으로 들어갔다. 마침내 보르칸 칼돈 산 국립공원에 들어선 것이다.

10분쯤 갔을까. 두 번째 초소에 이르니 그 앞으로 흐르는 냇가에 겨우내 언 얼음이 남아 있었다. 두께가 50센티미터는 되어 보였다.

국립공원 안의 두 번째 초소 앞 개울의 얼음 턱.

어떻게든 그 얼음 장벽을 넘어야 공원에 들어갈 수 있었다. 하지만 두꺼운 얼음은 물에 녹아 그 수직 단면을 고스란히 드러내고 있었다. 차로 그 얼음 턱을 넘는 것은 불가능했다. 우리는 갑자기 나타난 장벽에 난감했다.

운전기사 K를 제외한 우리는 차에서 내려 냇가 건너편으로 갔다. 두 번째 초소에는 인기척이 없었다.

우리는 얼음 턱 말고 다른 곳으로 넘어갈 수는 없을까 하고 냇가 주위를 살폈다. 아래쪽에 차바퀴 자국이 보였다. 뒤따라온 K가 차바퀴를 살펴보더니 건널 수 있다며 자신 있게 말했다. 나는 믿기지 않았다. 그가 차를 개울 바닥으로 10미터쯤 몰고 내려오더니 제법 높은 개울 턱을 단숨에 올라왔다. 사륜 도요타의 위력도 대단했지만, 이런 길에 이력이 난 그의 운전 솜씨도 놀라웠다. 우리는 박수를 치며 좋아했다.

과연 두 번째 초소에는 사람이 없었다. 그곳을 지나니 곳곳에 길이 패어 수렁을 이루고 있었다. 조금 더 가니 오른쪽으로 넓은 초원이 나왔다. 왼쪽 길 아래쪽에는 조그만 호수가 있었다. 무척 아름다웠다. 우리는 그곳에서 잠시 쉬었다 갈 요량으로 차에서 내렸다. 하늘엔 구름이 잔뜩 끼어 있었다.

차에서 내려 주위를 돌아보던 나는 깜짝 놀랐다. 그 넓은 초원에 보라색 꽃이 쫙 깔려 있었던 것이다. 그러고 보니 몇 년 전 여름 이곳에 왔을 때, 에델바이스가 들판을 뒤덮었던 바로 그곳이었다. N에게 무슨 꽃이냐고 물으니 할미꽃이라고 했다. 나는 다시 한 번 깜짝 놀랐다. 할미꽃이라면 무덤가에 피는 꽃으로만 알고 있었는데, 이렇게 초원 전체를 뒤덮고 있다니.

몽골 할미꽃은 우리나라의 할미꽃보다 보랏빛이 더 선명하고 기품이 있었다. 보랏빛만 있는 게 아니었다. 흰 꽃도 있었다. 크림 빛이 도는 흰 꽃은 백합처럼 정결해 보였다.

과연 몽골 초원에는 비가 오면 눈 깜짝할 사이에 꽃들이 활짝 핀다더니. 비가 온 뒤 이렇게 할미꽃이 만발한 것이다. N의 말로는 몽골에서 봄이 오면 가장 먼저 피는 꽃이 바로 할미꽃이라고 했다. 과연 그럴 것 같았다.

아마도 할미꽃들이 지고 나면 다른 꽃이 다시 초원을 덮을 것이다. 그렇게 여름까지 며칠 사이로 꽃들이 차례로 바뀌며 초원을 오색으로 물들일 것이다.

우리는 그곳에서 쉬다 다시 길을 재촉했다. 그런데 갈수록 길이 수렁이어서 앞으로 나아가는 게 쉽지 않았다. 그래도 K는 요령 있게 수렁을 피해 차를 몰았다. 예정대로라면 오늘 내로 문지방 오보

초원에 핀 할미꽃.

까지는 가야 하는데, 쉽지 않아 보였다.

  문지방 오보를 한참 남겨둔 채 날이 저물기 시작했다. 길가 마른 땅에 텐트를 치고, 둘러앉아 저녁을 먹고 나니 곧 어두워졌다. 산속이라 그런지 밤이 되자 칠흑같이 어두웠다. 온도도 쑥 내려가 서늘한 게 추웠다.

칭기즈칸의 선조가
보르칸 칼돈 산으로 이주해오다

  침낭을 펴고 들어가 누우니 마치 꿈속에 있는 듯했다. 보르칸 칼돈 산에 들어와 있다는 생각에 좀처럼 잠이 오지 않았다.

칭기즈칸의 선조가 보르칸 칼돈 산으로 들어온 것은 10세기쯤으로 알려져 있다. 본래 칭기즈칸의 선조들은 아무르 강 상류인 에르군네 강 일대에서 수렵과 유목을 하며 살았다. 그곳은 흥안령 북쪽 지역이다. 8세기 중국 쪽 사서에 '몽올실위蒙兀室韋'라는 이름으로 처음 기록된 이들이 바로 그들이다. 당시 중국의 역사가들은 흥안령 북부 산림 지대에 사는 사람들을 '실위室韋'인들이라 불렀는데, 몽골족도 당시 그 지역에 머물러 있었으므로 몽올실위라고 했던 것이다.

흥안령 지역에 살던 몽골족이 몽골 고원으로 이동하기 시작한 것은 8세기다. 당시 몽골 고원을 지배하고 있던 돌궐족이 서쪽으로 이동해가자 몽골 초원으로 나갈 기회를 엿보던 몽골족에게 마침내 절호의 기회가 온 것이다.

산림 부족들은 힘이 없으면 절대 초원으로 나가지 못한다. 초원을 지배할 수 있는 늑대와 같은 힘을 갖추었거나 아니면 이번처럼 초원이 비어 있을 때만 나아갈 수 있다.

역사적으로 산림 부족이 초원으로 나간 사례는 여러 번 있었다. 흥안령 북부 산림 지역에 살던 타브가치족이 3세기에 보이르 호수를 거쳐 내몽골 지역으로 내려가 북위北魏를 세우고 중국의 북부를 차지했다. 돌궐족 역시 흉노족이 몽골 고원을 장악하고 있을 때는 알타이 산록에 거주하는 일개 산림 부족에 불과했다. 하지만 흉노족이 서진한 뒤 몽골 초원으로 내려오면서 중국의 수隋나라와 당唐나라를 위협하는 큰 세력이 되었다. 하지만 이처럼 초원으로 나가 패자가 된 부족은 얼마 되지 않는다. 대다수 산림 부족들은 초원으로 나가보지도 못한 채 초원을 제패한 민족의 예속민이 되거나 예

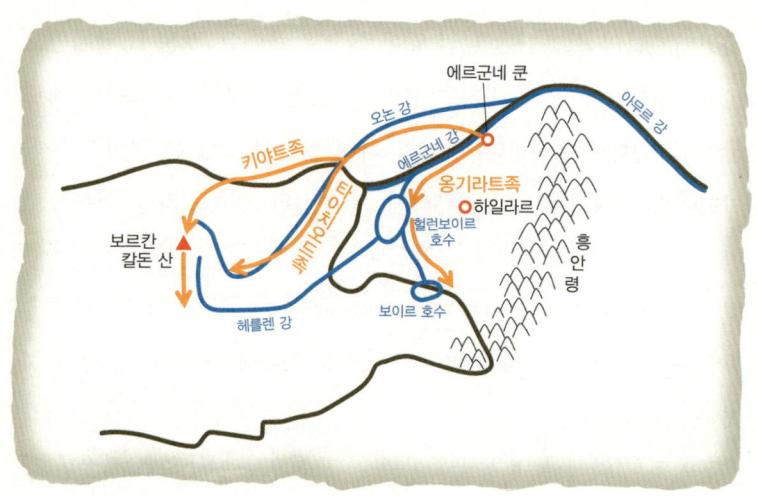

몽골족의 이동로.

하 부족이 되곤 했다.

　몽골 초원은 일단 균형이 깨지면 생존을 위해 치열한 제로섬게임이 펼쳐지는 곳이다. 그때는 오직 제일 강한 자만 살아남을 수 있다. 게다가 몽골 고원은 초원의 고속도로에 위치해 중국과 서역을 오가는 동서 무역을 지배할 수 있으니 그 이익이 막대했다. 따라서 몽골 초원은 표면적으로는 한없이 평화로워 보이지만, 실은 투전꾼들에 둘러싸인 링 위와 같다고 할 수 있다. 수많은 관중들이 자신도 언젠가 링 위에 올라갈 날을 고대하며 그 싸움의 승자가 누가 될지 숨죽인 채 지켜보고 있는 것이다.

　당시 몽골 고원에 진입한 몽골족은 크게 두 부류로 나눌 수 있다. 하나는 오논 강을 따라 들어온 칭기즈칸 가문의 키야트족과 타이치오드족이고, 다른 하나는 에르군네 강을 따라 지금의 하일라르 일대로 진입한 옹기라트족, 살지오트족, 카타킨족 등이 그들이다. 그중에서도 옹기라트족은 헐런보이르 호수와 보이르 호수 사이에 살던 큰 부족으로 올코노오트 씨족, 보스카올 씨족 등 여러 씨족을 거느리고 있었다.

오논 강 일대로 진입한 몽골족과 하일라르 쪽으로 진입한 몽골족은 그 뒤 서로 다른 길을 걷는다. 가장 큰 이유는 자연환경과 지정학적 조건이 서로 다르기 때문이다.

오논 강 일대는 삼림과 초원이 번갈아 이어지는 매우 수려한 경관을 지닌 곳이지만, 전쟁에 필요한 대규모의 말 떼를 방목할 만한 초원이 없다. 그에 반해 동몽골은 초원의 오아시스라 불리는 헐런보이르 호수와 보이르 호수가 있고 그 주위에는 망망초원이 끝없이 펼쳐져 있었다. 며칠을 가도 산 하나 보이지 않는 동몽골 초원은 몽골 최대의 말 목장지였다.

따라서 이주 초기에는 하일라르 쪽으로 진입한 몽골족이 유리했다. 유목을 하기에 더없이 좋은 조건을 갖추고 있었기 때문이다. 하지만 호사다마라고나 할까, 그곳에는 당시 중국 북부를 지배하던 금나라의 힘이 미치고 있었다. 때문에 물질적으로는 풍요로웠지만, 정치적으로는 금나라의 간섭을 피할 수 없었다. 그에 반해 오논 강을 따라 들어온 키야트족과 타이치오드족은 상대적으로 빈곤했지만, 정치적으로는 자유로웠다.

보르칸 칼돈 산에서 최초로 칭기즈칸 가문을 연 사람은 알랑 고아다. 알랑 고아가 누구인가? 그녀는 코리족 군장 코릴라르타이 메르겐의 딸이다. 코릴라르타이 메르겐은 '코리족의 활 잘 쏘는 사람' 또는 '코리족의 명사수'란 뜻이다. 『몽골 비사』에 의하면, 그는 코리 투메트족 사람이다.

그의 땅에는 담비나 회색 쥐 등 사냥할 만한 동물들이 아주 많았다. 하지만 어떤 이유에서인지 그곳에서 더 이상 사냥을 할 수 없게 되었다. 그러자 사냥을 할 수 없게 만든 자들과 사이가 나빠졌다. 그는 그들과 결별하여 '코릴라르'라는 새로운 씨족을 만들었다. 그러고는 큰 사냥감이 많은 보르칸 칼돈 산의 주인인 오리앙카이족 거주처로 이주해왔다. 그때 코리 투메트의 아리크 오손에서 낳은 딸 알랑 고아를 데려왔다고 한다.

아리크 오손은 '성스러운 물'을 뜻하는 말로, 광개토왕 비문에 나오는 '아리수阿利水'와 어원이 같다. 코리족은 고대부터 바이칼 일대에서 살던 민족이다.

보르칸 칼돈 산으로 이주해온 알랑 고아는 그곳에서 몽골족 도본 메르겐을 만난다. 『몽골 비사』에는 도본 메르겐의 11대 조상인 버르테 치노 때 보르칸 칼돈 산에 들어왔다고 적혀 있다. 버르테 치노는 '잿빛 늑대'라는 뜻이다. 잿빛 늑대는 몽골 고원을 지배했던 돌궐족의 건국신화에 등장하는 동물이다. 따라서 보르칸 칼돈 산에 처음 들어온 몽골인들이 돌궐계의 씨족 토템을 갖고 있었다는 것을 알 수 있다.

알랑 고아가 도본 메르겐과 결혼하다

보르칸 칼돈 산으로 이주해온 알랑 고아가 하루는 보르칸 칼돈 산

옆 큰 고개를 넘어 퉁겔리크 냇가를 따라 내려오고 있을 때였다. 도본 메르겐은 형 도와 소코르와 함께 보르칸 칼돈 산에 올라가 있었다. 그때 퉁겔리크 냇가를 따라 이동하는 한 무리의 사람들을 발견한 도와 소코르가 아우에게 말했다.

"저기 오는 사람들 가운데 검은 차양을 친 달구지 앞쪽에 앉아 있는 한 아가씨가 아름답구나. 아직 혼인하지 않았다면 도본 메르겐 너에게 주겠다."

그리고 도본 메르겐에게 그 여자가 누구인지 살펴보라며 내려보냈다. 도본 메르겐이 산을 내려와 살펴보니, 인근에서 곱고 아름답기로 소문난 알랑 고아라는 처녀였다.

『몽골 비사』는 이렇게 해서 도본 메르겐이 알랑 고아를 만나 결혼하게 되었다고 전하고 있다. 알랑 고아와 도본 메르겐의 만남은 코리족과 몽골족의 만남이라는 점에서 역사적인 사건이라 할 수 있다. 훗날 몽골 고원을 통일할 칭기즈칸의 탄생을 예고하는 사건이니 말이다.

알랑 고아는 도본 메르겐과의 사이에서 벨구누트와 부구누트란 두 아들을 낳았다. 도본 메르겐은 둘째를 낳은 지 얼마 안 돼 죽었다. 그런데 도본 메르겐이 죽고 얼마 뒤 알랑 고아는 다시 세 명의 아들을 더 낳았다. 남편이 죽은 뒤 세 명의 아들을 더 낳은 이 사건은 얼핏 해괴하기 그지없다.

두 아들 벨구누트와 부구누트는 아버지도 없는데 어머니가 세 명의 아들을 더 낳자 어머니를 의심하여 이렇게 수군거렸다. "어머니는 아버지의 형제나 친척이 없는데도 세 명의 아이를 더 낳았다. 집에는 마알리크 바야오트 씨족 사람만 있었다. 어머니가 낳은 아이들은 분명 그의 아이들일 것이다." 우연히 그들이 나누는 말을 들은 알랑 고아는 크게 상심했다.

아무래도 진실을 말해주는 게 좋겠다고 여긴 그녀는 어느 봄날 벨구누트와 부구누트를 불러 이렇게 말했다. "너희들이 나를 의심하는 것도 무리가 아니다." 그러고는 어떻게 세 아들을 낳게 되었는지 이야기해주었다. 다음은 『몽골 비사』의 내용이다.

밤마다 밝은 황금빛 나는 사람이 게르의 천장 구멍을 통해 빛처럼 들어와 나의 배를 살살 문지르자 그의 몸에서 나는 황금빛이 나의 배 속으로 스며들었다. 그는 태양이 뜨고 달이 질 새벽 무렵, 마치 노란 개黃狗처럼 서둘러 게르를 빠져나갔다. 너희들은 이 일에 대해 함부로 말하지 마라. 이는 세 아이가 하늘의 아들이라는 것을 뜻한다. 너희 평민들은 이 세 아이에 대해 함부로 말해선 안 된다. 장차 이들이 몽골 전체의 칸이 될 때, 비로소 평민들은 이 세 아이가 신성한 하늘의 자손임을 깨달을 것이다.

황금빛이 배 속으로 스며들어 임신했다는 것은 북방 민족들 사이에 널리 퍼져 있던 '일광日光' 신화다. 라시드 앗 딘의 『집사』에는 그 대목이 이렇게 기술되어 있다.

나는 매일 밤, 잠들었을 때 황색 피부에 회색빛 눈을 한 사람이 조용히 다가왔다가 천천히 되돌아가는 것을 보았다. 나는 그것을 두 눈으로 똑똑히 보았다······.

『원사』는 같은 대목을, "꿈에 흰빛이 천장 구멍으로 들어와 황금빛 신인金色神人으로 변하더니 침대 속으로 들어왔다. 알랑 고아는 놀라 꿈에서 깨어났고, 마침내 임신이 되었다"고 쓰고 있다.

세 사서의 기록에 조금씩 차이가 있지만 모두 알랑 고아가 일광에 의해 아이를 낳았다는 사실을 전하고 있다. 그 일광의 정체가 '밝은 황금빛 나는 사람' '황색 피부에 회색빛 눈을 한 사람' 또는 '황금빛 신인'임을 밝히고 있다. 모두 사람의 모습을 한 신임을 알 수 있다. 따라서 알랑 고아는 남편이 죽은 뒤 세 아들을 임신하여 낳은 모든 과정이 하늘의 뜻이었다고 생각했을 가능성이 높다.

실제로 그녀는 황금빛 신인에 의해 태어난 세 아들을 '하늘의 아들'이라 부르며, 그들이 장성해 모든 사람을 지배하는 군주와 칸이 될 것이라고 말하고 있다. 반면에 도본 메르겐과의 사이에서 낳은 두 아들은 '너희 평민들'이라고 지칭함으로써 근원이 다름을 선언하고 있는 것이다.

그녀의 이 말은, 도본 메르겐이 돌궐 계통의 늑대 신화를 가진 버르테 치노의 후손이라는 점을 고려할 때, 이젠 순수 몽골 혈통에 의해 새로운 역사가 쓰여야 한다는 일종의 '신성 가족'의 탄생을 예고하는 말이라 할 수 있다.

그런데 알랑 고아가 '일광'에 의해 세 아들을 낳은 이야기는 놀랍게도 일찍이 고구려를 세운 주몽의 탄생 신화와 동일한 구조를 갖고 있다.

고려의 문인 이규보는 삼국시대의 사서인 『구舊삼국사』를 인용해 주몽의 탄생 신화를 서사시로 읊은 「동명왕편」을 남기고 있는데, 그 내용을 간추리면 다음과 같다.

천제天帝가 아들 해모수를 부여의 옛 도읍 터에 내려보냈다. 아침에 오룡거伍龍車 타고 하늘에서 내려와 정사政事를 보고 저녁에 하늘로 올라가니 세상에서는 그를 천왕랑天王郎이라 했다.

성 북쪽의 맑은 하천에서 하백의 세 딸이 놀고 있는 것을 본 해모수는 궁전을 지어 비단 자리 깔고 음식과 술을 차려두니 과연 세 딸이 음식과 술을 마시고는 취했다. 이때 해모수가 나타나자 모두 놀라 달아나는데, 해모수가 장녀 유화柳花를 잡았다.

해모수가 그녀를 데리고 하백의 용궁으로 내려가 청혼을 하니 하백이 노怒했다. 해모수를 시험해본 후 천제의 아들이 틀림없음을 안 하백은 그를 위해 잔치를 벌였다. 해모수가 만취하자 유화와 함께 그를 가죽 수레에 태웠다. 해모수가 저녁이 되면 천상에 올라갈 것을 아는 하백이 유화를 데리고 올라가게 하려 한 것이다. 그러나 술이 깬 해모수는 유화의 황금 비녀를 뽑아 가죽에 구멍을 뚫고 혼자만 빠져나가 하늘로 올라가버렸다.

이에 화가 난 하백은 유화의 입술을 석 자나 뽑은 뒤, 우발수優渤水로 추방했다. 하루는 어부가 물속을 보니 이상한 괴물이 헤엄쳤다. 어부가 왕에게 고하고, 철로 된 그물을 던져 건져 올리니 돌에 앉은 여인이 올라왔는데, 입술이 길어 말을 못했다. 입술을 세 번 자른 후에야 말문이 열렸다.

부여의 금와왕은 그녀가 천제의 아들 해모수의 부인임을 알고 별궁에 가두었는데, 일광을 받고 임신했다.

알랑 고아의 일광 신화에 견주어 훨씬 더 복잡한 스토리를 갖고 있다. 해모수를 일러 천왕랑이라고 하는 것은 그가 태양신이기 때문이다. 그래서 해가 아침에 동녘에서 떴다가 저녁에 서녘으로 지 듯, 아침에 세상에 내려왔다가 저녁에 하늘나라로 올라간다고 한 것이다.

『삼국사기』는 이 이야기를 이렇게 전하고 있다.

> 금와왕이 우발수에서 한 여자를 얻어 내력을 물으니 이렇게 말했다. "저는 하백의 딸로 유화라 합니다. 아우들과 놀고 있을 때, 한 남자 가 나타나 자기 말로 천제의 아들이라고 하면서 압록강 변의 집으로 유인하여 사욕을 채운 후 돌아가서는 오지 않았습니다. 부모님은 제 가 중매도 없이 남에게 몸을 허락하였다고 책망한 후 이 우발수로 귀 양을 보냈습니다."
> 금와왕이 이상히 여겨 유화를 궁에 가두었다. 일광이 비치므로 유 화가 몸을 피하자 일광이 또 따라와 비치더니 태기가 있었다.

따라서 유화, 즉 버드나무 여인을 임신하게 한 일광의 정체는 바 로 태양신 해모수임을 알 수 있다. 알랑 고아를 잉태케 한 일광의 정체가 황금빛 신인 또는 황색 피부에 회색빛 눈을 한 사람이라고 만 되어 있는 것과 달리 주몽 신화에서는 해모수의 행적이 자세히 기술된 점이 다를 뿐이다.

한편 알랑 고아는 자신이 낳은 세 아들을 '하늘의 아들'이라 말하 고 있는데, 유화의 아들 주몽 역시 장성해 부여에서 남쪽으로 도망 칠 때 엄리대수의 물이 불어 강을 건널 수 없게 되자 이렇게 외쳤다. "나는 천제의 아들이요, 하백의 외손이다."

그러자 물고기들과 자라들이 수면 위로 올라와 다리를 만들어주어 무사히 강을 건넜다고 한다.

여기서 우리는 고구려와 몽골의 건국신화가 놀라울 정도로 그 신화적 요소와 구조가 일치하고 있음을 알 수 있다. 유화와 알랑 고아가 태양신 또는 황금빛 신인의 일광을 받아 임신한 것과, 그렇게 태어난 아이를 천제의 아들 또는 하늘의 아들이라고 말하는 것이 그렇다. 이처럼 양국 건국신화의 요소와 구조가 같다는 것은 두 나라의 건국신화가 같은 뿌리에서 나왔음을 의미한다.

얼핏 고구려의 건국신화가 몽골 신화보다 1,000년가량 앞선다는 점에서 몽골 신화에 영향을 주었을 가능성도 생각해볼 수 있지만, 알랑 고아의 신화가 주몽 신화보다 소박한 형태로 되어 있는 점이나 알랑 고아가 코리족임을 명확히 밝히고 있는 점으로 볼 때 그럴 가능성은 매우 적어 보인다.

오히려 알랑 고아가 바이칼에서 몽골의 보르칸 칼돈 산으로 이주해왔고 그녀로부터 몽골의 역사가 시작되었듯이, 유화 역시 기원전에 바이칼의 코리족으로부터 만주로 이주해왔으며(이 대목을 주몽 신화에서는 유화를 우발수로 귀양 보냈다고 적고 있다) 그녀로부터 고구려의 역사가 시작되었을 가능성을 제기한다고 할 수 있다. 이는 고구려가 바이칼 코리족의 후예임을 시사한다.

흥미롭게도 주채혁 교수는 1990년 대만의 몽골 학자인 한촐로 교수가 한국에 왔을 때의 일을 이렇게 전하고 있다.

한촐로 교수의 입국 인사말 첫마디는 "어머니의 나라에 왔습니다"였다.

당시 주채혁 교수 일행은 그 말이 무슨 의미인지 몰라 당황했다고 한다. 몽골을 좀 더 깊이 이해한 뒤에야 그 말뜻을 이해하고 이 일을 기록으로 남겼던 것이다. 한촐로 교수는 몽골 사람으로, 고향이 훙안령 북동부 넌장嫩江 상류 근처였다. 그는 자신들이 코리족의 외손이라는 사실을 잘 알고 있었고, 그래서 코리족의 후예인 한국에 오자 "어머니의 나라에 왔습니다"라고 했던 것이다.

그리고 보면 신화라 해서 결코 소홀히 취급할 것이 아니다. 문자로 역사를 기록하기 전에는 그런 식으로 역사를 전했기 때문이다.

알랑 고아가 일광 신화를 통해 낳은 세 아들의 이름은 보코 카다기, 보카토 살지, 보돈차르 몽카크다. 이 중에서 막내인 보돈차르가 바로 칭기즈칸 가문의 직계 조상이다. 몽골 사람들은 보돈차르로부터 시작되는 칭기즈칸 가문을 '보르지긴'이라 부른다. 보르지긴은 '회색빛 눈'이란 뜻이다. 알랑 고아가 세 아들을 잉태할 때 꿈에서 본 황금빛 신인의 눈이 바로 회색빛 눈이었던 데서 유래한 이름으로, '회색빛 눈을 가진 황금빛 신인의 자손들'이란 의미다.

그 뒤 보돈차르의 자손 5대째에 카이도라는 비범한 인물이 태어난다. 그리고 카이도의 4대손 중에 카볼이라는 걸출한 인물이 출현하여 역사에 처음으로 '몽골올로스', 즉 몽골국의 이름을 세상에 알렸다. 그는 여진족이 세운 금나라와의 전쟁에서 우세를 보여 1146년에는 금나라로부터 27개의 성을 빼앗았다.

키야트족은 모두 카볼칸으로부터 나왔다. 키야트족의 중심 부족인 주르킨 씨족의 족장 세체 베키는 카볼칸 큰아들의 손자다. 칭기즈칸의 아버지 예수게이는 카볼칸의 둘째 아들 바르탐 바타르의 아들이다. 그러니까 칭기즈칸은 카볼칸의 증손자가 되는 셈이다. 그리고 2대 칸인 암바카이는 카이도의 둘째 아들 차라카이 링코의 손자이며, 타이치오드족은 모두 차라카이 링코로부터 나왔다고 한다. 보르지긴의 주요 씨족들은 모두 알랑 고아의 아들 보돈차르의 5대손인 카이도의 후손인 셈이다.

마침내 보르칸 칼돈 산에 도착하다

·
·

다음 날 눈을 떠보니 밖이 환했다. 다행이었다. 만일 비라도 온다면 보르칸 칼돈 산에 가는 것은 포기해야 하기 때문이다. 우리는 아침을 먹고 서둘러 출발했다. 서늘할 때는 땅이 굳어 차바퀴가 수렁에 빠질 위험이 적기 때문이다.

보르칸 칼돈 산으로 가는 길가에는 키 작은 다년생 초목들이 숲 바로 아래까지 빽빽하게 늘어서 있었다. 갈색빛을 띤 나무들 덕에 마치 가을 속을 가고 있는 느낌이 들었다. 그 나무들을 자세히 들여다보니 새싹이 나려는지 가지에 조그만 움들이 잔뜩 매달려 있었다. 얼핏 철쭉과 비슷해 보였다. 보르칸 칼돈 산으로 가는 길가에는 그 나무들이 양쪽으로 빽빽이 늘어서 있었다.

"저 나무들이 무슨 나무인가?"

가이드 N에게 묻자 그가 말했다.

"하르가나라는 나무입니다. 『몽골 비사』에는 '카르가나' 나무로 나오지요."

"하르가나?"

생소한 이름이었다. 생김새는 철쭉과 비슷해 보이는데, 철쭉과는 달라 보였다.

그런데 신기한 것은 그 하르가나 나무가 양쪽으로 빽빽이 늘어선 게 마치 우리를 좌우에서 호위하는 듯했다. 그러고 보니 『몽골 비사』 195절에는 몽골군의 유명한 세 가지 전법이 나오는데, 그중 하나가 바로 하르가나 나무와 관련된 것이다.

하르가나 나무와 같은 진법으로 진격하자.

하르가나 나무처럼 빽빽하게 대오를 이뤄 진격하자는 뜻이다. 어려서부터 늘 하르가나 나무를 보고 자란 칭기즈칸이 대군으로 진격할 때면 그런 식으로 표현했던 것이 아닌가 생각된다.

우리가 하르가나 전법을 이야기하는 동안 길 양쪽에서는 하르가나 나무들이 우리의 말을 알아들었는지 더욱 씩씩하게 대오를 갖춰 함께 진군했다. 그렇게 얼마나 갔을까, 멀리 문지방 오보가 보이기 시작했다.

문지방 오보는 몽골 말로 '보스고 텡게리 오보'라고 한다. 그다지 높지는 않으나 보르칸 칼돈 산에 가려면 반드시 통과해야 하는 고개다. 고개에는 오보가 서 있다. 강터머르 할머니가 말한 세 번째 대금구가 바로 저곳이 아닐까 싶었다. 보르칸 칼돈 산으로 들어가는 마지막 관문인 셈이다.

그런데 문지방 오보 왼쪽 산기슭에 번개에 맞은 고목들이 많았다. 성한 나무가 없을 정도였다. N이 말했다.

문지방 오보. 고개 너머 골짜기에 거대한 헤를렌 강 습지가 보인다.

"이곳 보르칸 칼돈 산에는 번개가 자주 치는데 번개 맞은 나무들은 거의 소나무 계통의 침엽수들입니다. 버드나무와 자작나무는 번개를 맞지 않아요. 그래서 버드나무와 자작나무를 몽골에서는 신목神木이라고 합니다."

신기했다. 번개가 버드나무와 자작나무에만 치지 않는다니. 그러고 보니 몽골 사람들은 게르를 지을 때 반드시 버드나무로 기둥을 세우고 버드나무를 엮어 벽을 둘러친다고 한다. 그래야 나무 한 그루 없는 초원에 게르를 쳐도 번개 맞는 일이 없기 때문이다. 과연 버드나무와 자작나무를 신목이라고 부를 만하다 싶었다.

문지방 오보로 오르는 길에는 자동차 바퀴 자국들이 어지럽게 나 있었다. 언덕이긴 해도 비가 오면 이곳 역시 진창이 되기 때문에 자동차들이 수렁에 빠지지 않으려고 이리저리 피해 다닌 탓이다. 마침내 고갯마루에 오르니 문지방 오보가 반갑게 맞아주었다.

고개 너머에는 헤를렌 강이 동쪽에서 서쪽으로 흐르면서 거대한 습지를 이루고 있었다. 그 건너편으로는 헨티의 산자락들이 늠름하게 서 있다. 아직 나무에 푸른 잎새들이 돋지 않아 일부 침엽수림을 제외하면 숲은 누런 갈색 일색이었다. 환절기 탓인지 시야가 흐렸다.

우리는 차에서 내렸다. 오보 앞에는 흰 돌로 만든 테이블과 의자들이 놓여 있었다. 예전에 없던 것인데, 누군가 이곳에 오는 이들을 위해 갖다 놓은 것이리라. 우리는 오보 앞으로 가 술을 뿌리며 어르거 의식을 했다.

그리고 다시 차에 올라타 문지방 언덕을 내려갔다. 내려가는 길 역시 자동차 바퀴 자국들로 엉망이었고, 자동차들이 진창에 빠진 자국들이 곳곳에 있었다. 아래 습지에는 하르가나 나무들이 가득했다. 내리막길 오른쪽도 마찬가지였다. 사방이 하르가나 나무였다. 마치 자기들이 함께하니 걱정할 필요가 없다는 듯 길동무가 되어 주었다.

언덕을 다 내려가자 폭이 10여 미터 되는 헤를렌 강이 나왔다. 그 동안 비가 많이 온 탓인지 물이 제법 불어 있었다. 강물이 빠르게 넘실대며 흘렀다. 강을 건너기를 세 차례, 다시 넓은 하르가나 습지를 지나고 나서야 비로소 마른땅이 나왔다.

습지를 무사히 건넌 데 안도하며 주위를 둘러보니 왼편 응달쪽에 눈이 그대로 쌓여 있다. 이곳은 아직도 이른 봄의 해빙기였던 것이다. 골짜기로 접어드니 멀리 흰 눈 덮인 보르칸 칼돈 산의 정상이 보였다. 태양 빛을 받아 정상 부근이 환하게 빛났다. 보르칸 칼돈 산이 모습을 드러내자 모두들 환호했다.

그때 다시 앞에 조그만 강이 나왔다. 알랑 고아가 오논 강 상류

헤를렌 강의 습지에 하르가나 나무가 빽빽하다(위). 한쪽에는 눈과 얼음이 그대로 있다(중간). 보르칸 칼돈 산이 보인다. 보르칸 칼돈 산이 가까워질수록 하르가나 나무들이 호위하듯 양쪽으로 빽빽이 늘어서 있다(아래).

쪽에서 보르칸 칼돈 산을 넘어올 때 지났던 바로 그 퉁겔리크 강이었다. 과연 그 강은 보르칸 칼돈 산과 그 옆의 오른쪽 산들 사이로 흘러내리고 있었다. 바로 이곳에서 도본 메르겐은 알랑 고아를 만났고, 두 사람은 혼인을 했다.

 알랑 고아가 달구지를 타고 퉁겔리크 강을 따라 내려온 바로 그 역사의 현장에 서 있으니 감개가 무량했다. 지도에는 그 강을 따라 올라가면 알랑 고아가 넘어다니던 '이흐 가자린 다와'란 고개가 나오고, 그 고개를 넘으면 유명한 오농 온천이 나온다고 되어 있다. 이흐 가자린 다와는 '큰 제사 터가 있는 고개'란 뜻이다.

 우리는 서둘러 보르칸 칼돈 산으로 향했다. 가까이 다가갈수록 산의 모습이 뚜렷했다. 마치 도인이 수천 년 동안 한자리에 가만히 앉아서 도를 닦는 듯한 모습이라고나 할까. 자연적으로 형성된 산이라고 하기엔 너무도 신비했다. 보르칸 칼돈 산과 주변 산들에는 수목이 울창했다.

 마침내 보르칸 칼돈 산 아래 야영지에 도착해 시계를 보니 어느새 10시가 넘어 있었다. 나는 차에서 내려 그곳에 있는 벨린 오보 앞에서 '우리가 보르칸 칼돈 산에 왔으니 어여삐 여겨 받아주십사' 하는 인사와 함께 어르거 의식을 했다. 오보 주위는 평온했다. 주위에는 할미꽃과 이름 모를 노란 꽃, 보랏빛 꽃이 여기저기 피어 있었다. 가이드 N의 말로는 겨울에 이 일대에서 유일하게 묵을 수 있는 곳이라고 했다. 사방이 막혀 바람이 거의 없다는 것이다. 그리고 보니 정말 바람이 없는 아늑한 곳이었다.

알랑 고아가 버드나무 여인이라고?

잠시 쉬는 동안 나는 알랑 고아가 내려왔다는 퉁겔리크 강을 좀 더 살펴보기 위해 골짜기 쪽으로 내려갔다. 한 나무에 하닥이 걸려 있었다. 아마도 이곳에서 누군가 제를 지낸 모양이었다. 퉁겔리크 강의 발원지가 있는 북쪽을 보니 조그만 냇가를 따라 차 한 대 다닐 정도의 길이 가늘게 이어져 있었다. 산들의 정상에는 아직 눈이 쌓여 있었다.

우리는 걸어서 보르칸 칼돈 산을 오르기 시작했다. 경사진 숲길을 20여 분 올라가자 돈트 오보가 나타났다. 우리는 오보 앞에서 다시 마음을 추스르고 경건한 마음으로 어르거 의식을 했다. 칭기즈 칸이 죽은 뒤 많은 칸들이 이 돈트 오보에 와서 제를 지냈다고 한다. 오보 앞에는 커다란 삼발이 위에 솥이 걸려 있었고, 그 앞쪽으로 큰 가마솥도 있었다. 제를 지낼 때 사용하는 제기들이었다. 삼발이는 오래되긴 했어도 구름무늬 장식이 권위 있어 보였다. 근대 초까지 이곳에 사당이 있었다고 한다.

우리는 다시 보르칸 칼돈 산 중턱에 있는 평원으로 올라갔다. 가파른 산길을 30분쯤 올라가자 나무들 사이로 평평한 넓은 곳이 나타나면서 보르칸 칼돈 산의 정상이 한눈에 들어왔다. 산을 바라보며 숲을 가로지르자 가파른 절벽 아래 푸른 호수가 보였다. 아직 흰 눈이 쌓여 있었다. 그곳에서 뒤를 돌아보니 중턱 평원이 넓게 펼쳐져 있었다. 축구장보다 더 커 보였다. 그 평원 위로 보르칸 칼돈 산의 정수리가 위엄 있게 빛나고 있었다. 정상에 서 있는 오보가 조그

보르칸 칼돈 산의 두 번째 오보인 돈트 오보(위). 중턱 평원에서 바라본 보르칸 칼돈 산 정상(아래).

보르칸 칼돈 산 중턱에서 바라본 이흐 가자린 다와로 넘어가는 길(위). 이흐 가자린 다와 (아래).

많게 보였다. 텡게리 오보였다. 마음이 절로 경건해졌다. 우리는 그곳에서 보르칸 산 정상을 바라보며 다시 어르거 의식을 했다.

자료에 의하면, 이곳 중턱 평원에서 정상의 텡게리 오보로 가는 길은 인위적으로 만들어놓은 듯한 아홉 개의 계단 형태로 되어 있으며, 산 정상에는 40미터 높이의 거대한 제단과 같은 돌무더기가 있고, 그 위에 텡게리 오보가 있다고 한다.

나는 돌아서서 보르칸 산 건너편 동쪽에 있는 산들을 바라보았다. 문지방 오보에서 보았을 때 계곡 아래의 헤를렌 강 건너편에 있던 산들이다. 눈이 쌓여 있긴 했지만, 정상 부근이 평평하게 깎여 있는 곳들이 여럿 보였다. 인공적으로 조성한 게 아닐까 의구심이 들 정도였다.

그때 문득 『몽골 비사』에 나오는 '예케스 가자르' 의식을 했다는 곳이 어디일지 궁금했다. 그곳에 늦게 도착한 허엘룬은 귀족들이 제사 음식을 다 배분하자 한바탕 소란을 부렸다. 주위를 둘러보니 제사 터로 이곳 중턱 평원만 한 곳이 없어 보였다. 보르칸 칼돈 산 정상 바로 밑인 데다 보르칸 산의 정상이 바라보이기 때문이다. 실제로 많은 학자들은 예케스 가자르 의식이 이곳 보르칸 칼돈 산의 중턱 평원에서 이루어졌을 것으로 보고 있다. 그렇게 생각하니 금방이라도 당찬 허엘룬의 모습이 튀어나올 것만 같았다.

그런데 보르칸 칼돈 산과 관련해서 정작 내게 중요한 정보를 준 사람은 몽골사를 연구하는 박원길 교수였다. 그가 보르칸 칼돈 산의 '칼돈'이 바로 버드나무라고 했던 것이다. 그러면서 '보르칸 산'이라 부르지 않고 '보르칸 칼돈 산'이라 부르는 것은 바로 버드나무 신대 때문이라고 했다. '칼돈'은 오늘날 몽골의 신성한 산정에 위치한 오보를 보르가스 오보(버드나무가 꼭대기에 꽂힌 오보)로 부르는 데서도 볼 수 있듯이, 버드나무를 사용하는 의례가 이루어지는 높은 곳을 뜻하는 말이라는 것이다.

그의 말대로라면, 최초의 예케스 가자르 의식에서 알랑 고아가 직접 버드나무 신대를 잡았을 가능성이 높다. 다만 그녀가 예케스 가자르 의식을 한 곳은 이곳 보르칸 칼돈 산의 중턱 평원이 아니라 퉁겔리크 강을 따라 오농 온천으로 넘어가는 이흐 가자린 다와 고개였을 것이다. 그 고개의 이름이 '큰 제사 터'를 의미하는 데다 그곳에서 고대 몽골인들이 제를 지낼 때 사용했던 삼발이 솥이 나왔기 때문이다.

게다가 몽골족이 오리앙카이족을 누르고 보르칸 산의 주인이 된 것은 보돈차르의 7대손인 톰비나이 세첸 때다. 따라서 알랑 고아와 보돈차르 당시에는 이흐 가자린 다와에서 예케스 가자르 의식을 하다가 오리앙카이족을 누르고 보르칸 칼돈 산의 주인이 된 뒤부터 이곳 보르칸 산의 중턱 평원에서 했음을 알 수 있다.

알랑 고아가 버드나무 신대를 잡았다는 것은 그녀가 샤만임을 뜻한다. 그렇다면 알랑 고아는 몽골족의 '버드나무 여인'인 셈이다. 주몽의 어머니 유화가 고구려의 '버드나무 여인'인 것처럼.

이 어찌 흥미로운 일이 아닌가. 몽골의 성산 보르칸 칼돈 산에서 버드나무 여인 유화를 떠올리다니. 그렇다면 유화도 알랑 고아가 예케스 가자르 의식을 했던 것처럼 조상들의 제를 지냈을까?

당연히 그렇다고 봐야 할 것이다. 그녀 역시 샤만이라 할 수 있기 때문이다. 그리고 알랑 고아의 버드나무 신대가 보돈차르와 그 후손들에게 계승된 것처럼, 유화의 버드나무 신대 역시 주몽에게 계승되었을 것이다.

이를 뒷받침하는 중요한 기록이 있으니, 중국의 사서 『북사北史』 '고구려전'에 나오는 다음 구절이다.

(국내성에는) 큰 신당이 둘 있는데, 하나에는 나무로 깎은 유화柳花 상을 모셨고, 다른 하나에는 고등신高登神 상을 모셨다. 이 고등신이 바로 시조 해모수의 아들 주몽이다.

고구려인들이 국내성에 유화와 주몽의 상을 모셨다는 것은 주몽이 유화의 버드나무 신대를 물려받았다는 뜻이다. 따라서 고구려의 버드나무 여인 '유화-주몽' 이야기와, 몽골의 버드나무 여인 '알랑고아-보돈차르' 이야기 역시 두 나라의 건국신화와 마찬가지로 동일한 구조를 갖고 있음을 알 수 있다. 이 어찌 놀라운 일이 아니랴. 타이완의 한촐로 교수가 "어머니의 나라에 왔습니다"고 했다던 이야기는 결코 그냥 나온 이야기가 아니다.

나는 보르칸 칼돈 산을 다시 쳐다보았다. 흰 구름을 머리에 이고 있던 보르칸 칼돈 산이 순간 밝은 이마를 시원하게 드러냈다.

다음 날 아침에 텐트에서 일어나 밖에 나오니 푸른 하늘이 보이는 게 날이 괜찮았다. 새벽 무렵 텐트에 빗방울이 후두둑 떨어지는 소리가 들려 혹시라도 비가 오면 어쩌나 걱정했던 것이다. 다행히 비가 올 염려는 없었다. 우리는 아침을 대충 챙겨 먹고 텐트를 철거한 뒤 길을 떠났다. 며칠 사이 버드나무마다 버들개지가 노랗게 피어 있었다. 우리는 곧장 테렐지 강가에 있는 알탄 자야의 게르로 향했다. 초원에는 또 다른 꽃들이 바쁘게 피어나고 있었다.

알탄 자야는 가족처럼 따뜻하게 맞아주었다.

3

칭기즈칸의 탄생지를 찾아

예수게이는 누구인가

우리가 칭기즈칸의 탄생지를 찾아 나선 것은 6월 초하루였다. 그곳은 도르노트 아이막의 다달에 있었다. 러시아 접경지대다. 다달에 가려면 오논 강가에 있는 빈데르 시를 거쳐야 했다. 빈데르는 헨티 아이막에서 두 번째로 큰 도시로 칭기즈칸 시대에는 타이치오드족이 거주하던 곳이다. 우리는 바가노르에서 아침을 먹고, 언더르항으로 가는 포장도로에서 벗어나 왼쪽의 넓은 들판으로 접어들었다.

칭기즈칸이 태어난 해에 대해서는 두 가지 설이 있다. 몽골 정부나 중국에서는 공식적으로 1162년에 태어났다고 말한다. 중국인이 쓴 『원사』에도 1162년으로 기록되어 있다. 하지만 라시드 앗 딘이 쓴 『집사』에는 1155년 돼지해 가을 보름이라고 되어 있다. 칭기즈칸이 죽은 것이 1227년이니까, 1162년에 태어났다면 예순여섯, 1155년에 태어났다면 일흔세 살에 사망한 것이 된다.

두 가지 주장 중 어느 쪽이 맞다고 단정하기는 어렵다. 하지만 상식적으로 판단해볼 몇 가지 근거가 있다. 우선, 칭기즈칸이 서하를 원정하던 중 사냥하다 낙마하여 병사했다는 점을 고려할 때 1155년에 태어난 것이 맞다면 일흔세 살의 노인이 말 타고 사냥을 즐겼다는 이야기가 된다. 하지만 그 나이에는 아무래도 무리라고 생각된다. 또 1155년설을 따를 경우 칭기즈칸이 버르테와 결혼한 것을 30대 초로 보아야 하는데, 이 역시 무리가 따른다. 조혼 풍습이 있던 몽골에서 30대 처녀라는 것은 아주 예외적인 경우다. 버르테가 칭기즈칸보다 한 살 더 많았던 점을 생각하면 더더욱 그렇다. 당시로선 미래가 불투명한 칭기즈칸을 버르테가 그 나이 되도록 기다렸다고 보기 어렵기 때문이다.

내가 그런 생각을 하고 있을 때, 가이드 N이 말했다.

"저길 보십시오. 바로 쳉헤르 강입니다. 강 주위에 넓은 초원이 형성되어 있지 않습니까."

과연 그랬다. 또 다른 초원의 고속도로가 펼쳐지는 기분이 들 정도로 골짜기 사이의 들판이 넓었다. 쳉헤르 강은 보르칸 칼돈 산 동쪽에서 발원하여 1,000개의 유목지가 있는 바얀올란과 허더 아랄을 둘러싸고 남쪽으로 흐르다 헤를렌 강으로 흘러들어간다.

"하지만 비가 오면 이 길은 수렁으로 변해 어떤 차도 지나갈 수 없습니다. 하늘이 청명한 걸 보니 날씨가 우리를 돕는 모양입니다."

N이 웃으며 말했다. 그랬다. 몽골 여행은 날씨가 좌우한다. 특히 비가 내리면 비포장도로는 수렁으로 변하기 때문에 꼼짝할 수가 없다.

칭기즈칸의 탄생에 대해 『몽골 비사』는 이렇게 말하고 있다.

> 예수게이 바타르가 타타르부의 족장이었던 테무진 우게를 잡아 돌아올 때, 오논 강의 델리운 볼닥에 있던 허엘룬이 칭기즈칸을 낳았다. 예수게이 바타르는 타타르의 테무진 우게를 잡아왔을 때 칭기즈칸이 태어났다고 하여 그에게 테무진이란 이름을 주었다.

테무진의 이름에 대해서는 논란이 계속되고 있는데, 예수게이가 유목민의 오랜 관습에 따라 적장 '테무진'의 이름을 아들에게 주었다는 것이 일반적인 해석이다. 그러나 예수게이가 대장장이 부족에 속해 있었으므로 테무진이란 이름을 주었을 것이라는 설도 있다.

실제로 테무진을 비롯해, 막냇동생 '테무게' 옷치긴이나 여동생 '테물룬'의 이름이 모두 '쇠temür'를 뜻하는 말의 어근에서 파생되었다는 것이 이를 뒷받침한다. 테무진 가문이 쇠를 다루는 대장장이 가문이었을 가능성을 시사하는 대목이다. 따라서 예수게이가 적장의 이름 테무진이 쇠를 뜻하는 말과 관계된 점을 고려하여 테무진에게 주었다고 보는 것이 좀 더 설득력 있어 보인다.

테무진의 탄생지로 언급된 '델리운 볼닥'은 '비장脾臟의 언덕'이란 뜻이다. 그런데 비장의 언덕 주위에는 '세 개의 호수'가 있다고 한다. 그렇다면 칭기즈칸의 탄생지는 오논 강가에 있어야 하고, 비장의 언덕 형태로 생겨야 하며, 주위에 세 개의 호수가 있어야 한다는 조건이 모두 맞아떨어져야 한다.

탄생지에 관한 특징이 너무나 뚜렷해서 찾기 쉬울 것 같았다. 하지만 뜻밖에도 그 세 가지 조건을 모두 만족시키는 곳이 네다섯 곳이나 되었다. 그중 가장 유력한 세 곳을 둘러싸고 학계에서는 지금까지 논쟁을 벌이고 있다.

두 곳은 몽골의 헨티 아이막 다달과 빈데르에 있고, 또 하나는 러시아의 치타 주에 있었다. 치타 주라면 얼핏 멀리 떨어져 있는 것처럼 생각되지만, 칭기즈칸 당시 치타 주 또한 그들의 주요 활동 무대였다. 다달에서 말 타고 하루면 갈 수 있는 곳이다.

몽골에서 칭기즈칸의 탄생지에 대해 제일 먼저 관심을 갖고 연구한 학자는 페를레 교수다. 그는 이곳저곳을 답사하던 중에 다달에 있는 비장의 언덕을 발견하고, 그곳이 칭기즈칸의 탄생지라고 주장했다. 그는 몽골 학계에 단단한 배경을 갖고 있었기 때문에 그의 주장은 곧 널리 알려지게 되었다. 몽골 정부는 칭기즈칸 탄생 800주년이 되는 1962년에 페를레 교수의 주장에 따라 그곳을 칭기즈칸의 탄생지로 선포했다.

하지만 그 뒤에 러시아 학자들은 치타 주에 있는 비장의 언덕이 칭기즈칸의 탄생지가 맞다고 주장하고 있으며, 몽골 학자 중에서도 일부는 다달보다 빈데르가 더 유력하다고 주장하고 있다.

나는 예전에 칭기즈칸의 탄생지로 알려진 다달에 가본 적이 있었다. 칭기즈칸이 정말 그곳에서 태어났는지는 알 수 없지만, 다달의 기운이 아주 특별해서 오랫동안 잊히지 않았다. 우리나라에만 있는 줄 알았던 금강송들이 다달 시내 곳곳에 즐비하게 서 있는 게 기운이 예사롭지 않았기 때문이다.

그런데 왜 칭기즈칸의 탄생지를 '비장의 언덕'이라고 했을까? 아마도 늘 동물을 잡는 유목 사회다 보니 그곳 지형이 동물의 비장 형태로 생겼다 하여 그리 불렀다 한다. 그나저나 세 곳을 모두 보기 전에는 어느 곳이 칭기즈칸의 탄생지인지 말할 수 없게 됐으니 난처한 노릇이 아닐 수 없다.

하지만 앞에 든 세 가지 지리적 조건만 가지고 말할 수 없는 것이 바로 역사다. 칭기즈칸의 탄생지를 비정比定하기 위해서는 먼저 메르키트의 왕자 칠레두가 허엘룬을 데리고 메르키트로 가기 위해 어떤 루트를 택했는지 살펴보아야 한다. 당시 메르키트부와 몽골족은 사이가 좋았으므로 칠레두가 동몽골에서 지금의 보르칸 칼돈 산 북쪽으로 해서 메르키트로 갔을 가능성도 생각해볼 수 있다.

하지만 신부를 마차에 태우고 가는 입장에서 험한 고개들을 넘어

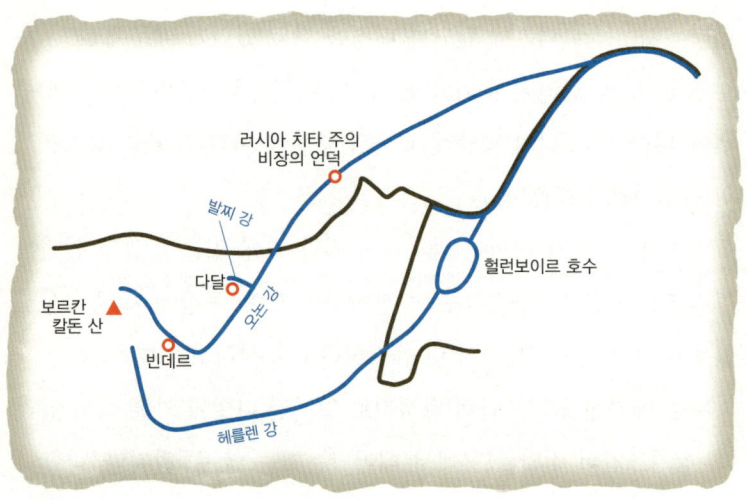

세 곳의 비장의 언덕.

야 하는 보르칸 칼돈 산 루트를 택했을 가능성은 거의 없다고 할 수 있다. 오히려 헐런보이르 호수를 지나 지금의 치타 주로 곧장 올라가 메르키트로 가는 루트를 택했을 가능성이 높다. 그쪽이 초원의 길이라 평탄하기 때문이다. 만일 그랬다면 칠레두는 치타 주를 관통하는 오논 강을 건넜을 것이다. 러시아 학자들이 칭기즈칸이 치타 주에 있는 비장의 언덕에서 탄생했을 거라고 주장하는 것은 그 때문이다.

또 하나 고려해야 할 것은, 당시 예수게이의 주 활동지가 어디였느냐는 점이다. 예수게이는 오논 강에서 허엘룬을 약탈한 후 그녀를 자신의 게르가 있는 곳으로 데려왔을 것이다. 따라서 칠레두가 건넌 오논 강의 지점보다 예수게이의 게르가 어디에 있었느냐가 더 중요하다고 할 수 있다.

그런데 허엘룬을 약탈한 예수게이는 어떤 사람이었을까? 그는 카볼칸의 둘째 아들 바르탐 바타르의 아들이다. 한마디로 카볼칸의 적통이 아닌 것이다. 적통은 큰아들 어킨 바르카크의 손자이며 주르킨 씨족의 족장인 세체 베키다. 더욱이 주르킨 씨족은 천혜의 목초지이며 전략적 요충지인 허더 아랄을 차지하고 있었다. 그에 비해 예수게이는 다른 키야트계 씨족들 중에서도 초지가 부족한 멍건 모리트를 본거지로 삼고 있었다. 따라서 예수게이는 키야트족 귀족들 사이에서 상대적으로 지위가 낮았다고 할 수 있다.

그런데 라시드 앗 딘의 『집사』에 의하면, 예수게이와 그에게서 태어난 자식들이 하나같이 '황색 피부에 회색빛 눈'을 지니고 있었다고 한다. 이러한 신체적 특징은 일찍이 알랑 고아가 세 아들을 임신할 때 매일 밤 꿈에 나타났던 황금빛 신인의 특징인 '황색 피부에 회색빛 눈'과 정확히 일치한다. 알랑 고아의 8대손인 예수게이에게서 알랑 고아의 꿈에 나타났던 황금빛 신인의 징표가 나타나자, 사람들은 알랑 고아의 말이 바로 이를 뜻하는 것이라며, 예수게이와 그 일족으로부터 몽골의 칸이 나올 것이라고 수군댔다.

당시 예수게이는 몽골족의 여러 씨족들에게 군주나 다름없는 영향력을 행사하고 있었다. 따라서 자신의 몸에 나타난 황금빛 신인의 징표에 고무되어 자신이 몽골의 칸이 될 것이라고 믿었을 가능성이 높다.

그런데 문제는 귀족들 중에서 상대적으로 지위가 낮았던 예수게이가 과연 몽골족의 군주와 같은 위치에 오르는 일이 가능하냐는 것이다. 왜냐하면 카볼칸의 적장자인 주르킨 씨족의 세체 베키 등 예수게이보다 훨씬 더 유리한 위치에 있는 귀족들이 버티고 있었기 때문이다. 따라서 그가 권력의 정점에 오른 과정은 평범하지 않았을 가능성이 높다.

이를 뒷받침해주는 사실들이 있다. 이미 앞에서 언급했듯이, 케레이트부의 옹칸이 배다른 동생들을 제거하고 칸이 되었다가 그의 숙부 구르칸에게 쫓겨 위기에 몰리자 예수게이를 찾아와 도움을 청한 적이 있었다. 그 소식을 들은 코톨라칸은 예수게이를 만류하며 이렇게 말했다고 한다. "그의 사람됨으로 보아 그와 안다를 맺는 것은 좋은 일이 아니다. 그는 자기 형제들을 죽이고, 그들의 피로 깃발과 창을 더럽혔다. 그는 지금 화살에 맞은 들소이고, 올가미에 걸린 야생 나귀다."

한마디로 옹칸은 야비하고 음흉한 인간이니 도와주지 말라는 것이다. 하지만 예수게이는 코톨라칸의 말을 듣지 않고 타이치오드족의 코난과 바가지란 사람을 데리고 가서 구르칸을 내쫓고 그의 백성을 찾아주었다. 그리고 카라툰에서 그와 안다 맹약을 맺었다.

예수게이가 신중한 사람이었다면 좀 더 기다리며 사태를 관망했을 것이다. 하지만 그는 코톨라칸의 말을 듣지 않았다. 오히려 서둘러 수하를 데리고 달려가 옹칸을 도와주었다. 한마디로 옹칸과 죽이 맞았던 것이다. 옹칸은 권모술수에 능하고 권력욕이 강한 사람이다. 그렇다면 예수게이 역시 비슷한 성향을 갖고 있었을 가능성이 높다.

예수게이의 행적을 살펴볼 또 하나의 자료가 있다. 타이치오드족의 적장자 타르코타이 키릴토크와 친구가 되어 동맹을 맺은 일이다. 당시 키야트족과 타이치오드족은 같은 보돈차르와 카이도 후손들임에도 불구하고 서로 사이가 좋지 않았다. 때문에 키야트계의 귀족들은 예수게이가 타르코타이 키릴토크와 동맹을 맺는다고 할 때 모두 반대했다. 하지만 예수게이는 그들의 말을 듣지 않았다.

타르코타이 키릴토크는 뚱뚱보란 별명을 갖고 있었다. 그의 이름에 붙은 '키릴토크'는 몽골 말로, '시기심'이란 뜻이다. 따라서 그는 성질 급하고 시기심 많은 인물이라는 것을 알 수 있다. 앞에서 보았듯이, 타르코타이 키릴토크는 예수게이가 죽자 친구의 아내와 아이들을 외면한 채 예수게이의 병사들과 예속민들 그리고 가축까지 모두 빼앗아 떠나버렸다. 어려움에 빠진 친구의 가족을 외면했을 뿐 아니라 그들의 재산과 예속민까지 모두 빼앗은 것이다.

따라서 타르코타이 키릴토크가 예수게이와 동맹을 맺은 것은 예수게이를 이용해 타이치오드족의 족장이 되기 위해서일 가능성이 높다. 예수게이 역시 타르코타이 키릴토크의 생각과 됨됨이를 모르지 않았을 것이다. 그럼에도 그와 동맹을 맺은 것은 타르코타이 키릴토크가 타이치오드족의 적장자라는 점을 이용해 타이치오드족 내에 자신의 기반을 확대하려는 야심을 가지고 있었기 때문일 것이다.

실제로 예수게이는 타르코타이 키릴토크 덕분에 타이치오드족 내에서 자신의 위치를 확고히 할 수 있었고, 타이치오드족 사람들도 예수게이의 권위에 감히 대항하지 못했다. 여기에 예수게이와 안다를 맺은 케레이트부 옹칸의 뒷배까지 있었으니 누가 감히 예수게이의 권위에 도전할 수 있겠는가. 허엘룬이 암바카이칸의 미망인들에게 위세를 부릴 수 있었던 것도 바로 그런 배경에서만 이해가 가능하다.

타르코타이 키릴토크의 주 활동지는 빈데르로 당시 타이치오드족의 본거지였다. 따라서 그와 동맹을 맺은 예수게이는 자신의 본

빈데르 가는 길가에 핀 꽃들.

거지인 멍건모리트 외에도 빈데르를 중심으로 활동했을 가능성이 높다.

 빈데르로 가는 길은 점점 구릉으로 변했다. 파란 하늘엔 구름이 빠르게 흘러가고 있었다. 언덕에 할미꽃과 다른 꽃들이 무더기로 피어 있었다.

타이치오드족의 성소 코르코나크 조보르에서

우리는 빈데르 가는 도중에 있는 코르코나크 조보르에 들르기로 했다. 코르코나크 조보르는 타이치오드족의 성소가 있던 곳으로, 라시드 앗 딘의 『집사』에는 수많은 정령들과 신들이 있는 곳이라고 적혀 있다. 몽골의 3대 칸인 코톨라가 즉위한 곳이기도 하다.

『집사』에는 코톨라칸의 즉위 과정이 자세히 그려져 있다. 2대 칸인 암바카이는 선대에 약속했던 대로 타타르족 여인을 아내로 맞기 위해 그곳에 갔다가 그들에게 사로잡혀 금나라로 끌려갔다. 금나라는 암바카이칸을 나무 당나귀 형틀에 매달아 처형했다. 그는 죽기 전에 "나의 아들 카다안 타이시와 선대 카볼칸의 아들 코톨라 중에서 칸을 뽑도록 하라"는 유언을 남겼다.

그의 유언대로 몽골 사람들은 코르코나크 조보르에 모여 코톨라를 3대 칸으로 추대했다. 암바카이칸이 죽은 뒤 슬픔에 빠졌던 몽골 사람들은 코르코나크 조보르의 신목神木 주위를 돌면서 땅이 무릎까지 빠질 정도로 춤을 추었다고 한다.

코톨라칸이 즉위하자 몽골 사람들은 암바카이칸의 복수를 해주기를 원했다. 코톨라칸은 몽골 연합군을 구성하여 타타르족과 13차례에 걸쳐 치열한 공방을 벌였다. 여기서 '13'은 정확히 13번을 뜻하는 것이 아니라 '13오보' '13가지 말 색깔' '알타이의 13연봉' 등에서 보듯 몽골인들이 자주 쓰는 말로, '아주 많음'을 뜻하는 수다. 따라서 코톨라칸이 즉위한 후 타타르족과 아주 많이 싸웠다는 것을 의미한다.

그런데 몽골족이 타타르족과 전쟁을 벌인 데는 다음과 같은 또 다른 사연이 있었다. 동몽골 옹기라트족의 씨족장 하나가 질병에 걸리자, 옹기라트족은 그들과 친분 있는 타타르족에게 뛰어난 샤만을 청했다. 타타르족은 당대 최고의 샤만을 옹기라트족에게 보내 족장을 치료하게 했다. 그러나 샤만의 노력에도 불구하고 족장이 죽고 말았다. 이에 샤만을 의심한 옹기라트족은 타타르족 샤만을 처형했고, 타타르족은 그들이 존경하는 샤만을 옹기라트족이 살해한 데 분노하여 옹기라트족 마을로 쳐들어왔다. 다급했던 옹기라트족은 그들과 외척 관계를 맺고 있는 보르지긴 씨족들에게 도움을 청했다. 선대 암바카이칸에 대한 복수를 벼르고 있던 코톨라칸은 타타르와의 전쟁을 결정했고, 그 선두에서 몽골군을 지휘한 이가 바로 예수게이였다. 하지만 몽골족의 타타르족 공격은 무위로 끝나고 말았다. 몽골족은 내분에 휩싸였고, 결국 코톨라칸은 정치적으로 실각했다.

예수게이가 메르키트족의 칠레두가 옹기라트 올코노오트 씨족장의 딸 허엘룬과 혼인하여 그녀와 함께 오논 강을 건널 것이라는 정보를 입수한 것은 타타르족과의 전쟁이 거의 끝나가던 1160년 무렵이었다.

전통적으로 보르지긴 씨족들과 외척 관계를 맺어온 옹기라트족은 타타르족에 대한 공격이 무력하게 끝나자 그들만으로는 자신들의 안위를 보장할 수 없음을 깨달았다.

옹기라트족은 보이르 호수 주변의 드넓은 초원에서 유목을 했기 때문에 키야트족이나 타이치오드족과는 비교할 수 없을 정도로 생활이 넉넉했다. 게다가 금나라와도 무역을 해서 재물이 풍부했다.

그들로서는 자신들의 부와 풍요를 지키기 위해 새로운 대안이 필요했다. 그래서 몽골 북부의 강자인 메르키트부와 혼인 동맹을 맺어 안전을 꾀하려 했던 것이다. 메르키트부의 족장 토크토아 베키의 아들 칠레두와 옹기라트족 부족장의 딸 허엘룬의 혼인은 그런 배경에서 이루어졌다.

한데 예수게이에게 그 첩보가 날아온 것이다. 예수게이로서는 카볼칸 이래 자신들의 외척 집안이던 옹기라트족이 몽골족이 아닌 다른 부족과 외척 관계를 맺는다는 것을 용납할 수 없었을 것이다. 그러잖아도 타타르족과의 전쟁이 지지부진하게 끝나면서 몽골족의 세력이 약화되고 있는 상황에서 외척 집안들마저 등을 돌린다면 몽골족은 혼란에 빠질 게 뻔했기 때문이다.

예수게이로서는 옹기라트족과 메르키트부의 연대를 어떻게든 깨야 한다고 느꼈을 것이다. 그리고 칠레두가 지나가는 길목에서 기다리다 허엘룬을 약탈하는 대담한 계획을 세웠을 것이다. 만일 그의 계획이 성공한다면, 옹기라트족이 몽골족 이외의 다른 부족과 외척 관계를 맺는 일을 막는 것은 물론 옹기라트족의 부유한 씨족장 딸을 자기 부인으로 삼는 일거양득의 효과를 거둘 수 있기 때문이다.

당시 몽골 사회에서 부유한 옹기라트 씨족장의 딸을 아내로 맞는다는 것은 정치적으로 큰 의미가 있었다. 부유한 명문가를 처가로 갖는 것이기 때문이다. 예수게이는 더 유명해질 것이다. 요즈음으로 치면 전도유망한 정치인이 재벌가의 딸과 혼인하면서 갑자기 언론의 스포트라이트를 받는 것과 같다고 할 수 있다.

따라서 이런 여러 가지 정황을 고려할 때 예수게이가 오논 강을 건너던 칠레두를 급습하여 허엘룬을 약탈한 것은 결코 우발적으로 일어난 사건이라고 할 수 없다. 그가 몽골 씨족들을 이끌고 있던 실력자임을 고려할 때 더욱더 그렇다. 자칫 잘못하면 자신의 정치적 실각까지 초래할 수 있기 때문이다.

아마도 당시 몽골 사람들은 예수게이의 허엘룬 약탈을 흥미롭게 지켜보았을 것이다. 그들에게 손해되는 일이 아니기 때문이다. 그리고 허엘룬이 칠레두에게 속옷을 벗어주었다는 이야기는 최고의 스캔들이 되어 예수게이를 더욱더 유명 인사로 만들었을 것이다.

하지만 허엘룬의 약탈은 이제까지 우호적이던 메르키트부와의 관계를 돌이킬 수 없는 원한 관계로 바꾸어놓았다. 그리고 두고두고 몽골 고원에 갈등과 분열의 불씨가 되었다.

몇 시간이나 흙길을 달렸을까, 길옆에 유목민 게르가 보였다. 우리는 그곳에서 코르코나크 조보르의 위치도 물어볼 겸 수태 차도 얻어 마시고 쉬어가기로 했다. 게르가 두어 채에 통나무로 지은 창고도 있는, 비교적 넉넉해 보이는 집이었다. 차를 세우니 역시 개들이 몰려나왔다. 곧 후덕한 부인이 나왔다. 잠시 쉬어가고 싶다고 했더니 흔쾌히 맞아주었다. 우리는 보드카 한 병과 사탕 한 봉지를 선물로 가지고 들어갔다. 게르 안에는 젊은 부인의 시어머니인 듯한 할머니가 계셨다.

"코르코나크 조보르가 이 근처에 있는 것으로 알고 있는데, 혹시 아십니까?"

가이드 N이 물었다.

"이곳이 바로 코르코나크 조보르입니다."

할머니가 대답했다. 우리는 제대로 찾아왔다며 기뻐했다.

"여기서 차 타고 10분쯤 가면 코르코나크 조보르의 언덕이 나옵니다."

할머니의 말투는 자신감과 확신에 차 있었다. 그녀는 외국인들이 더러 자기의 게르에 와서 묻고 간다고 했다. 그러면서 우리의 목적지가 어디냐고 물었다.

"이곳에 있는 아라샹 하드를 보고 빈데르를 거쳐 다달로 가려 합니다."

그러자 할머니가 대뜸 이렇게 말했다.

"아, 다달. 칭기즈칸이 태어난 '오논 강의 델리운 볼닥'은 다달이 아니라 바로 이곳 빈데르에 있어요."

할머니의 말에는 확신이 있었다.

"왜 그렇게 생각하십니까?"

N이 물었다.

"우리는 오래전부터 그렇게 알고 있어요."

할머니는 이유를 말하지 않았지만 확신한다는 말투였다. 밖에 있던 부인이 게르로 들어오자 N이 말린 양고기 보르츠를 살 수 있느냐고 물었다. 부인은 사람들에게 팔지 않는다면서 여행하시는 분들이니까 필요한 만큼 줄 수 있다고 말했다. N은 부인에게 보르츠를 한 다발 산 다음 그 반을 부인에게 주며 코릴태 셜을 끓여줄 수 있느냐고 물었다. 부인은 흔쾌히 수락했다.

부인이 보르츠 칼국수를 끓이는 동안 할머니는 우리에게 이것저것 물었다. 그런데 질문 내용이 평범한 유목민의 아내로 살아온 여인답지 않게 유식했다. 이름을 묻자 할머니는 가르쳐줄 수 없다며 이내 입을 다물었다. 사람들의 입에 오르내리는 게 싫다는 것이었다. 할머니는 우리와 한참 말을 섞고 난 뒤에야 자신의 이름이 체렌한부르항이며, 젊을 때 수의사를 했다고 말해주었다.

우리는 비로소 그녀가 해박한 지식을 갖고 있는 이유를 알았다. 식사를 마치고 코르코나크 조보르로 가는 길을 가르쳐달라고 하자 할머니는 자신이 안내하겠다며 앞장섰다. 우리는 할머니를 차에 태우고 코르코나크 조보르로 갔다. 차가 언덕을 돌아 올라가니 커다란 빈데르 오보가 나타났다.

우리는 오보 앞에서 내려 어르거 의식을 했다. 그때 동쪽 언덕 끝에 또 하나의 오보가 보였다. 바로 코르코나크 조보르였다. 우리는 다시 차에 올라 동쪽으로 갔다. 차에서 내려 언덕을 내려가니 산기슭 초원 여기저기에 바위들이 수없이 널려 있었다.

나는 코르코나크 조보르의 이곳저곳을 살펴보았다. '눈물의 샘'으로 알려진 아라샹 하드 바위 아래쪽 암벽에는 페르시아어, 몽골어, 중국어 등 온갖 언어가 여기저기 새겨져 있었다. N의 말로는 칭기즈칸은 물론이고, 명나라의 영락제도 왔었다고 한다.

아마도 그들이 온 것은 코르코나크 조보르가 신성한 곳이어서가 아니라 이곳 빈데르와 코르코나크 조보르를 차지하면 오논 강 일대를 장악할 수 있기 때문이었을 것이다. 그만큼 전략적으로 중요한 곳이다.

그런데 코르코나크 조보르 언덕 여기저기에 널브러져 있는 바위들의 생김새가 하나같이 예사롭지 않았다. 때마침 서녘으로 넘어가는 해가 구름 속에서 나와 밝은 빛을 비춰주었다. 노을빛에 물든 바위들은 한층 더 신비롭고, 금방이라도 요정들이 튀어나올 것 같았다. 이곳이 고대부터 신성한 장소로 숭배되었던 곳임을 말해주듯

빈데르 경계 오보.

코르코나크 조보르. 타이치오드족의 성소다(위). 자모카와 테무진이 이곳에서 공동 유목을 할 때 유목민들이 바위에 새겨 넣은 문장들(아래).

바위 중에는 동물이 새겨진 암각화도 있었다.

과연 신성한 곳이고, 기운이 좋은 곳이었다. 코톨라칸이 즉위한 곳도 이곳 어딘가에 서 있던 신목에서였을 것이다. 그런데 몽골어, 페르시아어, 중국어 등이 새겨진 암벽 앞에는 발굴하다 만 듯한 큰 구덩이에 집채만 한 바위가 누워 있었다. 그 바위에 새겨진 문양들을 보니 바로 허더 아랄에 있는 몽골 비사 기념비에 새겨져 있던 말 문장과 같은 것들이었다.

그리고 보니 일찍이 테무진이 자모카와 함께 이곳에 온 적이 있었다. 옹칸과 자모카의 도움으로 메르키트 사람들에게 약탈당한 버르테를 되찾은 후, 자모카와 공동 유목을 할 때였다. 어쩌면 그때 그들을 따라왔던 사람들이 자신들의 문장을 새겨 넣은 것이리라.

테무진은 자모카와 공동 유목을 하며 코르코나크 조보르 일대에서 1년 반 동안 머물렀다. 보르칸 칼돈 산을 제외하면, 인근에선 코르코나크 조보르가 가장 유명한 성소였다. 자모카가 테무진을 이리로 데려온 것도 아마도 그런 신성한 장소에서 그들의 우정을 다시 확인하고 싶었기 때문이었을 것이다. 하지만 그들의 우정은 깨지고, 테무진은 자신을 따르는 무리를 이끌고 자모카의 곁을 떠났다.

우리는 그곳에서 해가 저물도록 머물렀다. 우리가 체렌 한부르항 할머니를 댁에 모셔 드리고 떠나려 하자 마침 자기도 빈데르에 들를 곳이 있다며 곧장 빈데르로 가자고 했다. 우리는 할머니가 안다는 지름길로 빈데르를 향했다.

얼마 가지 않아 서쪽 산에서 흘러나오는 조그만 내가 보였다. 강물에 비쳐 찬란하게 빛나는 저녁노을이 아주 특별해 보였다.

"저 강은 이름이 뭐지?"

발해의 성벽 유적이 있다는 어그럭친 헤렘에서 흘러오는 어그럭친 강.

내가 N에게 묻자, 그가 체렌 한부르항 할머니에게 물었다.
"어그럭친 강이래요."

어그럭친 강! 그렇다면 이 강을 거슬러 올라가면 발해인들이 쌓은 거란 시대의 성을 볼 수 있다는 이야기였다. 몽골 말로 '어그럭친 헤렘'이라 불리는 그 성은 아직 정식으로 발굴된 것은 아니지만, 많은 학자들이 발해의 유적으로 보고 있다. 왜냐하면 카라코룸 서쪽에 또 다른 발해 유적 '친 톨고이' 성터가 있기 때문이다. 그곳은 몽골과 러시아 학자들에 의해 고고학적 발굴이 끝난 성으로, 공식적으로 발해 유민에 의해 축조되었다고 발표되었다. 이로써 거란족이 세운 요나라 시절, 발해 유민들이 이곳 몽골 땅까지 끌려왔다는 것이 사실로 확인된 셈이다.

그런데 친 톨고이 유적지가 있는 곳은 칭기즈칸 시대에 메르키트부의 영토였다. 이런 이유로 일부 학자들은 메르키트부가 그곳으로 강제 이주된 발해인들에 의해 세워진 부족이라고 주장하고 있다. 메르키트부가

흉노 시대의 사슴돌.

위치한 셀렝게 강 중부는 유목과 함께 농사가 가능한 지역이다. 발해인들 역시 유목과 농사를 겸했으므로 충분히 가능한 이야기다.

하지만 메르키트부는 예수게이가 허엘룬을 약탈한 이래 끝내 칭기즈칸과 대립했다. 먼 이역 땅에 강제 이주된 발해인들. 거란의 지배에서 겨우 벗어나 그 땅에 정붙이며 터전을 일구었다 싶었을 때, 그들은 불행히도 몽골 고원의 제로섬게임에 휩쓸리고 말았던 것이다.

어그럭친 헤렘을 코앞에 두고도 그냥 지나쳐야 한다니 말 못할 아쉬움이 솟구쳤다.

그때 오른쪽 벌판에 흉노 시대의 멋진 사슴돌鹿石이 눈에 띄었다. 녹석은 석양의 빛을 받아 황금처럼 빛났다. 돌에 새겨진 사슴들은 태양처럼 빛이 났다. 운전기사 K가 재빨리 차를 돌려 그 앞에 세웠다. 무덤 주위에 둥그렇게 돌을 두르는 케렉수르는 지워지고 없었지만, 사슴돌만은 이곳이 고대에 흉노의 땅이었음을 말해주고 있었다.

칭기즈칸의 탄생지 빈데르

우리가 빈데르에 도착한 것은 어두컴컴해진 뒤였다. 가이드 N이 말했다.

"드디어 빈데르에 왔습니다. 빈데르는 몽골인들이 좋아하는 보석의 이름입니다."

"보석 같은 도시라는 뜻이군."

"그렇습니다. 이곳 빈데르에는 바이칼 지역에서 살던 부리야트족이 많이 넘어와 삽니다. 그래서 게르 대신 나무 집이 많지요. 또 이곳 사람들은 부리야트 노래를 즐겨 부릅니다."

부리야트인들이 자기들의 고향을 떠나 몽골로 이주해온다니, 필시 그곳에서 살기 어려워서일 것이다. 안타까운 일이다.

우리는 체렌 한부르항 할머니를 빈데르 보건소에 내려드린 뒤 여행자 숙소로 갔다. 하지만 그곳엔 이미 사람들이 가득 차 있었다.

N이 지나가는 사람에게 뭔가 묻더니 차를 돌려 어느 집 앞에 차를 세웠다. 그 집 간판에는 키릴문자로 '자모카 안다'라고 쓰여 있었다.
"자모카 안다 여관."
우리는 모두 즐겁게 웃었다. 그리고 그 집에 묵기로 했다. 여관은 방 한 칸에 네댓 개의 침대가 놓여 있었다. 주인은 손님이 없으니 방 세 칸을 모두 사용해도 좋다고 했다. 나와 N은 같은 방을 쓰고, 운전기사 K는 다른 방을 쓰기로 했다. 저녁을 먹고 나자 여관 주인이 와서 인사를 했다. 그의 이름은 멍크 빌릭이었다. '영원한 지혜'라는 뜻이다.
피부가 검은 편인 그는 N이 우리 일행을 칭기즈칸 연구자라고 소개하자 침대에 걸터앉더니 진지하게 이야기를 시작했다. 무슨 이야기냐고 N에게 물으니, 여관 주인이 칭기즈칸이 빈데르에서 태어났다고 주장한다고 했다. 이곳에 칭기즈칸이 태어난 비장의 언덕이 있고, 그 아래쪽에 세 개의 호수가 있다는 것이다. 그러잖아도 이곳에 있는 비장의 언덕을 찾아볼 마음이었는데, 잘됐다는 생각이 들었다.
그러고 보니 코르코나크 조보르에서 만난 체렌 한부르항 할머니도 그렇게 이야기했다. 빈데르가 칭기즈칸의 탄생지라고. 뭔가 있는 게 틀림없다는 생각이 들었다.
다음 날 아침에 일어나 식사를 마치자 여관 주인 멍크 빌릭이 이곳에 비장의 언덕 말고도, 칭기즈칸이 1206년 대칸에 오른 장소가 있다고 했다. 그의 말에 귀가 번쩍 트인 나는 N에게 그곳에 가보자고 했다.
우리는 여관 주인과 함께 차에 올라 남쪽 들판으로 내려갔다. 5분쯤 가자 울타리를 두른 유적지 같은 곳이 나왔다. 남쪽 입구 쪽

칭기즈칸이 1206년 대칸에 올랐다는 곳의 기념비.

에 차를 세우니 안쪽에 자연석을 3단으로 쌓아 만든 기념비가 있었고, 그 앞에는 의례 때 쓰는 큰 삼발이가 놓여 있었다. 바로 이곳이 칭기즈칸이 대칸에 오른 곳이라고 했다.

우리는 대관식 기념비 앞에서 보드카를 꺼내 어르거 의식을 했다. 그때 사람들이 우르르 몰려왔다. N이 그들과 이야기를 나누더니 내게 말했다.

"저분들도 이곳 빈데르에서 칭기즈칸이 태어났다고 믿고 있습니다. 몽골 정부에서는 빈데르 사람들이 이곳에 있는 비장의 언덕을 칭기즈칸의 탄생지로 인정해달라고 하자, 대신 빈데르를 칭기즈칸이 국가를 선포한 곳으로 인정했다고 합니다. 이미 다달의 비장의 언덕을 칭기즈칸의 탄생지로 인정한 터라 그랬던 모양입니다."

『몽골 비사』에는 1206년 호랑이해에 오논 강 상류에 모여 아홉 개의 술기를 가진 백기를 세우고 대코릴타를 개최했으며, 그 자리에서 테무진을 대칸으로 추대하고 칭기즈칸이라 칭했다고 되어 있다.

나는 주위를 둘러보았다. 아무래도 이곳의 지리적 위치나 기운이 예사롭지 않아 보였다. 보르칸 칼돈 산에서 발원한 오논 강은 바로 이곳 빈데르 들판 북쪽에서 동남쪽으로 흐르고 있었다. 빈데르 초원은 오논 강 상류 지역에서 풀이 가장 좋은 곳이었다. 코톨라칸이 즉위했던 코르코나크 조보르에서도 멀지 않았다. 여러 가지로 칭기즈칸이 대칸으로 오르기에 부족함이 없는 곳이었다.

그때 N이 여관 주인 멍크 빌릭과 함께 다가왔다. 멍크 빌릭에게 칭기즈칸 탄생지가 어디냐고 물으니 남쪽의 야트막한 언덕을 가리켰다. 우리는 그곳으로 가보자고 했다. 차를 타고 5분쯤 가니 야트막한 언덕이 나왔다. 수천 평쯤 되어 보이는 언덕 한쪽에 나무 기둥이 하나 서 있었다. 기둥 꼭대기에는 창이 달려 있고, 기둥 위쪽에는 노란 하닥이, 아래쪽에는 푸른 하닥이 걸려 있었다. 나무 기둥이 서 있는 곳이 바로 칭기즈칸이 태어난 곳이라고 여관 주인이 말했다. 이 지역 사람들이 비행기를 타고 이곳의 지형을 살펴본 결과, 비장의 형태로 생긴 것을 확인했다는 설명도 덧붙였다.

우리는 한동안 말없이 주위를 둘러보았다. 이곳 비장의 언덕은 그리 높지 않으나 빈데르 일대를 한눈에 둘러볼 수 있는 명당 터였다. 남쪽으로는 멀리 큰 산들이 둘러 있고, 그 앞쪽에는 오논 강의 지류인 호르히 강이 흘렀다. 서쪽으로는 우리가 서 있는 언덕 아래에 차강노르라는 제법 큰 호수가 있었다. 차강노르는 '하얀 호수'란 뜻이다. 그 뒤쪽으로 헤르곤 언더르라는 큰 산이 있었다. 헤르곤 언더르는 '머리 봉우리'라는 뜻이다. 북쪽을 쳐다보니 호수 오른편으로 빈데르 시가 보였다. 동북쪽에는 오논 강이 서북에서 동남 방향으로 흐르고, 강가에는 버드나무들이 빽빽이 자라고 있었다.

나는 가만히 생각해보았다. 예수게이는 몽골족의 최고 실력자였다. 그가 전쟁터를 종횡무진으로 다녔다 해도, 가족들까지 전선으로 데리고 다니지는 않았을 것이다. 그는 약탈한 허엘룬을 안전한 곳

칭기즈칸이 태어났다는 빈데르의 비장의 언덕.

에 두려 했을 것이고, 필시 자신의 본거지 멍건모리트보다 가까운 빈데르로 데려왔을 것이다. 이곳은 자신의 친구인 타르코타이 키릴토크의 본거지였고, 많은 타이치오드족이 살고 있었다. 필시 마을 여인들은 슬픔에 빠진 그녀를 위로해주었을 것이다. 그것이 몽골 여인의 운명이라고, 시간이 지나가면 다 잊힌다고 그녀를 달랬을 것이다.

허엘룬은 아마도 이곳 비장의 언덕에서 테무진을 낳았을 것이다. 한눈에 보아도 이곳 빈데르의 비장의 언덕은 명당자리였고, 실력자가 아니면 감히 가질 수 없는 곳이었다.

빈데르에 비해 다달은 훨씬 더 변방에 위치해 있었다. 게다가 이

비장의 언덕에서 바라본 차강노르. 뒤쪽으로 빈데르 시가 보인다.

곳 비장의 언덕은 정확히 오논 강 옆에 있었지만, 다달의 비장의 언덕은 오논 강이 아닌 발찌 강 부근에 있었다. 뿐만 아니라 그 일대는 산림 지대여서 많은 군사를 집결시킬 수가 없다. 몽골군을 지휘하는 최고의 장수가 머무르며 작전을 지휘할 만한 곳으로는 적절치 않았다.

이와 관련해서 주목할 것은, 테무진이 어린 시절 오논 강에서 물고기를 잡았다는 사실이다. 이는 그의 가족이 오논 강가에서 살았음을 의미한다. 예수게이의 본거지인 멍건모리트 옆에는 헤를렌 강이 흐른다. 따라서 테무진이 어린 시절 물고기를 잡은 오논 강은 빈데르나 치타 주 쪽이었을 것이다.

또 한 가지 흥미로운 사실은 타르코타이 키릴토크가 어린 테무진에게 매우 잘했다는 사실이다. 예수게이를 싫어하는 타이치오드족 사람들이 테무진을 외딴 초원에 몰래 갖다 버렸을 때, 혼자 초원으로 달려가 테무진을 찾아 데려온 것이 바로 그였다.

만일 그 일이 빈데르가 아닌 다른 곳에서 벌어졌다면, 타르코타이 키릴토크는 테무진을 찾아 나서지 못했을 것이다. 몽골의 초원은 너무도 광대해서 낯선 초원에서 버려진 아이를 찾는 일은 하늘의 별 따기나 다름없기 때문이다. 이것은 테무진이 어린 시절을 보낸 곳이 다달이나 치타 주의 강가가 아니라 빈데르일 가능성을 시사한다.

그는 테무진을 마을로 데려와 말 타는 법 등 여러 가지를 가르쳐주었다. 훗날 그는 옛일을 회상하며 이렇게 말했다.

"테무진은 내가 무엇이든 가르쳐주면 아주 잘 따라 했지. 나는 두세 살 된 망아지를 조련하듯 그에게 말 타는 법을 가르쳐주었네. 테무진을 싫어하는 사람들이 그를 죽이자고 말해도 나는 그를 죽일 수가 없었어."

비록 시기심 많은 그였지만, "눈에 불이 있고 뺨에 광택이 있는" 테무진에게 남다른 매력을 느꼈던 모양이다.

내가 그런 생각에 빠져 있을 때, 여관 주인이 언덕 아래 남서쪽을 가리키며 그곳에 세 개의 호수가 있다고 했다. 남서쪽으로 멀리 언덕 아래에 두 개의 호수가 보였다. 하나는 언덕에 가려 보이지 않는다고 했다.

칭기즈칸의 탄생지가 있는 언덕을 내려오는데, 언덕 주위 풀밭에 큰 돌멩이들이 이곳저곳에 널려 있는 모습이 문득 양과 염소들이 풀을 뜯어 먹고 있는 것처럼 보였다. 왠지 상서로운 느낌이 들었다.

그때 여관 주인과 이야기를 나누던 N이 말했다.

"언덕 아래 남서쪽 들판에 1957년까지 빈데르 군청이 있었다고 합니다. 큰 홍수가 나서 지금의 차강노르 북쪽으로 옮겨갔다고 하네요."

그렇다면 1957년까지는 비장의 언덕 남서쪽 들판에 빈데르 시가지가 있었다는 이야기였다. 멀리서 보기에도 남서쪽 들판은 다른 곳보다 지대가 낮아 보였다.

우리는 탄생지 주변을 이리저리 둘러본 뒤 여관 주인 멍크 빌릭과 여관으로 돌아왔다. 멍크 빌릭이 내게 물었다.

"직접 보시니 어떻습니까?"

N이 통역해주었다.

"덕분에 빈데르의 비장의 언덕을 둘러보니, 이곳이 칭기즈칸의 탄생지일 가능성이 높다는 것을 느꼈다. 다달에 있는 비장의 언덕도 가보았지만, 이곳과는 비교할 수 없었다. 기운도 이곳이 훨씬 더 좋았다"고 대답해주자 그가 환하게 웃었다.

우리는 다음에 오면 꼭 다시 들르기로 하고 아쉬운 작별을 나눈 뒤 다달을 향해 출발했다. 비록 칭기즈칸의 탄생지로 다달보다는 빈데르가 훨씬 더 유력하다는 것을 알게 되었지만, 그 일대가 타타르와의 격전지였으므로 다시 한 번 확인하는 것이 좋겠다는 생각이 들었기 때문이다.

빈데르 시를 나와 남동쪽으로 내려가니 곧 오논강이 나왔다. 강 건너에는 보르가스 버드나무가 울창하게 자라 멀리서 보면 강은 안 보이고 버드나무 숲만 보였다. 오논 강은 푸른 하늘이 반사되어 청금석처럼 짙은 하늘빛으로 빛났다. 오논 강을 따라 내려가니 여러 개의 지류가 합류하는지 강폭이 매우 넓고 여러 갈래로 흘렀다. 오논 강이 동쪽으로 꺾이는 곳에 이르자 서쪽에서 흘러온 호르히 강이 오논 강과 합류했다. 호르히 강가에도 여기저기 버드나무가 자라고 있었다.

호르히 강을 건너는데 한 무리의 말 떼가 수렁에 모여 발을 담그고 있었다. 우리가 탄 차가 다가가도 말들은 길을 막고 비켜줄 생각을 하지 않았다. 날씨가 더워 말들도 시원한 물을 찾은 것이다. 우리가 경적을 울리자 그제야 마지못해 길을 비켜주었다.

자모카 안다 여관 주인 멍크 빌릭.

오논 강. 강가에 버드나무가 빽빽이 자라고 있다(위). 수렁에 모여 발을 담그고 있는 말 떼 (아래).

그때 N이 말했다.

"저 말들을 보세요. 모두 새끼들을 데리고 있지 않습니까."

그의 말에 다시 말들을 쳐다보니 과연 그랬다. 어미들이 모두 어린 새끼들을 데리고 있었다.

동물들이 새끼를 낳아 기르는 이런 봄철에 가뭄이라도 들면 풀이 모자라 새끼들은 떼죽음을 당할 것이다. 중국이 몽골을 칠 때는 바로 이런 봄 가뭄을 기다렸다가 수십만 대군으로 밀고 올라왔다고 한다. 초원의 사람들에겐 치명적이었을 것이다. 굶주린 상태에서 변변히 저항도 못했을 테니까.

하늘은 더없이 높고 바람은 상쾌했다.

다달의 금강송

제법 높은 고개 정상에 이르자 빈데르 시가 아득히 내려다보였다. 고개를 돌려 다달 쪽을 향하니 피뿌리풀이 언덕에 가득 피어 있다. 장관이었다. 파란 하늘을 배경으로 빨간 꽃송이가 수십 개씩 만발한 피뿌리풀의 모습은 신비롭기까지 했다. 이 풀은 몽골인들과 함께 제주에도 뿌리를 내려 오름에 가면 종종 볼 수 있다.

고개를 내려가 한 시간쯤 달리니 멀리 새롭게 조성 중인 흰 기념물이 보였다. 그 뒤로 목조 가옥으로 가득한 조그만 도시가 있었다. N에게 지금 짓고 있는 저 기념물이 뭐냐고 묻자 이 지역 출신의 카

능선을 뒤덮은 피뿌리풀.

톤을 기념해 조성하는 것이라고 했다. 그때 오른쪽으로 잘생긴 소나무들이 쭉쭉 뻗어 있는 게 보였다. 나는 한눈에 그것이 금강송金剛松이라는 것을 알아보았다.

이곳이 어디냐고 묻자 N이 바얀 아드라가라고 하면서 흥미로운 이야기를 들려주었다. 이곳에 '도를릭크 나르스'라는 소나무 숲이 있는데, 숲 속에 흉노 무덤이 200기쯤 있다고 한다. 그런데 사람들이 그 소나무 숲을 '춤추는 소나무 숲' 또는 '메아리치는 소나무 숲'으로 부른다는 것이다. 금강송 숲 속의 흉노 무덤이라니. 더욱이 숲 이름이 춤추는 소나무 숲이라니 뭔가 예사롭지 않은 게 있음에 틀림없었다.

이야기를 나누는 동안 차는 카톤 기념물 옆을 지났다. 왼쪽 아래쪽으로 제법 큰 바얀 아드라가 마을이 보였는데, 목조 가옥이 빽빽

바얀 아드라가의 춤추는 소나무 숲.

했다. 빈데르와 마찬가지로 이곳 역시 부리야트인들이 모여 사는 도시인 듯했다. '춤추는 소나무 숲'은 오른쪽에 있었는데, 오래된 아름드리 금강송들이 즐비했다.

우리는 점심을 먹고 갈 요량으로 바얀 아드라가 군청이 마주 보이는 한 음식점 앞에 차를 세웠다. 창밖을 내다보니 목조 가옥 너머로 키 큰 금강송이 보였다. 그때 N이 말했다.

"이곳 집들의 울타리를 보세요. 모두 금강송 나무를 잘라 만든 울타리입니다."

주위의 목조 가옥 울타리들을 보니 정말 금강송을 잘라 만든 것이었다. 과연 금강송이 흔하긴 흔한 모양이었다. 이 귀한 나무들을 잘라 울타리로 쓰다니.

사람들은 금강송이라면 우리나라에서만 자라는 특별한 소나무로 알고 있지만, 몽골과 시베리아 숲에 있는 소나무들이 모두 금강송이라는 사실은 잘 모른다. 우리나라에서 자라는 토종 조선 솔은 모두 북방계로 줄기가 붉은색이나 노란색을 띠는 것이 특징이다.

소나무는 본래 추운 데서 자라는 한대성이라 곧게 쭉쭉 자라는 성질을 갖고 있는데, 한반도의 온화한 기후 때문에 곧게 자라지 못하고 구불텅하게 휘어져 자란다. 하지만 우리나라에서도 기온이 낮은 울진 소광리 금강송 숲이나 삼척시 준경묘의 금강송 숲, 영양군 수비면 본신리 금강송 군락지 등의 소나무들은 몽골의 금강송처럼 하늘을 향해 쭉쭉 뻗어 있다.

금강송은 수령이 200~300년이 지나면 가지들이 옆으로 처지면서 독특한 형태를 띠는데, 흔히 낙락장송落落長松이라고 한다. 요즈음 우리나라에서는 그런 낙락장송을 보기가 어렵다. 수백 년 된 금강송들이 별로 없기 때문이다. 그런데 이곳은 눈 닿는 곳마다 그런 금강송들이 줄지어 서 있었다.

어찌 감탄사가 절로 나오지 않겠는가. 우리나라의 금강송이 이곳 몽골의 금강송과 같다는 것은 식물학적으로 북방의 금강송이 한반도까지 이어져 있다는 것을 뜻한다.

우리는 식사를 마치고 도를릭 나르스 숲 입구에 있는 박물관을 둘러보았다. 박물관이라기보다는 유물 보관소라 할 수 있는 한 칸짜리 조그만 건물이었다. 최근 몽골과 우리나라 국립중앙박물관이 공동으로 발굴 중인 흉노 무덤에서 나온 유물들과 사진들이 전시되어 있었다.

박물관에서 나온 우리는 춤추는 소나무 숲을 한 바퀴 둘러보았다. 금강송 중에는 500년 이상 된 것들도 보였는데 어른 두셋이 안아야 할 정도로 밑동이 굵었다.

우리는 오후 느지막이 다달로 향했다. 한참을 달려가자 오논 강 나루터가 나왔다. 강 건너 있는 게르에서 사람이 나와 강 양쪽에 걸쳐 있는 쇠줄을 잡고 나무배를 밀고 왔다. 차를 싣자, 사공은 쇠줄을 잡고 나무배를 건너편으로 밀었다. 오논 강의 푸른 물줄기가 시원했다. 예전에 다달에 갈 때 지나쳤던 멋진 언덕이 떠올라 N에게 물었다.

"전에 다달에 갈 때는 도중에 오논 강의 넓은 습지가 한눈에 내려다보이는 멋진 언덕이 있었는데, 그 언덕이 안 보이네. 혹시 우리가 다른 길로 온 건가?"

"그렇습니다. 빈데르에서 다달 가는 길은 두 개가 있는데, 하나는 말씀하신 대로 빈데르에서 바로 오논 강을 건너는 코스이고, 다른 하나는 호르히 강을 건너 바얀 아드라가를 지난 다음 오논 강을 건너가는 코스인데, 우리는 후자의 길로 왔습니다. 말씀하신 그 언덕은 전자의 길에 있습니다."

그 언덕에서 바라본 오논 강 습지가 눈에 어른거렸다. 하지만 다른 길로 온 덕분에 도를릭크 나르스 숲을 보았으니 그 또한 운명이 아니고 무엇이랴.

강을 건넌 우리는 다시 한참을 달렸다. 다달에 다다랐을 때는 이미 해가 저문 뒤였다. 시내 곳곳에 아름드리 금강송들이 숲을 이루고 있었고, 새로 생긴 여행자 숙소들이 그 숲 속에 자리 잡고 있었다.

춤추는 소나무 숲 입구(위). 최근 발굴된 흉노 유물을 보관하고 있는 박물관(아래).

오논 강. 바지선을 타고 건너야 한다.

"그동안 여행자 숙소가 새로 많이 생긴 모양이네."
"다달에 관광객이 점점 더 많아지고 있어요. 칭기즈칸 탄생지로 널리 알려져 있기 때문이지요."
우리는 칭기즈칸 탄생 800주년 기념 공원 안에 있는 여행자 숙소로 가기로 했다. 칭기즈칸 탄생 800주년 기념 공원 입구에 도착하니 그 옆에 서 있는 큰 아름드리 금강송이 반갑게 맞아준다. 그런데 공원 문이 닫혀 있었다. 차에서 내려 안을 살피고 있자니 한 여인이 다가와 뭐라고 말하고는 사라졌다.
N이 설명했다.
"여행자 숙소는 정문이 기념 공원 뒤쪽에 있으니 뒤쪽으로 돌아오랍니다."
차를 타고 소나무 숲 사잇길로 제법 돌아가자 입구가 나왔다. '칭게스 고르반 노르'란 간판이 붙어 있었다. '칭기즈칸의 탄생지에 있는 세 개의 호수'란 뜻이다.

저녁을 먹고 앞마당으로 나가니 하늘이 온통 별이었다. 몽골은 어딜 가든 날씨만 좋으면 밤하늘에 별들이 가득했다. 밤 10시가 넘자 여행자 숙소의 전등이 일제히 꺼졌다. 전기가 부족한 곳이라 그런 모양이었다. 나는 탁자 위에 있는 촛불에 불을 붙였다. 전등 불빛이 사라지자 창문에 비친 별들은 더욱 아름다웠다.

아침에 식사를 마친 우리는 비장의 언덕으로 향했다. 길가에는 쭉쭉 뻗은 금강송들이 숲을 이루고 있었다. 비장의 언덕에 도착하자 이름 모를 조그만 노란 꽃들이 여기저기 피어 있었다. 언덕 위에는 칭기즈칸 오보가 예전 그대로의 모습으로 서 있었다. 우리는 아래쪽에 차를 세워두고 오보가 있는 곳으로 올라갔다. 그곳 오보 앞에서 어르거 의식을 한 다음 아래쪽에 있는 전망대에 올라갔다.

"저 앞에 보이는 강이 바로 발찌 강입니다."

N이 동쪽을 가리키며 말했다. 비장의 언덕에서 1킬로미터쯤 떨

칭기즈칸 탄생 800주년 기념 공원과 기념비.

다달의 비장의 언덕에 있는 칭기즈칸 오보(위). 비장의 언덕 전망대에서 본 발찌 강. 강가에 버드나무가 무성하다(아래).

어진 발찌 강가에는 버드나무 숲이 우거져 있었고, 연두색 잎이 파랗게 올라오고 있었다. 몇 년 전 나는 그곳에서 지인들과 텐트를 치고 잔 적이 있었다.

문득 저 강을 건너 위로 올라가면 러시아 치타 주의 오논 강에 있다는 또 다른 비장의 언덕도 볼 수 있을 텐데 하는 생각이 들었다.

내 마음을 알았는지 N이 말했다.

"그쪽에도 러시아로 넘어가는 국경 초소가 있습니다. 하지만 러시아인들과 몽골인들만 출입할 수 있지요. 외국인은 안 됩니다."

"그럼 중국을 거쳐 러시아로 돌아서 가야 한다는 말이네……."

그랬다. 본래 몽골 땅이었는데 돌아가야 하는 것이다. 하지만 칭기즈칸 시대에는 이곳 다달에서 오는 강을 따라 치타 주로 바로 넘어갔을 것이다.

몇 년 만에 다시 돌아본 다달의 비장의 언덕은 경사가 급하고 정상 부분이 좁아서 누가 봐도 게르를 칠 만한 곳이 아니었다. 좀 더 안전한 타이치오드족 본거지인 빈데르를 두고 굳이 변경인 이곳에 허엘룬을 둘 이유가 없어 보였다.

게다가 이곳 비장의 언덕은 살림하기에 너무 불편했다. 아래 골짜기에서 이곳 언덕까지 물을 길어오는 것도 쉬운 일이 아니었다. 말조차 물통을 끌고 올라오기에는 너무 가팔랐다. 더 실망스러운 것은

칭기즈칸 샘물. 말라 있었다.

3 칭기즈칸의 탄생지를 찾아

다달 마을 뒤의 금강송들(위), 다달 시내의 금강송들(아래).

칭기즈칸이 마셨다는 샘물이었다. 칭기즈칸 샘물로 불리는 그곳에 가니, 6월 초순인데도 바짝 말라 있었다.

"샘물에는 두 가지가 있습니다. 볼락 샘물과, 비 온 뒤 고인 물이 흘러나오는 샘물이 있습니다. 이 샘물은 비 온 뒤 고인 물이 흘러나오는 샘물입니다. 볼락 샘물은 마르지 않거든요."

N이 설명해주었다.

볼락 샘물은 '볼락볼락' 샘솟는 것을 말한다. 물이 퐁퐁 솟는 그런 샘물은 아무리 가물어도 마르지 않는다는 것이다. 그렇다면 이곳 주위엔 제대로 생긴 샘물 하나 없다는 이야기였다.

우리는 비장의 언덕을 내려와 다달 시내로 돌아왔다. 주유소에서 기름을 채운 다음 예수게이가 이끄는 몽골 연합군과 타타르족이 치열한 공방전을 벌였던 바얀올, 바얀동 지역을 돌아보기로 했다. 그곳은 예수게이가 몽골군의 선두에서 타타르족과 전투를 벌일 당시 몽골군의 최전방이었다.

금나라의 천리장성

•
•

다달에서 도르노트 아이막으로 넘어가기 위해서는 남쪽에 있는 노로블린이란 도시를 거쳐야 한다. 하지만 그곳으로 가는 길은 초원 곳곳에 습지가 있어 비라도 오면 꼼짝없이 돌아갈 수밖에 없었다. 다행히 날씨는 좋았지만, 넓은 습지는 조금만 길을 잘못 들어도 수렁에 빠질 정도로 위태로웠다. 우리는 몇 개의 습지를 지나서야 노로블린에 도착했다.

점심을 먹기 위해 식당을 찾았지만, 몇 개 있는 식당은 모두 개점 휴업 상태였다. 외지에서 오는 사람들이 거의 없는 모양이었다. N이 수소문 끝에 다시 한 식당을 찾아갔으나 영업을 안 한다고 했다. 그러자 N이 안주인을 쫓아 들어갔다.

잠시 후 N이 나오더니 마침 이 집에 방금 잡은 싱싱한 양고기가 있다면서 들어오라고 했다. 우리는 서둘러 식당으로 들어갔다. 알고 보니 N이 양고기를 사서 절반은 주인에게 주고, 대신 양고기 칼국수를 해달라고 했던 것이다.

우리는 기분 좋게 웃으며 식탁에 둘러앉았다. 노로블린 군청이 건너다보이는 곳이었다. 지도를 보니 노로블린을 지나면 바로 도르노트 아이막으로 들어가게 되어 있었다. 몽골군은 빈데르나 다달에 집결한 후 이곳을 거쳐 타타르군 방어선인 바얀올, 바얀동의 산악지대로 갔을 것이다.

우리는 식사를 마친 다음 주유소로 가서 기름을 넣었다. 근처 길가에 보랏빛 창포꽃이 여기저기 무리 지어 피어 있었다. 습지를 좋아하는지, 길가 수렁 근처에 특히 많았다. 들판을 얼마나 달렸을까, 고개 넘기를 몇 번 반복하자 조그만 강이 나왔다.

"저 강이 올자 강입니다."

N이 말했다.

올자 강은 바얀동 서쪽에 있는 산악 지대에서 발원해 바얀동 동쪽에 있는 타르 염호로 흘러들어가는 강이다. 우리는 어느새 몽골족과 타타르족의 경계선으로 접어들고 있었다. 다시 얼마쯤 갔을까, 남루한 목조 가옥들이 모여 있는 작은 동네가 나왔다. 부리야트 샤만들이 모여 산다는 바얀올이었다.

마을에 들러 샤만들을 만나보고 싶었지만 시간이 없어 곧장 바얀동으로 향했다. 두어 시간 달리자 제법 높은 고개를 넘어야 하는지 차가 계속 골짜기를 타고 올라갔다. 골짜기에는 죽은 자작나무들이 산 사면을 가득 채우고 있었다. 하얀 나무줄기만 남은 거대한 자작나무 숲은 신비로웠

길가 습지에 핀 창포. 습지마다 무더기로 피어 있었다.

다. 마치 사람들이 흰옷을 입고 죽음을 위한 퍼포먼스라도 벌이는 것 같았다.

마침내 고개 정상에 오르자 까마득히 저 아래 분지에 제법 큰 마을이 보였다. 바얀동이었다. 우리는 차를 세우고 오보 앞에서 어르거 의식을 하며 주변을 둘러보았다. 산들이 바얀동을 크게 둘러싸고 있었다. 하지만 산에는 나무들이 거의 없었다.

N이 말했다.

"저 바얀동을 지나 남쪽으로 내려가면 산들이 조금씩 사라집니다. 대신 넓은 초원이 펼쳐지지요. 바로 그곳에 금나라의 천리장성이 있습니다. 몽골족을 견제하기 위해 쌓은 토성이지요."

금나라는 신라 사람 김함보의 후손 아골타가 불과 2만의 기병으

3. 칭기즈칸의 탄생지를 찾아 **197**

바얀동 가는 길의 자작나무 숲엔 자작나무들이 모두 죽어 있었다(위). 고개에서 내려다본 바얀동(아래).

로 거란의 70만 대군을 무찌르고 탄생한 나라다. 아주 짧은 시간에 성립한 나라인 터라 제도를 정비할 시간이 없었다. 그래서 대부분 거란족이 세운 요나라의 제도를 물려받았다.

그런데 북방족을 대하는 태도만은 요나라와 달랐다. 요나라 때는 몇 개의 거점을 중심으로 몽골 고원의 부족들을 다스렸는데, 금나라는 몇 차례 몽골과의 전투에서 패하자 무려 1,300킬로미터에 이르는 토성을 쌓고 타타르족을 용병으로 내세워 몽골족의 남하를 저지하는 전략을 썼던 것이다. 따라서 금나라 천리장성은 몽골 고원에 새로운 강력한 세력이 일어서고 있음을 방증하는 것이기도 했다.

그러나 타타르족은 몽골족의 남하를 저지하는 데 그치지 않고 시도 때도 없이 천리장성을 넘어와 몽골 부녀자들을 잡아다 금나라 귀족들에게 팔았다. 당시 금나라의 권문세가치고 몽골 노비가 없는 집이 없었다고 하니 그 패악이 어느 정도인지 짐작할 수 있을 것이다. 이로 인해 몽골 사람들의 원성이 자자했다. 코톨라칸과 예수게이가 앞장서서 그들을 토벌하려 한 것도 그 때문이었다. 하지만 타타르족은 너무 강했다.

우리는 바얀동 분지로 내려갔다. 모두 부리야트식의 목조 가옥이고, 몽골식 게르는 보이지 않았다. 우리는 N이 잘 안다는 남답 할아버지 집으로 갔다.

남답 할아버지는 코리 부리야트인으로, 여든 살이 다 된 노인이었는데도 정정했다. 그러나 할머니는 무릎이 안 좋은지 다리를 절었다. 두 분 다 우리네 고향 노인들처럼 친근했다. 외모도 한국 사람과 다를 게 없었다. 보드카와 사탕 봉지를 전하며 반갑게 인사를 하고 나자 운전기사 K는 곧바로 거실 안쪽의 방으로 들어가 빈 침대에 벌렁 누워 잠을 청했다. 손님을 왕처럼 대접하는 몽골에서만 볼 수 있는 진풍경이다. 그동안 하루도 쉬지 않고 운전하느라 몹시 피곤했던 모양이다.

할머니가 만들어준 칼국수를 먹은 뒤 N은 남답 할아버지에게 알랑 고아 전승을 들려달라고 했다. N이 통역해준 남답 할아버지 이야기는 이랬다.

부리야트족은 알랑 고아를 시조 할매로 여기고 3년마다 무당이 제를 지낸다.

바얀동 마을의 목조 주택들.

알랑 고아의 아버지 코릴라르타이 메르겐에게는 부인이 셋 있었다. 첫째가 바르코진 고아로, 외동딸 알랑 고아의 어머니다. 코릴라르타이 메르겐은 어느 날 꿈을 꾸었다. 바이칼 호수에 날아온 다섯 마리의 백조가 선녀로 변했다. 나무꾼으로 위장해 숨어 있던 그는 선녀의 백조 깃털 하나를 훔쳤다. 깃털이 없어 날아가지 못한 선녀를 데려와 살았다. 그

남답 할아버지 부부.

꿈을 꾸고 나서 그는 알랑 고아의 어머니 바르코진 고아를 만났다.

둘째는 샤날다이로 다섯 명의 아들을 두었으며, 셋째는 나가다이로 여섯 명의 아들을 두었다고 한다. 이들 열한 명의 아들이 부리야트 11개 부족의 시조다.

무엇보다 흥미로운 것은 코릴라르타이 메르겐의 꿈이었다. 그가 꾼 꿈은 바이칼 일대에서 '백조 설화'로 널리 알려진 것이다. 우리나라에서는 '선녀와 나무꾼'으로 알려진 설화다. 그 꿈이 코릴라르타이 메르겐과 연관되어 있다니 신기할 뿐이었다.

다만 바이칼의 백조 설화는 백조가 호수에 내려오면서 선녀로 변하는데, 우리의 선녀와 나무꾼 전설에서는 선녀들이 하늘에서 두레박을 타고 내려오는 것으로 되어 있다. 이 점에 대해 학자들은 우리 민족이 한반도로 내려온 뒤 '선녀와 나무꾼' 설화에서 백조 대신 두레박이 등장한 것으로 추정한다. 우리나라에 백조가 없다 보니 두

레박이라는 다른 요소로 대체했을 거라는 이야기다.

코릴라르타이 메르겐에게 알랑 고아 외에 열한 명의 아들이 더 있었고, 그로부터 부리야트 11개 부족이 시작되었다는 사실도 흥미로웠다. 남답 할아버지가 들려준 설화대로라면 부리야트족과 몽골족은 외척 관계가 된다.

남답 할아버지는 젊은 시절에 어른들로부터 그런 이야기를 들었으며, 사회주의 시절 기록 보관소에서 옛 부리야트 문헌들을 보았는데 거기에도 그런 이야기들이 쓰여 있었다고 했다. 혹시 몰라 30년 전쯤 그 이야기를 노트에 기록해두었다며, 자신이 써두었던 노트를 가져와 보여주었다.

저녁 늦게 할아버지의 딸 돌마가 집에 왔다. 동그란 얼굴의 전형적인 한국인 얼굴이었다. 서글서글하니 성격도 좋아 보였다. 몽골에서 유명한 '한방크Khan Bank'라는 은행에 다닌다고 했다.

남답 할아버지의 이야기가 길어지자 할머니가 침실에서 같이 자고 했다. 침실은 방이 두 개였다. 큰 방에서는 우리가 자고, 안쪽의 작은 방에서는 남답 할아버지 내외와 돌마가 잤다.

아침에 일어나니 할머니가 벌써 수태 차를 준비해놓았다. 수태 차는 우유에 차를 조금 넣고 끓인 것으로, 16세기에 티베트의 라마교가 몽골에 들어오면서 라마승들이 마시는 걸 보고 일반인들도 따라 마시면서 보급돼, 지금은 모두 수태 차를 마신다고 한다. 본래 몽골의 대표적인 음료는 말 젖을 살짝 발효시킨 마유주였다. 우리의 막걸리와 비슷한 술이다. 하지만 지금은 수태 차에 밀려 거의 마시지 않는다고 한다.

몽골 사람들이 수태 차에 빠지게 된 것은 마유주는 성질이 찬 데 반해 수태 차는 따뜻하기 때문이라고 한다. 그래서 몽골 사람들은 수태 차가 들어온 뒤로는 사계절 내내 수태 차를 마신다는 것이다. 음식도 마찬가지여서 찬 음식을 먹는 일이 거의 없다고 한다. 몽골 사람들이 아무리 추워도 옷을 훌훌 벗고 자는 것은 이처럼 늘 몸을 따뜻하게 덥혀주는 문화 때문일 것이다.

실제로 몽골 초원에서는 게르에 손님이 많아 자리가 부족하면, 주인은 아이들을 밖에 나가서 자라고 내보낸다. 겨울에 몽골 초원을 여행한 사람들은 아이들이 게르 밖 눈 속에서 코만 내놓고 자는 모습을 쉽게 볼 수 있다고 한다. 그래도 아이들은 감기나 동상에 걸리는 일이 없다. 워낙 어려서부터 추위에 단련되었기 때문이다. 게다가 어려서부터 말을 타 하체가 튼튼하지…… 초원의 유목민들이 강인한 것은 너무도 당연한 일이다.

우리는 식사를 마치고 짐을 챙겨 나왔다. 그새 정이 들어 헤어지는 것을 모두 아쉬워하며 함께 기념사진을 찍고 길을 나섰다. 우리는 금나라의 천리장성을 보기 위해 남쪽으로 곧장 내려갔다. 30분쯤 갔을까, 왼쪽에 부리야트족의 계보를 새겨놓은 기념비가 있었다. 잠시 차를 세우고 기념비를 둘러보니 큰 돌 위에 작은 돌을 올려놓았는데, 거기에 백조가 또렷하게 새겨져 있었다. 옛날에 코리 부리야트인들은 봄에 남쪽에서 백조가 날아오면 우유를 들고 나가 이렇게 외쳤다고 한다.

> 백조, 나의 어머니여
> 백조들이 돌아와 얼음물이 녹고 말들이 망아지를 낳을 때
> 나에게는 행복이 왔다.

호라이, 호라이, 호라이.

그러고는 일렬로 날아오는 백조를 맞으며 백조가 보이지 않을 때까지 하늘에 우유를 뿌렸다고 한다.

바얀동에서 남쪽으로 내려가자 산이 점점 낮아지더니 구릉으로 변했다. 그렇게 몇 시간을 달려 구릉이 초원으로 변할 즈음 좌우로 뻗은 야트막한 언덕이 보였다.

"저거예요. 저게 바로 금나라 토성입니다!"

부리야트족의 계보가 새겨진 바위. 맨 위에 백조가 새겨져 있다.

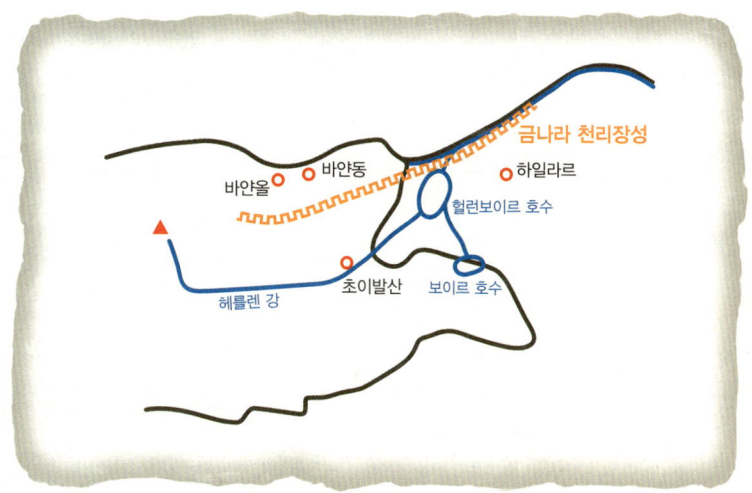

금나라 천리장성.

N이 흥분해서 소리쳤다.

토성이라고 하기에는 너무 낮아서 높이가 채 1미터도 안 돼 보였다. 심지어 어떤 곳은 수십 센티미터에 불과했다. 모르고 보았다면 그냥 지나쳤을 것이다.

"이게 금나라의 토성이라고 어떻게 단정하지?"

의구심이 들어 물었다.

"저쪽을 보세요. 네모난 흙 구조물이 보이지요. 저게 바로 천리장성을 지키는 금나라 군사와 타타르 용병들이 묵었던 주둔지입니다."

N이 가리키는 곳을 보니 과연 네모난 형태의 토성이 보였다. 천리장성에 비해 그 원형이 비교적 잘 남아 있었다. 금나라의 천리장성이 틀림없었다. 흙을 다지지 않고 높이 쌓기만 한 탓에 세월이 흐르면서 토성이 원래의 모습을 잃어버렸던 것이다.

금나라 천리장성. 토성이 유실돼 흔적만 겨우 남아 있다(위). 군사들의 주둔지(아래).

우리는 네모난 토성이 있는 곳으로 가보았다. 한 변의 길이가 20~30미터쯤 되어 보이는 토성으로, 수십 명이 머물 수 있는 정도의 넓이였다. 높이는 2미터쯤 되었는데, 원래는 더 높았을 것이다. 이런 주둔지가 천리장성에 대략 10킬로미터 간격으로 있다고 한다.

금나라가 몽골을 얼마나 경계했는지 알 수 있었다. 토성은 이미 무너질 대로 무너져 그 자취가 희미했지만, 이곳이 바로 예수게이가 타타르군을 치기 위해 출격했던 타타르군의 진지였다. 테무진이 태어날 때쯤 예수게이가 타타르의 족장 테무진 우게를 사로잡아 돌아온 곳도 이 근처였을 것이다.

이곳에서 다달까지는 말 타고 달리면 하루 반나절이면 도달할 수 있는 거리였다. 빈데르까지도 이틀이면 충분했다.

테무진이 버르테를 만나러 간 길

우리는 천리장성을 넘어 초이발산까지 내려가보기로 했다. 더 남쪽으로 내려가자 구릉마저 사라지고 망망초원이 나타났다. 초이발산은 헤를렌 강변에 있는 도시로, 몽골 사회주의 혁명을 이끈 유명한 정치인 초이발산의 이름을 따서 명명된 도시다. 대개 동몽골 여행은 이 초이발산에서부터 시작된다.

테무진은 아홉 살 때 아버지 예수게이를 따라 동몽골에 간 적이 있었다. 예수게이는 테무진의 배필을 허엘룬의 친정에서 구할 생각으로 그를 데리고, 옹기라트 올코노오트 씨족이 있는 동몽골의 보이르 호수로 갔던 것이다.

당시는 타타르족과의 전쟁이 끝나고 10년 가까이 지난 뒤였다. 예수게이는 아마도 빈데르나 멍건모리트에서 출발해 우리가 지나온 길을 따라 바얀동을 거쳐 천리장성을 지나 헤를렌 강을 향해 나아갔을 것이다. 헐런보이르 호수에 이른 다음, 어르순 강을 거슬러 보이르 호수로 내려갔을 것이다. 그리고 동쪽으로 방향을 돌려 처가인 옹기라트 올코노오트 씨족이 있는 마을로 가려 했을 것이다.

그것이 헨티 지방에서 동몽골로 가는 고대의 루트이기 때문이다. 빈데르에서 출발했다면 보이르 호수까지는 족히 600킬로미터가 넘는 거리다. 멍건모리트에서 출발했다면 그보다 100킬로미터는 더 멀다. 말 타고 간다 해도 최소한 일주일 이상 걸렸을 것이다.

하지만 예수게이는 돈 많은 명문가의 며느리를 얻을 수만 있다면 그 정도의 수고는 아무것도 아니라고 여겼을 것이다. 그 자신이 허엘룬이란 명문가 여인을 아내로 얻으면서 사람들이 자신을 대하는 태도가 달라진 것을 몸소 체험했기 때문이다. 더욱이 정치적 야심이 컸던 만큼 자신의 후사를 위해서도 며느리만큼은 꼭 명문가의 규수를 맞아들이고 싶었을 것이다.

그런데 옹기라트 올코노오트 씨족들이 사는 곳으로 가던 도중에 옹기라트 보스카올 씨족장 데이 세첸을 만난다. 데이 세첸은 한눈에 몽골족의 실력자인 예수게이를 알아보고 그에게 정중히 물었다. "예수게이 쿠다 아니십니까! 이 먼 곳까지 누굴 만나러 오셨습니까?"

쿠다는 몽골 말로 '사돈'을 뜻한다. 예수게이가 옹기라트족의 사위였으므로 높임말로 그리 부른 것이다. 그러자 예수게이가 대답했다. "이 아이를 처가인 올코노오트 씨족에게 데려가 그곳에서 배필감을 구하려고 합니다."

그러자 데이 세첸이 말했다. "이 아이는 눈에 불이 있고 뺨에 빛이 있군요. 잘됐습니다. 제가 어제 꿈을 꾸었는데, 흰 송골매가 태양과 달을 움켜쥐고 날아와 내 손에 앉더이다. 이 꿈을 사람들에게 말하니, '태양과 달은 멀리서 보이는 것인데, 지금 송골매가 그것들을 움켜쥐고 당신 손에 앉았으니 틀림없이 좋은 일이 생길 것입니다' 하더이다. 예수게이여! 지금 생각해보니 아무래도 그 꿈은 당신이 아들을 데리고 오는 것을 미리 보여준 꿈 같습니다."

그러고는 데이 세첸이 다시 말했다. "우리 옹기라트는 예부터 외조카의 용모가 훌륭하고 처녀들의 미모가 뛰어납니다. 또 우리는 다른 씨족들처럼 나라의 패권을 잡기 위해 다투지 않지요. 대신 뺨이 고운 우리의 처녀들을 검은 수낙타나 회청색 수낙타가 끄는 높은 수레에 앉혀 장차 칸이 될 그대들의 옆자리에 나란히 앉히길 원합니다. 우리 옹기라트 사람들은 카톤으로 방패를 삼고 처녀들로 씨족의 수호신이 되기를 하늘에 기도해왔습니다. 예수게이여! 나의 집으로 가십시다. 내 딸을 보여드리고 싶습니다."

데이 세첸의 은근한 말에 끌린 예수게이는 그의 집으로 갔다. 그리고 데이 세첸의 딸을 보았는데 얼굴에 빛이 있고 눈에 불이 있는 것을 보고는 마음에 쏙 들었다. 그녀는 테무진보다 한 살이 더 많은 열 살로 버르테란 이름을 가지고 있었다. 데이 세첸의 게르에서 자고 난 예수게이는 마침내 버르테를 신붓감으로 맞이하기로 결정했다. 그러자 데이 세첸이 말했다. "딸을 내줄 때는 여러 번 청혼해올 때까지 기다립니다. 그래야 사람들의 존경을 받으니까요. 하지만 기꺼이 딸을 드리겠습니다. 당신의 아들을 사위로 맞을 테니 이곳에 두고 가십시오."

사위가 처가에 머무르는 것은 고대 몽골의 풍습으로, 북방 민족들 사이에 널리 퍼져 있었다.

예수게이는 그의 요청을 흔쾌히 수락하며 다음과 같이 부탁했다. "아들을 이 댁에 맡길 테니 잘 돌봐주시기 바랍니다. 한 가지 당부할 게 있는데, 테무진이 개를 두려워하니 주의해주시기 바랍니다."

뜻밖의 부탁이었다. 아마도 테무진이 어렸을 때 남의 집에 갔다가 개한테 혼쭐난 적이 있는 것이리라. 몽골의 개는 송아지만 한 데다 낯선 자에게는 매우 거칠고 적대적이다. 따라서 아이들이 종종 개에게 놀라는 일이 있다.

예수게이는 끌고 왔던 말들을 약혼 예물로 준 뒤, 혼자 허엘룬이 있는 곳으로 돌아갔다. 예수게이가 돌아가자 테무진은 데이 세첸의 사위가 되어 그곳에서 살았다. 아마도 목동 일을 하며 지냈을 것이다. 당시 보스카올 씨족은 많은 가축을 갖고 있었다. 따라서 사위인 테무진도 그 집 아들들과 똑같이 가축 돌보는 일을 해야 했다.

테무진이 데이 세첸의 집에 머문 것은 아홉 살 때부터 열세 살 때까지다. 이 시기에 테무진은 그의 평생의 라이벌인 자모카를 만나 안다 맹약을 맺었다.

테무진이 보르지긴이란 명문 가문의 혈통을 타고났다면, 자모카는 자다란 씨족 사람으로 평범한 집안에서 태어난 인물이다. 당시 자다란 씨족의 본거지는 치타 주 쪽이었던 것으로 추정된다. 그렇다면 보이르 호수 근처에 사는 테무진과 수백 킬로미터 떨어진 치타 주 쪽에 살던 자모카는 어떻게 만났을까?

그 비밀은 유목민들이 계절에 따라 이곳저곳으로 이동하며 가축을 키우는 데 있다. 아마도 테무진이 추운 계절에 따뜻한 겨울 유목지를 찾아 치타 주로 올라갔을 때 만났을 것으로 추정된다. 보이르 호수가 치타 주보다 남쪽이긴 하지만 평원이라 겨울에는 바람이 매우 거칠다. 그에 반해 치타 주는 산록 초원이 발달한 곳이어서 겨울에 바람이 없고 따뜻하다.

따라서 추운 겨울이 되면 보이르 호수 쪽 유목민들이 치타 주로 올라가곤 했는데, 그때 테무진이 보스카올 목동들과 함께 치타 주로 올라갔다가 자모카를 만난 것이 아닌가 생각된다. 두 사람은 그때 안다 맹약을 두 번 맺었다.

한번은 자모카가 고라니의 복사뼈를 테무진에게 주었고, 테무진은 낚싯바늘처럼 꼬부라진 복사뼈를 자모카에게 주면서 안다를 맺은 후 서로를 '나의 안다'라고 불렀다. 이듬해 봄에 자모카는 두 살 난 소의 뿔로 날아갈 때 소리가 나는 화살을 만들어주었고, 테무진은 끝이 뾰족한 소나무 매듭이 달린 화살을 만들어주었다. 이렇게 물건을 교환한 뒤 두 사람은 다시 한 번 안다를 맺었다.

이렇게 두 번 안다를 맺고 나서 두 사람은 "안다를 맺은 사람은 생명이 하나나 마찬가지다. 평생 서로 저버리는 일 없이 항상 서로의 보호자가 되어야 한다"며 우애를 다졌다고 한다.

페르시아 측 기록인 『집사』에 따르면, 자모카는 사람들로부터 '세첸'으로 불렸다. 세첸이란 '현명한 사람'이란 뜻이다. 대단히 총명한 인물이었음을 알 수 있다. 그러나 테무진이 과묵한 편인 데 비해 자모카는 섬세하고 낭만적인 면을 갖고 있었다. 그런 사람들은 대개

천리장성을 지나니 망망초원이 계속되었다.

성질이 급하고 신경질적인데, 실제로 자모카의 행동에서 그런 모습을 엿볼 수 있다. 테무진이 옹칸의 진영에서 자모카와 함께 있을 때의 일이다. 두 사람 가운데 아침에 먼저 일어난 자가 옹칸의 푸른 도자기 술통에 담긴 마유주를 마셨는데, 테무진이 먼저 일어나 마시면 그때마다 자모카가 질투했다고 한다.

하지만 자모카는 발군의 실력을 발휘해 20대 초반에 이미 몽골 고원의 실력자로 등장한다. 치타 주와 하일라르의 몽골인들은 물론이고 타이치오드족과 키야트족까지 그의 휘하에 둔 것이다. 타이치오드족과 키야트족 명문가 출신의 쟁쟁한 장로들이 어떤 이유로 가문도 변변치 못한 새파란 자모카 밑으로 들어갔는지에 대해서는 기록이 없어 자세한 사정을 알 길이 없다.

그러나 자모카의 뛰어난 정치적 역량 때문이라는 것은 의문의 여지가 없다. 그는 무엇보다 타고난 말솜씨에 사람들의 마음을 사로잡는 선동꾼 기질을 갖고 있었던 것으로 전한다. 하지만 영웅도 시대를 타고나야 하는 법. 그는 칭기즈칸과 동시대에 태어남으로써 끝내 자신의 꿈을 이루지 못했다.

세르겔렝이란 작은 도시에 들러 점심을 먹은 우리는 초이발산을 향해 남쪽으로 계속 달렸다. 망망초원은 사방으로 지평선만 보여줄 뿐이었다. 운전기사 K는 자동차 경주라도 하듯 전봇대를 따라 질주했다. 몸이 피곤하다더니 어서 빨리 초이발산에 가서 쉬고 싶은 모양이었다. 옆길로 가던 차가 금세 저만치 뒤로 처진다. 계기판을 보니 시속 70~80킬로미터를 오르내린다. 비포장도로에서 70~80킬로미터라니 경이로운 속도였다.

우리가 초이발산에 도착했을 때는 이미 해가 서녘으로 기운 뒤였다. 도시에는 강한 바람이 불 때마다 뿌연 먼지가 날렸다.

다음 날 아침 일어나니 K가 차가 이상한 것 같다며 정비를 받아야겠다고 했다. 그때 가이드 N이 이곳에 아는 화가가 있다고 했다. 그는 어디론가 전화를 걸더니 그분이 우리를 초대했다며 모두 그 집으로 가자고 했다. 우리는 정비소에 차를 맡긴 다음 걸어서 한 아파트 1층에 도착했다. 가정집이려니 생각했는데, 놀랍게도 방 안의 벽에 그림이 잔뜩 걸려 있었다. 아파트를 개조해 화실로 쓰는 듯했다.

화가는 부리야트족 출신으로 이름이 멜스였다. '멜스'가 무슨 뜻이냐고 물으니 사회주의 시절에 자기 아버지가 마르크스-엥겔스-레닌-스탈린Marx-Engels-Lenin-Stalin의 첫 글자를 따서 'Mels'로 지었다고 했다. 그 말에 우리는 한참 웃었다. 그의 부인은 아름답고 상냥했는데, 내몽골 우젬친족으로 오윤 체체크라 했다. '지혜의 장식'

멜스 화백의 화실.

초이발산에서 본 헤를렌 강. 뒤로 초이발산 시가 보인다.

이란 뜻이다.

멜스 화백의 그림은 사회주의 리얼리즘 분위기가 확연했다. 유화로 그려진 그림 속의 여성 모델이 매우 낯이 익었다. 가만히 보니 부인 오윤 같았다. 맞느냐고 묻자 부인이 그렇다며 활짝 웃었다. 멜스 화백은 말수가 적은 편이었는데, 오윤 부인은 시종 다정하고 친절하게 우리를 가족처럼 챙겨주었다.

우리는 따뜻한 분위기 속에 이런저런 이야기를 나누었다. 다음 날 아침 오윤 부인의 친구들과 함께 헤를렌 강을 보기 위해 길을 나섰다. 먼지가 이는 초이발산에서 서쪽으로 10분을 달린 뒤에야 헤를렌 강 다리가 있는 곳에 이르렀다.

헤를렌 강은 말없이 넘실대며 흐르고 있었다. 몽골의 강치고는 폭이 매우 넓었다. 족히 50미터는 되어 보였다. 이곳에서 헤를렌 강은 동북쪽으로 방향을 틀어 올라가 헐런보이르 호수로 들어간다. 말 타고 저 강을 따라가면 헐런보이르 호수를 거쳐 보이르 호수까지 갈 수 있었다. 하지만 헐런보이르 호수는 중국의 내몽골에 있어 갈 수가 없다. 중국의 국경 수비대가 가로막고 있기 때문이다.

강물 따라 흐르고 싶은 내 마음을 아는지 강 위에는 강남 갔던 제비들이 돌아와 날고 있었다. 우리는 헤를렌 강을 향해 어르거 의식을 했다. 그때 N이 술을 따르더니 오윤 부인에게 권하며 멋진 축원을 했다.

"착한 마음은 수만금을 주고도 살 수 없다!"

모두들 웃으며 그녀를 축복해주었다.

4

초원에 부는 야망의 바람

허엘룬, 키모르카 냇가로 들어가다

•
•

테무진이 버르테의 처가에 머문 지 4년째 되던 해, 그러니까 열세 살 되던 해에 뜻밖의 사건이 터진다. 아버지 예수게이가 타타르족에게 독살된 것이다. 이 사건은 한순간에 테무진 가족을 고난과 시련 속으로 몰아넣는다.

사건의 내용은 이렇다.

예수게이는 테무진이 동몽골의 데이 세첸 장인 댁에서 잘 지내는지 보기 위해 다녀오던 중이었다. 보이르 호수를 지나 길을 재촉하던 중에 초원에서 잔치를 벌이고 있는 한 무리의 타타르 사람들을 만났다. 당시 타타르족이 헤를렌 강 하류 쪽을 장악하고 있었으므로 그 근처일 것으로 추정된다.

타타르인들이 먼저 예수게이를 알아보았다. "저기 가는 저 사람, 키야트족의 예수게이 아냐?" 예수게이에게 맺힌 게 많았던 그들은 이참에 복수하기로 하고 그를 식사에 초대했다. 몽골에서는 사람을 초대하면 거기에 응하는 것이 예의다. 예수게이는 타타르인들이 자기를 노릴지 모른다는 것을 알면서도 초대를 외면할 수 없었다. 마침 목도 칼칼하던 참이라 그들 무리에 끼여 음식을 먹었다.

한데 그들이 은밀하게 음식물에 독을 탄 것이었다. 예수게이는 잘 먹고 나서 작별 인사를 하고 돌아섰다. 얼마 지나지 않아 그들에게 당했다는 것을 깨달았다. 독이 몸에 퍼지는 것을 느낀 그는 온 힘을 다해 3일이나 달려 마침내 멍건모리트의 집에 도착했다.

게르에 도착한 예수게이는 자신의 몸 상태가 심상치 않음을 깨닫고 충직한 신하인 멍리크에게 동몽골의 데이 세첸에게 가서 테무진을 데려오라고 말했다. 그러고는 다시 부탁했다. "내 몸이 많이 안 좋다. 내 아이들과 아내와 동생들을 보살펴 다오." 아마도 자기 목숨이 거의 다했음을 알고 부탁한 것이리라.

멍리크는 유명한 샤만 집안 사람이다. 테무진이 대칸에 오를 때 '칭기즈칸' 칭호를 부여한 대샤만 텝 텡그리가 바로 그의 아들이다. 훗날 칭기즈칸은 멍리크에 대해 이렇게 말했다. "태어날 때도 내 곁에 있었고, 자랄 때도 내 곁에서 함께 자랐다." 따라서 멍리크 일가는 칭기즈칸 가문이 늘 가까이 두고 자문을 구했던 샤만 집안으로 생각된다.

멍리크는 예수게이의 명대로 데이 세첸에게 가서 예수게이가 몹시 보고 싶어 한다며 테무진을 데려왔다. 하지만 예수게이는 이미 운명한 뒤였다. 예수게이의 갑작스러운 죽음은 앞날이 창창할 것만 같던 테무진의 인생에 갑작스러운 고난으로 다가왔다. 친족들이 그들의 병사와 예속민 그리고 가축들까지 모두 데리고 떠났기 때문이다.

그때 예수게이의 예속민이었던 차카라 노인이 사람들에게 허엘룬 가족을 버리지 말라고 애원하자 그들은 창으로 그의 등을 내리찍었다. 원한과 적개심에 찬 그들은 마치 오늘 같은 날이 오기만을 기다린 사람들처럼 난폭하게 굴었다. 허엘룬이 예수게이의 '키야트 보르지긴' 깃발을 들고 그들 앞으로 달려가 "어떻게 이럴 수 있냐?"며 따지자, 타르코타이 키릴토크를 따라나섰던 예속민들 일부가 떠나지 못하고 그 자리에 남았다. 하지만 그들도 곧 떠나고 말았다. 칭기즈칸 가문의 가신이었던 멍리크 일가까지 떠나자 허엘룬과 테무진 가족은 완전히 버림받은 신세가 되었다.

그때 허엘룬의 가족은 허엘룬과 테무진, 조치 카사르, 카치운, 테무게 옷치긴 등 아들 네 명에 딸 테물룬, 그리고 둘째 부인과 그녀의 두 아들 벡테르와 벨구테이까지 모두 아홉 명이었다. 당장 아홉 식구 입에 풀칠하는 것도 보통 일이 아니었다.

허엘룬은 키야트족과 예속민들이 모두 떠나자 더 이상 멍건모리트에서 살 수가 없었다. 예속민도 없고, 가축도 없이 초원에서 산다는 것은 산 입에 거미줄 치는 것 말고 할 수 있는 일이 없기 때문이다. 게다가 사람들의 따가운 눈총과 외면을 견디기 어려웠을 것이다.

마침내 허엘룬은 가족을 데리고 보르칸 칼돈 산 옆의 큰 고개 '이흐 가자린 다와'를 넘어 오논 강 최상류인 키모르카 냇가로 들어갔다. 그곳은 보르칸 칼돈 산의 북쪽 지역으로 오지 중의 오지였다.

키모르카 냇가에 자리 잡은 허엘룬은 전통 의상 델이 끌리지 않게 허리띠를 질끈 동여매고 머리에는 복타 모자를 쓴 채 자식들을 먹여 살리기 위해 이를 악물고 일했다. 몽골 여성들은 결혼하면 허리띠를 하지 않는다. 따라서 허엘룬이 허리띠를 질끈 동여맸다는 것은 생존을 위해 처절하게 몸부림쳤음을 뜻한다. 그리고 복타 모자는 고대 흉노 때부터 초원의 귀부인이나 여성 샤만들이 쓰던 모자로, 권위의 상징이다. 뿔처럼 끝이 길게 올라간 모자인데, 신분이 높은 여자는 모자 끝이 1미터나 올라갈 정도로 아주 높다. 허엘룬이 그 고생 중에도 복타 모자를 벗지 않았다는 것은 귀족으로서의 품위를 잃지 않기 위해 부단히 노력했다는 것을 의미한다.

그녀는 키모르카 냇가를 오르내리며 아이들에게 야생 과일을 따다 먹이고, 버섯과 야생 파와 마늘을 캐서 먹이는 등 먹을 수 있는 것은 뭐든 캐서 먹였다. 아이들은 아이들대로 낚싯대와 그물을 들고 냇가에서 물고기를 잡았다. 그렇게 테무진 가족은 살아남기 위해 몸부림쳤다.

하지만 테무진과 배다른 형제들은 틈만 나면 싸웠다. 하루는 허엘룬이 그들을 야단치며 이렇게 말했다.

"너희들은 피를 나눈 형제들인데, 어찌 그리 서로 미워하느

몽골 귀족 여성들의 복타 모자.

냐? 우리는 그림자밖에는 친구가 없고 꼬리밖에는 채찍이 없다. 내가 타이치오드족 형제들에게 받았던 수모를 반드시 갚아야 한다고 수없이 말했거늘, 너희들은 어찌 그 옛날 알랑 고아의 다섯 아들처럼 서로 다툰단 말이냐?"

하지만 테무진과 카사르는 허엘룬의 말에 반항하며, "지난번에도 우리가 잡은 새들을 쟤네들이 빼앗아갔어요. 그런데 오늘 또다시 빼앗아갔단 말이에요. 어떻게 쟤네들과 함께 지낼 수 있어요?" 하고 외치고는 밖으로 나갔다.

그들은 마침 벡테르가 나지막한 산에서 말들을 돌보고 있는 것을 보고는 살금살금 기어 올라가 활로 그를 쏘려 했다. 그때 벡테르가 먼저 테무진과 카사르를 발견했다. 그는 사태를 파악했는지 담담하

게 말했다.

"타이치오드족 형제들로부터 받은 수모를 아직 갚지도 못했는데, 너희는 어째서 나를 눈 속의 티끌처럼, 입속의 가시처럼 여긴단 말이냐? 어떻게 이럴 수 있단 말이냐? 나를 죽이더라도, 내 화덕의 불씨만은 꺼지지 않게 해 다오. 그리고 동생 벨구테이만은 살려 다오."

그렇게 말하고는 모든 것을 체념한 듯 책상다리를 하고 앉았다. 그러자 테무진과 카사르가 앞뒤에서 활을 쏘아 그를 죽였다.

아무리 배다른 형제들이라곤 하지만, 어떻게 죽일 생각까지 했을까? 이 사건을 두고 일부 학자들은 칭기즈칸의 잔인한 성격이 어려서부터 드러난 것이라고 비난한다. 그러나 몽골 학자들은 불행한 사건이지만, 굳이 확대해석할 필요가 없다는 태도를 취하고 있다. 모두가 미쳐 돌아가는 세상이었으므로 아이들도 순간적으로 극단적인 감정에 휩싸였을 수 있다는 것이다.

또 다른 학자들은 허엘룬이 칠레두와 혼인한 사이라는 것을 들어 테무진이 메르키트족의 피를 물려받았기 때문에, 그에 대한 콤플렉스로 그랬을 거라고 말한다. 하지만 테무진이 메르키트족의 피를 물려받았다고 의심했다면, 당시 몽골 사람들은 결코 그를 키야트족의 칸으로 세우지 않았을 것이다. 칭기즈칸의 큰아들 조치가 메르키트의 피를 갖고 태어난 이유로 대칸의 후보에서 제외된 것이 좋은 예다.

그리고 『몽골 비사』를 비롯해 당시의 어떤 역사책에도 테무진이 메르키트족의 피를 물려받았다고 의심하는 내용은 없다. 따라서 테무진이 메르키트족의 피를 물려받았다는 콤플렉스 때문에 벡테르를 죽였다는 주장은 잘못된 것이다.

테무진과 카사르가 게르로 돌아오자 허엘룬은 그들의 눈빛을 보고 단번에 사태를 알아차렸다. 가족 하나만을 의지해 몸이 부서져라 일하며 어렵게 자식들을 키우던 허엘룬으로서는 하늘이 무너지는 듯싶었을 것이다. 그녀는 끝내 그들을 향해 피 끓는 욕설을 퍼부었다.

이 구제 불능의 망종 놈들아.
그래, 너는 내 자궁에서 나올 때도 손에 검은 핏덩이를 움켜쥐고 태어났었지.
자기 태반을 물어뜯는 미친개처럼,
분노를 억누르지 못하는 사자처럼,
살아 있는 것을 통째로 삼키는 이무기처럼,
소리 없이 순식간에 다른 물고기를 잡아먹는 물고기처럼,
어린 새끼의 뒷다리를 물어뜯는 수낙타처럼,
눈보라 속에서 먹이를 찾아 헤매는 늑대처럼,
미친 듯이 날뛰는 맹견처럼, 그렇게 벡테르를 죽였구나.
이 구제 불능의 망종 놈들아! 너희들이 어떻게 이런 일을 저지를 수 있단 말이냐?
아, 하늘이여! 이제 어떻게 산단 말입니까?

하지만 테무진 가족은 다시 일어섰고, 꿋꿋하게 살아남았다.

타이치오드족 사람들에게 잡혀온 테무진

나는 허엘룬과 테무진이 고난의 시절을 보냈던 키모르카 냇가를 찾아가보고 싶었다. 그곳에 가려면 쳉헤르 강을 따라 올라가다 빈데르 서북쪽에 있는 바트쉬레트 시로 가야 했다. 우리는 도중에 만난 주민들에게 키모르카 냇가를 아느냐고 물어보았다. 하지만 그곳을 아는 주민이 없었다. 그래서 키모르카 냇가 아래쪽에 있는 오농 온천 가는 길을 묻자 그제야 주민들은 안다고 대답했다. 오농 온천은 오논 강 상류에 있는데, 옛날부터 사람들이 치료를 위해 찾던 곳이다.

하지만 봄에는 갈 수 없다며 주민들은 한사코 오농 온천행을 말렸다. 그곳에 가는 길은 수렁이 많아 차 한 대론 어림없다는 것이었다. 게다가 그 일대에는 사람들이 살지 않아 차라도 수렁에 빠지면 꼼짝달싹할 수 없다고 했다. 그러면서 자기들도 겨울철이나 돼야 바퀴가 큰 러시아 차 두 대를 빌려 타고 간다고 했다.

바트쉬레트에 가서 말 타고 가는 방법도 생각해보았지만, 최소한 일주일에서 열흘은 걸릴 게 뻔했다. 그만큼 거리가 멀기 때문이다. 일정도 부족하거니와 말들을 일주일 넘게 빌리려면 보통 문제가 아니었다. 설령 운 좋게 오농 온천까지 간다 해도 그곳에서 다시 더 안쪽으로 들어가 인적도 없는 곳에서 키모르카 냇가를 찾는다는 것은 무리였다. 결국 키모르카 냇가를 찾아가는 일은 다음 기회로 미루었다.

테무진 가족이 키모르카에서 어려운 시기를 보내던 어느 날, 타이치오드족 사람들 300명이 테무진을 잡으러 왔다. 테무진이 열다섯 살 되던 해였다. 테무진이 성년이 되자 잡아다 죽이기 위해 몰려온 것이다. 『몽골 비사』에는 그때 그들의 선두에 섰던 타르코타이 키릴토크가 이렇게 외쳤다고 쓰여 있다.

새끼 양의 솜털이 빠졌다. 두 살 난 양처럼 컸다.

양고기는 두 살짜리가 가장 맛있다고 한다. 이젠 테무진을 죽일 때가 되었다는 말이었다. 타이치오드족 사람들이 몰려오는 기미가 보이자 허엘룬은 서둘러 테무진을 말에 태워 뒷산으로 도망치게 했다.
　그길로 테무진은 산속으로 들어가 9일을 버텼다. 하지만 굶주림 때문에 더는 견딜 수 없었다. 타이치오드족 사람들이 물러갔을 것으로 생각하고 산을 내려왔다. 그런데 타이치오드족 사람들은 기다리면 테무진이 내려오리라는 것을 알고 숲 입구를 지키고 있었다. 그들은 테무진이 숲에서 나오는 것을 보고 붙잡아 목에 나무 칼을 씌운 뒤 타이치오드족의 본거지로 끌고 갔다. 그때 아들이 끌려가는 모습을 지켜보던 허엘룬은 억장이 무너지는 슬픔 속에 눈물을 뿌리며 이렇게 외쳤다.
　"나의 아들 테무진아! 너의 아버지 예수게이 곁으로 가거라. 그리고 고난에 찬 이 세상을 잊어라. 너를 구하지 못한 이 한 많은 어미를 용서해 다오."
　테무진이 끌려간 곳은 타이치오드족의 본거지가 있는 빈데르였다. 그러고 보면 빈데르는 칭기즈칸과 인연이 깊은 곳이다. 탄생지

로 가장 유력할 뿐 아니라 그곳에서 유년 시절을 보냈고, 타이치오
드 사람들에게 잡혀와 고통을 받은 장소인 데다, 또 뒷날 몽골 고원
을 통일하고 대칸에 오른 곳이기도 하니 말이다.

　테무진을 잡아온 타이치오드 사람들이 테무진을 곧바로 죽이려
하자, 타르코타이 키릴토크가 그들을 만류했다. 그리고 테무진을 자
기 백성들의 게르에서 하루씩 묵게 하며 수모를 주자고 했다. 사람
들은 반대하지 않았다. 그 덕에 테무진은 하루하루 목숨을 연명하
며 타이치오드 유목민들의 게르에서 지내게 되었다.

　그런데 타르코타이 키릴토크는 왜 테무진을 유목민들 집에서 하
루씩 지내게 한 것일까? 그는 테무진을 죽일 생각이 없었던 것일
까? 그렇다면 왜 굳이 앞장서서 테무진을 잡아온 것일까?

　당연히 그런 의문이 들지 않을 수 없다. 그의 행동을 이해하기 위
해서는 예수게이가 죽은 뒤 타르코타이 키릴토크의 위치를 살펴볼
필요가 있다. 그는 타이치오드족의 적장자다. 타이치오드족 내 서열
로만 보면 가장 지위가 높다. 하지만 예수게이가 죽은 뒤 그는 뚜렷
한 행적을 보이지 않고 있다. 따라서 예수게이가 죽으면서 그 역시
타이치오드족 귀족 내에서 비주류로 밀려났을 가능성이 높다.

　타이치오드족 사람들 중에는 예수게이를 싫어하는 사람들이 많
았다. 다만 그가 권력을 쥐고 있었기 때문에 감히 저항하지 못했다.
하지만 예수게이가 죽자, 그에 대한 미움과 적개심이 타르코타이
키릴토크에게 쏠렸을 가능성이 크다. "네가 예수게이를 불러들이
지 않았느냐"고. 그러자 위기에 몰린 타르코타이 키릴토크는 앞장
서서 예수게이의 병사들과 예속민 그리고 가축들까지 모두 빼앗는
과감한 행동을 함으로써 친족들의 비난과 원망을 모면하려 했던 게

아닌가 생각된다. 보라고. 자신도 예수게이에게 당했다고, 누구보다 예수게이를 미워하고 저주한다고…….

키모르카 냇가로 달려가 테무진을 잡아온 것도 같은 맥락에서 이해할 수 있다. 타이치오드족 사람들이 테무진을 잡아다 죽이려고 하자, 이참에 다시 자기가 예수게이를 얼마나 미워하는지를 보여주기 위해 앞장섰던 게 아닌가 생각되는 것이다. 그렇게라도 함으로써 타이치오드족 내에서 자신의 위치를 되찾으려고 말이다.

따라서 그가 왜 테무진을 곧바로 죽이지 말고 유목민들의 게르에 하루씩 묵게 하자고 했는지 알 수 있다. 그는 테무진을 죽일 생각이 없었다. 누구보다 테무진을 좋아했다. 그래서 타이치오드족 사람들이 테무진을 죽이려 하자 꾀를 내어 늦추며 기회를 주어 도망치게 하려 했던 것이다.

하늘도 그의 뜻을 알았던 것일까. 테무진이 타이치오드족 유목민 게르를 전전하며 하루하루를 보내고 있던 어느 날 마침내 기회가 찾아왔다.

여름이 시작되는 6월 16일, 타이치오드족 사람들은 오논 강가 언덕에서 축제를 벌였다. 오논 강가의 언덕이라면 우리가 갔던 그 비장의 언덕 일대를 말한다. 축제가 끝나고 어두워지자 사람들은 흩어졌다. 하지만 보름이어서 밤에도 대낮처럼 환했다. 그때 테무진을 데리고 있던 유목민이 그를 그곳으로 데려왔다. 주변에 사람이 모두 가버리고 없자 테무진은 목에 씌운 나무 칼을 양손으로 잡아 유목민의 머리를 가격한 뒤 오논 강의 버드나무 숲 속으로 달려갔다. 그리고는 오논 강 물속으로 들어가 나무 칼 사이로 코만 물 밖에 내민 채 가만히 누워 있었다.

테무진을 놓친 유목민은 큰 목소리로 "테무진을 놓쳤다. 그를 잡아라!" 하고 외쳤다. 흩어졌던 사람들이 모여 오논 강가의 버드나무 숲을 수색하기 시작했다. 마침 그곳을 지나던 소르칸 시라가 테무진이 강의 여울 속에 누워 있는 것을 발견했다. 그는 테무진을 쳐다보며 "네게 이런 비범한 재능이 있기 때문에, 사람들이 눈에 불이 있고 뺨에 광채가 있다고 너를 질투하는 거란다. 네가 이곳에 숨어 있다는 걸 아무에게도 말하지 않으마" 하고는 그냥 지나갔다.

소르칸 시라는 타이치오드족에 예속된 솔도스족 사람이다. 그는 키야트족과 타이치오드족이 싸우는 모습을 보며, 이렇게 말한 적이 있었다. "타이치오드족과 키야트족은 우리와는 다른 성골聖骨 부족이다. 너희는 형과 동생 사이건만 왜 하나로 뭉치지 못하고 서로 싸우느냐?" 그는 키야트족이나 타이치오드족이 아니었기에 그들의 갈등에서 상대적으로 자유로웠던 것으로 생각된다.

타이치오드족 사람들은 테무진을 찾지 못하자 처음부터 다시 오논 강 일대를 수색하기 시작했다. 그들의 움직임이 심상치 않음을 느낀 소르칸 시라가 다시 테무진에게 가서 "너희 형제들이 이를 갈고 있다. 꼼짝 말고 가만히 누워 있어라" 하고 말해주었다. 두 번째 수색에서도 테무진을 찾지 못하자 타이치오드족 사람들은 처음부터 다시 좀 더 철저히 수색하자고 말했다. 그때 소르칸 시라가 그들에게 말했다.

"타이치오드족 장로들이여, 그대들은 달빛이 환할 때도 사람을 놓쳤다. 지금은 달마저 들어가 캄캄한 밤인데 어떻게 그를 찾겠는가. 우리가 지나온 길 중에 못 보고 지나친 곳을 다시 수색해보자. 그래도 못 찾으면 내일 날이 밝았을 때 다시 수색하자. 목에 칼을 쓴 사람이 도망가면 얼마나 가겠는가."

그러자 모두 그의 말이 맞다며, 지나온 길을 다시 수색하기 시작했다. 소르칸 시라가 다시 테무진이 있는 곳을 지나며 "이번이 마지막 수색이다. 이번에도 못 찾으면 내일 찾자고 했다. 이제 곧 사람들이 흩어지면 서둘러 어머니와 동생들이 있는 곳으로 달려가라"고 말해주었다.

사람들이 모두 흩어지자 테무진은 속으로 생각했다. '이전에 마을의 게르들을 차례로 돌며 잠을 잘 때도 소르칸 시라의 두 아들 침바이와 칠라온은 나를 몹시 동정했다. 그들은 목의 칼 때문에 잠 못 드는 나를 보고 목의 칼을 헐겁게 만들어 내가 잘 수 있도록 도와주었다. 소르칸 시라는 나를 보고도 사람들에게 말하지 않았다. 지금 나를 구해줄 수 있는 것은 그들뿐이다.'

마침내 테무진은 주위가 조용해지자 오논 강을 거슬러 소르칸 시라의 게르를 찾아 나섰다. 소르칸 시라의 게르에서는 밤을 새워 나무 막대기로 말 젖을 젓기 때문에 소리가 난다는 것을 기억한 테무진은 그 소리가 나는 게르를 찾아갔다. 게르에 들어가자 소르칸 시라가 깜짝 놀라며 외쳤다.

"네 어머니와 동생을 찾아가라고 하지 않았느냐. 어째서 이곳으로 왔단 말이냐?"

그때 두 아들 침바이와 칠라온이 말했다.

"매가 힘없는 새를 추격해오면 수풀은 힘없는 새를 숨겨 구해줍니다. 지금 테무진이 우리에게 도움을 청해왔는데, 아버지는 어찌 그렇게 말씀하십니까?"

그러면서 두 아들은 얼른 테무진 목의 칼을 잘라 화덕에 던져 태워버린 후 게르 뒤쪽의 양모를 실은 마차에 테무진을 숨겼다. 양모 더미 속에 숨은 지 3일째 되던 날, 타이치오드족 사람들은 "분명히 누군가 테무진을 숨겨주고 있다"면서 "게르마다 수색하자"고 했다. 그들은 소르칸 시라의 게르에 와서 샅샅이 수색한 후 다시 게르 뒤에 있는 양모 마차에 올라가 양털을 끄집어내기 시작했다. 다급해진 소르칸 시라가 그들에게 말했다.

"이보게들, 이 무더위에 사람이 양모 속에서 어찌 견딜 수 있단 말인가?"

그러자 그들도 그렇겠다 싶었는지 마차에서 내려와 다른 곳으로 갔다. 마침내 수색하던 자들이 가버리자 소르칸 시라가 테무진에게 말했다.

"하마터면 내가 재처럼 바람에 날아가버릴 뻔했다. 지금 당장 네 어머니와 동생들을 찾아가라."

그러고는 아직 새끼를 낳아본 적이 없는 암말에 태운 뒤 삶은 양고기를 주고, 마유주를 큰 가죽 통과 작은 가죽 통에 나누어 담아주었다. 하지만 말안장은 주지 않았다. 초원 사람들은 말안장만 보고도 뉘 집 말인지 알아본다. 때문에 소르칸 시라는 만에 하나 테무진이 타이치오드족 사람들에게 붙잡힐 경우 말안장 때문에 자신의 신분이 드러나는 것을 막으려 했던 것이다. 그런 다음 소르칸 시라는 테무진에게 활과 화살 두 대를 챙겨주고 길을 떠나게 했다.

테무진은 밤을 새워 달렸다. 자기가 잡혔던 키모르카 냇가에 이르자 풀이 밟힌 흔적을 따라 골짜기로 들어섰다. 냇가를 거슬러 어머니의 흔적을 찾아 계속 올라갔다. 키모르카 냇가 위쪽 언덕에 이르렀을 때, 테무진은 마침내 가족과 상봉했다. 테무진과 가족들은 눈물을 흘리며 함께 기뻐했다.

하지만 타이치오드족 사람들이 곧 밀어닥칠 것이므로 그곳은 안전하지 않았다. 테무진 가족은 서둘러 그곳을 떠났다. 테무진 가족이 옮겨간 곳은 여름에는 모기가 들끓어 사람들이 살 수 없는 곳으로 유명한 '푸른 호수'였다. 쳉헤르 강이 흐르는 초원 서쪽에 있는 산림 지대였다. 사람들의 눈을 피하자니 자연히 사람들이 외면하는 곳을 선택할 수밖에 없었던 것이다.

몽골에는 푸른 호수란 이름을 가진 호수가 많다. 보르칸 칼돈 산에도 있고, 허엘룬 가족이 옮겨간 곳도 그렇고, 다른 곳에도 푸른 호수란 이름의 호수가 많다. 워낙 태양이 강렬하고 하늘이 청명하다 보니 호수들이 청옥처럼 푸른 탓에 많은 호수들이 그 같은 이름을 갖게 된 것이다.

테무진 가족은 키모르카 냇가에서 큰 고개 '이흐 가자린 다와'를 넘어 보르칸 산을 지나 헤를렌 강을 따라 내려오다 푸른 호수가 있는 산림 지대로 들어갔을 것이다. 그들은 그곳에서 타르박이나 들쥐를 잡아먹으며 어렵게 연명했다.

푸른 호수로

우리가 푸른 호수에 들른 것은 바가노르 시를 떠나 빈데르로 향하던 도중이었다. 푸른 호수는 쳉헤르 강 서쪽 산림 지대에 있었다.

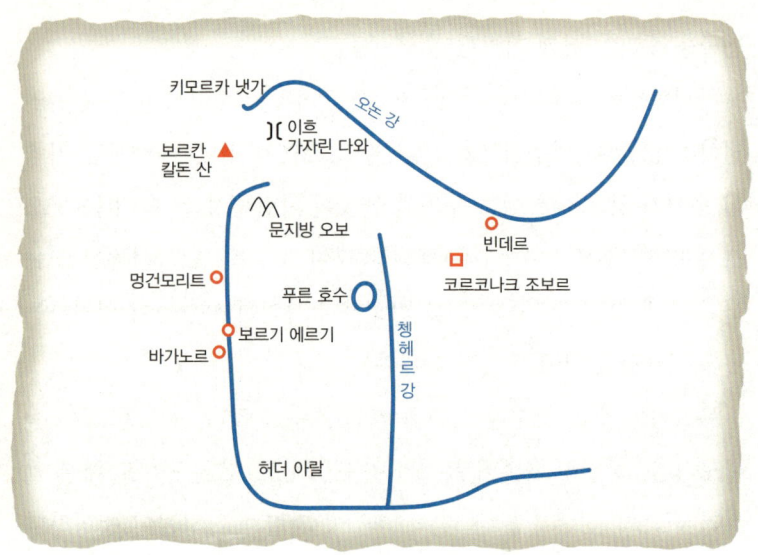

보르칸 칼돈 산, 키모르카 냇가, 빈데르, 푸른 호수, 보르기 에르기 위치.

때문에 쳉헤르 강을 따라 올라가다 서쪽 산림 지대로 들어가야 했다. 그런데 들어가는 골짜기가 보이지 않았다. 운전기사 K는 혹 이 골짜기일까 싶어 들어갔다가 다시 나오기도 했다. 이미 해는 기울어 어두워지고 있었다. 겨우 푸른 호수로 들어가는 길을 찾아내 골짜기로 들어갔을 때는 컴컴해진 뒤였다.

푸른 호수에 도착하니 멀리 게르의 불빛이 보였다. 푸른 호수 관리인들이 머무는 곳이었다. 우리는 혹시 그곳에서 하룻밤을 보낼 수 있을까 하는 기대를 갖고 들러보기로 했다. 여의치 않으면 호숫가에 텐트를 치고 자야 했다.

우리가 주차장에 차를 세우자 한 남자가 플래시를 들고 다가왔다. 관리인이었다. 가이드 N이 다가가자 그가 말했다.

"몇 년 전 이곳에 오셨던 분 아닙니까?"

N이 깜짝 놀라 물었다.

"아니, 저를 기억하십니까?"

그러자 관리인이 말했다.

"3년 전에 친구분들과 함께 오시지 않았습니까?"

그러고는 정색하며 반가워했다. N은 "그때 잠시 다녀갔을 뿐인데, 저를 기억하시다니 너무 놀랍다"며 감탄했다.

관리인은 어서 안으로 들어가자며 앞장을 섰다. 우리는 그들을 따라 관리인의 게르로 들어갔다. 우리가 침대에 걸터앉자 그는 얼른 화덕의 주전자에서 수태 차를 한 잔씩 따라주었다. TV에서는 러시아 방송이 나오고 있었다. N이 칭기즈칸의 발자취를 따라 여행 중이라고 하자 그가 말했다.

"몽골 속담에 옛 친구가 찾아오면 가슴이 함께한다는 말이 있습니다. 잘 오셨습니다. 마침 오늘 아침에 뻐꾸기가 울더군요. 들어보십시오. 지금도 울지 않습니까. 그러고 보니 여러분은 뻐꾸기가 우는 밤에 찾아온 칭기즈칸의 전사들이십니다."

그 말에 모두 즐겁게 웃었다.

"고맙습니다. 그런데 이곳에선 뻐꾸기가 언제부터 우나요?"

N이 그에게 물었다.

"보통 5월 25일부터 6월 보름 사이에 우는데, 올해는 오늘 처음 울었습니다. 아마도 귀한 손님들이 찾아오신 줄 아는 모양입니다."

그러면서 그는 칭기즈칸 가문의 샤만이었던 멍리크의 아들 텝 텡그리의 집이 이 근처에 있었다는 사실을 알려주었다.

『집사』에 의하면, 텝 텡그리는 한겨울에 종종 강에서 벌거벗은 채 얼음 위에 앉아 있곤 했다고 한다. 그의 집이 이곳 푸른 호수였다면, 헤를렌 강에 나가 앉아 있곤 했을 것이다. 그러면 얼음이 녹으면서 김이 모락모락 피어올랐고, 이내 텝 텡그리의 몸이 공중으로 떠올랐다고 한다. 그는 단순한 강신무降神巫가 아니라 아주 오랫동안 수련을 해 높은 경지에 이른 샤만이었던 것이다.

관리인은 내일이면 이곳을 떠나 울란바토르로 간다고 했다. 그곳으로 전근 발령이 났다는 것이다. 우리가 이곳에서 맞는 마지막 손님이라고 했다. 우리는 한 잔씩 술을 권했고, 늦도록 환담하며 서로 축원했다. 그의 이름은 차드라발이었다.

이튿날 아침 일찍 눈을 뜬 나는 푸른 호수를 둘러볼 요량으로 호숫가로 갔다. 마침 여명이 호수에 황금빛 햇살을 뿌리고 있었다. 호수의 물은 평소보다 줄어들었는지, 가장자리에 늪지가 넓게 형성되어 있었다. 호수 앞쪽에는 여행자 숙소 건물을 짓고 있었다.

그때 N이 뒤따라왔다. 우리는 호수 왼쪽 숲으로 갔다. 목조 가옥이 두어 채 서 있었다. 호수 건너편에는 나무가 거의 없는 가파른 산이 있었고, 그 왼쪽 산은 나무가 조금 있었다.

허엘룬이 키모르카 냇가에서 테무진과 가족을 데리고 온 이곳 푸른 호수는 바가노르 일대의 초원과 쳉헤르 강 초원 사이에 낀 조그만 삼림 지대로 사람들이 살지 않았다. 풍광은 아름답지만 초원이 없어 배가 고픈 곳이었다.

호숫가로 가니 건너편에 뾰족한 민둥산이 눈에 들어왔다. 바로 『몽골 비사』에 나오는 '푸른 호수의 검은 심장 산'이었다. 아마도 몽골인들은 그 산이 심장처럼 생겼다고 본 모양이었다. 그런데 왜 하필이면 '검은' 심장 산이라고 했을까? 흙이 약간 검은빛을 띠어 그리 부른 것일까?

푸른 호수의 검은 심장 산. 푸른 호수의 북쪽에 있다.

그런 상념에 잠겨 있을 때 N이 말했다.

"이곳은 여름에는 식인 파리가 무섭게 달려드는 곳입니다. 몽골에는 식인 파리가 있습니다. 동물들의 피부에 붙어 피를 빨아 먹지요. 여름에는 이 파리가 무섭게 번식하는데, 한번 떴다 하면 새카맣게 달려들어서 앞이 안 보일 정도입니다."

"모기도 많을 텐데, 식인 파리까지 있다니. 허엘룬이 왜 이곳으로 왔는지 이해되는군."

그랬다. 이곳은 사람이 살지 않아 사람들의 이목을 피해 살기에

여행자 숙소에서 세운 칭기즈칸 기념물.

안성맞춤이었다. 호숫가를 따라 좀 더 안쪽으로 들어가니 나무 기둥을 둥그렇게 세워놓은 것이 보였다. 그 한가운데 칭기즈칸의 동상이 서 있었다. 이곳에서 여행자 숙소를 운영하는 사람이 얼마 전 만들어놓은 기념물이라고 했다.

우리는 그곳에서 오래 머물렀다. 슬픔에 가득 찬 테무진의 뜨거운 심장이 느껴지는 듯했다.

게르로 돌아오니 관리인이 마른 양고기 보르츠를 넣고 칼국수를 끓이고 있었다. 우리는 식사를 마친 뒤 푸른 호수를 한눈에 내려다볼 수 있는 검은 심장 산으로 오르기 위해 차에 올랐다. 검은 심장 산 아래 이르자 빗방울이 조금씩 떨어졌다. 차는 곧 가파른 산길을 올라갔다. 빗발은 점점 더 세어졌다. 차는 정상 부근까지 올라갔다. 차에서 내려 몇 걸음 올라가니 최근에 새로 생긴 멋진 오보가 한눈에 들어왔다.

우리는 보드카를 꺼내 어르거 의식을 한 다음 풀 위에 앉았다. 오보 앞쪽에 서니 시원한 푸른 호수가 한눈에 내려다보였다. 하늘에 구름이 잔뜩 낀 탓에 호수는 회색빛을 띠고 있었다. 그때 다행히 비가 그치고 동쪽 하늘이 조금씩 열리기 시작했다. 날씨가 좋으면 호수의 빛깔이 정말 보석처럼 빛날 것 같았다.

테무진이 이곳 푸른 호숫가에 살 때 벌어진 일로 빼놓을 수 없는 일이 있다. 바로 말 여덟 필을 도둑맞은 사건이다. 그 사건으로 인해 테무진은 평생동지이자 친구인 보오르초를 만나게 된다. 사건의 전말은 이렇다.

테무진이 게르 옆에 여덟 필의 말을 묶어놓고, 근처에 있을 때였다. 도둑이 다가오더니 테무진이 빤히 지켜보는 가운데 여덟 필의

검은 심장 산 정상의 오보(위). 검은 심장 산 정상에서 내려다본 푸른 호수(아래).

말을 몰고 가버린 것이다. 아마도 말에서 조금 떨어진 곳에 숨어 있었던 모양이다. 테무진이 놀라 뒤쫓아갔지만, 도둑은 이미 멀리 달아난 뒤였다. 저녁에 말 타고 타르박 사냥을 나갔던 벨구테이가 돌아왔을 때 "우리 말 여덟 필을 도둑이 훔쳐갔다"고 하자 벨구테이와 카사르가 서로 도둑을 쫓아가겠다고 했다. 테무진이 "너희들은 그를 쫓아갈 수 없다"고 말한 뒤 벨구테이가 탔던 꼬리가 짧은 박황색 말을 타고 말들이 지나간 풀의 흔적을 따라 추격을 시작했다.

추격 3일째 되는 날 이른 아침, 테무진은 말 떼 속에서 암말의 젖을 짜고 있는 한 청년을 만났다. 테무진이 그에게 혹시 엷은 밤색의 거세마들이 지나가는 것을 보았느냐고 묻자 그가 "오늘 아침 해가 뜨기 전에 엷은 밤색의 거세마 여덟 필을 누군가 이 앞으로 몰고 갔다. 그가 간 길을 내가 가르쳐주겠다"고 했다.

몽골 사람들은 털 색깔과 무늬에 따라 말을 구별하는데, 그 용어가 수십 개나 된다. 따라서 말의 털 색깔만으로도 자기 말인지 아닌지 구별할 수 있다. 또 몽골 사람들은 종마를 제외한 수말들은 거세하는데, 그렇지 않으면 발정기 때 말을 듣지 않아 전시에 사용할 수 없기 때문이다. 종마는 갈기를 길게 기르는 데 반해 거세마들은 갈기를 짧게 자르기 때문에 한눈에 종마인지 거세마인지 알 수 있다. 따라서 수말이고 갈기가 짧다면 거세마인 것이다.

보오르초는 자신의 크고 작은 가죽 통들을 초원에 숨겨둔 뒤, 테무진을 말에서 내리게 한 다음 등이 검은 자신의 백마로 갈아타게 했다. 보오르초 자신은 속도가 빠른 담황색 말을 탔다. 그러고는 이렇게 말했다.

"벗이여, 고생이 많구나. 대장부는 고통을 함께 나누는 법, 내가 너의 평생동지가 되어주겠다. 나의 아버지는 나코 바얀이란 분이다.
나는 그분의 외아들로 보오르초라고 부른다."

두 사람은 거세마들의 발자국을 쫓아 3일을 달렸다. 해가 서녘으로 넘어갈 때쯤 한 무리의 사람들이 말과 함께 있는 곳에 도착했다. 그때 엷은 밤색의 거세마 여덟 필이 그들 무리의 외곽에서 풀을 뜯고 있는 모습이 보였다. 테무진이 보오르초에게 "동지여, 너는 여기 있어라. 내가 가서 저 여덟 필의 말을 데리고 나오겠다"고 하자, 보오르초가 "동지가 되겠다고 말하고 왔는데, 어찌 너 혼자 보내고 이곳에서 가만히 기다린단 말이냐?" 하며 응수했다. 두 사람은 함께 달려가 엷은 밤색 말들을 몰고 나왔다.

그러자 사람들이 우르르 달려 나오더니 말을 타고 쫓아왔다. 백말을 탄 사람 하나가 말 올가미 장대를 잡고 빠르게 질주해왔다. 보오르초가 "친구여, 활과 화살을 달라. 내가 쏘겠다"고 하자, 테무진이 "나 때문에 네가 다칠까 두렵다. 내가 쏘겠다"고 말했다. 그러고는 말 머리를 돌려 그를 향해 활을 쏘았다. 그러자 백말을 탄 사람이 말 올가미 장대를 들어 뒤에 쫓아오던 사람들을 멈추게 했다. 이미 어두운 상태여서 뒤를 쫓아가는 게 무리라 생각한 모양이었다.

만일 밝은 낮이었다면 둘 다 위험했을 것이다. 두 사람은 말을 데리고 밤새 달렸다. 3일 밤낮을 쉬지 않고 달려 보오르초의 말들이 있는 곳까지 왔다. 테무진이 보오르초에게 말했다.

"벗이여, 네가 없었다면 내가 어떻게 이 말들을 찾을 수 있었겠는가. 그러니 이 말들을 함께 나누자. 몇 마리 가지겠는가?"

그러자 보오르초가 말했다.

"네가 많이 고생했다. 나는 네게 도움을 주고자 동지가 되었다.

그런 내가 어찌 전리품으로 몇 마리를 달라고 하겠는가. 나의 아버지가 갖고 있는 말들만으로도 내겐 충분하다. 만일 말을 받는다면 내가 도와준 것이 무슨 의미가 있겠는가. 나는 받지 않겠다."

그리고 나서 두 사람은 보오르초의 아버지 나코 바얀의 게르로 갔다. 나코 바얀은 아들을 잃어버렸다고 눈물을 흘리며 비통해하고 있었다. 그런데 갑자기 돌아온 아들을 보자 한편으론 반가워 울면서도 아들을 나무랐다. 그러자 보오르초가 말했다.

"무슨 일이 있었습니까? 훌륭한 친구가 고생하고 있기에 그의 동지가 되어 함께 갔다가 돌아왔을 뿐입니다. 아무 일도 없었습니다."

그리고는 초원에 숨겨놓았던 크고 작은 가죽 통을 챙겨 가지고 왔다. 나코 바얀은 양을 잡아 테무진이 돌아가는 길에 양식으로 쓰도록 주었다. 그리고 마유주를 넣은 큰 가죽 통을 말안장 앞에 매달아 돌아가는 길에 마시도록 했다. 나코 바얀은 두 사람에게 말했다.

"너희 둘은 항상 서로를 생각해야 한다. 또 오늘 이후로 서로를 버리지 말도록 하라."

테무진은 자기 말을 타고 3일 밤낮을 달려 푸른 호수의 게르에 도착했다. 걱정하고 있던 허엘룬과 동생들은 몹시 기뻐했다. 워낙 험악한 시대라 말을 찾으러 갔다가 도리어 무슨 변고나 당하지 않았을까 노심초사하던 중이었다. 그렇게 푸른 호수는 테무진에게 안식과 평생동지를 가져다준 특별한 곳이었다.

우리는 검은 심장 산에서 내려와 푸른 호수의 샘으로 갔다. 샘에는 울타리를 쳐놓았을 뿐 샘터 같은 것은 따로 없었다. 바닥에서 물이 볼락볼락 솟는 것이 보였다. 우리는 엎드려 두 손으로 물을 떠 마셨다. 시원했다.

푸른 호수의 샘물.

"이게 바로 볼락 샘물이군?"
"그렇습니다."

버르테와 신접살림을 차리다

•
•

테무진이 20대 초반이 되자 허엘룬은 테무진을 혼인시킬 때가 됐음을 알고 버르테가 있는 보이르 호수의 보스카울 씨족에게 테무진을 보냈다. 버르테가 테무진보다 한 살 더 많았으므로 언제까지 혼인을 미룰 수는 없었던 것이다. 하지만 당시 몽골의 결혼 풍습에 의하면, 신랑은 결혼 예물을 준비해야 했다. 아마도 허엘룬은 옹기라트족 친정에 손을 넣어 어렵게 테무진의 결혼 예물을 마련했을 것이다.

테무진은 벨구테이를 데리고 보이르 호수로 갔다. 마침내 테무진 일행이 보이르 호수 근처에 있는 버르테의 게르에 당도하자 장인 데이 세첸이 몹시 기뻐하며 반갑게 맞았다.

"너의 타이치오드족 형제들이 너를 죽이려 한다는 걸 알고 몹시 걱정하고 절망했단다. 어려운 일을 잘 극복해냈구나. 장하다. 이렇게 너를 다시 만나게 되다니!"

왜 아니겠는가. 멀리 동몽골에서 테무진의 소식을 듣고 있던 데이 세첸으로선 들려오는 소식들마다 가슴이 철렁 내려앉는 것이었으니 여간 속이 타지 않았을 것이다. 게다가 딸 버르테의 혼기가 꽉 차가고 있었으니 그 심정이 오죽했을까. 테무진을 기다리는 버르테의 심정도 마찬가지였을 것이다.

데이 세첸은 크게 잔치를 열어 테무진을 버르테와 혼인시킨 다음 버르테를 테무진의 게르로 데려가게 했다. 그리고 헤를렌 강의 하류까지 버르테를 전송한 뒤 돌아갔다.

하지만 버르테의 어머니 초탄은 테무진의 게르가 있는 푸른 호수까지 따라왔다. 초탄이 멀리 푸른 호수까지 따라온 것은 매우 이례적인 일이었다. 빈털터리 테무진에게 딸 버르테를 보내면서 마음이 놓이지 않았던 것이다.

어쨌든 테무진은 이곳 푸른 호숫가에서 버르테와 신접살림을 차렸고, 테무진에게는 옹기라트의 보스카울 씨족이란 든든한 배경이 생겼다. 장모가 돌아가자, 테무진은 보오르초를 푸른 호수로 불렀다. 가정도 이루었으니 이제는 세상을 위해 무언가 해야 한다고 생각했을 것이다. 그에게는 든든한 동생들도 있었다. 카사르는 활을 잘 쏘았고, 벨구테이는 도끼로 나무를 조각할 만큼 솜씨가 좋았다. 그들은 이미 뛰어난 전사로 성장해 있었다.

하지만 동생들만으로는 부족했다. 그때 보오르초를 떠올렸다. 그는 아주 특별한 친구였다. 그는 도둑맞은 말 여덟 필을 되찾도록 도와주었을 뿐 아니라 테무진에게 친구가 무엇인지, 동지가 무엇인지 깨닫게 해준 귀중한 벗이기 때문이다. 친족들마저 자기를 해치고 죽이려 하는 험악한 세상에서 진정한 우정을 나눌 친구가 생겼다는 것만으로도 테무진은 온 세상을 차지한 듯 가슴이 뿌듯해지고 든든함을 느꼈을 것이다.

그래서 그를 푸른 호수로 불러 세상을 위해 같이 일해보자고 한 것이다. 보오르초는 그런 테무진의 제의를 기꺼이 받아들여 푸른 호수로 달려왔다. 보오르초가 도착하자 테무진은 푸른 호수에서 지금의 바가노르 시 북쪽에 있는 물안개 피는 언덕 '보르기 에르기'로 게르를 옮겼다. 이때가 1185년이니 테무진이 스물네 살 되던 해다.

그런데 테무진은 아버지 예수게이의 본거지인 멍건모리트를 두고 왜 하필이면 다른 키야트족의 거주지 근처에 있는 보르기 에르기로 이주한 것일까?

지형상으로도 보르기 에르기는 키야트 사람들의 눈에 띄기 쉬운 곳이었다. 이제까지 사람들 눈에 띄지 않는 곳을 전전하며 숨어 살았던 점을 고려할 때, 보르기 에르기로 나온 것은 커다란 변화가 아닐 수 없다. 아마 그로서는 언제까지 사람들의 눈을 피해 살 수는 없다고 생각했을 것이다. 이제야말로 세상 밖으로 나가 아버지 예수게이의 백성들을 되찾을 때라고 생각했을 것이다.

그래서 키야트계 사람들에게 자신의 존재를 드러내기 적당한 보르기 에르기를 택했던 것으로 보인다. 이를 뒷받침하듯 테무진은 보르기 에르기로 이주한 뒤 주위 사람들에게 "옛날 나의 아버지 예수게이칸과 케레이트부의 옹칸은 안다를 맺었다. 따라서 옹칸은 나에게 아버지이기도 하다"고 말한 것으로 전해 온다.

옹칸이 누구인가? 아버지 예수게이가 위기에 빠진 그를 구해주었고, 두 사람은 안다 맹약까지 맺은 사이였다. 옹칸은 당시 예수게이에게 말하기를, "네 자손의 자손에 이르기까지 반드시 너의 은혜를 갚겠다. 하늘과 땅의 가호 아래 맹세한다"고 했었다.

테무진은 그러한 사실을 일찍부터 알고 있었고, 보르기 에르기로 이주하면서 이제야말로 옹칸을 찾아가 아버지의 백성들을 되찾을 수 있게 도와달라고 요청할 때라 생각했던 것이다.

당시 옹칸은 막강한 세력을 갖고 있었다. 그의 힘은 카라툰을 중심으로 몽골 중부는 물론 멀리 동몽골 변방까지 미쳤으며, 당시 몽골 고원에서는 누구도 넘볼 수 없는 강자였다.

하지만 옹칸을 찾아간다고 다 해결되는 것은 아니었다. 몰락한 친구의 아들을 옹칸이 무턱대고 반겨줄 리 없었기 때문이다. 테무진은 고심 끝에 버르테가 시집올 때 예단으로 들고 온 검은담비 외투를 들고 찾아가기로 했다.

검은담비는 타이가 산림 지대에 사는 동물로 겨울털이 보드랍기로 유명하다. 하지만 워낙 귀해서 검은담비를 잡으면 횡재했다고 말할 정도였다. 검은담비 외투 한 벌을 만들려면 검은담비 수십 마리가 필요할 테니 매우 값진 예물인 셈이다. 버르테의 처가가 부유한 보스카올 씨족이어서 가능했던 예물이다. 마침내 테무진은 지금의 울란바토르 남쪽 톨 강 습지에 있는 카라툰으로 옹칸을 찾아갔다. 그리고 옹칸에게 말했다.

"옛날에 아버지 예수게이와 옹칸은 안다를 맺었습니다. 그러니 옹칸은 저의 아버지와 같습니다. 제가 혼인을 했습니다. 그래서 아버지께 예단을 바치려고 찾아왔습니다."

그러고는 검은담비 외투를 바쳤다. 그러자 옹칸이 매우 기뻐하며 말했다.

"검은담비 외투를 받은 보답으로 흩어진 너의 백성을 찾아주겠다. 불결한 것은 신장에 있고, 성스러운 믿음은 심장에 있을 것이다."

사실 옹칸으로서는 예수게이와 안다를 맺으며 한 말이 있으니 테무진이 빈손으로 찾아갔다 해도 박대하지는 않았을 것이다. 그렇긴 해도 막무가내로 찾아가 옛날에 옹칸이 한 말을 상기시키며 아버지 예수게이의 백성들을 되찾게 해달라고 했다면, 옹칸은 슬며시 미소 짓고 말았을 것이다.

그런데 테무진은 자신의 백성을 찾을 수 있도록 도와달라는 말

대신 검은담비 예단을 바치며 옹칸을 아버지처럼 떠받들겠다고 한 것이다. 옹칸으로서는 자기 체면을 살려주는 테무진이 더없이 기특하고 대견했을 것이다. 검은담비 외투도 외투지만, 옹칸은 무엇보다 테무진의 그 말에 감동했던 것으로 보인다. 테무진이 예사로운 젊은이가 아니며, 장차 크게 쓸모가 있을 거라고 생각했음에 틀림없다. 그래서 기꺼이 '흩어진 너의 백성들을 찾아주겠다'고 약속했던 것이다.

옹칸이 "불결한 것은 신장에 있고, 성스러운 믿음은 심장에 있을 것이다"라고 한 것은 일종의 축원이다. 신장은 뒤에 있고, 심장은 앞에 있다. 또 신장은 우리 몸속의 오물을 걸러내는 곳이고, 심장은 우리 몸에 피를 공급하는 곳이다. 따라서 그 말은 '내가 너의 신뢰를 저버리는 일은 결코 없을 것이다'라는 의미로 해석할 수 있다.

테무진과 옹칸의 역사적인 만남에서 테무진은 검은담비 외투와 말 몇 마디로 천하의 옹칸을 움직였고, 옹칸은 테무진이란 유능한 젊은이를 얻었다. 테무진이 옹칸을 찾아간 일은 빠른 속도로 몽골 사람들에게 퍼졌을 것이다. 그리고 테무진에게 옹칸이란 뒷배경이 있다는 사실을 깨달았을 것이다.

물안개 피는 언덕 보르기 에르기에서

우리가 보르기 에르기를 찾은 것은 앞서 보르칸 칼돈 산에 갔을 때다. 바가노르에서 보르기 에르기 가는 길은 두 갈래가 있다. 하나는 헤를렌 강을 따라 올라가는 길이고, 다른 하나는 곧장 초원을 가로질러 가다 오른쪽으로 꺾어져 헤를렌 강 쪽으로 나가는 길이다.

우리는 초원을 가로지르는 지름길을 택했다. 초원을 지나 헤를렌 강이 보이자 나는 운전기사 K에게 세워달라고 했다. 오보가 있는 언덕에 차가 멈춰 섰을 때, 나는 사진도 찍을 겸 천천히 걸어서 내려가겠다고 했다. 내가 차에서 내리자 차는 언덕 아래로 휙 내려갔다. 보르기 에르기로 내려가는 길에는 군데군데 창포가 피어 있었다. 그런데 중간에 철조망 울타리가 길을 가로막았다. 보르기 에르기 일대의 땅을 사들여 민박을 하는 사람이 쳐놓은 것이다.

보르기 에르기 언덕의 오보.

철조망 밑으로 해서 아래로 내려가니 보르기 에르기 언덕 아래에 안내 표지가 서 있었다. 물안개가 자주 끼는 곳이라 이름도 '물안개 피는 언덕'이라 붙은 곳이다. N이 차에서 내려 다가왔다.

절벽 아래 헤를렌 강물은 청금석처럼 푸른빛으로 흐르고 있었다. 절벽을 만들며 언덕 쪽으로 휘어드는 헤를렌 강 때문일까, 아름다운 곳이지만 차가운 느낌이 들었다.

"예전에 이곳 농장에서 잔 적이 있습니다. 아침에 일어나니 일대에 안개가 짙게 깔려 있었는데, 장관이었습니다. 마치 칭기즈칸과 버르테가 안개 속에서 튀어나올 것만 같았지요. 그때 비로소 왜 이곳을 보르기 에르기, 물안개 피는 언덕이라고 했는지 알았습니다."

N의 말대로 이곳에 안개가 짙게 깔린다면 어떤 모습일까 잠시 상상해보았다. 그리고 테무진이 게르를 친 곳이 어디일까 둘러보았다. 절벽 아래쪽은 아닐 것 같고, 헤를렌 강 건너편 들판 어디쯤이 아닐까 싶었다.

테무진이 옹칸에게 검은담비 예물을 바치고 돌아온 어느 날 그에게 반가운 사람이 찾아왔다. 보르칸 칼돈 산에 사는 오리앙카이족의 자르치오다이 에부겐이란 사람이었다. 젤메라는 젊은이를 데리고 와서 테무진에게 이렇게 말했다.

오논 강 비장의 언덕에서 테무진 당신이 태어났을 때, 나는 담비 털로 만든 포대기를 예물로 주었습니다. 나의 아들 젤메도 주었습니다. 하지만 그때는 젤메가 너무 어리다 해서 도로 데리고 갔습니다. 이제 젤메가 장성했습니다. 그를 드리니 말안장 얹는 일을 시키시거나 문 여닫는 일을 시키십시오.

절벽 위에서 내려다본 보르기 에르기 일대의 모습(위).절벽 앞 헤를렌 강변에 보르기 에르기 표지판이 서 있다(아래).

그러고는 젤메를 테무진에게 주고 갔다. 젤메가 누군가. 보오르초와 함께 평생 테무진의 최측근으로 지내며 그를 지킨 인물이다. 그는 훗날 1200년 타이치오드족과 전투를 벌일 때 목에 화살을 맞은 테무진을 극진히 간호해 살려냈다.

어려울 때, 그 어느 때보다 벗과 동지가 필요할 때 멀리서 친구가 찾아온 셈이니 테무진으로서는 여간 반가운 일이 아니었다. 테무진이 돌아왔다는 소식은 그처럼 빠르게 퍼져나갔다.

하지만 하늘은 영웅을 쉽게 만들지 않는 법. 반드시 시험과 시련을 주게 마련이다. 테무진이 스물다섯 살 되던 1186년 봄 어느 날 새벽, 정체를 알 수 없는 병사 300명이 보르기 에르기에 들이닥쳤다. 이른 새벽 어슴푸레한 빛이 걷히고 날이 환하게 밝아올 무렵, 허엘룬의 게르에서 일하던 코아그친 할머니가 다급하게 허엘룬을 깨웠다.

"테무진 어머니! 큰일 났어요. 어서 빨리 일어나요. 땅이 진동하고 있어요. 말발굽 소리가 들려오고 있어요. 타이치오드족 사람들이 오고 있는 건 아닌지 모르겠어요. 어서 빨리 일어나세요."

사태가 급박함을 깨달은 허엘룬은 얼른 아이들을 깨웠다. 테무진과 동생들은 말들이 있는 곳으로 달려갔다. 당시 그들에게 있는 말은 모두 아홉 필이었다. 허엘룬과 남자 일곱(테무진, 카사르, 카치온, 테무게 옷치킨 4형제와 벨구테이 그리고 보오르초와 젤메)이 말 등에 올라탔다. 남자들을 먼저 타게 한 것은 잡히면 목숨이 위태롭기 때문이다. 이제 말은 한 필밖에 안 남았다. 하지만 그 말은 비상시를 위해 남겨두어야 한다. 그것이 몽골인들이 위기에 대처하는 오랜 방식이기 때문이다.

문제는 남은 여자 네 사람이었다. 버르테와 딸 테물룬, 벨구테이의 어머니, 코아그친 할머니. 그들은 탈 말이 없었다. 허엘룬은 그 네 사람 가운데 딸 테물룬을 자기 앞에 앉혔다. 여기서 우리는 그 긴박한 순간에도 가족의 우선순위가 정해져 있었음을 알 수 있다.

그 경황없는 순간에도 허엘룬은 생각했을 것이다. 며느리는 다시 얻으면 되지만, 자식은 잃으면 다시 얻을 수 없다고. 비정하다고 할 수밖에 없지만, 그렇게나마 생존을 위해 몸부림치던 것이 바로 당시 몽골 고원의 상황이었다.

허엘룬과 테무진 형제는 말을 달려 보르칸 칼돈 산 쪽으로 달려갔다. 코아그친 할머니는 어떻게든 버르테를 숨겨보려고 검은 모피로 덮개를 씌운 수레에 태운 뒤 허리에 반점이 있는 소를 수레에 매어 끌게 했다. 버르테를 태운 수레가 보르기 에르기에서 그다지 멀지 않은 냇가를 거슬러 올라가고 있을 때 병사들이 말 타고 달려와 에워쌌다.

"너는 누구냐?"

그들이 물었다.

"나는 테무진가家에 속한 사람이다."

코아그친 할머니가 대답했다.

"테무진의 게르는 어디 있느냐? 이곳에서 머냐?"

병사들이 물었다.

"게르는 여기서 멀지 않다. 나는 게르 북쪽에서 오는 중이라 테무진이 게르에 있는지는 모르겠다."

코아그친 할머니가 둘러댔다. 그러자 병사들은 코아그친 할머니가 말해준 곳으로 달려갔다. 그녀는 소를 채찍으로 때리며 걸음을 재촉했으나 수레의 바퀴 축이 부러지는 바람에 꼼짝달싹할 수 없게 되었다. 그래서 "걸어서 숲 속으로 도망가자"고 말하고 있을 때, 벨구테이의 어머니를 말 뒤에 태운 병사들이 달려왔다.

"이 수레엔 누가 타고 있느냐?"

그들이 물었다.

"양털을 실었다."

코아그친 할머니가 대답하자, 병사들의 대장이 말했다.

"동생들과 아들들이여, 내려서 조사해보라."

수레 안에 귀부인이 앉아 있는 것을 본 병사들은 그녀를 수레에서 끌어내 코아그친 할머니와 함께 말에 태웠다. 그러고는 말들이 풀을 밟고 지나간 흔적을 쫓아 산 쪽으로 달려갔다.

테무진의 뒤를 쫓아간 그들은 보르칸 칼돈 산을 둘러싸고 세 차례나 수색했지만 찾지 못했다. 그들은 세 씨족으로 이루어진 메르키트 병사들이었다. 그들이 말했다.

"일찍이 예수게이가 허엘룬을 칠레두에게서 약탈했다. 오늘 그 원수를 갚기 위해 그의 여인들을 붙잡았다. 이제 원수를 갚았으니 돌아가자."

그러고는 산을 내려와 돌아갔다. 테무진은 메르키트인들이 돌아간 것을 확인한 뒤 산에서 내려왔다. 메르키트인들의 기습을 받고 부랴부랴 보르칸 칼돈 산으로 피신했던 테무진 가족은 천만다행으로 모두 무사했다. 하지만 버르테와 벨구테이의 어머니, 코아그친 할머니는 끝내 메르키트인들에게 붙잡혀가고 말았다. 테무진으로서는 아픔이 뼈에 사무쳤을 것이다. 테무진은 가슴을 치며 말했다.

"코아그친 어머니가 그들의 말발굽 소리를 들었기에 나는 몸을 숨길 수 있었다. 보르칸 칼돈 산은 벌레 같은 나의 생명을 숨겨주었고 메뚜기 같은 나의 생명을 지켜주었다. 나는 보르칸 칼돈 산에 아침마다 제를 올릴 것이며, 날마다 기도를 드릴 것이다. 나의 자손의 자손에 이르기까지 보르칸 칼돈 산을 영원히 기억하게 할 것이다."

말을 마친 테무진은 태양을 향해 선 다음 허리띠를 풀어 목에 걸고, 모자를 벗어 손에 잡고, 손으로 가슴을 치며 태양을 향해 아홉 번 무릎을 꿇어 절을 했다. 허리띠를 푼다는 것은 자신을 낮춘다는 의미다. 그리고 태양을 향해 술을 뿌리면서 축원을 올렸다.

너의 흩어진 백성들을 되찾아주겠다!

들판에서 물안개 피는 언덕 위로 한 줄기 시원한 바람이 불어왔다. 저 바람은 그때의 그 긴박했던 순간의 일들을 알고 있을까? 헤를렌 강은 저녁이 가까워올수록 더욱더 찬란한 청금석처럼 빛났다. 마치 메르키트인들이 미처 가져가지 못하고 남겨둔 여인의 장식물이라도 되듯.

테무진으로서는 모처럼 야망을 가지고 세상으로 나왔건만 그를 기다린 건 버르테의 납치라는 수모와 절망이었다. 그가 의지할 곳이라곤 검은담비 외투를 바친 옹칸밖에 없었다. 가족들과 회의를 한 다음 테무진, 카사르, 벨구테이 세 사람은 옹칸이 있는 카라툰으로 찾아가 그동안의 일을 말했다. 그러자 옹칸이 단호하게 말했다.

"내가 작년에 네게 말하지 않더냐. 검은담비 외투의 답례로 사방으로 흩어진 너의 백성들을 되찾아주겠다고 말이다. 또 불결한 것은 신장에 있고, 성스러운 것은 심장에 있다고 하지 않더냐. 지금 그 말을 행동으로 보여줄 때가 왔다. 나는 검은담비 외투에 대한 답례로 메르키트족을 공격하여 그들을 섬멸하고 도륙한 뒤 너의 부인 버르테를 구해주겠다. 지금 자모카 아우가 코르코나크 조보르에 와 있다. 나는 이곳에서 2만의 군대를 출정시켜 우익으로 하고, 자모카 아우는 2만의 군대를 좌익으로 출정토록 하겠다. 우리가 어디서 만나 메르키트로 갈지는 자모카 아우가 정하게 할 것이다."

옹칸의 태도는 아주 단호했다. 마치 이런 순간을 기다렸다는 듯이. 그리고 그때가 되었다는 듯이.

한데 더 놀라운 것은 자모카가 코르코나크 조보르에 와 있다는 사실이다. 옹칸은 그에게 2만의 군대를 출동토록 하겠다고 했다. 도대체 그동안 자모카에게 무슨 일이 있었던 것일까?

테무진은 아버지 예수게이가 죽은 뒤 모든 것을 잃고 오지를 전전하며 숨어 살았다. 그런데 자모카는 수만의 군대를 거느리는 거물이 된 것이다. 그가 코르코나크 조보르에 와 있다는 것은 이미 타이치오드족이 자모카의 세력권에 들어가 있음을 의미했다.

더욱이 옹칸은 자식뻘인 그를 '아우'라 부르고 있었다. 옹칸조차 함부로 할 수 없을 만큼 자모카의 힘이 컸다는 뜻이다. 하지만 옹칸이 누군가. 그는 자기에게 위협이 될 세력의 성장을 결코 용납하지 않는 사람이다. 옹칸은 무섭게 세력을 확장해가는 자모카를 보며 오래전부터 견제할 방법을 모색하고 있던 것이 틀림없다.

또한 테무진이 자신을 찾아와 검은담비 외투를 바치며 아버지처럼 모시고 싶다 했을 때, 테무진이야말로 가장 적합한 인물이라고 생각했을 것이다. 그래서 테무진이 아내 버르테를 메르키트부에 빼앗기고 도움을 청하자, 옹칸은 지체 없이 "너의 흩어진 백성들을 되찾아주겠다고 하지 않더냐"며 지금이야말로 그것을 행동으로 옮길 때라고 말했던 것이다. 옹칸은 기회를 포착한 사냥꾼처럼 기민하게 움직였다. 은밀한 노림수를 감춘 채 자모카를 불러들였다.

메르키트 병사들이 버르테를 납치한 사건은 순식간에 테무진과 옹칸, 자모카를 하나로 엮고 있었다. 카라툰에서 보르기 에르기로 돌아온 테무진은 자모카가 있는 곳에 카사르, 벨구테이를 보내 이렇게 말했다.

"세 씨족의 메르키트족이 와서 나의 침대를 비게 만들었다. 우리는 한 형제가 아닌가. 그대는 어떻게 나의 복수를 해줄 것인가? 나의 마음은 갈가리 찢어져 있다. 그대는 어떻게 복수해줄 것인가?"

케레이트부의 옹칸이 테무진에게 한 말도 그대로 전하게 했다. 전갈을 받은 자모카는 말했다.

나의 안다 테무진의 아내 버르테가 약탈되었다는 소식을 듣고 내 마음이 아팠다. 그대의 가슴이 찢어졌다는 것을 알고 내 간이 아팠다.
복수를 위해 메르키트족을 섬멸하고 버르테를 구해오자.
지금이라도 당장 메르키트로 가는 강을 건너자.
뗏목을 만들어 타고 건너 곧장 진격하자.
그들의 마을로 들어가 단단한 기둥을 쳐서 무너뜨리자.
그들의 여자와 아이들을 남김없이 빼앗아오자.

그들의 신성한 기둥을 꺾어버리자.
모든 백성이 없어질 때까지 약탈하자.

자모카는 사신으로 간 카사르와 벨구테이에게 테무진 안다와 옹칸 형에게 전하라면서 다시 이렇게 말했다.

나는 아주 먼 곳에서도 바라보이는 전쟁 깃발에 제를 올렸다.
나는 검은 황소 가죽으로 만든, 둥둥 소리가 나는 큰북을 쳤다.
나는 검고 빠른 말 등에 올라탔다.
나는 쇠그물 갑옷을 입었다.
나는 칼의 손잡이를 잡고 강철로 만든 창을 잡았다.
그리고 화살을 시위에 걸었다.
메르키트족이 있는 곳으로 싸우러 떠나자.
그리고 그들과 결전을 벌이자!

그는 비슷한 말을 수사를 바꾸어가며 군사들 앞에서 여러 번 외쳤다고 한다. 자모카의 뛰어난 말솜씨와 선동가적 기질을 엿볼 수 있는 대목이다. 그런 다음 다음과 같이 말했다.

"옹칸 형은 보르칸 칼돈 산의 남쪽 길을 택해 테무진 안다가 있는 곳을 경유하여 올 것이며, 오논 강 상류에 있는 보토칸 보오르지에서 만나자. 이곳에서 오논 강을 거슬러 올라가면 안다의 백성 키야트족이 그곳에 있다. 나는 안다의 백성으로부터 1만, 그리고 이곳에서 1만의 군사를 뽑아 모두 2만의 군사로 오논 강을 거슬러 올라가겠다. 보토칸 보오르지에서 만나자."

자모카의 기개가 자못 하늘을 찌를 태세다.

『집사』에 의하면, 자모카는 어린 시절 메르키트부의 토크토아 베키의 습격을 받아 전 재산을 빼앗긴 적이 있었다. 그는 30명의 동지들과 함께 방랑 생활을 하다 좀처럼 나아질 기미를 보이지 않자 토크토아 베키를 찾아가 그 밑에서 지냈다. 그는 아첨하는 말을 꾸며내 토크토아 베키의 측근들로부터 신임을 얻은 후 어느 날 30명의 동지들과 함께 토크토아 베키의 게르로 들어가 그를 위협해 자신의 부족민들과 재산을 찾아 돌아왔던 것이다.

그런 일이 있었기에 자모카 역시 메르키트부의 원정을 마다할 이유가 없었다. 자모카의 계획을 전해 들은 옹칸은 2만의 군사를 이끌고 보르기 에르기를 통해 보르칸 칼돈 산으로 향했다. 보르기 에르기에 있던 테무진은 옹칸의 군대가 온다는 소식을 듣자, "이곳은 대군이 통과할 곳이다" 하며 먼저 보르칸 칼돈 산으로 가서 기다렸다. 테무진이 옹칸과 만나 이흐 가자린 다와 고개를 넘어 약속 장소인 보토칸 보오르지에 이르니 자모카는 벌써 3일 전에 군대를 이끌고 와 있었다. 자모카는 두 사람이 3일이나 약속 장소에 늦게 나타났다며 기세등등하게 말했다.

"눈바람이 불어도 약속 장소에 반드시 올 것이며, 폭우가 내려도 회합에 늦어서는 안 된다. 우리 몽골인들은 한번 응낙하면 그것을 서약처럼 지키는 사람들이다. 응낙해놓고 늦게 온 자들은 전열에서 추방하겠다."

자모카의 노기가 예사롭지 않자, 옹칸이 늦어서 미안하다고 말한 뒤에야 겨우 사태가 진정되었다. 옹칸은 속으로 무척 당황했을 것이다. 더욱더 자모카를 그대로 둘 수 없다고 생각했을 것이다.

한바탕 기세 싸움을 마친 그들은 대열을 정비하고 메르키트부를 향해 진군했다. 몽골군이 쳐들어왔다는 소식을 들은 다른 두 메르키트 씨족장들은 허겁지겁 바이칼의 동남쪽에 있는 바르코진으로 도망갔다.

테무진은 도망치는 메르키트 사람들 속에서 "버르테! 버르테!" 하고 외치며 돌아다녔다. 그때 난리를 피해 도망치던 사람들 속에 있던 버르테가 테무진이 부르는 소리를 듣고 우마차에서 뛰어내려 달려왔다. 버르테와 코아그친 할머니는 테무진의 고삐와 줄을 알아보고 얼른 움켜쥐었다. 테무진은 버르테를 보자 와락 끌어안았다.

그런데 버르테를 품에 안은 테무진은 그녀의 배가 부르다는 것을 깨달았다. 그사이 임신했던 것이다. 테무진은 아무 말도 하지 않았다.

한편 벨구테이는 메르키트 씨족장 중 하나인 카아디아 다르말라를 잡았는데, 그로부터 자신의 어머니가 그 씨족장의 게르에 있다는 이야기를 들었다. 그는 어머니가 있다는 게르를 향해 달려갔다. 문을 박차고 안으로 들어가자 낡은 양가죽을 걸치고 있던 벨구테이의 어머니가 왼쪽 어깨의 펠트를 걷어치우고 이렇게 말했다고 한다.

"내 아이들이 왕자가 되어 나타났구나. 하지만 나는 이곳에서 나쁜 사람들과 결혼했다. 내가 무슨 면목으로 아들을 보겠는가."

그러고는 숲 속으로 들어가 숨어버렸다. 벨구테이가 사람을 시켜 몇 차례나 찾아보았지만 끝내 찾지 못했다고 한다.

테무진은 마음이 진정되자 급히 옹칸과 자모카에게 사람을 보내 말했다.

"내가 원하는 사람을 찾았으니 더 이상 마을을 수색할 필요가 없다. 이제 그만 이곳에서 숙영하자."

버르테를 찾는 목적을 달성했으니 더 이상 메르키트부 백성을 약탈하는 일은 그만두는 게 좋겠다는 뜻이었다. 그러나 옹칸과 자모카의 목적은 메르키트부의 재물을 약탈하는 것이었다. 메르키트부는 유목과 농사를 겸하기 때문에 몽골족이나 케레이트부보다 경제적으로 넉넉했다. 따라서 옹칸과 자모카의 병사들은 이 기회에 메르키트로부터 최대한 전리품을 획득하려 했던 것이다.

하지만 테무진이 간곡히 말하자 두 사람은 약탈을 중지시키고 그곳에서 숙영했다. 전리품 분배가 끝났을 때 테무진은 옹칸과 자모카에게 동지가 되어준 데 감사를 표하고 이제 회군하는 게 좋겠다고 했다. 그들은 셀렝게 강과 오르혼 강이 만나는 탈콘 아랄에서 집결한 뒤 회군을 시작했다. 울란바토르에서 기차 타고 러시아로 가려면 국경을 넘어야 하는데, 대략 그 부근으로 추정된다.

옹칸은 회군하기 전, 테무진과 자모카 두 사람을 불렀다. 어렸을 때 안다 맹약을 맺었던 두 사람이 오랜만에 다시 만났으니 함께 가서 우정을 더욱 돈독히 하는 게 좋겠다고 격려했다. 그러잖아도 서로의 우정을 확인하고 싶었던 두 사람은 그의 말대로 타이치오드족의 성소인 코르코나크 조보르로 향했다. 옹칸은 두 사람을 함께 보낸 뒤 사냥을 즐기면서 카라툰으로 돌아갔다.

테무진과 자모카,
코르코나크 조보르에서 함께 유목하다

　코르코나크 조보르에 도착한 두 사람은 더 가깝게 지내기로 다짐했다. 두 사람은 메르키트 족장들로부터 빼앗은 황금 허리띠를 서로의 허리에 채워주고, 또 그들로부터 빼앗은 명마의 등에 서로를 태운 뒤 코르코나크 조보르의 아라샹 하드, 즉 '눈물의 샘' 밑에 있는 신목 아래에서 세 번째 안다를 맺었다. 그리고 서로의 우애를 다지기 위해 사람들을 불러 연회를 열고 함께 지내며 즐거운 시간을 보냈다. 밤에는 연인처럼 둘이서 한 이불을 덮고 잤다.

　하지만 시간이 지나면서 두 사람 사이에는 미묘한 틈이 생기기 시작했다. 자모카는 내심 테무진이 자신의 부하가 되어주기를 바랐을 것이다. 자신은 이미 옹칸도 함부로 하지 못하는 큰 세력을 이루었지만, 테무진은 자기 세력조차 없는 빈털터리였으니 자모카가 그리 생각하는 것도 무리가 아니었다. 아마도 진심으로 친구를 위해 그렇게 생각했을 것이다.

　하지만 테무진의 속내는 달랐다. 그는 옹칸이 '너의 흩어진 백성들을 되찾아주겠다'고 했던 말을 잊지 않았다. 아니, 잊을 수가 없었다. 회군할 때 옹칸이 두 사람을 불러놓고 '어렸을 때부터 안다였다고 하니 함께 가서 잘 지내보라'고 권유한 속뜻도 모를 리 없었다. 옹칸이 테무진과 자모카가 공동 유목을 하도록 분위기를 만들어준 이유는 분명했다. 자모카에게 가 있는 너의 키야트족을 되찾아오라는 것이다.

테무진과 자모카가 함께 유목을 하며 지냈던 코르코나크 조보르.

하지만 그것은 드러내놓고 할 수 있는 일이 아니었다. 또 인위적으로 될 수 있는 것도 아니었다. 자칫 자모카와의 관계를 그르칠 수 있기 때문이다. 테무진은 그저 틈날 때마다 혼탁하고 험한 세상을 살아가는 백성들을 위로하며 이 어려운 시대에 어떻게 사는 것이 올바른 건지, 또 어떻게 해야 몽골 고원에 평화와 번영을 가져올 수 있는지를 말했던 것으로 보인다. 그리고 자신의 꿈과 포부를 이야기했을 것이다. 테무진의 진정 어린 말에 사람들의 마음이 조금씩 움직이기 시작했다.

자모카가 분위기가 심상치 않음을 파악한 것은 1년 반쯤 지난 뒤

다. 키야트계 사람들이 자기 말보다 테무진의 말에 더 귀 기울이는 것을 보며 뭔가 개운치 않은 뒷맛을 느꼈을 것이다. 자기는 진심으로 어려움에 처한 친구를 도와주었는데, 자기 사람들을 빼가다니. 겉으론 모르는 척, 웃는 척했겠지만 속에서는 열불이 났을 것이다.

결국 어느 날 자모카는 테무진에게 유목지를 옮기자고 말했다. 여름 첫 달 16일, 테무진과 자모카는 새로 결정한 유목지로 이동하기 시작했다. 두 사람이 우마차 뒤에서 나란히 말을 타고 가고 있을 때, 자모카가 말했다.

"테무진 안다여, 산 근처에서 야영하자. 그러면 말치기들이 우리가 있는 움막으로 올 것이다. 아니, 계곡 근처에서 야영하자. 그러면 우리의 양치기나 어린 양치기들에게 먹을 게 생길 것이다."

테무진은 자모카가 무슨 말을 하는지 알아들을 수가 없었다. 그래서 뒤따라오는 무리를 기다렸다가 허엘룬과 버르테가 오자 자모카가 이상한 말을 하더라며 무슨 말인지 알겠느냐고 물었다. 허엘룬은 아무 말이 없었다. 그때 뒤에 서 있던 버르테가 말했다.

"사람들이 말하기를, 자모카가 요즈음 짜증을 잘 낸답니다. 하긴 우리에게 짜증이 날 만도 하지요. 방금 자모카가 한 말은, 뭔가 노림수가 있는 것 같아요. 아무래도 그가 야영하자는 곳에서 야영하면 안 될 듯싶어요. 이대로 다른 곳으로 가요. 밤 동안 그들로부터 멀리 떨어져요."

테무진은 버르테의 말을 듣고 나더니 "그 말이 옳다"며 밤새 쉬지 않고 다른 곳으로 이동했다.

테무진 일행은 어둠 속에서 다른 곳으로 이동하던 중 타이치오드족의 유목지를 지나갔다. 그러자 놀란 타이치오드족이 서둘러 자모카 쪽으로 달려갔다. 뭔가 사달이 났음을 알아챈 것이다.

아마도 '드디어 올 것이 왔구나!' 했을 것이다. 그동안 타이치오드족은 자모카가 키야트족의 테무진을 환대하는 것에 내심 불만이 컸다. 자신들이 죽이려 했던 인물이었으니 더욱더 그랬을 것이다. 그런데 더 놀라운 것은 테무진 일행이 누구에게도 떠난다는 말을 하지 않고 서둘러 몸만 빠져나왔음에도 불구하고, 날이 환해지자 그의 주변에 사람들이 몰려들기 시작한 것이다. 사태는 분명했다. 사람들은 이미 다 알고 있었던 것이다. 결국 두 사람이 갈라서리라는 것을. 그때가 머지않았다는 것을.

결국 테무진만 그 사실을 모르고 있었던 셈이다. 테무진이 그만큼 우직한 성격이라는 것을 말해주는 대목이다. 또한 테무진이 결코 자모카를 배신할 생각이 없었다는 것을 의미한다. 만일 테무진이 의도적으로 키야트계 사람들을 빼돌릴 생각을 했다면, 그는 언제 자모카의 곁을 떠나는 것이 좋을지 타이밍을 재고 있었을 것이다. 하지만 그는 그러지 않았다.

그때 테무진을 따라온 사람 중에 자다란 씨족의 코르치라는 샤만이 그에게 말했다.

"성조聖祖인 보돈차르가 잡아온 여인에게서 태어난 우리는 자모카와 한배나 다름없다. 때문에 우리는 그와 헤어질 수 없는 사람들이다. 하지만 내게 계시가 내려왔다."

그러면서 자신이 테무진에게 온 이유를 말했다.

"한 마리의 담황색 암소가 와서 자모카 주위를 맴돌며 그의 게르와 마차를 몇 번이나 뿔로 들이받았다. 그러고는 다시 자모카를 들이받았다. 그 암소는 한쪽 뿔이 꺾여 아예 못 쓰게 되자 발로 흙을 파헤치며 자기 뿔을 돌려달라고 자모카를 향해 울부짖었다. 그때 또 한 마리의 뿔이 없는 담황색 황소가 게르의 기둥을 등에 싣고 끌고 왔다. 그 황소는 테무진 그대가 가고 있는 큰길을 뒤따라가며 포효했다. 그리고 하늘과 땅이 서로 의논하여 테무진 그대를 국가의 주인으로 삼기로 했다고 말했다. 나는 이 두 눈으로 똑똑히 보았다. 하늘이 내게 보여주신 신탁을!"

자모카로부터 멀리 떨어지느라 경황이 없던 테무진으로서는 그의 말이 천군만마를 얻은 것보다 더 든든했을 것이다.

코르치는 꿈 이야기를 하고 나서 테무진에게 말했다.

"이 예언에 따라 테무진 그대가 장차 국가의 주인이 된다면 이 계시의 대가로 그대는 내게 무엇을 주겠는가?"

그러자 테무진이 말했다.

"만일 그 꿈의 계시처럼 내가 국가의 주인이 된다면 나는 그대를 만호장萬戶長에 제수하겠다."

그러자 코르치가 다시 말했다.

"그때 내가 만호장이 된들 무슨 기쁨이 있겠는가. 나라 안의 어여쁜 처자 30명을 뽑아 나의 부인으로 둘 수 있게 허락해달라."

테무진은 그의 청을 수락했다. 한번 한 약속은 반드시 지키는 테무진은 훗날 몽골 고원을 통일한 뒤 그에게 만호장과 30명의 부인을 허락함으로써 그 약속을 지켰다.

사람들이 모이자 테무진은 그들을 이끌고 오논 강 상류의 키모르카 냇가로 이동했다. 그때 테무진에게 온 사람들은 가난과 빈곤을 견디다 못해 자신의 씨족이나 부족으로부터 이탈한 하층 유목민이었다. 이들은 현실과 신분적 질서에 비판적이었고, 어디에도 속하지 않은 자유로운 영혼들이었다. 당시 테무진을 따라온 사람들은 3,000명 정도였다고 한다. 결코 많은 수라곤 할 수 없지만, 그렇다고 적은 수도 아니었다.

키모르카 냇가는 아버지 예수게이가 죽은 뒤, 테무진 가족이 어려운 시절을 보냈던 곳이다. 아마도 테무진은 그곳으로 향하며 생각했을 것이다. '저들이 나를 따라온 것은 내게 무슨 힘이나 세력이 있어서가 아니다. 나를 통해 자신의 꿈과 이상을 이루기 위해 온 것이다. 그렇다면 무엇보다 있는 그대로의 내 모습을 보여주는 것이 도리일 것이다.'

실제로 하층 유목민들이 테무진을 택한 것은 그런 테무진의 진솔하고 진정성 있는 태도 때문이었다. 그들은 생각했다. '테무진은 자모카와는 뭔가 다르다, 테무진이라면 믿을 수 있다'고.

테무진의 무리가 키모르카 냇가에 머물고 있는 동안 또 다른 사람들이 찾아왔다. 키야트족의 핵심 씨족인 주르킨 씨족장 세체 베키, 예수게이의 형 네쿤 타이시의 아들 코차르 베키, 코톨라칸의 아들 알탄 옷치긴 등이다. 그들은 키야트족의 귀족 중의 귀족이었다. 특히 주르킨 씨족장 세체 베키가 왔다는 것은 특별한 의미가 있었다.

일찍이 카볼칸은 자기 휘하의 백성들 가운데 기개와 담력을 갖춘 용사들을 뽑아 장남 어킨 바르카크에게 주었고, 그들을 '주르킨' 씨족이라 불렀다. 주르킨 씨족의 무력은 키야트계 내에서 가장 강력했다. 그런 세체 베키가 테무진에게 온 것이다.

주르킨 씨족과 키야트족 내의 핵심 귀족들까지 합세하면서 테무진의 세력은 갑자기 불어났다. 그런데 키야트족의 귀족들이 테무진을 택한 이유는 무엇일까?

　우선은 그동안 대안이 없어 자모카 밑에 들어가 있었지만, 테무진이란 걸출한 인물이 등장하자 생각이 달라진 것이다. 키야트계를 대표할 만한 얼굴마담이 등장했으니, 굳이 자모카의 수족이 될 필요가 없어진 것이다. 또 타이치오드족이 자모카와 밀착해 있는 데 대한 반발도 한몫했을 것이다.

　테무진은 그곳에서 한 달가량 머문 뒤, 그들을 데리고 이흐 가자린 다와를 넘어 헤를렌 강을 타고 내려와 푸른 호수로 들어갔다. 푸른 호수 역시 그가 타르박이나 들쥐들을 잡아먹으며 어려운 시절을 보낸 곳이다.

　테무진은 역사를 중시하는 인물이다. 자신이 어떤 곳에서 어떻게 살았는지를 보여줌으로써 진정으로 그들과 만나기를 원했던 것이다. 테무진의 진솔하고 겸손한 태도는 이내 몽골 사람들의 입에 오르내렸다. 타이치오드족의 예속민들은 테무진이 하층 유목민들에게 자신의 가죽옷과 말을 주었다는 소식을 듣고 "테무진은 자기 옷을 다른 사람들에게 입히고, 자신의 말에 다른 사람들을 태웠다. 테무진이야말로 백성과 나라를 안정시킬 사람"이라고 자기들끼리 수군대며 말했다. 테무진은 하늘이 선택한 사람이라는 말도 퍼져나갔다.

테무진이 자모카와 헤어지고, 자신을 따르는 사람들과 함께 머물렀던 푸른 호수. 검은 심장 산 기슭에서 바라본 모습이다.

테무진, 키야트족의 칸이 되다

키야트의 씨족들이 다시 모이자, 사람들은 누군가 키야트족을 대표하는 칸이 되어야 한다고 생각했다. 코톨라칸 이후 오랫동안 칸을 내지 못하고 있던 터라 그에 대한 열망이 컸을 것이다. 칸이 있으면 키야트족의 단합은 더욱 공고해질 게 분명했다.

하지만 누구도 선뜻 나서지 못했다. 그것은 테무진도 마찬가지였다. 비록 자기를 보고 따라온 사람들이긴 했지만, 키야트계의 연륜 많은 귀족들이 버티고 있었기 때문이다. 더욱이 테무진은 키야트 귀족들 내에서 서열이 낮았다. 따라서 그들을 제쳐둔 채 칸이 되겠다고 나섰다가는 도리어 역풍을 맞을 수도 있었다.

그들이 푸른 호수로 옮겨온 지 어느 정도 지났을 때였다. 대략 1187년, 그러니까 테무진이 스물여섯 살 되던 해다. 어느 날 테무진이 나서서 알탄 옷치긴, 코차르 베키, 주르킨 씨족의 세체 베키 등 귀족들에게 차례로 칸이 될 것을 권했다. 그들은 모두 테무진보다 연장자들이고 많은 예속민들을 거느리고 있었다. 연륜으로 보나 세력으로 보나 충분히 칸이 될 수 있는 사람들이었다. 하지만 아무도 자기가 칸이 되겠다고 나서지 못했다. 모두 테무진을 보고 따라온 사람들이었기 때문이다.

귀족들은 누군가 칸이 되어야 한다면, 테무진밖에 없다는 것을 잘 알고 있었다. 테무진이 귀족들에게 권했듯이 그들도 테무진에게 칸이 되기를 권했다. 하지만 테무진은 좀처럼 그들의 요구에 응하지 않았다. 그럴 때마다 연륜 많은 귀족들 중 누군가 칸이 되는 게

순리에 맞다며 거듭 사양했다.

　테무진을 따라온 하층 유목민들 역시 칸이 될 사람은 테무진밖에 없다는 것을 잘 알고 있었다. 그러나 만일 그가 나이 많은 귀족들을 제쳐두고 선뜻 칸이 되겠다고 나섰다면, 하층 유목민들은 테무진에게 실망했을 것이다. 테무진 역시 야망을 가진 한 사람에 불과하다고 생각했을 것이다.

　테무진은 귀족들과 하층 유목민들의 생각을 잘 알고 있었다. 모두 자신이 칸이 되어야 한다고 말했지만, 칸이 되겠다고 나설 수가 없었다. 나이 많은 귀족들의 마음을 섭섭하게 하지 않으면서 자신이 칸이 되려면 어떤 계기가 있어야 했다. 하지만 테무진이 할 수 있는 거라곤 그들의 요구를 겸손하게 사양하면서 인내심을 갖고 기다리는 일뿐이었다.

　그렇게 키야트계의 칸을 뽑는 일을 둘러싸고 의견이 좁혀지지 않자, 키야트계의 독자적인 세력화를 꿈꾸었던 귀족들은 초조해졌다. 게다가 알탄 옷치긴과 코차르 베키 두 사람은 자모카로부터 자신과 테무진을 갈라지게 만든 당사자들이라는 비난을 받고 있었다. 그들은 자모카의 보복이 두려웠을 것이다. 하지만 그들의 힘만으로는 자모카의 공격을 막아낼 수 없었다. 강력한 키야트 세력을 구축해 대응하든가, 아니면 옹칸에게 도움을 청해야 했다.

　그러던 어느 날 알탄 옷치긴, 코차르 베키, 세체 베키 세 귀족이 테무진에게 와서 이렇게 말했다.

　그대를 우리의 칸으로 삼고자 한다. 그대가 칸이 된다면 우리는 수많은 적 앞에 초병으로 먼저 나아가 자색이 아름다운 처녀나 부인을 약탈하여 그대에게 줄 것이며, 귀족의 궁전 같은 게르나 평민의 게르도 모두 그대에게 줄 것이며, 엉덩이가 좋은 거세마도 모두 약탈하여 그대에게 줄 것이다. 놀라 도망치는 짐승들을 유인하여 그대에게 몰아줄 것이다.

전쟁할 때 우리가 그대의 명령을 듣지 않는다면 우리를 씨족으로부터 분리하여 우리의 검은 머리를 땅에 내던져라. 우리가 평화를 깬다면 우리를 죽여 사람이 살지 않는 들판에 내다 버려라!

귀족들이 이렇게 충성 서약까지 하며 테무진에게 와서 칸이 될 것을 권하자 그로서도 더는 사양하기 어려웠다. 마침내 테무진은 그들의 요구를 받아들여 키야트족의 칸이 되었다. 어느 면에서는 그의 인내와 기다림의 승리라고 할 수 있었다.

테무진이 칸이 되는 과정을 지켜보던 하층 유목민들은, 칸이 되라는 귀족들의 권유를 테무진이 겸손하게 거듭 사양하는 것을 바라보며 테무진이라면 자신들의 꿈과 이상을 함께할 수 있겠다는 믿음을 더욱 확고히 가졌던 것으로 보인다. 이후 테무진에 대한 하층 유목민들의 충성심이 한층 더 확고해졌기 때문이다.

그런데 귀족들이 서약한 내용을 보면 유치하기 짝이 없다. 아름다운 부인이나 처자를 약탈하여 갖다줄 것이고, 사냥할 때 동물들을 몰아주겠노라 말하고 있는 것이다. 이것이 당시 몽골 고원을 지배하던 귀족과 장로들의 실상이다. 충성 서약을 하긴 했지만, 앞으로 그들과 함께 일하는 과정이 순탄치 않으리라는 것을 짐작할 수 있다.

테무진은 칸이 되자 사람들에게 조상들이 살던 터전을 영구히 보존할 것이며, 예로부터 내려온 관습과 규범을 잘 지킬 것이라고 말했다. 그는 사람들을 각각의 직책에 임명한 뒤 오랜 동지인 보오르초와 젤메로 하여금 자신의 군대를 지휘하게 했다.

그런 다음, 카라툰의 옹칸에게 사람을 보내 칸이 되었다는 사실을 알렸다. 그 소식을 들은 옹칸은 기뻐했다. 모든 게 자신의 뜻대로 되었기 때문이다. 그는 속으로 회심의 미소를 지었다. 이제 자모카의 세력이 커지는 것을 걱정할 필요가 없어졌기 때문이다. 또 테무진에게 약속했던 대로 흩어진 백성들을 찾아주었으니, 오래전 예수게이 안다에게 진 빚도 갚은 셈이었다.

그는 모든 일이 다 잘되었다며 테무진의 사신에게 말했다.

나의 아들 테무진을 칸으로 뽑았다는 것은 아주 잘한 일이다. 너희 몽골족은 칸 없이 어떻게 살아가겠는가. 너희들은 이 약속을 절대로 깨지 마라. 그리고 옷의 깃을 절대로 찢지 마라.

약속을 절대로 깨지 말라고 한 것은 키야트의 귀족들을 두고 한 말이다. 테무진은 자모카에게도 사람을 보내 자신이 칸에 올랐음을 알렸다.

어느덧 해는 서녘으로 지고 있었다. 보르기 에르기 언덕에 그림자가 길게 늘어났다.

5

보르지긴 씨족들을 통일하다

자모카의 분노

테무진이 푸른 호수에서 칸이 되었다는 소식이 알려지면서 그를 따르는 사람들이 크게 늘어나 군사의 수가 3만 명에 이르렀다. 테무진의 활동 영역도 확장되어 보르칸 칼돈 산에서 바가노르는 물론 그 아래의 허더 아랄, 사아리 케에르까지 미쳤다.

테무진은 자모카가 자기에게 복수해오리라는 것을 알고 있었다. 그는 자신의 백성들을 챙기고 힘을 기르며 때를 기다렸다. 그러던 어느 날이었다. 자모카의 동생 타이차르가 테무진 진영에 와서 군마를 약탈하다 테무진 군사에게 살해당하는 사건이 일어났다. 테무진이 칸의 자리에 오른 지 1년쯤 지난 뒤의 일이다.

이 사건은 양측에 즉각 반응을 일으켰다. 타이차르의 군마 약탈이 테무진을 치기 위한 미끼였는지는 알 수 없지만, 그런 행동이 테무진 측에 대한 불만에서 비롯되었다는 것은 의문의 여지가 없다.

이 사건을 보고받은 자모카는 그 즉시 자라단 씨족 등 동몽골의 13개 몽골족을 규합하여 3만 명의 군사를 이끌고 테무진이 있는 곳으로 진격해왔다. 보르칸 칼돈 산 동쪽의 구렐구 산에 있던 테무진은 이 사실을 보고받자마자 3만 명의 군사를 편성하여 자모카의 군대를 맞으러 갔다.

양 진영은 달란 발조트라는 곳에서 일전을 벌였다. 달란 발조트는 '70개의 습지가 있는 곳'이라는 뜻으로 1,000개의 겨울 유목지가 있는 바얀올란의 한 골짜기로 추정된다.

테무진은 자모카와 전투를 벌였지만, 적극적으로 싸울 생각이 없었다. 한번쯤 자모카를 상대해줌으로써 그의 분노를 가라앉히려 했던 것으로 보인다. 마침내 전투가 치열해질 기미를 보이자 테무진은 군대에 후퇴를 명했다. 테무진 군대는 오논 강 쪽으로 도주했다. 테무진 군대가 도망가자 자모카는 더 이상 뒤쫓지 않고 회군했다. 대신 분풀이로 포로로 잡은 치노스족의 장로와 자식들 70명을 펄펄 끓는 가마솥에 넣어 삶아 죽였다. 그리고 치노스족 씨족장의 머리를 잘라 말 꼬리에 매달고 갔다.

자모카로서는 배신자의 최후가 어떤 것인지 보여주려 했을 것이다. 하지만 몽골 사회에서 말 꼬리에 머리를 매단다는 것은 그 어떤 행위보다 치욕적인 행위다. 더욱이 치노스족은 테무진에게 와 있었

달란 발조트는 바얀올란의 한 골짜기로 추정된다.

5 보르지긴 씨족들을 통일하다 277

갑옷을 입은 칭기즈칸의 모습. 몽골 비사 기념비에서.

지만, 타이치오드족과도 긴밀한 관계에 있던 씨족이었다. 치노스는 '초원의 울부짖는 늑대'란 뜻이다. 치노스족을 잔혹하게 살육하자 당장 타이치오드족이 자모카에게 반발했다. 벌집을 건드린 꼴이었다. 타이치오드족을 가까이 붙잡아두기 위해 노력해왔던 자모카로서는 치명적인 실수를 저지른 셈이었다. 게다가 모든 몽골인들이 초원의 울부짖는 늑대족의 최후를 지켜보며 자모카를 다시 보게 되었다. 그의 잔인한 행위에 두려움을 갖게 된 것이다.

결국 자모카는 한순간의 분노를 참지 못해 명예와 실리를 모두 잃고 말았다. 치노스 사건의 여파는 거기서 그치지 않았다. 자모카 휘하에 있던 일부 세력들까지 동요하여 일부는 테무진 쪽으로 넘어오고, 일부는 타이치오드족으로 갔다.

사실 치노스족은 테무진이 타이치오드족을 끌어들이기 위해 정성을 쏟은 씨족이었다. 그런 씨족이 포로로 잡혀 괴멸되었으니 그 타격은 클 수밖에 없다. 하지만 테무진 진영은 전투에선 패했으나, 오히려 차분했던 것으로 보인다. 사태가 그리될 줄 이미 알고 있었던 것이다.

테무진 측의 예상대로, 자모카는 배신자에 대한 잔인한 복수로 사람들의 신망을 잃고 위기에 몰렸다. 그러자 테무진은 재빨리 자모카에게 가 있던 샤만 멍리크 일가와 망코트 씨족의 족장인 코일다르 세첸을 불러들였다.

몽골의 대표적인 샤만 일가가 테무진에게 돌아왔다는 것은 앞서 자다란 씨족의 샤만 코르치가 넘어올 때와 마찬가지로 몽골 사람들에게 적지 않은 영향을 끼쳤다. 당시는 샤머니즘이 몽골인들의 정신세계를 지배하고 있을 때였으므로 그 파장은 클 수밖에 없었다. 그 일로 사람들은 테무진이란 인물을 다시 보게 되었다.

달란 발조트 전투가 끝난 뒤 테무진은 오논 강가에 머물고 있었다. 그가 있는 곳으로 자모카 밑에 있던 사람들이 물밀듯 넘어오자 "자모카가 있는 곳으로부터 이렇게 많은 사람들이 왔다!"며 매우 기뻐했다. 그러자 사람들이 오논 강변에서 잔치를 벌이자고 했다. 이렇게 해서 패자는 잔치를 벌이고, 승자는 독배를 마시는 묘한 상황이 벌어졌다.

훗날, 1206년 몽골 제국을 선포하던 그날, 테무진은 치노스족 사람들 중에 유일하게 살아남은 차카안 고아의 아들 나린 토오릴을 찾아 데려온 뒤 그 옛날 치노스족의 충성을 기리며 각지에 흩어진 늑대 씨족을 모아 천호千戶를 만들고 그를 천호장으로 임명하여 통치하게 했다. 테무진은 그들의 은혜를 잊지 않았던 것이다.

이 달란 발조트 전투로 이제 몽골족 내에는 실력이 엇비슷한 테무진, 자모카, 타이치오드족의 세 무력 집단이 공존하게 되었다. 자모카의 세력은 치타 주와 하일라르로 후퇴했다. 애초에 자모카의 힘을 둘로 나누어 경쟁케 하려 했던 옹칸의 의도대로 이루어진 것이다. 아니, 둘로 나누려 했는데 셋으로 쪼개졌으니 옹칸으로서는 기대 이상의 결과라고 해야 할 것이다. 이제 옹칸이 세 세력 중 어느 한쪽을 지지하지 않는 한 그 누구도 균형을 깨기 어려웠다. 그 결과, 몽골 고원에 잠시 평화로운 시절이 왔다. 다음 결전을 위한 숨 고르기라고나 할까.

주르킨 씨족을 치기 위해 7년을 기다리다

전쟁이 잠시 소강상태에 빠진 이 시기에 테무진은 푸른 호수로 돌아와 있었다. 그동안 군사의 수는 크게 늘었지만 그중 상당수가 귀족들의 예속민 집단으로 이루어져 있었다. 따라서 푸른 호수의 군사들은 크게 테무진을 따르는 하층 유목민 집단과 귀족들의 군사 집단으로 구분할 수 있었다. 테무진을 칸으로 삼는 하나의 군사 집단이라기보다 여러 세력이 모인 연합 정권의 성격이 강했다.

자모카와의 전쟁이 끝난 뒤, 테무진은 하층 유목민들과 자주 어울려 코릴타를 하며 보냈다. 코릴타는 몽골의 전통적인 회의 방식으로, 관련자들이 모여 며칠씩 축제를 벌이며 회의하는 것을 말한다.

테무진은 하층 유목민들과 함께 앞으로 무엇을 해야 할지 이야기를 나누었다. 그들이야말로 자신의 꿈과 이상을 공유하는 이들이었기 때문이다. 이제까지 몽골군 조직은 모두 명문 귀족과 가문 중심이었다. 대부분의 하층민들은 예속민으로서 귀족들을 위해 일해야 했다. 전쟁터에서 획득한 전리품도 귀족들에게 갖다 바쳐야 했다. 그러나 테무진을 보고 모여든 떠돌이 유목민들은 귀족의 예속민이 아니었다. 그들은 자유로운 영혼을 지닌 초원의 늑대들이었다. 테무진은 그들과 자주 어울리며 새로운 세상을 꿈꾸었다.

당시 몽골에는 군주를 호위하는 군사를 지칭하는 '케식Keshig'이란 제도가 있었다. 테무진은 단순히 호위 기능을 갖고 있던 이 제도를 발전시켜 각 분야별로 뛰어난 사람들을 선발하여 그들이 전문가로 성장하도록 교육하고 밀어주는 기능으로 확대하고자 했다. 그 핵심은 호위 무사를 뽑을 때 각 분야의 전문가를 뽑는 것이다. 그래서 각자 자기 분야의 최고 전문가로서 조직 내의 일을 관장하는 한편, 젊은이들에게 그 기술을 전수함으로써 보다 많은 사람들이 자기 분야의 전문가가 되게 하는 것이다.

이를 케식텐Keshigten이라 하는데, 케식텐은 케식의 복수 형태다. '케식'의 원래 의미는 '제사 때 나누어주는 고기'다. 제사 음식을 함께 나눈다는 것은 한 가족이요, 피붙이임을 뜻한다. 그보다 더 단단한 끈이 있을 수 없다.

케식텐 제도는 테무진이 칸이 되어 사람들을 임명할 때 이미 그 단초를 드러내기 시작했다. 테무진은 각 분야에 능한 사람들을 뽑아 활 쏘는 자, 요리사, 양 떼를 돌보는 자, 게르와 달구지를 관리하는 자, 여인과 종들을 관리하는 자, 칼을 차고 호위하는 자, 말 떼를 방목하는 자 등으로 나누어 임명했다. 이처럼 군사들을 나누어 자신이 잘하는 분야에 전념케 한 것은 이전에 없던 새로운 시도였다.

각자의 능력을 인정하고, 그 능력에 따라 인정받게 하려는 이러한 움직임은 당시 몽골 고원에 새로운 사상이 태동하고 있음을 의미한다. 하지만 귀족들은 테무진과 하층 유목민들의 그런 행동을 불편해했다. 쥐뿔도 없는 것들이 감히 세상이 어떻고, 조직이 어떻고, 나라가 어떻고 하며 떠든다고 생각했을 것이다. 그러다 보니 테무진의 푸른 호수는 겉으론 조용해 보여도 바람 잘 날이 없었다.

게다가 귀족들은 독자 세력을 갖고 있었기 때문에 행동에 거칠 것이 없었다. 귀족들 밑의 예속민들 또한 자기 주인을 믿고 위세를 부렸다. 한번은 테무진 측과 주르킨 씨족 간에 다툼이 있었다.

연회를 열 때면 테무진 측에서는 늘 벨구테이가 질서를 관장하는 책임을 맡고, 주르킨 씨족에서는 부리 버케가 연회의 질서를 관장하는 책임을 맡았다. 하루는 벨구테이가 주르킨족에 속한 예속민이 테무진 측의 말 기둥에서 말고삐를 훔치는 것을 발견하고 그를 붙잡았다. 그때 부리 버케가 와서 그를 변호하는 바람에 벨구테이와 다툼이 벌어졌다. 그런데 부리 버케가 벨구테이의 어깨를 환도로 내리쳤다. 부리 버케가 이렇듯 오만한 행동을 할 수 있었던 것은 주르킨 씨족의 뒷배가 있었기 때문이다. 벨구테이는 칼에 맞고도 아무런 반격을 하지 않았다.

마침 테무진이 벨구테이가 피를 철철 흘리며 지나가는 것을 보고는 놀라 밖으로 나와 벨구테이에게 말했다.

"어떻게 주르킨 사람들이 우리에게 이럴 수가 있느냐?"

그러자 벨구테이가 말했다.

"상처는 별것 아니다. 나 때문에 형제들 간에 불화가 일어날까 두렵다. 나는 괜찮다. 상처는 곧 나을 것이다. 형이여, 화내지 마라. 조금만 참아라."

그러나 테무진은 용사들을 불러 몽둥이를 들고, 또 마유주를 만드는 가죽 통의 나무를 뽑아 들고 주르킨 사람들과 난투극을 벌인 끝에 그들을 제압했다. 그리고 나서 테무진이 보는 앞에서 그의 요리사 시키오르를 구타한 주르킨 씨족의 코리진 카톤과 코오르친 카톤 두 명을 감금했다.

주르킨 씨족은 키야트족 내에서도 허더 아랄이라는 천혜의 목초지와 전략적 요충지를 차지하고 있었다. 그들은 아쉬울 게 없었다. 세체 베키가 테무진에게 온 것은 테무진이란 발판을 딛고 몽골족의 칸이 되고자 하는 야심 때문이었다. 그는 테무진을 적당히 다룰 수 있으리라 생각했다. 하지만 그게 만만치 않다는 것을 알곤 한 번씩 몽니를 부렸던 것이다.

테무진 역시 오래전부터 주르킨 씨족을 주목해왔다. 주르킨 씨족은 카볼칸의 적장자 가문으로 키야트족 내에서 단연 최강의 군대를 갖고 있었기 때문이다. 세체 베키가 자신에게 충성 서약을 했다고는 하지만, 함부로 대할 수가 없었다. 그들이 마음만 먹는다면 언제든 테무진과 하층 유목민들의 꿈과 이상을 물거품으로 만들어버릴 수도 있었기 때문이다. 그런 까닭에 테무진은 어떻게든 그들의 마음을 잡으려고 노력했다. 그들이 한 번씩 몽니를 부려도 모른 체하고 넘어갔다.

하지만 자기 동생에게 칼까지 휘두르는 것을 보자 테무진은 더 이상 그들의 횡포를 참을 수 없었다. 따라서 이 사건은 테무진 측과 주르킨 씨족 측의 갈등이 표면화된 거라고 할 수 있다. 테무진이 폭동 사태를 힘으로 제압하자, 주르킨 씨족은 예속 집단을 이끌고 허더 아랄로 돌아가버렸다. 더 이상 테무진 아래 있을 수 없다는 뜻이었다.

그들이 푸른 호수의 서약을 깨고 떠났어도, 테무진으로서는 코릴타를 열어 응징할 명분이 없었다. 부리 버케가 그들의 힘을 믿고 그런 것은 분명하지만 세체 베키가 직접 주도한 사건은 아니기 때문이다. 대신 테무진은 화해의 표시로 돌려보내려 했던 코리진 카톤과 코오르친 카톤을 계속 인질로 잡아둠으로써 주르킨 씨족을 견제했다. 이후 테무진이 주르킨 씨족을 완전히 제압하기까지는 7년이란 긴 시간을 인내해야만 했다.

1196년 여름, 테무진에게 마침내 기회가 찾아왔다. 이야기는 금나라가 하일라르와 동몽골 일대의 몽골족을 칠 것이라는 급보가 날아오면서부터 시작된다.

테무진, 자모카, 타이치오드족 세력이 서로 균형을 이루며 한동안 전쟁이 없자, 그들의 간섭에서 상대적으로 자유로워진 동몽골의 카타킨족, 살지오트족, 옹기라트족 등이 금나라의 풍부한 물자를 노리고 그들의 변경을 공격하기 시작했다. 그들의 침탈은 갈수록 심해졌고, 결국 금나라는 1195년에 그들을 토벌하기 시작했다.

문제는 금나라가 이들을 토벌하고 돌아가는 도중에 발생했다. 타타르의 유력한 족장인 세추가 노획 물자를 갈취한 데 대해 금나라 관리가 가혹하게 징계한 것이다. 그에 대한 반발로 세추는 타타르군을 이끌고 역으로 금나라 변경을 보복 침략하기 시작했고, 움츠리고 있던 헐런보이르 호수 쪽의 몽골족도 이에 가세하면서 금나라 북방 전체가 전화에 휩싸이게 된다.

사태가 이 지경에 이르자 금나라는 책임자를 우승상 완안양으로 바꾸고 이듬해인 1196년 봄에 대대적인 타타르족 토벌에 나섰다. 이때 메구진 세울투를 포함한 타타르족이 금나라군에 쫓겨 천리장성을 넘어 바얀동 근처의 올자 강까지 올라오고 있다는 정보를 입수한 테무진은 군사들에게 말했다.

"예부터 타타르족은 우리의 조부와 부모들을 살해한 원수들이다. 지금 그들이 쫓겨 올자 강으로 올라오고 있다고 하니 이 기회에 그들을 치자."

그리고 즉시 옹칸에게 함께 협공하자는 전갈을 띄웠다. 옹칸 또한 타타르족과 원한 관계가 있었으므로 즉시 화답을 보낸 뒤 군대를 이끌고 3일 만에 테무진이 있는 곳으로 달려왔다.

옹칸이 테무진의 한마디에 즉각 달려온 것은 타타르족의 전리품 때문이었다. 타타르족의 귀족들이 값진 물건을 많이 갖고 있었으므로, 그들을 약탈하여 전리품을 차지하려 했던 것이다. 당시 타타르족은 금나라의 공격을 피해 가족들을 바얀올 부근에 있는 '자작나무 샘'과 바얀동의 '태양의 샘'이 있는 골짜기에 숨겨두었다.

테무진이 공격 목표로 정한 곳은 바로 그곳이었다. 하지만 테무진은 옹칸이 도착했는데도 바로 출정하지 않았다. 대신 주르킨 씨족에게 다음과 같은 긴급 서한을 보냈다.

이 호기를 틈타, 예로부터 우리의 조부와 부모들을 살해한 타타르족을 협공하자.

그런 다음 6일 동안 꼼짝 않고 그들이 오기를 기다렸다. 테무진은 주르킨 씨족이 오지 않으리라는 것을 알고 있었다. 하지만 동참하라는 서한을 보내고 일부러 6일이나 기다렸다. 칸이 선대의 원수를 갚자는 명을 내리고 6일 동안 기다렸는데도 그들이 끝내 오지 않았다는 것을 보여줌으로써 그들을 치기 위한 명분을 만들고자 했던 것이다.

주르킨 씨족으로선 난처했을 것이다. 동참하자니 테무진 밑으로 들어가는 게 되고, 동참하지 않으려니 충성 서약까지 한 마당에 달리 명분이 없었다. 하지만 결국 그들은 오지 않았다. 테무진이 비난하기야 하겠지만, 설마 자기들을 공격해올 거라고는 생각지 못했던 것이다.

테무진이 옹칸과 함께 올자 강가의 타타르족 은신처 두 곳을 공격했을 때는 6월로, 타타르군이 이미 방어 요새를 만든 뒤였다. 테무진과 옹칸은 그들을 공격해 메구진 세울투를 붙잡아 죽이고 그들의 재물을 약탈했다. 테무진은 그곳에서 은제 요람과 진주가 붙어 있는 이불을 획득했다.

그런데 테무진과 옹칸이 타타르족에 대한 공격을 마치고 각자 본거지로 돌아가고 있을 즈음, 옹칸의 카라툰에서 뜻밖의 급보가 날아왔다. 옹칸과 앙숙인 알타이 지방 나이만의 군대가 옹칸이 없는 틈을 타 케레이트부의 옹칸 군대를 공격했다는 것이다.

올자 강의 원정은 이렇듯 예상치 못한 격변을 불러왔다. 옹칸은 서둘러 카라툰으로 돌아갔지만, 변변히 싸워보지도 못한 채 패하고 지금의 간쑤 성과 칭하이 성 일대에 있던 서하로 도주했다.

라시드 앗 딘의 『집사』에 의하면, 그 무렵 테무진은 타타르족의 전리품 일부를 주르킨 씨족에게 주어 그들을 회유하려 했던 것으로 보인다. 그런데 뜻밖에도 주르킨 씨족 일부가 테무진 군대를 습격하여 열 명을 살해하고, 50명의 옷을 벗겨가는 사건이 일어났다. 주르킨 씨족의 오만한 행동을 더 이상 두고 볼 수 없다고 판단한 테무진은 옹칸을 돕는 것을 보류하고, 칠형제봉의 허더 아랄에 머물고 있던 주르킨 씨족을 급습했다. 치열한 격전 끝에 그들을 굴복시켰

주르킨 씨족의 본거지였던 칠형제봉. 마침내 테무진은 주르킨 씨족을 굴복시켰다.

다. 세가 불리하다고 느낀 세체 베키와 타이초 등 핵심 귀족은 전투 중 가족들과 소수의 사람들을 데리고 도주했다.

테무진은 전투가 끝나자 사로잡은 주르킨 씨족의 귀족들을 모두 죽이고 씨족을 해체한 뒤 자기의 직계 군단으로 편입시켰다. 한 가지 특이한 것은 테무진이 주르킨 씨족으로부터 획득한 전리품을 아무에게도 나누어주지 않고 혼자 차지했다는 점이다. 전리품을 독차지한다는 것은 매우 이례적인 일이다. 아마도 자신이 주르킨 씨족을 대신해 키야트족의 적통임을 선언하고 싶었던 것이리라.

주르킨 씨족을 정복한 이후 테무진의 권력 기반은 급속히 강화되었다. 이제는 키야트계에서 그 누구도 테무진을 넘볼 수 없게 되었다. 이를 반영하듯, 『집사』는 그해에 테무진의 위치가 "매우 확고해 졌다"고 쓰고 있다.

역시 옹칸이야

나이만에 쫓겨 서하로 도망간 옹칸은 서하에 원군을 청했으나 실패하고 다시 몽골로 돌아오고 있었다. 옹칸이 오고 있다는 소식을 들은 테무진은 헤를렌 강가의 보르기 에르기로 마중 나가 그를 영접했다. "많이 수척해지셨군요" 하고 위로한 뒤 자기 백성들로부터 성금을 거두어 옹칸에게 주었다. 그리고 자신의 '쿠리엔'에 들어와 살게 했다. 쿠리엔은 몽골군의 기본 편제다. 수백, 수천의 게르가 둥근 원형으로 군영을 이루는데, 그것을 쿠리엔이라 부른다.

테무진의 호의에 감격한 옹칸은 그해 가을 카라툰에서 테무진과 정식으로 '부자의 맹약'을 맺는다. 1196년 가을의 일이다. 옹칸은 테무진에게 이렇게 말했다.

　　적을 공격할 때는 같이 공격하고, 짐승을 사냥할 때에도 함께 사냥하자.

이로써 테무진과 옹칸은 일종의 군사동맹 성격을 띤 카라툰 부자 맹약을 맺었다. 당장은 군사도 없는 옹칸이 별 도움이 안 되겠지만, 옹칸이 누군가? 타고난 모사꾼에 정치꾼 아니던가. 테무진은 그 점을 알고 있었다. 카라툰의 부자 맹약 이후 테무진은 옹칸의 묵인하에 주르킨 씨족의 잔당을 토벌하기 시작했다. 주르킨 씨족의 족장 세체 베키와 타이초를 추격하던 테무진은 마침내 그들을 사로잡는 데 성공했다.

테무진은 포박되어 끌려온 두 사람에게 물었다.
"그대들은 지난날 내게 뭐라고 서약했는가?"
두 사람은 모든 것을 체념한 상태였다.
"우리는 서약을 지키지 않았다. 서약한 대로 처벌받겠다."
그들은 일찍이 푸른 호숫가에서 테무진에게 '우리가 평화를 깬다면 우리를 죽여 사람이 살지 않는 들판에 내다 버려라!'라고 서약했었다. 테무진은 두 사람을 처형한 다음, 그들이 서약한 대로 시신을 들판에 내다 버렸다.

얼핏 너무 잔인한 처사가 아니냐고 생각할 수 있다. 따지고 보면 그들 모두 테무진의 친족들이기 때문이다. 하지만 테무진은 그들의 서약을 그대로 시행함으로써, 한번 약속한 것은 하늘이 두 쪽 나도 반드시 지켜야 한다는 원칙을 사람들에게 보여주고자 했던 것이 아닌가 생각된다.

테무진과 옹칸은 그해 겨울 보르칸 칼돈 산 동북쪽에 있는 겨울 유목지 코바 카야에서 함께 지냈다. 코바 카야는 '붉은 바위'란 뜻이다. 그들의 공동 유목은 이듬해 여름까지 이어졌다. 테무진은 옹칸이 독립하여 다시 케레이트부를 장악할 수 있도록 어떻게든 옹칸을 도우려 했다. 그래서 생각해낸 게 메르키트부를 치는 것이었다.

테무진은 어린 가축들이 어느 정도 성장한 가을에 메르키트부의 토크토아 베키를 공격하여 바이칼의 바르코진으로 쫓은 다음 그들의 군마와 게르, 양식, 가축 등을 약탈하여 모두 옹칸에게 주었다. 덕분에 옹칸은 다시 자기 세력을 모을 수 있었고, 마침내 케레이트부의 칸으로 복귀했다.

세력을 회복한 옹칸은 이듬해인 1198년에 테무진과 상의 없이 다시 메르키트부를 쳤다. 그런데 옹칸은 메르키트부를 치면서 테무진에게 알리지 않고 독자 행동을 했을 뿐 아니라, 전리품도 나누어 주지 않았다. 속이 상했던 테무진은 측근들에게 이렇게 말했다.

이제 마음이 멀어졌다.

옹칸의 이중적인 태도를 보며 그를 온전히 신뢰할 수 없음을 깨달은 것이다. 옹칸이 메르키트부 원정을 독자적으로 수행한 것은 테무진에게 자신이 아직 건재하다는 것을 보여주는 동시에, 테무진과 옹칸의 부자 동맹 또한 전적으로 옹칸 자신의 의지에 달렸다는 것을 행동으로 보여주기 위함이었다.

옹칸의 야심은 여기서 그치지 않았다. 1199년, 옹칸은 3년 전 나이만의 군대가 케레이트부를 기습한 데 대한 응징으로 지금의 홉드 지방에 있던 서西나이만을 공격한다면서 테무진과 자모카 세력을 모두 출정케 한 것이다.

옹칸과 테무진, 자모카 세력은 파죽지세로 홉드 지역의 서나이만 군대를 무찔렀다. 서나이만의 보이로크칸은 연패를 당하고 알타이 산을 넘어 도주했다. 서나이만을 정복한 옹칸은 회군을 결정했다. 때는 이미 엄동설한의 겨울철로 접어들고 있었다. 때문에 눈이 쌓여 통행이 어려운 항가이 산 북쪽을 포기하고, 남쪽을 택해 회군을 시작했다. 그때 나이만의 용장勇壯 커그세우 사브라크가 대군을 이끌고 쫓아와 옹칸군의 길목을 가로막았다.

일전이 불가피한 상황이었다. 양군은 대치 상태에 들어갔고, 날이 밝으면 생사를 건 일전을 벌일 참이었다. 그날 밤 자모카가 옹칸에게 은밀히 말했다.

"나의 안다 테무진은 일찍부터 나이만과 손을 잡고 있었습니다. 테무진은 한곳에 머무르지 못하고 늘 이곳저곳 떠돌아다니는 철새입니다. 아마도 그는 나이만족에게 항복하기 위해 일부러 뒤에 처졌을 겁니다."

그러자 옹칸은 자기 진영의 봉화들을 그대로 밝혀놓은 채, 밤을 틈타 테무진 진영의 동태를 예의 주시할 수 있는 지점으로 이동했다. 물론 옹칸은 자모카의 말을 믿지 않았다. 하지만 이참에 테무진의 세력을 꺾어 자모카와 균형을 이루게 하려 했던 것이다.

테무진은 옹칸과 약속한 곳에서 숙영하고 있었다. 교전의 날이 밝아오자 옹칸의 진영을 바라보던 테무진은 깜짝 놀랐다. 옹칸 진영이 텅 비어 있었기 때문이다. 뭔가 음모가 있음을 깨달은 테무진은 즉각 그곳에서 후퇴하여 사아리 케에르로 돌아왔다. 이때 테무진이 얼마나 분노했는지 알려주는 말이 있다.

그들은 우리를 제삿밥으로 만들려 했다.

하마터면 옹칸의 계략에 말려들어 나이만의 용장 커그세우 사브라크의 대군에 당할 뻔한 테무진은 이 일을 통해 옹칸이 자모카와 손을 잡는 동안에는 아무것도 할 수 없다는 것을 깨달았다. 그러나 옹칸의 입장에서 볼 때, 테무진과 자모카는 일종의 꽃놀이패였다. 한쪽의 세력이 커지면 그것을 쪼개면 되는 것이다.

옹칸과 자모카 군대는 나이만의 용장 커그세우 사브라크에게 번번이 패하며, 급기야 바가노르 시 동쪽의 쳉헤르 강 들판까지 쫓겨

났다. 다급해진 옹칸은 테무진에게 사신을 파견해 구원을 요청했다.

나이만군에 나의 백성들과 처자들을 모두 약탈당했다. 너의 네 준마를 파견하여 나의 백성들을 구해달라.

옹칸의 구원 요청을 받은 테무진의 속내는 복잡했을 것이다. 하지만 옹칸이 무너지도록 그대로 둘 수도 없었다. 옹칸이 무너진다면 그의 앞날 역시 불투명해지기 때문이다. 테무진은 할 수 없이 네 준마를 보냈다.

네 준마란 테무진이 아끼는 네 명의 용사, 즉 보오르초, 모칼리, 칠라운, 보로콜을 말한다. 보오르초는 테무진이 말 여덟 마리를 쫓을 때 만난 친구이고, 모칼리는 주르킨 씨족의 예속민으로 있다가 테무진에게 온 사람이고, 칠라운은 테무진이 타이치오드족 사람들에게 붙잡혀 있을 때 그를 도와준 소르칸 시라의 아들이며, 보로콜은 테무진이 주르킨 씨족을 정벌할 때 그곳에서 발견한 고아로 10대에 이미 테무진 진영에서 두각을 나타낸 걸출한 인물이다. 모두 이름을 떨치고 있던 장수들로, 사람들은 이들을 테무진의 네 준마라 불렀다.

테무진의 네 준마가 쳉헤르 들판에 도착했을 때 양군 사이에는 한창 전투가 벌어지고 있었다. 그때 교전 중인 옹칸의 아들 셍굼이 탄 말이 엉덩이에 화살을 맞아 나이만군에게 사로잡힐 위기에 놓여 있었다. 네 준마는 서둘러 달려나가 셍굼을 구한 다음 나이만군을 멀리 쫓아냈다. 케레이트부의 백성들은 가까스로 위기를 모면했다.

옹칸은 테무진을 만나자 이렇게 말했다.

"나의 안다인 예수게이 바타르가 예전에 나의 흩어진 백성들을 구해주더니, 이번에는 아들인 테무진이 나의 흩어진 백성들을 구해주었다. 나도 이젠 늙었다. 머지않아 선조들의 매장 터가 있는 높은 산에 올라가 이 세상을 떠나게 될 것이다. 내가 산으로 가면 나의 백성들을 누가 다스릴 것인가? 나의 아우들은 덕이 없다. 아들 셍굼은 없는 거나 마찬가지다. 아들인 테무진을 셍굼의 형으로 삼으면, 내겐 두 명의 아들이 있는 셈이니 나는 마음 놓을 수 있을 것이다."

당시 옹칸의 나이는 일흔 전후였던 것으로 추정된다. 나이 들면 마음이 약해지게 마련. 옹칸 역시 자신의 죽음 뒤를 생각해보았을 것이다. 권모술수에 능한 그이지만, 자신의 사후를 생각하며 테무진을 셍굼의 형으로 삼고 싶다고 한 말은 결코 빈말이 아닐 것이다.

하지만 테무진은 일련의 위기 상황이 자모카 때문임을 상기시켰다. 자모카에 대한 확실한 다짐 없이는 옹칸을 신뢰할 수 없기 때문이다. 결국 두 사람은 다음과 같이 약속했다.

앞으로는 질투가 심한 큰 이빨을 가진 독사의 꼬드김을 받더라도 그에게 넘어가지 않을 것이며, 이빨과 입을 맞대 서로 확인한 다음에만 믿기로 한다.

테무진은 다시 자모카의 귀에 들어가라고 이렇게 말했다.

진실이 없는 말은 힘이 없다.

이렇게 해서 1200년 봄, 마침내 자모카를 공동의 적으로 규정하는 콜라안 코트 군사동맹이 이루어졌다. 인생은 새옹지마라고 하던가. 이제 테무진은 옹칸의 도움을 받아 타이치오드족과 자모카를 칠 수 있게 된 것이다.

타이치오드족을 치다

옹칸과 테무진이 콜라안 코트 군사동맹을 체결했다는 소식은 곧바로 몽골 고원에 퍼졌다. 그러자 지난번 카라툰 부자 맹약 뒤에 옹칸-테무진 세력에게 당했던 메르키트부의 토크토아 베키가 즉시 타이치오드족의 유력한 장로인 코돈 오르창에게 접근하여 군사 연합을 제의했다. 타이치오드족 역시 옹칸과 테무진의 연합에 불안을 느끼고 있던 터라 메르키트부의 제의를 기꺼이 받아들였다. 메르키트부와의 연합이 성립되어 기세가 오른 타이치오드족의 족장 아오초 바타르와 코릴 바타르, 코돈 오르창 등의 장로들은 오논 강가에 모여 코릴타를 열고 옹칸과 테무진을 공격할 것을 결의했다.

테무진으로서는 타이치오드족을 칠 절호의 기회였다. 타이치오드족은 예수게이 시대에는 그의 동맹 세력이었고, 그들의 군주를 중심으로 한마음으로 단결했다. 그러나 칭기즈칸 시대에는 귀족들 간에 내분이 계속되어 일치단결된 힘을 보여주지 못했다. 그럼에도 옹칸과 테무진의 연합군을 향해 진격을 결의했다는 것은 그만큼 자신 있다는 뜻이었다. 게다가 메르키트군까지 합세하기로 했으니 충분히 승산이 있다고 본 것이다.

타이치오드군이 공격해올 거라는 첩보를 받은 테무진과 옹칸은 1200년 봄에 사아리 케에르에서 만나 코릴타를 열어 메르키트군이 합세하기 전에 먼저 타이치오드군을 치기로 결정했다. 테무진과 옹칸의 연합군은 오논 강으로 올라가 타이치오드군을 기습했다. 메르키트 연합군이 오기를 기다리고 있던 타이치오드군은 뜻밖에 옹칸과 테무진 군대가 나타나자 크게 당황했다.

타이치오드군은 패퇴하여 달아나기 시작했다. 그들은 오논 강 건너편에서 군사를 재편성한 뒤, "훌레우트 토라스탄에서 회전會戰하자"며 진을 갖추었다. 테무진은 훌레우트 토라스탄에서 밀고 밀리는 공방전 끝에 타이치오드군을 물리쳤다. 현재 훌레우트 토라스탄의 정확한 위치에 대해서는 알려져 있지 않다. 그러나 여러 가지 상황으로 미루어볼 때, 오논 강이 러시아로 흘러들어간 뒤 넓은 습지를 이루는 그 건너편 언덕이 아닐까 추정된다.

이 전투에서 테무진은 뜻밖에도 목에 상처를 입었다. 그런데 아무리 지혈해도 피가 멈추지 않았다. 모두들 우려하고 있을 때, 젤메가 밤새 테무진의 목에서 응어리진 피를 빨아냈다. 얼마나 열심히 빨았는지, 그의 입가는 온통 피투성이가 되었고, 테무진이 앉아 있던 곳 주변도 모두 피로 얼룩졌다고 한다.

전투가 끝날 무렵 테무진은 소르칸 시라 가족을 만났다. 그는 테무진이 타이치오드족 사람들에게 잡혀왔을 때 그를 숨겨 구해주었던 사람이다. 그들은 진즉 테무진에게 오려 했지만 타이치오드족과 테무진이 대립하고 있는 상황이어서 쉽게 넘어올 수 없었다. 소르칸 시라 가족은 때가 오기를 기다리다가, 마침내 테무진이 타이치오드족을 공격하자 기회를 틈타 넘어온 것이다.

홀레우트 토라스탄 전투 이후 테무진은 타이치오드족의 유력한 장로들과 그 가족들을 살해함으로써 타이치오드족이 소생할 여지를 없앴다. 그러나 타이치오드족 족장 아오초 바타르는 바이칼 동남쪽의 바르코진으로 도주했다. 귀족들에 대한 처단이 끝나자 테무진은 타이치오드족 백성들을 자기 백성으로 수용했다. 이로써 테무진은 명실상부한 보르지긴 씨족들의 칸이 되었고, 그 세력은 더욱 커졌다. 옹칸조차 함부로 할 수 없는 호랑이가 된 것이다.

그런데 이 전투가 끝난 뒤 테무진과 옹칸은 자기들의 유목지로 돌아가지 않고 동몽골의 헐런보이르 호숫가로 이동했다. 타이치오드족과의 전투가 끝난 뒤 곧바로 헐런보이르 쪽으로 이동했다는 것은 타이치오드족을 치고 나서 헐런보이르 호수로 이동할 것까지 미리 염두에 두었다는 것을 의미한다.

아마도 테무진은 타이치오드족을 물리치자 이참에 자모카와 연합할 가능성이 있는 헐런보이르 일대의 부족들을 제압해두는 것이 좋겠다고 생각했을 것이다. 만일 테무진이 자모카까지 칠 생각을 했다면 옹칸은 응하지 않았을 것이다. 옹칸이 비록 말로는 자모카를 공동의 적이라 했지만, 여전히 그는 테무진과 자모카의 두 패를 쥐고 있었기 때문이다.

타이치오드족과 최후의 전쟁을 치른 홀레우트 토라스탄이 현재의 러시아령 오논 강 건너편 언덕이라면, 옹칸과 테무진 군대는 치타 주 남부를 경유하여 중국의 국경 도시 만저우리滿洲里 근처를 지나 헐런보이르 호수로 이동했을 것이다.

여기서 잠시 동몽골에 대해 간단히 정리하고 가는 것이 좋겠다.

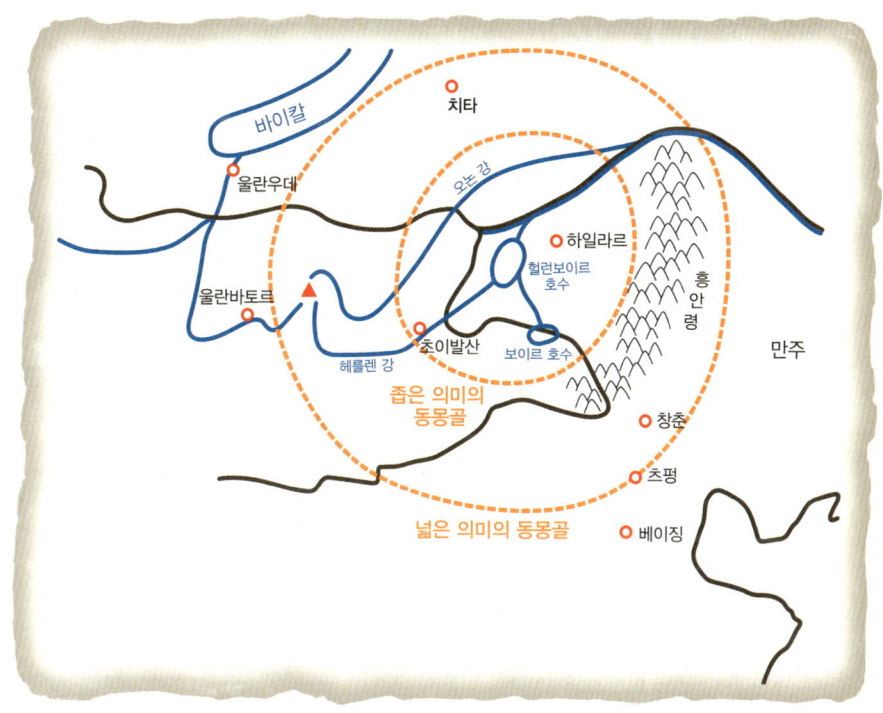

동몽골 지도. 러시아의 치타가 포함된다.

동몽골은 몽골 역사에서 대단히 중요한 곳이다. 이곳을 장악하는 자만이 몽골 고원을 통일할 수 있기 때문이다.

동몽골은 크게는 몽골의 울란바토르에서 흥안령 동쪽 초원에 이르는 지역 전체를 가리킨다. 예로부터 몽골의 땅은 서쪽은 알타이 산까지이고, 동쪽은 흥안령 산까지라는 말이 있다. 당연히 흥안령 일대의 초원도 그들의 활동 영역에 들어간다. 그래서 동몽골의 범주에는 만주의 흥안령 동쪽 초원 지대도 포함된다. 실제로 청나라 시대에도 몽골의 코르친족, 카르친족 등 여러 부족이 창춘長春과 선양瀋陽 서쪽에서 유목을 했다. 따라서 단순히 흥안령을 경계로 만주

5 보르지긴 씨족들을 통일하다 297

와 몽골을 나누는 것은 잘못된 것이다.

그러나 동몽골은 좁게는 몽골의 초이발산에서 훙안령 서쪽 지역 전체를 가리키는 말로 쓰인다. 여기에는 우선 훙안령 산맥 서쪽 지역의 중심 도시인 하일라르 일대가 들어간다. 하일라르는 17세기에 러시아 국경을 드나드는 사람들을 관리하기 위해 헐런보이르 정청政廳이 세워지면서 생긴 도시다. 하일라르 주위에는 헐런보이르 호수와 보이르 호수가 포함된다. 참고로 현재 보이르 호수의 북부 해안은 중국령이고, 나머지는 몽골령이다. 그리고 몽골의 할흐골솜 지역이 여기에 들어간다. 또 중국과 러시아의 국경선을 이루고 있는 에르군네 강 일대와 훙안령 북부 산림 지대, 그리고 러시아의 치타 주가 포함된다.

따라서 동몽골을 좁게 잡는다 해도 그 범위는 매우 넓다. 이들 지역은 과거에는 모두 몽골 땅이어서 자유롭게 왕래할 수 있었지만, 지금은 몽골과 중국, 러시아 국경으로 나뉘어 있어 여행하는 데 어려움이 많다. 당장 보이르 호수 쪽에서 가까운 헐런보이르 호수나 하일라르로 가려 할 경우, 한나절이면 갈 수 있는 거리이지만 국경에 가로막혀 있다. 그래서 울란바토르로 돌아와 중국의 베이징으로 간 다음 그곳에서 비행기를 타고 하일라르로 가든지, 아니면 육로로 가야 하는데 적어도 3일 이상 걸리는 굉장히 번거로운 여행이다. 이런 사정은 동몽골 지역을 답사하고 연구하는 것을 매우 어렵게 만든다.

하지만 칭기즈칸 시대의 동몽골 역사를 둘러보려면 세 나라로 갈라져 있는 이들 지역을 두루 살펴보아야 한다. 그러지 않고는 동몽골의 역사를 제대로 알 수 없기 때문이다.

6

숙명의 라이벌 자모카,
동몽골에 피바람이 불다

초원의 보석, 하일라르

8월 말 인천공항에서 비행기를 탄 나는 오전 11시경 베이징 공항에 도착했다. 운무가 자욱해 비행기가 착륙할 때에야 비로소 베이징에 도착한 것을 알았다. 입국 수속을 마치고 짐을 찾은 후 하일라르로 가기 위해 국내선 비행기로 갈아탔다. 내 좌석은 오른쪽 창가였다. 이륙한 지 한 시간쯤 지났을까, 창밖을 보니 비행기는 흥안령의 서쪽 기슭을 따라 북상하고 있었다.

문득 일본 작가 시바 료타로司馬遼太郞가 흥안령이라는 이름이 몽골어의 '칸 올라Khan Ula'에서 왔다고 한 말이 생각났다. 만주인들이 '칸 올라' 또는 '한 올라'의 발음을 따서 '힝안 다바간Hinggan Dabagan'이라 불렀고, 거기에서 지금의 '흥안령興安嶺'이란 이름이 생겨났다는 것이다. 그의 말대로라면 흥안령이란 이름은 몽골어에서 온 셈이다. 만주어 '다바간'은 '큰 고개'란 뜻이다. 흥안령이 산이라기보다 큰 고개 또는 '재'로 인식되었다는 점도 흥미로웠다.

창을 통해 다시 바라본 흥안령은 야트막한 산들이 굽이굽이 물결처럼 흐르고 있었다. 확실히 산이라기보다는 재에 가까워 보였다. 골짜기엔 이곳저곳에 경작지인 듯한 땅들이 보였다. 하일라르로 갈수록 그런 땅들의 면적은 더욱 넓어졌고, 대규모로 개간되고 있음을 알 수 있었다. 다른 내몽골 지역과 마찬가지로 하일라르에도 중국인들이 대거 유입되면서 흥안령 골짜기의 땅을 개간하기 시작한 것이다.

흥안령 능선을 지나자 산 구릉과 개간지들은 사라지고 드넓은 초원이 나타나면서 그 한가운데로 강이 흘렀다. 아마도 남쪽에서 하일라르 시로 흐르는 이민허伊敏河일 것이다.

하일라르는 몽골 말로 '눈이 녹는 곳'이란 뜻이다. 겨울에도 다른 곳보다 따뜻한 까닭에 눈이 일찍 녹아서 그런 이름이 붙었을 것이다. 한자로는 소리 나는 대로 '海拉爾'로 쓴다.

사람들은 하일라르를 '초원의 진주'라고 부른다. 17세기 이래로 중국과 러시아의 관문 역할을 했던 곳이다. 그리고 러시아와의 국경 지대에는 만저우리 시가 있다. 나는 2007년에 이곳에 왔던 일들을 떠올렸다. 그때는 지안集安에서 만주 평원을 지나 흥안령 동쪽의 치치하얼에서 흥안령을 넘어 하일라르 시로 들어왔었다.

비행기는 곧 하일라르 공항에 안착했다. 시계를 보니 3시 30분이었다. 공항은 깨끗했고, 로비에는 전통 의상을 입은 몽골 여성들이 손님을 맞기 위해 나와 있었다. 그들은 손님을 맞을 때는 이렇게 전통 의상을 입고 맞이하는 풍습이 있다. 몽골 초원의 게르에서도 손님을 맞거나 사진을 찍을 때면 서둘러 전통 의상으로 갈아입었다.

나는 이곳에서 가이드 N을 만나기로 했다. 그는 봄에 그랬던 것처럼 나의 여행을 안내하기 위해 울란바토르에서 하루 일찍 이곳에 와 있었다. 때마침 기다리고 있던 N이 나를 반겨주었다. 지난봄에 함께 몽골을 여행한 후 2개월 반 만에 다시 만나는 것이다.

공항 밖으로 나와 주위를 살피니 공항 입구 쪽에 황금칠한 멋진 조각상이 보였다. 한 여인은 의자에 앉고 한 여인은 그 옆에 서 있는 모습이었다. 아무래도 테무진의 어머니 허엘룬과 그의 부인 버르테일 것 같았다. 그래도 혹시 몰라 N에게 누구냐고 물으니, 이 지역 출신인 허엘룬과 버르테 상이라고 했다. 그러고 보니 두 여인 모

허엘룬과 버르테 조각상.

두 이곳 동몽골 옹기라트족 출신이었다. 나는 조각상 앞으로 가서 사진을 찍었다.

 시내로 들어가는 길에는 양 떼를 모는 여인이며 사슴상들, 마두금을 연주하는 인물상, 기마상, 순록을 모는 원주민상, 매사냥꾼, 활 쏘는 사람 등 전통 시대의 생활상을 담은 조각들이 곳곳에 설치되어 있었다. 하일라르에 오는 이방인들에게 이곳 문화를 알리려는 섬세한 배려를 엿볼 수 있었다. 우리나라의 공공장소에 설치된, 의

미도 알 수 없는 추상적인 작품들과 비교할 때 훨씬 더 자연스럽고 정감이 갔다.

우리가 머물 호텔은 헐런보이르 대학 후문 옆에 있었다. N은 저녁때 소욜마 교수를 만나기로 했다며, 그분이 우리 여행을 도와줄 거라고 했다. 이곳 하일라르 대학의 교수로, 이곳에서 도움을 줄 만한 분을 찾기 위해 연락을 드렸더니 선뜻 도와주겠노라 했다고 한다.

소욜마 교수가 몽골 사람이냐고 묻자, N은 바르가족이라고 대답했다. 그러면서 바르가족에 대해 설명해주었다. 그에 의하면, 바르가족은 바이칼에서 하일라르 쪽으로 이주해온 부리야트인들을 가리키는 말이라고 한다. 청나라 때 러시아군이 바이칼로 내려왔을 때, 그들을 피해 하일라르로 이주해온 사람들인데, 청나라가 그들을 바르가족이라고 부르면서 민족명이 되었다는 것이다. 그들은 크게 신바르가족과 구바르가족으로 나뉘는데, 구바르가족은 바이칼의 바르코진에서 이주해온 사람들로, 비교적 자신들의 유래와 전통을 잘 기억하고 있지만, 신바르가족은 자신들이 바이칼에서 왔다는 것을 잊고 자기들이 바르가족인 줄만 안다고 했다.

나는 바르가족이 바이칼에서 온 사람들이라는 말에 친근감이 갔다. 예전에 바이칼 쪽의 부리야트인들을 만나보면서 그들이 전형적인 한국인의 얼굴을 하고 있다는 것을 알기 때문이다.

저녁에 호텔에서 식사하고 있을 때 소욜마 교수와 남동생이 도착했다. 놀랍게도 두 사람 다 전형적인 한국인의 얼굴을 하고 있었다. 우리는 서둘러 식사를 마치고 방으로 안내했다. 소욜마 교수는 40대 여성으로, 부드럽고 자상한 인상이었다. 함께 온 동생은 큰

키에 마른 체격의 30대 젊은이였다. 그는 북쪽 에르군네 강가의 실위室韋란 곳에 사는데, 마침 하일라르에 볼일이 있어 왔다고 했다. 소욜마 교수가 그쪽 지리를 잘 아는 남동생이 도착하자 데려온 것이다.

반갑게 인사를 나눈 다음, 내가 일주일 동안 둘러보고 싶은 지역들을 말하자, 소욜마 교수는 일주일 동안 하일라르 일대와 흥안령의 몽골 기원지 등을 살펴보려면 시간이 부족하므로 일정을 잘 짜야 한다고 했다. 소욜마 교수와 남동생 투게멜은 지도에 이동로를 표시해가며 우리의 동선을 잡아주었다. 소욜마 교수는 시종 차분하고 부드러운 미소를 지으며 우리를 위해 여러 가지 조언을 해주었다. 투게멜은 자기가 실위에서 몽골 기원지 조성 사업의 책임자로 일하고 있으니, 꼭 들러서 살펴보고 조언도 해달라고 했다. 나는 그러잖아도 몽골 기원지를 살펴볼 생각이었다며 꼭 그러겠다고 했다.

대충 일정이 잡히자 소욜마 교수가 5, 6인승 차면 되겠느냐고 물었다. 그 정도면 충분하다고 했더니, 다시 차는 어떤 거면 되겠느냐고 물었다.

"장거리를 이동하니 아무래도 차가 좋아야 하지 않겠습니까?"

내가 말했다. 그것이 나의 경험이기 때문이다. 그러자 소욜마 교수는 알겠다며, 밤에 차도 알아보고 기사도 섭외해야 하니 내일 아침에 연락을 주겠다고 했다. 시계를 보니 벌써 밤 11시를 지나고 있었다. 사실 이국 손님들을 위해 이렇게까지 마음을 써주는 것은 쉬운 일이 아니다. 하지만 이곳 사정에 어두운 우리로서는 소욜마 교수에게 의지하는 수밖에 달리 방법이 없었다.

"다 잘될 겁니다. 우리는 칭기즈칸의 전사가 아닙니까?"

N이 웃으며 나를 쳐다보았다. 그러면서 그는 소욜마 교수의 이름이 몽골 말로 '문화의 여신'이란 뜻이라고 했다. 문화의 여신이란 말에 우리는 한바탕 웃었다. 그랬다. 칭기즈칸 하나만 생각하고 온 내게 소욜마 교수는 칭기즈칸이 보낸 여신 같은 존재였다.

초원으로 나가다

간밤에 비가 오더니 아침에 일어나자 쌀쌀했다. 식사를 마치고 호텔 방에 돌아와 쉬고 있는데 N이 우리가 타고 갈 차가 와 있다고 했다. 짐을 싸들고 서둘러 내려갔다. 소욜마 교수와 그녀의 남편이 와 있었다. 우리는 반갑게 인사를 나눈 뒤 차에 짐을 실었다. 차는 6인승 미국 차였다. 그때 우리를 데리고 다닐 젊은 기사가 나타났다. 그의 이름은 헉질투로 30대 젊은이였는데, 소욜마 교수의 조카라고 했다. 말수가 적고 과묵한 것이 믿음직스러웠다.

뒤에 안 사실이지만, 기사를 구하기 어렵자 소욜마 교수가 소를 치는 조카를 차출한 것이었다. 겨우내 소에게 먹일 건초를 베어야 하는 시기여서 인부 다섯 명을 구해 일을 맡기고 나왔다고 했다. 내가 미안해서 몸둘 바를 몰라 하자 그는 괜찮다며 씩 웃었다.

우리는 소욜마 교수 부부에게 감사드린 뒤, 차를 타고 보이르 호수 쪽으로 방향을 잡았다. 헐런보이르 호수를 먼저 보고 싶었지만, 그러면 일정이 길어지기 때문에 보이르 호수에 갔다가 헐런보이르

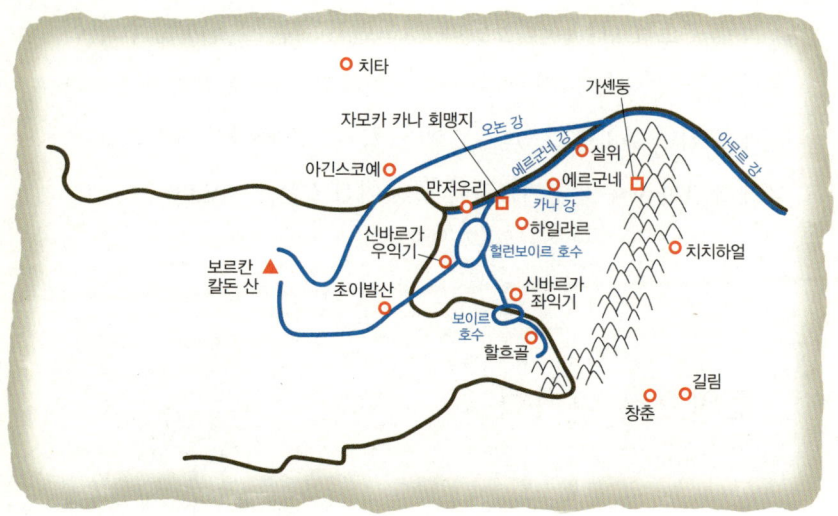

흥안령 서쪽 초원에 위치한 하일라르 시. 위쪽에는 에르군네 강, 아래쪽에는 헐런보이르 호수와 보이르 호수가 있다.

호수를 보고 만저우리로 빠지는 코스를 택했다.

간간이 비가 왔다 그치곤 했다. 그럴 때마다 하늘은 잿빛이 되었다가 다시 파랗게 걷혔다. 시내 중심가의 큰 건물들은 깔끔했다. 도로도 포장이 잘되어 있었다. 불과 4년 전만 해도 비포장도로여서 차가 지나갈 때마다 흙먼지가 일었는데, 신도시처럼 변한 것이다. 중국의 급성장한 경제력이 이곳까지 미치고 있음이 분명했다. 게다가 구릉지에는 곳곳에 대규모 풍력발전 시설들이 들어서 있었다.

나를 더 놀라게 한 것은 하일라르에서 베이징으로 내려가는 새로 난 고속도로였다. 개통한 지 얼마 안 된 듯 도로에는 차량이 거의 눈에 띄지 않았다. 어쩌다 한두 대 지나갈 뿐이었다. 덕분에 우리는 거침없이 달릴 수 있었다.

하일라르의 고속도로.

하일라르 시를 벗어나자 몽골 초원과 마찬가지로 끝없는 초원이 펼쳐졌다. 이곳에서부터 보이르 호수 남쪽의 대초원에 이르는 광대한 지역이 칭기즈칸 시대의 말 목장이었다. 이 지역에는 헐런보이르와 보이르라는 거대한 호수가 있고, 두 호수 사이에는 어르순 강이 흐른다. 그들은 이곳에서 수십만 마리의 말을 길러 몽골의 군마로 내보냈던 것이다.

나는 창밖을 보며 감탄사를 터뜨렸다. 과연 수십만 마리의 말을 길러낼 수 있는 말 목장답게 광활했다. 이 광활한 평원이 몽골과 중국의 국경으로 갈라져 그렇지, 하일라르에서 말을 달려 보이르 호수 남쪽의 메넨긴탈 평원까지 내처 달린다면 그야말로 장관일 것이다.

길가에서 소 떼를 방목하는 모습이 자주 보였다. 그러나 양들은 보이지 않았다. N에게 왜 그러냐고 물으니 그가 말했다.

"중부 몽골에서는 풀이 부족해 양이나 염소를 많이 칩니다. 하지만 동몽골에서는 풀이 잘 자라므로 그럴 필요가 없습니다. 그래서 소나 말을 많이 기릅니다. 양이나 염소를 기를 경우 한 게르당 보통 100~200마리 이상 키우는데, 매일 아침 그 많은 양들의 젖을 짜려면 여간 고역이 아닙니다. 하지만 소들은 그렇게 많이 키우지 않아도 되기 때문에 젖 짜는 일이 훨씬 수월합니다."

생각해보니 그럴 것 같았다. 유목민들에겐 젖 짜는 일이 중요한 일상사이기 때문이다.

나는 어르순 강을 끼고 보이르 호수로 내려가고 싶었다. 하지만 강 주변이 습지인 데다 길도 없고 수초가 무성해서 차량은 가까이 갈 수가 없었다.

고속도로를 타고 서너 시간쯤 내려갔을 때 작은 도시가 보였다. 신바르가족이 사는 마을이었다. 마을 안에 들어서니 여기저기 새로운 고층 건물이 들어서고 있었다. 활기에 찬 마을의 모습이 근처에 산업 단지가 있는 듯했다. 그렇지 않고는 초원 한가운데 있는 도시에 이 같은 건축 붐이 일 수 없기 때문이다.

신바르가족은 보이르 호수와 헐런보이르 호수 사이에 살고 있는데, 보이르 호수 쪽에 있는 신바르가족 마을은 신바르가 좌익기旗라 부르고, 헐런보이르 호수 쪽의 신바르가족 마을은 신바르가 우익기旗라 불렀다. 학자들은 신바르가 좌익기 일대에 예수게이의 처가인 옹기라트 올코오노트 씨족이 살았을 것으로 보고 있다.

테무진의 처가인 보스카올 씨족은 그보다 남쪽인 보이르 호수 동쪽에 있었다. 테무진은 그곳 처가에서 아홉 살부터 열세 살 때까지 살았다. 보이르 호수 일대는 사방 어디에나 넓은 초원이 있었다. 풍요로운 곳이었다. 아마도 테무진은 이곳에서 지내는 동안 헨티 아이막의 가난한 유목민들과는 비교할 수 없는 풍요로운 삶을 보았을 것이다.

좌익기 마을에서 사람들에게 보이르 호수 가는 길을 물으니 오른쪽으로 돌아서 가야 한다며 길을 가르쳐주었다. 좁은 콘크리트 포장길을 따라 서쪽으로 얼마나 지났을까, 앞쪽에 어르순 강이 나타났다. 보이르 호수에서 헐런보이르 호수로 흐르는데, 생각보다 강폭이 넓었다. 강물은 사파이어처럼 짙푸렀다.

어르순 강. 보이르 호수에서 흘러나와 북쪽의 헐런보이르 호수로 흘러든다.

다시 서남쪽으로 한두 시간쯤 갔을 때, 서북쪽 방향으로 지평선 멀리 야트막하게 솟아오른 산이 하나 보였다. 사방이 모두 평탄한 곳이다 보니 그리 높지 않은데도 한눈에 들어왔다.

"저 산이 이 지역에서는 이정표겠군. 초원 어디서든 보일 테니 말이야. 그 옛날 예수게이가 테무진을 데리고 옹기라트 부족을 찾아 이곳에 왔을 때도 저 산을 이정표 삼아 말을 달리지 않았을까?"

내가 말하자 N이 말했다.

"복드 산이라고 부르는데, 아마 그랬을 겁니다."

예수게이는 금나라 천리장성을 넘은 다음 동남쪽으로 방향을 바

멀리 복드 산이 보인다.

꿔 헤를렌 강으로 향했을 것이다. 헤를렌 강과 만날 때쯤이면 필시 복드 산이 보이기 시작할 테니 그때부터는 산을 바라보며 내려오면 되었을 것이다. 그러고는 동쪽의 어르순 강을 향해 나아갔을 것이고, 강에 이른 다음에는 자신의 처가가 있는 옹기라트 올코오노트 씨족 마을로 가려 했을 것이다.

그런데 도중에 옹기라트 보스카올 씨족의 데이 세첸을 만났던 것이다. 이상한 것은 데이 세첸이 예수게이를 한눈에 알아봤다는 점이다. 그것도 '사돈' 하고 부르면서. 데이 세첸은 그전에 예수게이를 만난 적이 없는데 어떻게 한눈에 알아보았던 것일까?

물론 예수게이가 당시 워낙 유명 인사인 데다, 옹기라트족의 사위이고, 또 그에 대한 인상착의를 들어 알고 있었을 테니 불가능한 일은 아닐 것이다. 그래도 처음 본 사람을 한눈에 알아본다는 건 쉬운 일이 아니다.

만일 예수게이가 데이 세첸을 만나지 않고, 바로 올코오노트 씨족으로 향했다면 어찌 됐을까? 아마도 몽골 역사는 달라졌을 것이다. 이런저런 생각을 하고 있을 때 N이 말했다.

"저 복드 산 근처에는 당시 타타르족이 살았습니다. 몽골족의 암바카이칸은 타타르족과의 혼인 약속을 지키기 위해 그들의 마을에 갔다가 타타르족에게 사로잡혀 금나라로 압송되었지요."

"몽골족의 칸이 호위 병사도 없이 갔단 말인가?"

"당시 몽골 풍습은 혼인식에 군사를 데리고 가는 것은 실례였습니다. 예수게이가 타타르족으로부터 독이 든 음식을 먹은 것도 아마 그 근처일 겁니다."

그랬다. 예수게이는 테무진이 열세 살이 되었을 때 잘 지내는지 살펴볼 겸 사돈 댁에 왔다가 돌아가는 길에 변을 당했다.

한데 독이 든 음식을 먹은 그는 왜 가까운 사돈 댁으로 가지 않고 그 먼 멍건모리트까지 무리해서 간 걸까? 그가 독이 든 음식을 먹었다는 사실을 안 것은 반나절쯤 지난 뒤일 것이다. 처음엔 배가 살짝 거북한 정도였을 것이다. 설마 타타르인들이 음식에 독을 탔을 거라곤 생각지 못했을 테니까.

얼마나 더 갔을까, 날이 어두워질 무렵 뜻밖에도 석유 채굴 탑들이 무더기로 보이기 시작했다. 2008년 가을 동몽골 초원 한가운데 있는 탐삭불락 지역을 여행할 때 보았던 채굴 탑들과 같은 것이었다. 당시 그곳에는 40여 개의 시추탑들이 막 채굴 작업을 시작하고 있었다. 이곳의 시추탑들 역시 탐삭불락에 있던 중국의 다칭석유회사大慶鑽探工程公司 것이 아닐까 하는 생각이 들었다.

그 옛날 군마를 기르던 곳에 말은 사라지고 대규모 유정 시설이 들어서다니, 상전벽해도 이런 변화가 없었다. 붉게 빛나는 저녁노을을 배경으로 서 있는 석유 채굴 시설은 마치 신화 속 괴물처럼 금방이라도 어둠을 깨고 튀어나올 것만 같았다.

그런데 근처에 있어야 할 보이르 호수 마을로 들어가는 길이 30여 분이 지나도 보이지 않았다. 운전하던 헉질투가 가이드 N에게 무어라 말했고 N이 내게 설명해주었다.

"4년 전에 헉질투가 이곳에 왔었답니다. 그때는 마을로 가는 길이 하나밖에 없었는데, 석유 채굴 시설이 들어서면서 길이 사방으로 나 있어 어느 길인지 잘 모르겠다고 합니다."

그렇다면 석유 채굴 시설이 들어서기 시작한 것은 3, 4년 전쯤이라는 이야기다. GPS를 보니 마을로 들어가는 입구를 한참 지나온 것이 분명했다. 어두워서 미처 표지판을 못 보고 지나친 것이다. 우리는 차를 돌려 가던 길을 돌아 나왔다. 한참을 달리자 앞쪽에 환한 불을 켠 집이 한 채 보였다. 식당 같았다. 가까이 다가가니 과연 노동자들이 식사하는 모습이 보였다.

그 집에서 길을 물은 우리는 8시 30분이 넘어서야 겨우 보이르 호수 마을에 도착했다. 캄캄한 어둠을 빠져나온 우리는 비로소 안도의 한숨을 내쉬었다.

다음 날 만저우리까지 가려면 서둘러야 하기 때문에 우리는 먼동이 틀 무렵 차를 타고 마을에서 2, 3킬로미터 떨어진 보이르 호수로 갔다. 갑자기 앞쪽에 중국 초소가 나타났다. 그 앞에서 오른쪽으로 꺾어 호숫가를 따라 달리니 '보이르 호수 은색 해안 여름 휴양지'라는 여행자 숙소가 보였다.

여행자 숙소 안에는 건물들이 여러 채 있었다. 우리는 주차한 다음 보이르 호숫가로 갔다. 호숫가 쪽으로 난 길에는 삼지창이 장식된 홍살문이 있었고, 길 양쪽 줄에는 오색 깃발들이 달려 있어 관광지 기분이 났다. 보이르 호수는 모래사장이 양쪽으로 길게 펼쳐져 있었고, 곳곳에 휴양 시설들이 세워져 있었다. 해안가가 남향이어서 그런지 몽골 쪽에서 호수를 보았을 때보다 한결 따뜻하고 편안해 보였다. 휴가철에는 꽤 많은 사람들이 찾을 듯싶었다.

우리는 그곳을 천천히 둘러본 다음 아침을 먹고 헐런보이르 호수로 향했다.

중국 내몽골 쪽에서 바라본 보이르 호수.

헐런보이르 호수

보이르 호수 마을을 지나 서북쪽으로 올라가는데 어제 보았던 복드 산이 왼쪽에서 우리와 함께 달렸다. 그리 높지 않은 산으로 몇 개의 봉우리가 이어져 있었다. 능선도 가파르지 않아 능히 말 타고 오를 수 있을 것 같았다. 오른쪽으로 고개를 돌리니 허허벌판 망망초원이다. 만저우리 쪽으로 난 콘크리트 포장길에는 트럭만 가끔 오갈 뿐이었다.

두어 시간 달렸을 때 멀리 앞쪽에 커다란 마을이 보였다. 신바르가 우익기였다. 마을이 가까워지자 앞에 조그만 강이 나타났다. 내가 무슨 강이냐고 묻자, N이 웃으며 말했다.

"헤를렌 강입니다."

나는 깜짝 놀랐다. 초이발산에서 보았던 헤를렌 강은 폭도 넓고 수량도 풍부했다. 그런데 하류에서 만난 강은 뜻밖에도 강폭이 불과 5, 6미터밖에 안 되는 조그만 하천으로 변해 있었던 것이다. 수량도 많지 않았다.

"그 많던 물이 다 어디로 간 거지?"

"이곳까지 오는 동안 초원을 적시며 다 퍼주고 온 거지요."

"그래도 그렇지, 그 넓던 헤를렌 강이 이렇게 조그만 하천이 되다니. 믿기지 않는구먼."

그랬다. 보통의 강들은 하구로 갈수록 넓어지게 마련인데, 헤를렌 강은 주변 초원을 적시느라 오히려 수량이 줄어든 것이다.

우리는 그곳에서 한동안 강의 마지막 모습을 구경하다 신바르가 우익기 마을로 들어섰다. 우익기 마을 역시 보이르 호수 근처의 좌익기 마을 못지않게 큰 건축물들이 여기저기서 올라가고 있었다. 좌익기 마을보다 규모가 더 커 보였다. 그때 N이 이곳 신바르가 마을의 향토 사학자에게 전화했다. 떠나기 전에 소욜마 교수가 도움이 될 거라며 소개해주었던 사람이다.

우리는 잠시 후 한 식당에서 이 지역 군수를 지냈다는 향토 사학자 두 사람을 만났다. 한 사람은 바자르 선생이고, 다른 한 사람은 네히트 선생이었다. 둘 다 전형적인 한국 사람의 얼굴이었다. 우리는 반갑게 인사를 나누었다. 식탁에는 잉어 요리, 양고기, 호떡 등이 나왔다. 두 사람은 이 지역 지리도 잘 알았지만, 역사에 대한 관심이 남달랐다. 요즘도 신바르가족이 유목을 하느냐고 물으니 주로 소를 키우며 양은 적다고 했다.

두 사람에게 신바르가족에 샤만이 있느냐고 묻자 문화혁명 전에 대부분 숙청되어 지금은 없다고 했다. 그때 갑자기 생각났다는 듯 그들은 우리에게 칭기즈칸의 둘째 부인이었던 콜란이 고려인이라고 말했다. 어렸을 때 어른들로부터 그렇게 들었다는 것이다. 콜란은 1204년 몽골군에 의해 메르키트족이 멸망할 때 칭기즈칸의 부인이 된 여인이다. 두 분은 이 지역 역사에 정통한 분들이다. 그렇다면 정말 메르키트족은 발해의 이주민일까?

그들은 콜란이 바로 발해 이주민의 후손이라고 우리에게 말하고 있었다. 너희들과 같은 혈통이라고. 칭기즈칸의 둘째 부인의 나라에서 온 것을 자랑해도 된다고. 결코 인사치레로 하는 말이 아니었다. 두 사람은 정말 그렇게 믿고 있었다.

몽골인들에게 콜란은 특별한 여인이다. 몽골 최고의 미인으로,

보이르 호수 마을 근처에서 만난 양 떼(위). 복드 산의 능선이 뚜렷하게 보인다(중간). 헤를렌 강의 하류. 헐런보이르 호수로 흘러들어간다(아래).

칭기즈칸의 총애를 한 몸에 받은 여인이기 때문이다. 칭기즈칸이 마지막으로 메르키트부를 칠 때 메르키트의 족장 다이르 우순이 자신의 딸을 바쳤는데, 그 여인이 바로 콜란이다. 일본 소설가 이노우에 야스시井上靖는 소설 『푸른 늑대』에서 콜란을 아름답고 지적이며 강인한 여인으로 묘사하고 있다. 다음은 그 일부다.

아버지 다이르 우순이 콜란을 칭기즈칸에게 바치려 하자 그녀는 미리 눈치채고 몸을 숨긴다. 전쟁의 와중에서 그녀가 발견된 것은 10일 정도 지난 뒤였다. 그녀가 테무진에게 끌려왔을 때, 콜란은 자신의 정조를 지킨 상태였다. 하지만 테무진은 전쟁 중이었으므로 병사들에게 그녀의 정조가 유린되었을 거라 생각했다. 콜란을 보자마자 마음을 빼앗긴 테무진은 그녀를 씻겨 자신의 침소로 데려오게 했다.
테무진이 침소에 들어갔을 때 콜란은 강하게 저항하며 말했다.
"들어오지 마시오! 한 발짝이라도 들어오면 나는 이 자리에서 목숨을 끊을 것이오."
"어떻게 죽겠다는 것이냐?"
"혀를 깨물면 쉽게 죽을 수 있소."
그녀의 태도가 예사롭지 않자 테무진은 돌아갔다. 그다음에 찾았을 때도 콜란의 태도는 변함이 없었다. 그렇게 두 달이 지나는 동안 몇 번을 찾아갔지만, 그녀의 태도에서는 여전히 결연한 의지와 냉기가 흘렀다. 부대가 이동하기 전날, 테무진은 다시 콜란을 찾아가 말했다.
"나는 너를 영원히 내 곁에 두고 싶다."
"진정으로 하는 말인가요?"
"물론이다. 내 말은 마음에서 우러나온 것이다."

"아마도 당신 말은 진심이겠지요. 그렇지 않다면 지금까지 나를 살려두지 않았을 테니까요. 당신의 그 마음은 나에 대한 사랑인가요?"

"그렇다."

"그렇다면 그 사랑은 그 어떤 여인에 대한 사랑보다도 크고 깊은가요?"

"그렇다."

"당신의 아내 버르테에 대한 사랑보다도요?"

테무진은 깜짝 놀랐다. 뭐라고 대답할 수가 없었다. 그러자 콜란이 다시 말했다.

"만일 당신의 아내에 대한 사랑보다 나에 대한 사랑이 더 크고 강하다면 나를 차지해도 좋아요. 그렇지 않다면 나는 결코 당신의 것이 되지 않을 겁니다. 난 언제든 죽을 준비가 되어 있어요."

테무진은 대답 대신 콜란에게 한 발짝 더 다가갔다. 콜란은 뒷걸음 쳤지만, 더 이상 거부하지 않았다. 테무진은 콜란을 품에 안았을 때, 자신이 정말 이 여인을 사랑하고 있음을 깨달았다.

그렇게 해서 콜란은 테무진의 부인이 되었고, 테무진이 전쟁터에 나갈 때면 늘 곁에 데리고 다니며 총애했다. 그리고 중요한 결정을 내릴 때는 그녀에게 먼저 물어보았다고 한다. 늑대의 무리들이 들끓는 몽골의 고원에서 힘겹게 자신을 지켜왔던 테무진. 그는 마흔이 넘은 나이에 콜란을 통해 사랑을 배웠던 것이다.

아메리칸인디언들이 그랬던가. 남자는 여자를 통해 사랑을 배우고 인생을 배운다고. 칭기즈칸도 예외일 수 없었던 것이다.

"몽골 말로 '콜란'이 무슨 뜻이지?"

N에게 물었다.

"'야생마' 혹은 '세 살 난 호랑이'라는 뜻입니다."

"야생마와 세 살 난 호랑이? 자유분방한 야생마와 덩치는 크지만 아직 장난기가 남아 있는 호랑이라. 콜란이 어렸을 때 그랬던 모양이군."

우리가 지나온 헤를렌 강 이야기를 하자 두 사람은 흥미롭게 다음과 같은 이야기를 해주었다. 헐런보이르 호수가 옛날에는 두 개의 호수를 이루고 있었으며, 헤를렌 강도 두 개로 갈라져 있었다고 한다. 그중 하나인 헤를렌 강은 헐런보이르 호수로 흘러들고, 또 다른 발찐 강은 발찐 호수로 흘러들었다고 한다. 발찐 호수는 다시 헐런보이르 호수로 흘러들어갔는데, 지금은 두 호수가 합쳐져 하나가 되었다는 것이다.

초원의 강은 종종 물줄기를 바꾸고, 호수는 생겼다 사라지고 하니 그리 놀랄 일은 아니었다. 『몽골 비사』에 나오는 고대의 호수들이 확인되지 않는 것도 바로 그런 이유 때문이다. 하지만 헐런보이르 호수가 두 개로 나뉘어 있었다는 이야기는 N도 처음 듣는다고 했다.

내가 복드 산과 헐런보이르 호수를 보고 싶은데, 안내해주실 수 있느냐고 하자 네히트 선생이 기꺼이 안내해주겠다고 했다. 우리는 식사를 마치고 네히트 선생과 함께 복드 산으로 향했다. 가까이 다가가자 산의 자태가 제법 웅장했다.

복드 산 남쪽 입구에 세워진 멋진 홍살문을 지나자 산 밑으로 거대한 기둥 아홉 개가 나란히 동서로 서 있었다. 칭기즈칸의 깃발 술드를 상징한 것인 듯했다. 새롭게 복드 산을 성역화하는 작업이 한

복드 산 남쪽의 아홉 개 기둥(위). 북쪽 능선으로 올라가는 길에서 바라본 복드 산(아래).

6 숙명의 라이벌 자모카, 동몽골에 피바람이 불다

창이었다. 네히트 선생은 1740년부터 산제山祭를 지내왔다며, 지금도 해마다 5월 15일이면 오보제가 성대하게 열린다고 했다. 그런데 아직 공사 중인지 들어가지 못하도록 줄을 쳐놓았다.

네히트 선생은 이리저리 살펴보고는 헉질투에게 남쪽으로 돌아서 복드 산 바로 밑으로 가게 했다. 차를 세우고 보니 기둥은 두께가 1미터는 돼 보였고, 높이도 10미터가 훌쩍 넘어 보였다.

복드 산 정상에는 오보가 있었다. 그곳으로 올라가는 계단도 잘 정비되어 있었다. 그때 네히트 선생이 걸어서 올라가려면 한참 걸리니까 뒷길을 이용해 정상으로 가자고 했다. 우리는 차에 올라 네히트 선생이 안내하는 대로 복드 산을 오른쪽으로 돌아갔다. 그러자 산 뒤로 여러 개의 봉우리들이 늘어선 능선이 보였다. 복드 산은 남쪽이 경사가 급한 반면에 북쪽은 완만했다. 말을 타면 정상까지도 단숨에 올라갈 수 있을 것 같았다.

우리는 능선 바로 밑까지 차로 간 다음 걸어서 복드 산에 올랐다. 산 정상에는 이제까지 본 것 중 가장 큰 오보가 세워져 있었다. 가운데 오보를 중심으로 사방에 세 개씩 기둥을 세워 줄로 연결한 오보는 웅장하고 화려했다.

마침내 오보가 있는 곳에 올라서자 동몽골의 초원이 한눈에 들어왔다. 바람이 제법 불었지만, 가슴이 시원했다. 그런데 하늘에 구름이 잔뜩 끼어 있는 탓인지 기운이 어두웠다. 뭔가 비원의 한이 서리기라도 한 듯.

그런데 오보 주위를 돌던 나는 깜짝 놀랐다. 사탕이 셀 수 없을 만큼 어지럽게 널려 있었기 때문이다. N에게 물었다.

"오보에 웬 사탕이 이렇게 많지? 이곳 사람들은 오보에 사탕을

복드 산 정상의 오보(위). 오보에서 바라본 북쪽 능선(아래).

바치나?"

"신들과 영들이 원래 단것을 좋아하잖아요."

그가 웃으며 말했다.

"이게 다 사람들이 바친 거라는 말이군."

대단했다. 몽골에서 오보를 많이 보았지만, 이처럼 사탕이 수북이 올려진 것은 처음이라서 그런지 신기하기만 했다. 중국 경제가 넉넉해지면서 신에게 바치는 사탕 공물도 그만큼 풍부해진 것이리라.

헐런보이르 호수를 보려면 서둘러야 한다는 네히트 선생의 말을 듣고 우리는 서둘러 내려와 차에 올랐다. 왔던 길을 거슬러 올라가 헐런보이르 호수로 향했다. 나는 뒤편으로 멀어져가는 복드 산을 몇 번이나 뒤돌아봤다. 왠지 이야기를 다 끝내지 않고 떠나는 듯한 기분이 들었기 때문이다.

네히트 선생은 헐런보이르 호수를 볼 수 있는 곳은 많지만 제대로 보려면 꼭 가야 할 곳이 있다며 우리를 안내했다. 신바르가 우익기 마을을 지나 만저우리 쪽으로 한참을 달리자 갑자기 오른쪽에 구릉지가 나타났다. 네히트 선생은 그곳에서 헉질투에게 오른쪽으로 들어가라고 했다.

이제까지 평탄하기만 했던 지형이 갑자기 구릉으로 바뀌면서 전혀 다른 모습이 되었다. 큰 구릉이 반복해 겹치며 구릉지를 만들고 있었다. 때마침 구름 속에서 나온 햇살이 구릉지를 더욱 신비스럽게 만들었다. 초원에 이런 구릉지가 숨어 있다니. 몽골의 땅은 늘 변화무쌍이다. 군사를 숨기기에 최적의 장소처럼 보였다.

구릉 길을 20분쯤 달렸을 때 앞쪽에 호수가 보였다. 헐런보이르 호수였다. 네히트 선생은 1200년 여름, 테무진이 오논 강 너머에서 타이치오드족을 멸한 뒤 옹칸과 함께 머물렀던 장소가 바로 이곳이라고 했다.

그랬다. 테무진과 옹칸은 타이치오드족을 멸하고 나서 철수하지 않고, 곧장 동쪽으로 이동해 이곳 헐런보이르 호숫가에 진을 쳤던 것이다. 네히트 선생이 이곳으로 우리를 데려온 것도 바로 그 역사 현장을 보여주기 위해서였다. 테무진은 옹칸과 함께 이곳에 한동안 머물며 헐런보이르 호수 일대의 몽골족 동태를 살폈다.

우리는 차에서 내려 구릉지를 돌아봤다. 풍치가 매우 아름다웠다. 헐런보이르 호수는 짙은 회갈색을 띠고 있었다. 맑은 호수를 생각했던 나는 실망했다. 그때 N이 나를 돌아보며 말했다.

"저길 보세요. 멀리 복드 산의 정상이 보입니다."

과연 남서쪽의 좁은 골짜기 사이로 복드 산의 정상이 눈에 들어왔다. 묘한 산이었다. 그리 높지도 않으면서 보이르 호수와 헐런보이르 호수 일대 어디서나 보이니 말이다.

그때 바닷가에 서 있는 바위 탑 같은 게 보였다. N이 말했다.

"이곳 사람들은 저 바위를 칭기즈칸이 말을 맸다고 해서 말바위라 부른답니다."

멀리서 보기에는 정말 말을 매었음 직한 바위였다. 우리는 여행자 숙소를 지나 호수 쪽으로 튀어나온 언덕으로 갔다. 그곳에는 정자가 세워져 있었다. 나는 정자로 올라갔다. 헐런보이르 호수가 한눈에 들어왔다. 필시 헐런보이르 호수 일대에서 최고의 경관을 자랑하는 곳일 듯싶었다. 하지만 테무진과 옹칸은 헐런보이르 호수의 풍광을 즐기러 온 것이 아니었다.

테무진과 옹칸이 자기들의 안방과 다름없는 헐런보이르 호숫가

칭기즈칸이 말을 맸다는 말바위(위). 호숫가 언덕 위에 세워진 정자 쪽으로 다가가니 헐런 보이르 호수의 아름다운 모습이 한눈에 들어왔다(아래).

에 주둔하자, 동몽골의 몽골족들은 술렁거렸다. 살지오트족과 카타킨족은 서둘러 대책을 논의했다. 그들은 옹칸이 출정한 이상, 옹칸과 긴밀한 관계를 갖고 있는 자모카가 출정하기는 어렵다고 여기고 옹기라트족 일부와 더르벤족 등을 규합했다. 그런 다음 헐런보이르 호수 쪽에 있던 차강 타타르부部를 통해 내몽골의 실링골 초원에 있는 타타르인들과 연합하여 대응한다는 전략을 세웠다.

실링골 초원은 타타르족의 본거지로, 몽골의 다리강가에서부터 이어지는 대초원이 있는 곳이다. 지금도 내몽골에서 유일하게 대규모 유목이 이루어지고 있다. 당시 타타르족의 위세는 대단했다. 그들은 흥안령 남쪽 자락의 구릉지인 달란 네무르게스를 넘어 할힌 강을 따라 보이르 호수와 헐런보이르 호수로 올라오는가 하면, 초이발산 쪽으로 해서 금나라의 천리장성에 와서 주둔하기도 했다. 차강 타타르족 같은 부족은 아예 복드 산 근처까지 올라와 자리 잡고 있었다.

헐런보이르 호수 일대의 부족들은 타타르부만 호응한다면 능히 테무진과 옹칸의 연합 세력과 맞붙어 싸울 만하다고 생각했다. 마침내 헐런보이르 호수 일대의 부족들은 타타르족과 함께 실링골에 모여 '올코이 불라크 맹약'을 맺었다. 이 맹약에는 살지오트족과 카타킨족, 더르벤족 등 헐런보이르 호수 일대의 부족들과 메르키트부의 토크토아 베키, 타이치오드족의 아오초 바타르와 타르코타이 키릴토크 그리고 알치 타타르족과 차강 타타르족 등 11개 씨족이 참여했다.

그 명단에는 흥미롭게도 오논 강 전투 때 탈출했던 타이치오드족의 족장 아오초 바타르와 타르코타이 키릴토크의 이름이 들어 있다. 타르코타이 키릴토크가 살아 있었던 것이다. 『몽골 비사』에 의하면, 오논 강 전투 때 타르코타이 키릴토크가 숲 속으로 도망치는 것을 보고 타이치오드족의 예속민 시르구에투 에부겐 노인과 그의 두 아들 알라크와 나아야가 쫓아가 사로잡았다고 한다.

그들은 테무진이 타르코타이 키릴토크에게 원한이 있다는 것을 알고 그를 데리고 테무진이 있는 곳으로 향했다. 도중에 에부겐 노인의 둘째 아들 나아야가 말했다.

"우리가 타르코타이 키릴토크를 바치면, 테무진은 자기 주인인 칸을 잡아온 자들을 어찌 믿겠는가 하면서 우리를 죽일지도 모릅니다. 그러니 이곳에서 그를 풀어주고, 테무진칸에게 가서 우리의 신명을 다 바치러 왔다고 말하는 게 좋겠습니다."

시르구에투 에부겐 노인과 큰아들 알라크가 가만히 생각해보니 나아야의 말이 옳았다. 무엇보다 신의를 중시하는 테무진의 태도로 볼 때, 도리어 자기들에게 해가 올 수도 있음을 깨달은 것이다. 그들은 타르코타이 키릴토크를 풀어주고 테무진에게 갔다.

테무진이 그들에게 어떻게 왔느냐고 묻자, 노인은 그동안 있었던 일들을 사실대로 털어놓았다. 그러자 테무진이 말했다.

"만일 너희 주인인 타르코타이 키릴토크를 잡아 왔다면, 나는 너희는 물론 너희 일족까지 모두 참수했을 것이다. 자기 주인을 차마 버리지 못해 풀어주고 온 너희의 태도는 옳은 것이다."

그리고 그들에게 상을 내렸다. 테무진의 일관된 태도가 타르코타이 키릴토크를 살린 것이다.

내몽골 실링골의 올코이 강에 모여 맹약을 맺은 11개 씨족은 곧바로 달란 네무르게스를 넘어 보이르 호수 쪽으로 밀고 올라왔다.

장인 데이 세첸을 통해 11개 씨족이 올코이 불라크 맹약을 맺고 올라온다는 소식을 전해 들은 테무진과 옹칸은 신속히 보이르 호수 쪽으로 내려와 그들을 맞았다. 그리고 보이르 호수 평원에서 초원의 늑대처럼 그들을 일거에 섬멸했다.

만일 이 전투에 타타르부의 6개 씨족이 모두 참여했다면, 테무진은 승리를 장담할 수 없었을 것이다. 그런데 타타르족 안에 내분이 일어나 6개 씨족 중 헐런보이르 호수 쪽에 살던 알치 타타르족과 차강 타타르족만 합세했던 것이다.

테무진과 옹칸은 전리품을 수습한 뒤 겨울을 나기 위해 각자 겨울 유목지로 이동했다. 옹칸은 보르칸 칼돈 산 동북쪽에 있는 코바 카야로 갔다. 테무진은 1196년 겨울 서하로 도망갔다 돌아온 옹칸과 그곳에서 함께 유목을 한 적이 있었다.

옹칸이 코바 카야로 떠나자 테무진은 헐런보이르 호수 일대 부족들의 움직임과 타타르족의 동태를 살필 겸 호수 아래쪽에 있는 체크체르 산으로 이동했다.

달란 네무르게스에서 타타르의 주력군을 치다

테무진은 생각했다. 만일 자모카가 움직인다면 메르키트부와 타타르부를 묶어 함께 움직일 게 틀림없었다. 보이르 호수 평원의 전투에서 두 타타르 씨족이 타격을 입긴 했으나, 타타르족은 거대한 말 목장과 군마를 보유하고 있는 용맹하기로 이름난 부족이었다. 타타르의 모든 부족이 자모카와 연합한다면 테무진으로서도 승리를 장담할 수 없었다.

마침내 테무진은 자모카가 움직이기 전에 먼저 달란 네무르게스로 내려가 타타르부의 주력을 깨부수기로 결심했다. 달란 네무르게스는 '70개의 모피 외투'란 뜻에서도 짐작할 수 있듯이 주름이 많이 잡혀 있는 구릉지다. 흥안령이 동몽골 남쪽으로 꺾어 들어온 부분으로 지금은 '넘러크'로 불린다.

한편 보이르 호수 평원 전투에서 동몽골 연합군이 테무진과 옹칸에게 패하자 위기의식을 느낀 타타르족은 반목을 멈추고 다시 하나로 뭉쳤다. 테무진은 1200년 겨울, 옹칸에겐 알리지 않은 채 타타르족을 치기 위해 은밀히 달란 네무르게스를 향해 남하하기 시작했다.

달란 네무르게스는 몽골 고원을 가로지르는 초원의 고속도로 동쪽 끝 지점으로, 그곳을 넘으면 내몽골은 물론 베이징까지 밀고 내려갈 수 있는 전략적 요충지다.

나는 예전에 달란 네무르게스를 답사한 적이 있었다. 그때 할흐골 시에 와서 지형을 살펴보니 할힌 강 주변에 습지가 아주 넓게 형성되어 있었다. 게다가 할힌 강 동쪽은 흥안령 산악 지대였고, 서쪽 또한 구릉지여서 도저히 그 사이에 달란 네무르게스로 가는 초원의 고속도로가 있을 것 같지 않았다. 할흐골에서 달란 네무르게스로 가는 초원의 길이 정말 있기나 한 건지 의심스러웠다.

그래도 운 좋게 주민들의 도움으로 차를 타고 할힌 강의 상류인

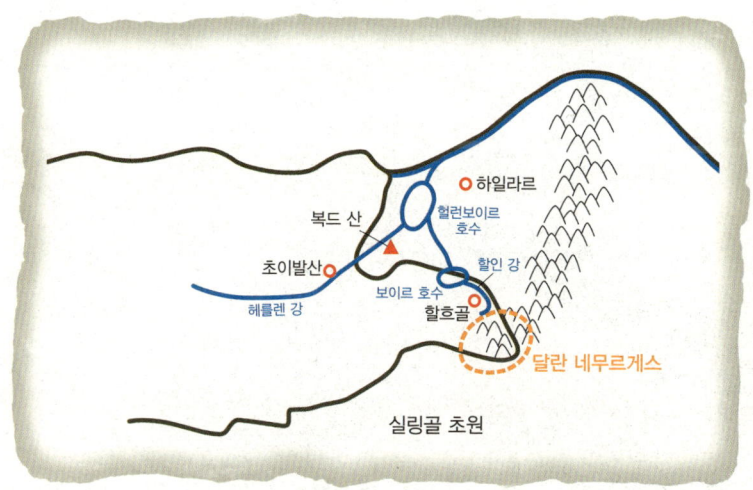

• 할힌 강 상류에 위치한 달란 네무르게스.

넘러크 강이 있는 곳까지 가볼 수 있었는데, 놀랍게도 그곳으로 가는 길은 넓은 초원의 고속도로를 이루고 있었다. 그때 그 길을 달리며 느꼈던 놀라움과 상쾌함은 뭐라 말할 수 없었다. 과연 옛사람들의 기록대로 초원의 고속도로가 달란 네무르게스까지 이어져 있었던 것이다.

테무진 군대가 달란 네무르게스로 이동해온다는 첩보를 접한 타타르부의 씨족들은 비상 전시체제로 돌아섰다. 타타르부의 여섯 씨족 가운데 도타오트 타타르, 알로카이 타타르, 쿠인 타타르, 테레이트 타타르 등 4개 씨족이 연합해 진영을 갖추고 달란 네무르게스를 넘어와 진을 쳤다. 보이르 호수 평원에서 테무진과 옹칸에게 패한 알치 타타르족과 차강 타타르족은 이 전쟁에는 참가하지 않았다. 패전의 상처를 추스르느라 여력이 없었던 것이다.

테무진의 군대는 할흐골에서 초원의 고속도로를 달려 달란 네무

달란 네무르게스. 이 구릉지를 넘으면 바로 내몽골로 갈 수 있다.

르게스를 마주 보고 진을 쳤다. 테무진의 세력이 강해졌다곤 하지만, 아무도 결과를 예측할 수 없었다.

하지만 테무진의 군대는 그들을 용서할 수가 없었다. 금나라의 앞잡이가 되어 수시로 몽골의 부녀자들을 잡아다 노예로 팔았을 뿐 아니라 몽골족의 2대 칸인 암바카이를 금나라에 넘긴 이들이었기 때문이다. 계속해서 그들에게 당하기만 하던 몽골군이 이제 그들을 섬멸하러 이곳까지 온 것이다. 그들의 사기는 충천했다.

차디찬 겨울비가 주룩주룩 내리는 가운데 치른 전투는 매우 치열했던 것으로 전한다. 서로 한 치도 물러설 수 없는 전투였기 때문이다. 타타르족의 세력은 강대했다.

그러나 수일간에 걸친 피비린내 나는 전투는 타타르군의 패배로 끝났다. 타타르 백성들은 공포에 휩싸인 채 테무진에게 투항했다.

그들이 자랑하던 수많은 군마들도 모두 몽골군에 넘어갔다. 타타르 군을 섬멸한 후 타타르의 백성들을 어떻게 처리할 것인가를 놓고 테무진은 즉석에서 코릴타를 열었다. 코릴타에서는 '예부터 타타르족은 우리의 선조들과 부모들을 살해해왔다. 조상들의 원수를 갚기 위해 타타르인들을 수레바퀴 앞에 세워 그보다 큰 자는 모두 죽여버리자. 그리고 여자와 아이들은 노예로 삼아 각 부족에 분배하자'고 결론이 났다.

칭기즈칸 군대가 타타르족을 그토록 잔인하게 처리한 이유는 그들에 대한 원한도 있지만, 아직도 배반과 이간이 판을 치는 몽골 고원에서 그들이 혹여나 다른 부족과 손잡고 반란을 일으킬 가능성을 완전히 차단하기 위해서였을 것이다.

그런데 벨구테이가 코릴타의 결정을 사전에 누설했다. 그러자 타타르인들은 단검을 소매에 숨기고 '적을 베개로 삼아 죽자'며 강하게 저항했다. 본래 타타르인들은 단검을 잘 다루기로 유명했다. 그 바람에 많은 몽골 병사들이 죽거나 다쳤다. 그러자 테무진은 벨구테이를 당분간 코릴타에 참석하지 못하게 했다.

전쟁이 끝난 후 테무진은 타타르족 귀족의 딸 중에 예수이란 여성을 카톤으로 맞아들였다. 거기에는 다음과 같은 사연이 있다.

테무진은 당초 예수겐이란 여성을 카톤으로 맞아들였다. 그런데 그녀가 테무진에게 말했다.

"저에게는 예수이란 언니가 있습니다. 그녀는 저보다 더 예쁘고 뛰어납니다. 그녀야말로 칸에게 어울리는 사람입니다. 언니는 전쟁이 일어나기 전에 신랑을 맞았는데, 전란 중에 어디로 갔는지 모르겠습니다."

그러자 테무진은 군사들을 시켜 그녀를 찾게 했다. 그리고 예수겐 카톤에게 물었다.

"그렇다면 네 언니를 찾았을 때 언니에게 너의 지위를 양보할 수 있겠느냐?"

그러자 예수겐 카톤이 말했다.

"저희 자매를 거두어주신다면, 기꺼이 양보하겠습니다."

마침내 병사들이 숲 속에 숨어 있던 예수이를 찾았다. 예수겐 카톤은 자기가 말한 대로 언니에게 자기 자리를 내주고 자신은 그 아래에 앉았다. 테무진은 예수이를 보고 마음에 쏙 들어 했다. 그래서 예수이와 마음씨 고운 예수겐을 모두 카톤으로 맞았다. 예수이 카톤은 콜란 다음으로 칭기즈칸의 총애를 받은 여성으로, 칭기즈칸이 류판 산에서 낙마해 죽음에 이르렀을 때 그의 옆을 지켰다.

타타르 주력군을 괴멸시킴으로써 자모카를 제외한 동몽골의 반反테무진 세력은 대략 정리된 셈이었다. 그러나 자모카는 어떻게든 주변 세력을 모아 테무진에게 대항하려 했다.

나는 네히트 선생과 헐런보이르 호수의 말바위가 있는 곳으로 내려갔다. 말바위는 멀리서 보던 것보다 훨씬 더 거대했다. 커다란 탑 같았다. 헐런보이르 호숫가는 무척 아름다웠다.

우리는 헐런보이르 호수를 좀 더 둘러본 뒤 차가 있는 곳으로 돌아왔다. 어느덧 해가 서녘으로 넘어가고 있었다. 우리는 구릉을 지나 다시 도로로 나왔다. 네히트 선생을 신바르가 우익기 마을까지 배웅하려 했으나 네히트 선생은 만저우리 쪽으로 타고 가다 신바르가 쪽으로 가는 차가 있으면 잡아타면 된다고 했다. '먼 길을 떠나야 할 사람들이니 너무 마음 쓰지 말라'는 선생의 간곡한 말씀에 우리는 선생의 뜻을 따르기로 했다. 바로 그때 만저우리 쪽에서 신바르가 우익기로 가는 차가 다가왔다. 네히트 선생은 얼른 우리 차에서 내려 그 차를 세우더니 우리를 향해 손을 흔들었다.

우리는 네히트 선생을 보내고 나서 만저우리로 향했다. 이내 날이 어두워졌다. 헉질투가 액셀러레이터를 힘껏 밟았다. 그는 과묵했다.

N에 의하면, 헉질투는 스무 살 때 베이징에 가서 법을 공부했는데, 간이 안 좋아 고향으로 돌아왔다고 했다. 그런데 그사이 베이징의 애인이 다른 남자와 결혼했다. 그 충격으로 이후 내내 고향에서 소를 키우며 혼자 살고 있다고 했다. 헉질투를 보며 참 든든한 젊은이라 생각했는데, 그런 사연이 있었다니 마음이 아팠다. 다행히 최근에 여자를 사귀고 있다고 했다.

멀리 만저우리 시의 불빛들이 점점 가까워졌다. 도시의 화려한 불빛이 눈부셨다. 도시에 활기가 넘쳐흘렀다. 밤 9시가 다 돼서야 시내에 도착한 우리는 헉질투의 친구가 운영하는 식당에서 저녁을 먹고 근처 호텔에 숙소를 잡았다.

흥미롭게도 중국의 호텔들 중에는 간판이 '주점酒店'이라고 되어 있는 곳이 많다. 때문에 중국에 처음 온 사람들은 헷갈리기 쉽다. 특히 여성들은 주점이라는 말에 지레 겁을 먹기 일쑤다. 하지만 중국인들은 아랑곳하지 않는다. 예로부터 여행자의 쉼터인 주막을 그리 불러왔기 때문이다.

자모카가 구르칸에 오르다

·
·

다음 날 아침을 먹고 나서 우리는 서둘러 길을 떠났다. 만저우리 시가지는 큰 건물들이 길가를 빽빽이 채우고 있었다. 건물들은 러시아 양식도 있고, 중국식과 외국의 양식을 결합한 것들도 있었는데, 아침 햇살에 반사돼 보석처럼 빛났다. 에르군네 강을 끼고 있는 만저우리는 예부터 중국에서 러시아로 넘어가는 관문으로 유명했다. 에르군네는 중국과 러시아의 국경선 역할을 하는 강이다.

우리는 시가지를 빠져나와 하일라르로 가는 고속도로를 타고 동쪽으로 가다 에르군네 강을 따라 북쪽으로 난 길로 접어들었다. 강가에는 낮은 둔덕이 발달해 있었다. 강물은 많지 않았으나 비가 오면 수위가 꽤 불어날 것이 분명했다. 그런데 망망한 초원 지대였던 헐런보이르 호수나 보이르 호수 쪽과 달리 에르군네 강 주변에는 산들이 많았다. 사방 어디를 둘러보아도 모두 산이었다.

게다가 더 흥미로운 것은 산들의 남쪽 사면이 한결같이 나무가 없는 초원을 이루고 있다는 점이었다. 북쪽에서 부는 바람이 푄 현상을 일으키면서 산의 남쪽 사면에 나무가 자라지 못해 초원이 형성된 것이다. 때문에 흥안령 산악 지대임에도 불구하고 유목이 가능했다. 에르군네 강 너머 러시아 치타 주 쪽의 산들 역시 산의 남쪽 사면이 모두 초원을 이루고 있었다. 북위 50도 가까이 되는 치타 주에서 유목이 가능한 이유를 비로소 알 것 같았다.

에르군네 강은 말이 없었다. 자기가 해야 할 일은 그저 이곳을 지키는 것이라는 듯. N이 말했다.

만저우리 시 근교의 에르군네 강. 넓은 습지를 이루고 있다.

"살지오트족과 카타킨족의 본거지는 에르군네 강 너머에 있었을 겁니다. 자모카의 자다란족 본거지는 좀 더 북쪽이었을 거고요. 그들이 이곳에서 대세력을 이룰 수 있었던 것은 치타 주의 드넓은 산록 초원 때문입니다. 칭기즈칸 시대에는 이 일대가 모두 몽골 땅이었습니다."

우리나라 사람들은 흔히 만주와 몽골은 별개라고 생각한다. 홍안령 산맥에 의해 분리되어 있다는 것이다. 하지만 그것은 북방의 지형을 잘 알지 못하고 하는 이야기다. 고대부터 북방 사람들은 몽골과 만주를 넘나들었다.

따라서 홍안령을 경계로 만주와 몽골을 나누는 것은 의미가 없

에르군네 강을 따라 올라가니 산의 남쪽 사면이 모두 초원이다.

다. 더욱이 내몽골과 만주는 초원을 통해 하나로 연결되어 있다. 몽골 초원에서 변화가 일어나면 그 파급은 곧바로 만주까지 미치게 되어 있다. 몽골과 만주는 순망치한脣亡齒寒의 관계에 있는 것이다.

예부터 흥안령을 넘는 루트는 크게 두 코스가 있었다. 하나는 하일라르에서 흥안령 북부의 산림 지대를 넘는 것이고, 또 하나는 보이르 호수에서 남동쪽으로 내려가 지금의 내몽골 아르샨 근처에서 흥안령 골짜기를 가로질러 만주로 넘어가는 것이다. 그 밖에 하일라르에서 만주의 치치하얼로 넘어가는 길이 있지만, 그것은 20세기 들어 시베리아 철도가 부설되면서 새로 만들어진 길이다.

예전에 하일라르에서 아르샨으로 내려와 흥안령을 통과한 적이 있었다. 흥안령을 넘는다고 잔뜩 기대했는데, 의외로 흥안령 골짜기는 평이했고, 말 타고 한나절이면 넘을 수 있을 것 같았다. 게다가 창춘에서 퉁랴오通遼를 거쳐 츠펑으로 가는 길은 완만한 구릉과 망망초원의 연속이었다. 그때 나는 내심 무척 놀랐다. 그동안 역사 교과서에서 배운 것과 달리 만주와 몽골, 몽골과 만주는 하나라는 것을 절실히 느꼈기 때문이다.

그런데 지금도 많은 역사학자들이 우리 역사의 무대는 만주와 한반도라고 주장하며, 우리를 우물 안 개구리로 만들고 있다. 북방을 발로 뛰어다니며 두 눈으로 보지 않고 책만 보고 공부한 탓이다.

우리는 에르군네 강을 따라 계속 북쪽으로 올라갔다. 에르군네 강은 시야에서 사라지는 법 없이 가까이 다가왔다 멀어졌다 하며 줄곧 우리와 여정을 함께했다.

하늘의 구름이 점점 먹구름으로 변하더니 비가 내리기 시작했다. 비에 젖은 초원의 빛은 더욱 푸르렀다.

그때 갑자기 N이 외쳤다.

"저길 보십시오. 옹기라트부라고 되어 있어요."

나는 얼른 그가 가리키는 오른쪽 언덕을 보았다. 그곳에 서 있는 팻말에 이렇게 쓰여 있었다.

'弘吉剌部, 蒙古大營.'

홍길라부弘吉剌部는 옹기라트부를 중국식으로 소리 나는 대로 적은 것이다. 팻말 뒤쪽으로는 화려한 게르들이 들어선 캠프장 같은 곳이 보였다. 그곳 입구에도 옹기라트부라고 쓰여 있었다.

"아마 옹기라트 본족이 이곳에 있었던 모양입니다."

N이 말했다.

옹기라트부 팻말.

"옹기라트 본족이 이곳에 있었다니 놀랍군. 그렇다면 이곳에서부터 보이르 호수에 이르는 광범위한 지역에 옹기라트족이 살고 있었다는 뜻이잖나."

"그렇지요. 아마 1201년 자모카가 구르칸에 등극했던 훌랑 에르기도 이 근처에 있을 겁니다."

"훌랑 에르기가 무슨 뜻이지?"

"훌랑은 콜란과 같습니다. 야생마 또는 세 살 난 호랑이란 뜻이지요. 에르기는 언덕이란 뜻입니다."

"그렇다면 야생마 언덕이란 뜻이로군."

우리는 10여 분 거리에 있는 에르군네 시에 가서 훌랑 에르기의 위치를 아는 현지인을 찾아보기로 했다. 에르군네는 카나 강가에 있는 고대 도시다. 카나銀河는 우리말로 은하수라는 뜻이다. 실제로 카나 강은 밤하늘의 은하수처럼 흥안령 북부 산림 지대를 동서로 가로질러 흐른다. 이 강을 경계로 흥안령 북부의 산림 지대와 남쪽의 초원 지대로 나뉘며, 하일라르에서 흥안령 산림 지대를 넘고자 할 때는 이 강을 따라가면 된다.

우리는 곧 카나 강의 다리를 건너 에르군네 시에 도착했다. 그곳의 한 식당에 들어가 음식을 시킨 후, N과 헉질투는 밖으로 나갔다.

잠시 후 그들은 희색이 가득한 얼굴로 돌아왔다. 마침 옆 상점 주인이 홀랑 에르기의 위치를 알고 있다며 우리와 함께 가주겠다고 했다는 것이다. 나는 환호성을 질렀다.

식사를 마친 우리는 상점 주인을 태우고 홀랑 에르기로 출발했다. 그가 안내하는 대로 가 보니 아까 지나쳤던 옹기라트부 캠프장이 다시 보였다. N의 예상대로 우리가 지나왔던 길 어딘가에 홀랑 에르기가 있었던 것이다. 그때 오른쪽에 조그만 표석이 보였다. 내가 '스톱!' 하고 외쳤다.

과연 그 표석에는 '자모카칸이 등극한 곳이 2킬로미터 오른쪽에 있다'고 쓰여 있었다. 표석의 지시대로 따라가보니, 입구에 자물쇠가 채워져 있었다. 실망한 우리는 다시 철조망을 따라 왼쪽으로 돌아갔다. 그곳에 또 다른 입구가 나왔다. 문을 열고 안으로 들어가니

'자모카가 칸으로 칭한 곳'이라고 쓰여 있는 바위.

제법 큰 집이 나왔다. 경적을 울리자 한참 만에야 한 남자가 나왔다. 자모카가 칸으로 등극한 곳이 어디냐고 물으니 서북쪽으로 쭉 가면 된다고 했다.

남자가 가르쳐준 대로 언덕을 400~500미터쯤 가자, 과연 자모카가 구르칸에 등극한 곳을 기념하는 석상이 있었다. 우리는 차를 세우고 석상 앞으로 달려갔다. 석상 옆에는 붉은 글씨로 '자모카가 칸으로 칭한 곳札木合稱汗地'이라고 쓴 바위 표석이 놓여 있었다.

자모카 기념비 석상(위). 자모카가 등극할 때의 모습을 새긴 석상(아래).

"맞아. 석상 한가운데 자모카의 모습이 새겨져 있구먼."

석상에는 자모카가 구르칸에 등극할 때의 모습이 자세히 새겨져 있었다. 자모카는 입가에 미소를 머금고 있었는데, 풍채가 당당했다. 우리는 어르거 의식을 하며 자모카의 영혼을 위로했다.

석상 뒤편 언덕으로 올라가니 낭떠러지였다. 과연 홀랑 에르기, 야생마 언덕 그대로였다. 바로 아래에는 툴베르 강이 흐르고, 멀리 에르군네 강이 보였다. 두 강 사이에는 거대한 습지가 형성되어 있었는데, 에르군네 강 건너편에는 러시아 마을이 조그맣게 보였다.

나는 한동안 에르군네 강과 카나 강의 지류인 툴베르 강이 만든 거대한 습지를 바라보았다. 그리고 돌아서서 석상 쪽을 둘러보았다. 순간 들판이 멀리까지 드넓게 펼쳐져 있었다. 홀랑 에르기는 그 들판이 한눈에 내려다보이는 천혜의 명소였던 것이다. 자모카의 회맹지會盟地로 손색없는 곳이었다.

1201년 여름, 자모카의 부름을 받은 카타킨족, 살지오트족, 이키레스족, 더르벤족, 알치 타타르족과 차강 타타르족, 옹기라트족의 일부 씨족 등 반테무진 세력은 이곳에 모여 자모카를 구르칸에 추대했다. 그리고 이렇게 맹세했다.

    우리의 서약을 누설하는 자는 폭풍에 강둑이 무너지듯 저주를 받으리라. 우리의 동맹을 깨뜨리는 자는 번개에 나뭇가지가 잘려나가듯 죽임을 당하리라.

그리고 테무진을 공격하기로 결의했다.

사실 자모카의 카나 회맹은 때늦은 감이 있었다. 이미 테무진이

홀랑 에르기. 이 언덕에서 자모카는 카나 회맹을 열고 구르칸에 올랐다(위). 홀랑 에르기에서 바라본 남쪽 들판(아래).

하일라르 쪽의 친자모카 부족들과 타타르부를 괴멸시킨 뒤였기 때문이다. 하지만 아직 기회는 있었다. 반테무진 세력들이 속속 모여들고 있었기 때문이다.

테무진, 새로운 분배법을 정하다

테무진은 타타르족과의 달란 네무르게스 전쟁이 끝나자 첩자들을 자모카 진영에 들여보낸 뒤, 군대를 이끌고 보르칸 칼돈 산 동쪽의 구렐구 산에서 쉬고 있었다.

테무진은 그곳에 머무는 동안 자모카가 구르칸에 등극했다는 소식을 들었다. 테무진으로서는 그동안 자모카를 치려 해도 명분이 없었다. 그런데 자모카가 자신의 반대 세력들을 규합하고 나섰으니 더 이상 주저할 필요가 없게 되었다. 그는 즉시 군대를 동쪽으로 움직여 하일라르로 갔다.

한편 자모카는 테무진을 치기로 했으나 테무진이 머무는 구렐구 산에서 가까운 코바 카야에 옹칸이 머물고 있었기 때문에 헨티 지방으로 진격해올 수가 없었다. 섣불리 테무진을 공격했다가 옹칸이 테무진을 옹호하기라도 하면 낭패이기 때문이다.

『몽골 비사』에 의하면, 테무진은 하일라르 강의 지류인 테니 코르칸 강변에서 자모카 연합군을 대패시킨 것으로 되어 있다. 이 전쟁이 끝나자 자모카에게 붙었던 옹기라트족들이 테무진에게 귀부해왔다. 자모카에게 더 이상 희망이 없다고 본 것이다. 전쟁에 패한 자모카는 치타 주 쪽으로 도주했으나 테무진은 뒤쫓지 않았다.

대신 테무진은 자모카를 지원하고 있는 타타르족의 남은 두 부족, 알치 타타르족과 차강 타타르족을 완전히 없애기로 마음먹었다. 자모카 연합군이 테무진에게 패하자 그들은 실링골 초원으로 내려가 있었다.

보이르 호수 근처에 머무르면서 주변 정세를 살피던 테무진은 이듬해인 1202년 봄, 그들을 쫓기 위해 달란 네무르게스를 넘어갔다. 올코이 강의 지류인 실루겔지트 강으로 접근해 그들을 섬멸했다. 그런데 이 전투를 벌이기 전에 테무진은 귀족들과 군사들을 모두 모아놓고, 새로운 법을 제정했다. 그것은 이제까지 내려오던 귀족 중심의 분배법을 완전히 바꾸는 것이었다.

몽골 사회에서 전리품은 약탈한 사람의 소유였지만, 귀족들은 전리품에 대한 우선권을 갖고 있었다. 꿈과 이상을 갖고 테무진에게 왔던 군사들은 이런 불공정한 현실에 불만을 드러내기 시작했다. 오랫동안 그 모습을 지켜봐오던 테무진이 마침내 환부를 도려내기 위해 칼을 뽑은 것이다. 테무진은 귀족들과 군사들을 다 불러 모은 다음, 그들에게 전리품 배분에 관한 자신의 생각을 제안했다. 그 요지는 '전리품을 공정하게 배분하자'는 것이었다. 그 제안을 코릴타에 붙였다.

군사들은 당연히 균등한 배분을 원했다. 귀족들은 독자적인 군대를 가지고 있으므로 그들의 권리를 주장할 수 있었다. 그런데 테무진 직계 하층 유목민 병사들의 수가 점점 더 많아지면서 상황이 달라졌다. 토론은 예상대로 귀족이나 군사들이나 모두 균등하게 전리품을 배분해야 한다는 쪽으로 결론이 났다. 귀족들은 자기들의 권리를 빼앗기는 것이었지만, 다수를 차지하는 테무진 직계 병사들의 힘을 무시할 수가 없었다.

테무진은 귀족들이 이해관계에 따라 움직이는 사람들이라는 것을 뼈저리게 느끼고 있었다. '과연 귀족들이 자신과 끝까지 함께 갈 수 있을까? 그들이 자신의 꿈과 이상을 따라줄까? 아니면 불리하다 싶으면 등을 돌릴 것인가?' 테무진은 그들이 끝까지 자신의 곁에 남으리라는 것을 확신할 수 없었다.

하층 유목민 병사들은 달랐다. 그들은 자신들의 꿈과 이상을 좇아 기꺼이 목숨을 내놓았다. 자신보다 동료와 전우를 먼저 챙겼다. 그런 하층 유목민들을 보며 테무진은 생각했을 것이다. 저들이야말로 진정한 몽골의 전사라고. 테무진은 사람이 사람답게 사는 사회가 되려면 무엇보다 귀족과 평민의 차별이 없는 평등한 사회가 되어야 한다는 것을 깨닫고 있었다. 오직 그때에만 몽골 고원에 평화가 정착된다는 것을.

그 첫 번째 시험대가 바로 전리품 배분이었다. 전리품을 공정하게 배분하자는 테무진의 제안은 단순한 서약이 아니라 진정한 몽골군의 탄생과 새로운 몽골 제국을 예고하는 것이라고 할 수 있었다.

전리품 배분에 관한 토론을 말없이 지켜보던 테무진은 마침내 자리에서 일어나 키야트족의 귀족들과 하층 유목민 군사들 앞에서 소리 높여 외쳤다.

자, 이제 여러분의 의견에 따라, 적을 물리쳤을 때는 전리품 근처에 서 있는 것을 금한다. 적을 물리친 뒤의 전리품은 우리 모두의 것이다.

이제부터 우리는 그것을 공평하게 배분할 것이다.

하층 유목민 병사들은 크게 감동했을 것이다. 그리고 자신들의 꿈과 이상이 실현되어가는 것을 느꼈을 것이다. 하지만 귀족들은 달랐다. 대놓고 말은 못했지만, 그들은 속으로 자신들의 권리를 빼앗겼다고 생각했다. 귀족들은 속이 부글부글 끓었다. 하지만 반발할 수도 없었다. 그것이 테무진 진영의 대세였기 때문이다.

얼마 후 작은 사건이 발생했다. 알탄 옷치긴, 코차르 베키, 테무진의 숙부인 다아리타이 옷치긴 등 귀족 세 명이 전쟁이 끝난 뒤 전리품 곁에 서 있는 것을 테무진이 목격한 것이다. 테무진은 즉각 그들이 군법을 어겼다고 말하고, 그들이 갖고 있던 전리품을 모두 압수했다. 이들이 누군가. 키야트계의 대표적인 귀족들이었다.

귀족들은 테무진의 서슬 퍼런 눈빛을 보고 섬뜩했을 것이다. 그리고 갈림길에 서 있음을 느꼈을 것이다. 귀족의 특권을 포기하고 테무진의 꿈과 이상을 따라가느냐? 아니면 귀족의 특권을 유지하기 위해 테무진과 맞서 싸우느냐?

쿠이텐 전투

몽골 고원에 타오르는 변화의 불길은 하루가 다르게 몽골 고원 전체로 퍼져나가고 있었다. 이제 그 누구도 활활 타오르는 불길의 흐름을 막을 수 없었다.

서부 알타이에서 몽골 고원의 상황을 지켜보던 동東나이만의 타양칸과 서나이만의 보이로크칸도 뭔가 대비하지 않으면 안 되겠다고 느꼈다. 수수방관하고 있다가는 어느 날 갑자기 옹칸과 테무진의 대군이 알타이로 몰려들 수도 있기 때문이다.

그러던 차에 메르키트부의 토크토아 베키가 연합을 제의했다. 보이로크칸은 기다렸다는 듯 저격의 주역을 맡고 나섰다. 1202년 여름, 보이로크칸은 지금의 신장 지방에 있던 오이라트부와 함께 동쪽으로 움직이기 시작했다.

오이라트족은 앙카라 강과 예니세이 강의 산림 지대에서 수렵과 유목을 하다가, 12세기에 지금의 신장 지방으로 내려온 사람들이다. 당시는 큰 세력이 아니었지만, 뒷날 서몽골의 강자로 군림하게 되는 세력이다. 고도카 베키가 족장이었다.

하지만 이들 반테무진 세력에는 가장 강력한 군대를 가지고 있던 동나이만의 타양칸이 빠지고 없었다. 동나이만의 타양칸과 서나이만 보이로크칸의 사이가 나빴기 때문이다. 그들은 형제이면서도 서로 등을 돌리고 있었다.

당시 결집한 반테무진 세력을 보면 서나이만부, 오이라트부, 헐런보이르 호수 일대의 반테무진 몽골족 패잔병들, 메르키트부와 자모카의 남은 군사들, 그리고 타이치오드족 족장이었던 아오초 바타르 등이었다.

타르코타이 키릴토크는 보이르 호수 평원의 전투 이후 모습이 보이지 않는데, 라시드 앗 딘의 『집사』에 의하면, 전투 중 소르칸 시라의 아들 칠라운의 창에 찔려 죽었다고 한다.

당시 테무진은 타타르의 두 부족을 섬멸한 후, 전열을 정비하기 위해 실루겔지트 강가에 머물고 있었다. 테무진은 자모카와 메르키트부 그리고 나이만부를 탐문하던 중, 반테무진 세력이 서나이만을 중심으로 모여들고 있다는 소식을 듣자, 곧바로 옹칸에게 사신을 보냈다. 옹칸은 서둘러 군사를 정비해 다리강가를 거쳐 테무진이 머물고 있던 실링골 초원의 실루겔지트 강가로 내려와 합류했다. 그런 다음 그들은 '자모카를 맞이하러 출격하자'며 북상하여 헤를렌 강을 따라 진격했다.

옹칸-테무진 세력과 서나이만을 중심으로 한 반테무진 세력은 1202년 가을 헐런보이르 호수 서남쪽에 있는 복드 산 서쪽의 쿠이텐에서 맞붙었다. 그곳에서 일진일퇴하며 대치하고 있을 때, 서나이만의 보이로크칸과 오이라트부의 고도카 베키가 옹칸과 테무진 진영을 곤경에 몰아넣기 위해 자다석을 이용해 비바람을 부르는 주술을 사용했다. 주술로 기상 변화를 일으켜 몽골군을 제압하려는 것이다.

'자다jada'는 비바람을 부르는 주술을 말한다. 돌궐족에서 처음 시작된 것으로 보이는 이 주술은 초원의 유목민들이 가뭄 때 비바람을 부르거나 구름, 눈, 안개, 우박, 서리 등을 물러가게 할 때 종종 사용된 것으로 알려져 있다. 동물의 결석으로 만든 자다석을 물속에 집어넣고 비비면서 주문을 외우면, 하늘이 갑자기 어두워지면서 거센 비바람이 불고 온도가 급강하면서 눈이나 우박이 떨어진다고 한다.

하지만 보이로크칸과 고도카 베키의 자다석 전술은 오히려 역효과를 낳았다. 자다석을 이용해 비바람을 부르자, 비바람이 옹칸과 테무진 진영으로 불지 않고 그들의 진영에 불어닥쳤기 때문이다.

군사들은 눈보라 속에서 앞으로 나아가지 못하고 뒷걸음쳤다. 반테무진 진영은 급속히 무너졌다.

그 바람에 테무진 세력과 반테무진 세력이 모든 군사력을 동원하여 대치했던 쿠이텐 전투는 싱겁게 끝나고 말았다. 쿠이텐 전투의 패배에도 불구하고 자모카는 살아남았다. 하지만 그는 날개 잃은 독수리였다. 이제 몽골 고원에서 테무진과 옹칸의 세력에 대항할 세력은 알타이 동나이만의 타양칸밖에 없었다.

한편 중국 북부를 차지하고 있던 금나라 조정은 몽골 고원의 싸움을 즐기는 입장이었다. 직접 손을 쓰지 않아도 자기들끼리 치고받는 동안 힘이 소진되어 약해질 거라고 여긴 것이다.

그런데 옹칸과 테무진이 주변 세력을 하나하나 통일해가자, 비로소 관심을 갖고 지켜보기 시작했다. 하지만 몽골 고원에 통일 정권이 들어선다 해도 자기들에게 대항할 정도는 못 된다며 태평하게 강 건너 불구경하듯 지켜보았다. 백만 대군을 갖고 있던 금나라였으므로 그깟 수십만 명의 오랑캐쯤은 단번에 섬멸할 수 있다고 여긴 것이다. 만일 금나라가 이때 개입했다면, 몽골 고원의 통일은 훨씬 더 복잡하고 어려웠을 것이다.

7

몽골인들의 초기 이동로를 따라

실위 마을을 찾아서

몽골족은 '에르군네 쿤'이란 곳에서 기원한 것으로 알려져 있다. 라시드 앗 딘의 『집사』는 그 사실을 이렇게 전하고 있다.

아주 오래전에 몽골족은 투르크계의 종족들과 대립했다고 한다. 갈등은 전쟁으로 비화하였고, 몽골족은 거의 멸족에 가까운 패배를 당했다. 그 전쟁에서 살아남은 사람은 남자 둘과 여자 둘뿐이었다. 두 가족은 투르크계 사람들에 대한 두려움 때문에 그들의 발길이 닿지 않는 험준한 곳으로 도망쳤다. 그곳은 주변이 모두 산과 숲이었고, 통과하기 어려운 좁고 험한 길 하나를 제외하면 어느 방향에서도 길이 없었다. 그 산지 중간에 풀이 풍부한 초원이 있었는데, 바로 '에르군네 쿤'이다.
두 남자의 이름은 네쿠즈와 키얀이었고, 그들은 에르군네 쿤에서 오랫동안 살았다. 그들의 자손들로부터 몽골족의 각 지파와 씨족들이 생겨났다.

이 신화의 앞부분에는 몽골족이 고대에 투르크계 사람들에게 멸족당했다고 되어 있다. 그런데 중국의 사서에 실린 돌궐족 기원 신화를 보면, 몽골 기원 신화와 마찬가지로 돌궐족이 이웃 부족에게 공격당해 거의 멸족되었으며, 그때 살아남은 아이로부터 돌궐족의 시조인 아사나씨가 출현했다고 되어 있다. 따라서 몽골족이 투르크계 사람들에게 멸족당했다는 대목은 당시 몽골 고원을 지배하던 돌궐족의 기원 신화를 채용했을 가능성이 높다.

하지만 신화에 등장하는 '에르군네 쿤'이나 '네쿠즈' '키얀' 등의 인명은 모두 몽골계 이름이다. 따라서 처음 부분은 돌궐족 신화에서 채용했을지 모르나, 신화에 몽골족의 초기 역사가 담겨 있는 것은 의심할 여지가 없다.

고유명사 중 하나인 몽골어 '키얀'은 가파르고 빠른 격류를 뜻한다. 아마도 살아남은 키얀이 용감하고 대담한 사람이어서 그런 이름이 주어졌을 것이다. 키얀의 복수형은 '키야트'다. 그러므로 키야트족 사람들은 위의 신화에 등장하는 키얀의 후손이라고 할 수 있다.

그런데 이처럼 키야트족의 기원이 에르군네 쿤 신화까지 올라간다는 사실이 확인된 것은 몽골어의 '어원 연구'를 통해서다. 몽골의 고대 언어가 잘 보존되었기에 가능한 일이다. 몽골어는 중세 이후 발음이 약간 변하긴 했으나, 거의 원형 그대로 내려오고 있다고 한다. 때문에 몽골 역사를 연구하려면 반드시 중세 몽골어를 연구해야 한다. 언어 속에 그들의 역사가 고스란히 담겨 있기 때문이다.

우리는 실위 마을로 향했다. 실위 마을은 에르군네 시에서 서북쪽의 에르군네 강가에 있다. 에르군네 시를 빠져나와 서북 방향으로 향하자 지형이 산악 지대로 바뀌더니 울창한 숲들이 나타나기 시작했다. 조금 전까지 스텝 지역의 특징이 강했다면, 그곳은 흥안령 산림 지대의 특징이 완연했다. 빽빽한 소나무 숲과 자작나무 숲들은 대단했다. 숲의 바다라 해도 과언이 아니었다.

하일라르에서 만난 소욜마 교수의 동생 투게멜은 에르군네 쿤의 위치에 대해 지금 우리가 가는 실위 마을과 그 위쪽에서 에르군네 강으로 흘러드는 지리 강激流江 하구 일대가 가장 유력한 곳으로 지목되고 있다고 했다. 특히 지리 강 하구 일대에서는 2004년부터 2006년까지 3년 동안 중국, 몽골, 러시아 3개국 학자들이 공동 조사한 결과 움집터가 여럿 나왔다고 했다. 그러나 실위 마을과 지리 강 하구 중 어느 곳이 실제로 에르군네 쿤인지는 단정적으로 말하기 어렵다고 했다.

17세기에 러시아인들이 흥안령 산림 지대에 출몰하자 강희제가 이 지역 몽골인들을 내몽골의 후허하오터로 소개시킨 적이 있었다. 몽골인들이 러시아 편에 설 것을 우려해 극단의 조치를 내린 것이다. 만일 그때 몽골인들이 남아 있었다면, 그들은 에르군네 쿤의 위치를 정확히 알고 있었을 것이다. 몽골인들은 자신들의 역사를 자랑스럽게 생각하기 때문이다. 안타까운 일이 아닐 수 없다.

하지만 몽골의 기원지 에르군네 쿤이 흥안령 북부의 에르군네 강 근처에 있었던 것만은 분명해 보인다. 그 점에 대해서는 모든 학자들이 동의하기 때문이다.

본래 흥안령 북쪽 산림 지대에는 고대부터 여러 민족들이 섞여 살았다. 당나라 때는 그들을 통칭하여 '실위室韋'라고 불렀다. 그런데 소욜마 교수에 의하면, 이곳 사람들은 실위를 중국식으로 '시웨이shiwei'로 발음하지 않고 '시구이'로 발음한다고 했다. 그 말이 무슨 뜻이냐고 하니 '숲의 사람들'이라고 했다.

그렇다면 실위는 '숲의 사람들'을 뜻하는 토착어 '시구이'의 한자식 표현일지 모르겠다는 생각이 들었다. 이곳 흥안령 산림 지대 사람들은 선비鮮卑족도 중국식으로 '시엔베이xianbei'라 하지 않고 '쇼고이'라 한다고 했다. 쇼고이 역시 시구이와 같은 계통의 말일 가능성이 있다.

그들이 말하는 선비족이란 이곳 흥안령 북단의 가셴둥嘎仙洞에서 발원한 타브가치족을 말한다. 그들은 3세기에 동몽골 초원으로 나가 군마를 확보한 뒤, 중국으로 내려가 북위北魏라는 나라를 세워 중국 북부를 지배했다.

몽골 역시 이곳 흥안령 북단 에르군네 쿤에서 발원하여 8세기에 몽골 고원으로 나가 아시아를 지배한 민족이다. 그렇게 보면, 이곳 흥안령 북단의 산림 지대는 동아시아 민족들의 요람이라고 할 수 있다.

그래서일까, 일본 학자 시라토리 구라키치白鳥庫吉는 "몽골, 타브가치, 부여, 고구려가 섞여 있는 것 같다"고 말한 바 있다. 그가 그렇게 보는 근거는 몽골어와 타브가치어, 그리고 고구려어가 언어학적으로 유사하기 때문이다. 몽골어와 고구려어가 유사하다는 사실은 다른 학자들에 의해서도 제기된 바 있다.

몽골과 고구려의 언어가 유사하다면 역사적으로 서로 겹치는 부분이 있어야 한다. 같은 공간에서 섞여 살았든가, 아니면 적어도 이웃해 산 적이 있어야 한다. 하지만 역사서들은 하나같이 주몽이 부여 또는 북부여에서 도망쳐 졸본에 와 고구려를 세운 것으로 기록하고 있다. 어디에도 흥안령 북부 산림 지대와 연결시킬 만한 대목이 없는 것이다.

그렇다면 어디서 겹치는 것일까? 나는 가만히 생각해보았다. 혹 고구려와 몽골의 민족적 기원이 겹치는 것은 아닐까. 그러고 보니 고구려는 코리족에서 시작된 나라로 알려져 있다. 언어는 어머니의 언어를 따라가게 마련이다. 만일 고구려가 코리족에서 발원한 것이 사실이라면, 고구려어의 모어는 코리족 언어였을 것이다. 몽골의 보르지긴 씨족들은 코리족 여인 알랑 고아로부터 시작되었다. 따라서 몽골어 역시 알랑 고아의 모국어인 코리족 언어를 계승했을 것이다.

순간 머릿속이 환해지는 것을 느꼈다. 그랬다. 만일 고구려가 코리족에서 시작된 나라임이 밝혀진다면, 고구려어와 몽골어는 서로 겹칠 수밖에 없는 것이다.

흥안령 산림 지대를 얼마나 지났을까, 실위 마을이 꽤 가까워졌다 싶을 때 갑자기 산들의 풍광이 바뀌기 시작했다. 군데군데 산의 남쪽 사면에 나무가 사라지더니 다시 초원이 나타난 것이다.

"야, 초원이 다시 나타났네!"

나는 창밖을 가리키며 소리쳤다. 모두 창밖의 산들을 바라보았다. 만저우리에서 에르군네 강을 끼고 올라올 때와 똑같은 모습이었다.

"에르군네 강이 다시 가까워진 겁니다. 이제 곧 실위에 도착할 겁니다."

N이 말했다. 에르군네 강은 흥안령 산림 지대 바로 옆을 흐르면서 그 주위에 스텝 지대를 만들고 있었다. 그래서 에르군네 강이 가까워지면 어김없이 초원이 나타나곤 했던 것이다.

잠시 후 실위 마을이 한눈에 내려다보이는 언덕에 이르자 멀리 마을을 감싸고 흐르는 에르군네 강이 보였다. 그 강 건너편에는 러시아 마을이 있었다. 국경 마을인 것이다. 마을에는 러시아풍의 목조 가옥들이 보였다. 강 건너 러시아 쪽은 초원 지대였다. 분명 고대부터 에르군네 강을 건너 치타 주와 흥안령의 산림을 오가는 루트 중 한 곳이었을 것이다.

우리는 마을을 가로질러 에르군네 강으로 향했다. 주차장에 차를 세우고 강으로 내려가니 길 오른쪽에 '에르군네 강額爾古衲河'이라고

홍안령 산림 지대를 지나 실위 마을이 가까워지자 다시 산의 남쪽 사면이 초원으로 바뀌었다.

적힌 커다란 자연석이 세워져 있었다. 에르군네 강은 강폭이 제법 넓었고, 강물이 도도하게 흐르고 있었다. 강 한가운데는 제법 수심이 깊어 보였다.

강가에는 놀러 나온 젊은이들이 사진을 찍고 있었다. 그때 강 상류에서 사람들을 태운 유람선이 우리 쪽으로 내려왔다. 에르군네 강이 러시아와 중국의 국경선이긴 하지만 이 지역에선 중국의 유람선 운행을 러시아에서 허용하고 있는 듯했다.

우리는 차를 타고 돌아서 절벽 아래 있는 유람선 선착장으로 갔다. 저녁노을에 붉게 물든 에르군네 강은 내 마음을 역사 속 시원의 강으로 끌고 갔다. 밀물처럼 내 앞으로 흘러오는 강은 켜켜이 쌓인 역사 이야기를 한꺼번에 풀어놓고 있었다. 강이 내게 말했다. 왜 이

중국과 러시아의 국경을 이루고 있는 에르군네 강(위). 에르군네 강의 석양(아래)

제 왔느냐고……. 내 가슴은 그저 먹먹했다.

땅거미가 거의 진 뒤에야 우리는 차를 타고 마을로 돌아왔다. 헉질투는 자기가 형님으로 모시는 분이 여관을 한다며 그리로 우리를 데려갔다. 여관 주인은 40대 러시아인으로 선량해 보였다. 우리가 "니하오마!" 하고 인사하자, 그는 반갑고 따뜻하게 "니하오마!" 하고 인사를 받았다. 그는 자기 이름을 '두리아'라고 소개했다. 그러고 보니 집 앞에 '多利亞家'라고 되어 있었는데, '두리아의 집'을 중국식으로 표현한 것이다.

우리가 에르군네 강을 둘러보고 왔다고 하자 그가 말했다.

"이곳 사람들은 그 강을 어머니 강이라고 부릅니다."

어머니 강! 그 말이 내 가슴에 울려 퍼졌다.

그는 중국 말로 했고, 그러면 헉질투가 몽골 말로 통역해주었다. 그 모습을 가만히 보고 있자니 두리아는 러시아인이고, 헉질투는 몽골 사람인데 모두 자기 언어는 놓아두고, 낯선 중국 말로 소통하는 격이었다. 중국에서는 몽골인이나 러시아인 모두 소수민족이니 때론 이렇게 공용어인 중국어를 사용해야 소통이 가능했던 것이다.

두리아는 100년 전 할아버지 때 에르군네 강을 건너 이곳 실위 마을로 왔는데, 이젠 러시아가 오히려 낯설다고 했다. 실위 마을에 러시아인이 많이 거주하냐고 묻자 그는 중국 말로 대답했다.

"몽골 사람들과 러시아 사람들이 함께 거주합니다. 러시아 상점들과 숙박소들도 있어요. 옛날부터 이곳은 에르군네 강을 통해 사람들이 왔다 갔다 하던 곳이어서 지금도 중국과 러시아를 오가는 '포트port'로 사용되고 있습니다. 하지만 목재 등을 운송할 때만 이곳 포트가 열리고, 사람들은 왕래하지 못합니다."

두리아와, 에르군네 쿤 조성 사업 일을 하고 있는 명흐.

포트란 국경의 관문을 말한다. 그러면 사람들이 만저우리까지 내려가서 러시아로 가느냐고 물으니 그렇다고 했다. 두리아는 시종 따뜻한 미소와 배려를 잃지 않았다. 그는 술잔을 권하며, 흥이 나자 자기가 좋아하는 몽골 노래를 몇 곡 불렀다.

그때 헉질투가 소식을 전했는지, 몽골 기원지 조성 사업 현장 감독이라는 서른 살 전후의 두 젊은이, 아고와 명흐가 달려왔다. 투게멜은 출장 중이라고 했다. 두 사람 모두 부리야트인이었다. 우리가 칭기즈칸의 발자취를 따라 이곳에 왔다고 하자 두 사람은 특별한 관심을 보였다. 우리를 몽골 사람처럼 대해주었다. 우리는 함께 어울려 그 지방 특산인 보드카 '구나古納'를 마시며 몽골 기원지 조성 사업에 대한 이야기를 들었다.

조성지는 이곳 실위 마을에서 에르군네 강을 따라 10킬로미터쯤 남쪽으로 내려가다 흥안령 산림 쪽으로 2, 3킬로미터 들어간 곳이라고 했다. 우리는 다음 날 아침 몽골 기원지 조성 현장에 가보기로 했다.

몽골 기원지, 에르군네 쿤

•
•

다음 날 아침 새벽에 눈을 떠 창밖을 내다보니 짙은 안개가 끼어 있었다. 우리는 간단히 세수만 한 뒤 소형 트럭을 타고 출발했다. 그런데 곧장 에르군네 쿤으로 갈 줄 알았던 차가 반대 방향으로 가더니 마을 한쪽의 큰 창고 같은 집 앞에 멈춰 섰다. 그 집에서 누군가를 태워 가야 한다는 것이다. 잠시 기다리니 헉질투와 함께 부리야트 전통 복장을 한 남자가 나왔다. 몽골 사람들이 정장을 차려입을 때는 좋은 일이 있거나 신성한 장소 또는 축제에 갈 때다. 아니나 다를까, 그의 손에는 술병이 들려 있었다.

"에르군네 쿤에 가는 거 아닌가?"

내가 N에게 물었다.

"옛날부터 있던 오보를 복원한 모양입니다. 그곳에 먼저 갈 거랍니다."

"아하, 오보!"

그제야 비로소 상황이 이해되었다.

부리야트 전통 복장을 한 그는 부인과 함께 몽골 기원지 조성 사업에 참여하고 있는 바자르반이었다. 그 일을 위해 올 1월에 바이칼에서 왔다고 했다. N이 부리야트 출신의 멜스라는 화백을 혹시 아느냐고 묻자, 그는 정색하면서 이웃에 살았다며 잘 안다고 대답했다. 그 덕에 우리는 금세 친해졌다. 우리는 그를 태우고 마을을 빠져나와 에르군네 강을 따라 남쪽으로 내려갔다.

오른쪽으로 에르군네 강이 한눈에 들어왔다. 그곳을 지나자 왼쪽

에르군네 강이 보이는 언덕에서 포즈를 위한 헉질투와 바자르반(왼쪽). 에르군네 쿤 조성 사업 현장 안내판(오른쪽).

에 중국어로 쓴 공사장 입구 안내판이 서 있었다. '몽골의 기원지, 몽올실위 민족문화원蒙古之源, 蒙兀室韋民族文化院'이라 쓰여 있었다. 이 일대가 바로 몽골 기원지 조성 사업 현장인 듯했다. 차는 그곳을 지나 제법 높아 보이는 산을 향해 오르기 시작했다. 트럭은 산 중턱까지 올라가 멈춰 섰다.

앞쪽에 오보로 올라가는 나무 계단이 보였다. 나무 계단은 한참을 올라가도 끝이 보이지 않았다. 그때 한 무리의 중국 사람들이 위쪽에서 내려왔다. 그런데 앞서 올라가던 N이 그중 한 사람과 반갑게 인사를 나눴다. 촐몬이라는 몽골계 중국 학자였다. 그러고 보니 나도 전에 한 번 만난 적이 있는 사람이었다. 그는 후허하오터 시장이 실위 오보를 참배하는 데 동행한 참이었다. 다른 사람들은 시장의 수행원들이었다. 그들은 내가 한국에서 온 학자라는 것을 알자 반갑게 인사했다. 시장이 실위 마을에서 점심을 함께하자고 했다. 우리는 고맙다고 인사했다.

그들과 헤어지자 N이 말했다.

"저분은 하일라르 시의 시장이었는데, 후허하오터 시장으로 영전되었다고 해요. 아마 하일라르 시장으로 있을 때부터 준비해왔던 사업이라 관심이 있어 둘러보러 온 모양입니다."

"그랬군. 촐몬 교수도 몽골 기원지 조성 사업에 참여하고 있는 건가?"

N에게 물었다.

"그럴 겁니다."

"잘됐군. 궁금한 것들이 많았는데."

중국인들이 본격적으로 몽골 기원지 조성 사업을 벌일 정도면, 이곳이 에르군네 쿤이라는 것에 대해 확신을 갖고 있다는 이야기였다. 실제로 중국 학자들은 에르군네 쿤의 위치에 대해 여러 차례 중국, 몽골, 부리야트 등지의 학자들을 초청해 학술 세미나를 열었던 것으로 알려져 있다.

그나저나 이곳에 몽골 기원지가 완성되면, 몽골 정부의 입장이 난처해질 게 분명했다. 그러잖아도 경제적으로 중국에 예속되지 않을까 경계하는 몽골이기 때문이다. 중국은 느긋했다. 결코 서두르지 않았다. 그들은 안다. 경제적으로 몽골을 서서히 잠식해 들어가면 결국은 중국으로 넘어올 수밖에 없다는 것을.

우리는 서둘러 정상의 오보를 향해 올라갔다. 한참을 더 올라가니 마침내 새로 조성한 커다란 오보가 눈에 들어왔다. 돌을 3단으로 쌓아 올리고, 다시 그 위에 칭기즈칸의 술대를 상징한 장식을 얹은 오보는 거대했다. 바자르반이 술을 따라 어르거 의식을 했다. 우리도 오보에 술을 뿌린 다음 시계 방향으로 세 바퀴 돌았다. 오보

산 정상에 있는 오보. 옛 오보를 복원했다고 한다.

주위에는 군데군데 사탕이 떨어져 있었다.

그때 바자르반이 다가오더니 "아마 한국인으로는 당신이 이곳에 처음 온 사람일 겁니다" 하면서 환하게 웃었다. 그에게 오보가 언제 완성되었느냐고 묻자 작년이라고 했다. 그렇다면 그 이전부터 몽골 기원지 조성 사업이 시작되었다는 이야기다. 그때 동쪽 골짜기에 조그만 마을이 보였다. 새로 들어서는 마을이 분명했다. N에게 물었다.

"혹시 저기 보이는 저 마을이 에르군네 쿤이라는 거 아닐까?"

그쪽을 자세히 쳐다보던 N이 말했다.

"건물들을 새로 짓고 있는 걸 보니 아마도 그런 것 같습니다."

우리는 계단을 내려왔다. 먼저 내려와 있던 헉질투는 우리가 도착하자 바로 차에 올라탔다. 차는 큰길로 내려와 에르군네 강을 따라 '몽골 기원지' 안내 표지가 서 있는 곳을 지나자마자 오른쪽으로 꺾어 조그만 냇가를 따라 들어갔다. 그곳에서 2, 3킬로미터쯤 들어가니 에르군네 쿤 마을 조성지가 나타났다. 우리는 관리 사무실 앞에 차를 세우고, 바자르반과 그의 부인 돌고르마의 안내로 에르군네 쿤 마을 조성 현장으로 갔다. 골짜기에는 대여섯 개의 천막과 옛 가옥을 재현한 건물들이 세워지고 있었다.

돌고르마는 우리에게 설계도와 조감도까지 보여주면서 자세히 설명해주었다. 학자들의 고증을 받아 짓고 있으며, 고대 에르군네 쿤 마을의 특징들을 보여주려 한다고 했다.

과연 그녀의 말대로, 어떤 가옥은 지붕을 자작나무 껍질로 덮었는가 하면, 어떤 가옥은 물소 가죽으로 덮었고, 또 어떤 가옥은 천막 형태로 지어져 있었다. 추장의 천막, 샤만의 기도처, 공방 터, 사람들이 모이는 회당 등 여러 건물들이 골짜기 이곳저곳에 세워지고 있었다.

주위의 산세를 둘러보니, 라시드 앗 딘의 『집사』에 나오는 기록처럼 사방이 숲으로 둘러싸여 있고, 남쪽 사면 곳곳에 초원이 형성되어 있었다. 주변 산들이 바람을 막아주어 아늑했다. 게다가 에르군네 강 쪽에서는 눈에 잘 띄지 않는, 기가 막힌 곳이었다.

그런데 현장에서 감독하는 사람들을 보니 모두 부리야트인들 같았다. 어제 만났던 아고와 멍흐 감독관이나 바자르반 부부 모두 부리야트인들이었다. 그리고 책임자인 소욜마 교수의 남동생 역시 부리야트인이었다. 하일라르 시 당국은 학술적인 것과 고증, 자금 지원 등만 하는 듯했다. 아마도 몽골인들의 손으로 에르군네 쿤이 복원되고 있음을 보여주려는 심사일 것이다.

점심때가 가까워지자 우리는 실위 마을로 돌아왔다. 후허하오터 시장이 우리를 식사에 초대했기 때문이다. 식당에 들어가자, 시장 일행은 옆방에서 식사를 하고, 우리를 위해 따로 상을 마련해주었다. 촐몬 교수와 몇 분이 합석했다. 우리는 원형 식탁에 둘러앉았다.

식사하면서 나는 촐몬 교수에게 지금 몽골 기원지를 조성하고 있는 곳이 에르군네 쿤이라고 보는 근거가 무엇이냐고 물었다. 그는 "몽골인들 전체의 기원지가 아니라, 몽골인들 일부가 그곳에서 기원했다고 본다"고 대답했다. 그러면서 몇 가지 근거를 들려주었다. 먼저 이 지역에 고대의 지명이 그대로 남아 있다면서, 에르군네 쿤이란 이름은 그들이 에르군네 강과 그 강의 지류인 구나古納 강 사이에 살았기 때문에 그들이 살던 지명을 에르군네 쿤이라 부른 것

오보에서 바라본 에르군네 쿤 조성 사업지(위). 복원 중인 에르군네 쿤 입구의 기념물. 아직 건축 중이다(아래).

7 몽골인들의 초기 이동로를 따라

으로 본다고 했다. 구나 강은 실위 마을보다 위쪽에 있었다. 또 『몽골 비사』에 의하면, 에르군네 쿤에 들어간 이들이 금과 철을 생산했다고 되어 있는데, 이 지역에 금과 철 생산지가 있다고 했다. 그리고 몽골 말로 '쿤'은 깊은 골짜기를 의미하는데, 지금 몽골 기원지 조성 지역이 여러모로 그와 잘 맞아서 이곳을 선택했다고 말했다. 그의 대답은 매우 솔직했다.

그때 후허하오터 시장이 있는 옆방에서 여자분의 멋진 장가長歌가 들려왔다. 풍족한 식사에 곁들인 몽골의 장가라니. 순간 북방의 흥취가 느껴졌다.

우리는 식사를 마치고, 그들과 헤어진 뒤 곧장 하일라르로 출발했다. 원래는 지리 강이 에르군네 강과 합류하는 곳에도 가볼 계획이었으나 러시아에서의 일정 때문에 더는 시간을 낼 수 없었다. 그러나 중국인들이 지리 강 하구보다 이곳 실위를 기원지로 선택한 걸 보면 여러모로 가능성이 더 높기 때문일 것이다.

역사는 그것을 기념하고 간직하는 자의 것이다. 몽골인들이 중국인들이 조성하는 에르군네 쿤을 어떻게 생각할지는 그들에게 달려 있다. 몽골의 역사를 만들어가는 것은 중국인들이 아니라 바로 그들이기 때문이다.

우리는 에르군네 시를 지나 하일라르로 돌아왔다. 저녁에 소욜마 교수가 우리를 위해 만찬을 준비해주었다. 그녀의 따뜻한 배려는 나의 번잡하고 고단한 마음을 부드럽게 달래주었다.

도리이 류조의 발자취를 따라
러시아 땅으로 들어가다

-
-

다음 날 아침 일찍 우리는 러시아로 넘어가기 위해 국경 도시 만저우리로 갔다. 만저우리로 가는 길 주변에는 넓은 초원이 펼쳐져 있고, 곳곳에 소와 말, 양 떼 등과 유목민들의 게르가 보였다. 중간에 호수가 보이는가 하면 곳곳에 풍력발전기들이 서 있었다.

만저우리 국제 여객 터미널에 도착하자 헉질투는 러시아를 오가며 보따리 장사를 하는 친구에게 우리를 잘 안내해줄 것을 부탁했다. 헉질투와 아쉬운 포옹을 하며, 내년에 꼭 다시 보자고 약속했다. 그때는 자기 농장도 보여주겠다고 했다. 우리는 그에게 큰 소리로 외쳤다.

"밍녠짜이찌엔明年再現!"

"짜이찌엔!"

터미널을 빠져나가는 그의 뒷모습을 바라보며 나와 가이드 N은 버스에 올라탔다. 버스는 11시에 국경 검문소로 출발했다. 검문소 건물은 크고 깔끔했다. 검문소에 도착하자 기사가 가방과 짐을 챙겨 내리라면서 검문을 마치고 출구로 나오면 버스가 대기하고 있을 거라고 했다. 보따리 장사를 하는 사람들이 큰 가방을 들고 계단을 올라갔다. 우리도 그들을 따라 가방을 들고 가려 하는데 헉질투의 친구가 그냥 두고 가란다. 특별 서비스다.

검문소에 들어가니 모두 티켓을 사는 줄에 서 있다. 티켓이 있어야 검사대를 통과할 수 있다는 것이다. 일종의 국경 검문소 이용료였다. 순서대로 검사대를 빠져나왔지만, 아직 시간이 안 되었는지 버스는 보이지 않았다.

날이 흐렸다. 우리는 러시아 국경 도시 자바이칼스크에서 시베리아 기차를 타고 치타로 간 뒤 그곳에서 다시 남쪽으로 내려가 오논 강 일대를 둘러볼 예정이었다. 만일 실위 마을에서 국경을 넘어 치타 주로 넘어갈 수 있었다면, 그곳에서 바로 오논 강을 따라 내려갔을 것이다. 하지만 지금은 만저우리를 통해서만 치타 주로 들어갈 수 있었다.

그런데 지금 내가 가려고 하는 '만저우리-오논 강' 루트는 일찍이 일본의 고고학자 도리이 류조鳥居龍藏가 1919년에 탐사했던 길이다. 따라서 나는 100년 가까이 지난 뒤에야 일찍이 앞서 갔던 한 고고학자의 기록을 쫓아가는 셈이다. 당시 만주는 러시아의 지배하에 있었다. 러시아와 일본은 사이가 좋지 않았다. 그렇다면 도리이 류조는 어떻게 그 시절에 적성국인 러시아 땅으로 들어갈 수 있었던 것일까?

제1차 세계대전이 끝나갈 즈음 영국, 프랑스, 러시아는 연합국을 이루어 독일에 대항하고 있었다. 그런데 1917년 러시아에서 볼셰비키 혁명이 일어나면서 국제 정세에 변화가 일어났다. 혁명에 성공한 레닌은 혁명정부를 하루빨리 안정시키기 위해 적성국 독일과 강화 교섭을 시도했다. 마침내 두 나라 사이에 강화조약이 이루어지자, 독일은 러시아와 대치 중이던 무력을 서부전선에 배치했다. 그러자 영국, 프랑스 등이 러시아의 조치에 반발했다.

그리고 1918년 1월, 소비에트를 응징한다는 명분으로 군대를 출병시켰다. 표면상의 이유는 당시 러시아에 포로로 잡혀 있던 체코

군단을 무사히 귀환시킨다는 것이었으나 유럽에서 공공연히 노동자들의 봉기를 부추기는 소비에트 정권을 타도하고, 러시아가 혼란스러운 틈을 타 각종 이권을 챙기기 위한 것이었다.

한편 소비에트 혁명이 극동 지역까지 확산되는 것을 두려워하던 일본은 연합군이 러시아를 침공하자 곧바로 가세했다. 그리고 1918년 4월 5일, 영국과 함께 일본의 육군 전투부대가 블라디보스토크에 상륙했다. 그들은 시베리아 횡단철도를 이용해 러시아에 출병했다.

도리이 류조는 그때 일본군을 따라 러시아로 들어왔다. 그는 당시의 고고학자로선 드물게 북방 지역을 탐사하려는 꿈을 갖고 있었다. 그리고 절호의 기회가 왔을 때 이를 놓치지 않고 자신이 꿈꿔오던 만주와 몽골 지역을 둘러보았다.

그는 만주와 몽골 지역을 직접 둘러본 뒤 책만 보고 하는 역사 공부가 얼마나 허망한지를 깨달았다고 한다. 그때의 여행을 기록한 그의 책에 의하면, 만저우리에서 치타로 가는 시베리아 기차를 타고 가다가 오논 강 건너편에 있는 도시 올로반나야에서 내려 그곳에서 말 타고 오논 강을 따라가며 답사했다고 한다.

하지만 나는 곧장 치타까지 갔다가 오논 강 쪽으로 내려갈 계획이었다. 나의 러시아 여정을 안내해줄 Б. Р. 조릭투에브 선생을 치타에서 만나기로 했기 때문이다. 조릭투에브 선생은 울란우데의 과학아카데미 연구원으로, 우리나라의 석좌교수쯤 되는 위치에 계신 분이었다. 부리야트인으로, 몽골과 부리야트 기원 문제에 대해 세계적인 대가로 알려져 있다.

그때 흐리던 날씨가 갑자기 밝아지더니 하늘 한쪽이 개기 시작했다. 우리는 버스를 타고 만저우리 국경 초소를 지나 러시아의 국경 초소로 들어갔다. 국경 검사대에는 보따리장수들이 장사진을 치고 있었다.

러시아 국경 초소를 빠져나온 버스는 초원을 달렸다. 남쪽으로 도시가 보였다. 자바이칼스크였다. 그런데 화려한 만저우리와 달리 시골 읍내처럼 보였다. 빠르게 발전하는 중국과 정체된 러시아의 단면을 보는 것 같았다. 보따리장수도 중국에서 물건을 해오는 사람들로 북적댈 뿐 러시아에서 물건을 해가는 사람은 없었다.

차창 너머로 북쪽을 바라보니 광활한 초원이 펼쳐져 있었다. 그런데 만저우리 쪽과 달리 러시아 초원에는 가축들이 보이지 않았다. 유목민들의 게르도 마찬가지였다.

"풀이 장한데 왜 초원에 가축들이 보이지 않는 거지?"

내가 의아한 표정으로 N에게 물었다.

"러시아인들은 농사지을 수 있는 강가에 거주할 뿐, 유목은 하지 않습니다."

"그래도 몽골 사람이나 부리야트 사람들이 있지 않나."

"러시아는 몽골인과 부리야트인들의 땅을 빼앗기 위해 그들을 밀어내는 정책을 썼습니다. 그 바람에 이 지역에 인구가 줄어들면서 초원이 버려진 상태입니다. 현재 러시아에서 유목을 하는 것은 부리야트인들뿐입니다. 하지만 그들의 거주지는 특정 지역에 한정되어 있어 러시아에서 유목하는 모습을 보는 게 쉽지 않습니다."

N의 말을 들으니 비로소 사정이 이해되었다.

20분쯤 지나 버스는 자바이칼스크 역사 앞에 정차했다. 우리는 짐을 챙겨 차에서 내렸다. 그런데 역사로 들어가는 문이 보이지 않왔다. 주위를 살피니 철로 위로 고가 다리가 하나 있었다. 몇몇 사람이 무거운 짐 가방을 들고 그 다리를 올라가는 모습이 보였다. 나는 비로소 그 다리를 건너야 역사로 들어갈 수 있다는 것을 알았다.

고가 다리에 올라가 주위를 살펴보니 역사가 상행선과 하행선 철로 사이에 있었다. 그제야 왜 역사 출입구가 없는지 이해됐다. 철로를 복선화하면서 역사가 철로 사이에 갇힌 것이다.

역사 안 대기실에는 몇 사람이 의자에 앉아 있었다. 그런데 시계를 보고는 깜짝 놀랐다. 새벽 12시 10분을 가리키고 있었기 때문이다. 내 시계를 보니 오후 4시 10분이었다. N에게 물어보니 모스크바 시간을 가리키는 것이라고 했다. 러시아에서 기차는 모두 모스크바 시간을 기준으로 운행하기 때문에 역마다 모스크바 시간을 알리는 시계가 걸려 있다는 것이다.

러시아는 동서로 유라시아 대륙을 가로질러 있어 시차가 지역마다 달랐다. 그래서 이렇게 모스크바 표준 시간으로 기차를 운행한다는 것이다. 이해는 되지만, 그래도 모스크바 표준 시간 옆에 현지 시간을 알리는 시계도 하나쯤 걸어놓았으면 좋겠다는 생각이 들었다. 하지만 그것은 내 생각일 뿐, 러시아인들은 아무 문제 없다는 듯 무표정한 얼굴들이었다.

우리가 탈 기차는 만저우리 시간으로 오후 6시 40분 출발이었다. 치타 시간으로는 오후 8시 40분이었다. 만저우리와 치타만 해도 두 시간이나 시차가 난다. 기차가 떠나려면 아직 두어 시간 더 기다려야 했다.

그때 대기실 한쪽에 한국 사람으로 보이는 젊은이가 여자 친구와 함께 앉아 있었다. 아무래도 러시아의 조선족 '카레이스키' 같았다.

가만히 살펴보다 그의 옆으로 살짝 다가앉았다. 내 예감이 맞았다. 이곳에서 조선족을 만나다니. 서울에서 왔다고 하자, 무표정하던 그의 얼굴에 가볍게 호기심이 이는 게 보였다. 그러나 이내 무표정한 얼굴로 돌아갔다. 어디 사느냐고 물었더니 치타에 산다고 했다. 이곳 만저우리에 자주 오냐고 물었더니, 만저우리와 치타를 오가며 보따리 장사를 하는데 이름이 김원표라고 했다. 우리말이 유창했다.

장사가 잘되느냐고 묻자, 전만 못하다고 했다. 전에는 국경무역이 지금보다 훨씬 더 활발했다는 것이다. 왜 전만 못하다고 생각하는지를 물으니, 중국 상인들이 러시아에 직접 들어와 상점들을 차리기 때문이라고 했다. 그래서 보따리 장사가 예전만 못하다는 것이었다.

만저우리는 활기가 넘치는데, 이곳 자바이칼스크는 그런 것 같지 않다고 하자, 고개를 끄떡이며 그가 말했다.

"러시아 사람들은 80퍼센트가 하루 벌어 하루 먹고살아요. 그래서 내일 일은 걱정하지 않습니다. 오늘만 즐겁게 살면 된다고 생각해 저축도 안 합니다."

"경제는 어떤가?"

내가 물었다.

"자원이 풍부한 데다 인구가 적어서 일자리는 많은 편이지요. 게다가 중국 상인들이 들어와 장사를 하면서부터는 일자리가 더 늘어나는 추세입니다."

한국에 와본 적이 있느냐고 물었더니 없다고 했다.

혹시 이메일 주소라도 얻을까 싶어 그에게 인터넷을 하느냐고 묻자, 뜻밖에도 하지 않는다고 했다. 컴퓨터가 많지 않아 인터넷을 하는 사람들이 별로 없다는 것이다.

그는 시종 담담한 표정으로 말했다. 20대 후반 젊은이의 열정은 찾아볼 수 없었다. 그 역시 러시아인들의 하루살이 인생에 길들여진 것일까. 카레이스키들의 처지가 어떨지 짐작되었다. 조국이 있어도 없는 거나 다름없는 그들. 그들에게 한국은 조국이 아니었다. 그저 같은 피가 흐르는 먼 나라일 뿐.

김 군과 이야기를 나누는 동안, 중국의 경제성장이 무섭게 진행되고 있다는 것을 피부로 실감할 수 있었다. 앞으로 10년쯤 지나면 시베리아가 중국 경제권에 흡수될지도 모르겠다는 생각이 들었다.

오후 6시가 되자 사람들이 대합실을 빠져나가 기차에 올라타기 시작했다. 우리도 짐을 들고 기차에 올라탔다. 여승무원이 미소로 맞아주었다. 우리는 8호차 1호실에 짐을 풀었다. 침대칸으로, 양쪽에 2층 침대가 있어 네 명이 함께 쓰게 되어 있었다. 침대 베드 안에 수납공간이 있어 가방을 넣을 수 있어 좋았다. 기차는 6시 40분 정각에 출발했다.

창밖에는 광활한 초원이 펼쳐져 있었다. 곧 비가 내리기 시작했다. 자모카의 눈물이라도 되듯 초원에 내리는 비는 촉촉했다. 한 시간쯤 지나자 밖은 완전히 어두워져 아무것도 구별할 수 없었다. 그때 여승무원이 문을 두드리더니 필요한 게 없느냐면서, 라면도 있고 다른 먹을 것도 있다고 알려주었다. 나는 괜찮다고 했다.

배가 출출할 때쯤 N이 말했다.

"라면 드시겠어요?"

"좋지. 우리가 사온 라면이 어디 있더라······."

내가 라면을 찾자 그가 말했다.

러시아 국경도시 자바이칼스크에서 치타로 가는 기차.

"승무원들은 물건을 팔아주면 좋아합니다. 그게 자기네들 부수입이거든요."

그러더니 매점에 가서 라면 몇 개와 감자 가루를 사왔다. 그런데 뜻밖에도 라면 상표가 영어로 '도시락'이라고 되어 있었다. 우리나라 제품이었다. 그러고 보니 농심 라면이 러시아 시장을 장악했다는 소리를 들은 것 같았다.

"이곳 현지인들 입맛에 맞춘 건데, 러시아 사람들이 좋아한대요. 소고기 맛과 닭고기 맛이 있어요. 어느 걸로 드실래요? 소고기 맛은 약간 맵고, 닭고기 맛은 안 매워요."

N이 말했다. 나는 닭고기 맛을 골랐다. 라면을 먹으니 어느 정도 허기가 가셨다.

기차는 치타를 향해 달리다간 멈추고 또 달리다간 멈추고를 계속

했다. 자리에 누웠지만 잠이 오지 않아 침대에 앉아서 어두운 창밖을 바라보았다.

오논 강가의 아긴 부리야트족

다음 날 치타 시간으로 아침 6시쯤 되어 눈을 뜨니 밖이 희뿌옜다. 창 너머로 러시아식 목조 주택들이 드문드문 보이는 것이 치타 근교로 들어선 것이 분명했다. 그런데 초원은 보이지 않고 산과 구릉이 번갈아 지나갔다. 대대로 돌궐족과 몽골 사람들이 살던 이 도시가 러시아인들에게 알려진 것은 1653년이었다. 표트르 베케토프가 이끄는 카자크군이 이곳을 지나다 사람들이 살고 있는 마을을 발견했고, 그 뒤 러시아군의 동시베리아 진출을 위한 전진기지가 되었다.

그래서일까, 가을 새벽에 바라보는 치타 교외의 목조 주택들은 무겁게 가라앉아 있었다. 그때 N이 몸을 일으켰다.

"조릭투에브 선생은 치타에 미리 와 계신 건가?"

"어제 울란우데에서 출발해 오늘 새벽에 도착하신다고 했습니다. 아마 부인과 함께 오실 겁니다."

그는 조릭투에브 선생 부인의 고향이 아긴스코예라고 했다. 아긴스코예라면 치타에서 남쪽으로 150킬로미터 떨어진 작은 도시로, '아긴 부리야트 자치주'가 있는 곳이다. 오늘 우리가 가려고 하는 곳이다.

"그렇다면 부인이 아긴 부리야트족일 가능성이 높겠군. 조릭투에브 선생도 아긴 부리야트족인가?"

"그분은 셀렝게 부리야트족입니다. 바이칼로 흘러드는 셀렝게 강가에 살던 부리야트족이지요."

아긴 부리야트족. 그들은 본래 바이칼 쪽에 살던 코리 부리야트족이다. 100년 전쯤 기후의 변화로 유목이 어려워지자 그 일부가 이곳으로 이주해와서 정착한 것이다.

"그런데 코리족과 코리 부리야트족은 어떤 관계지?"

코리족은 앞에서 이야기한 것처럼 고대에 바이칼 지역에서 살던 사람들이다. 알랑 고아가 떠나온 민족이고, 그에 앞서 1,000년 전 부여의 동명왕과 고구려의 주몽이 떠나온 것으로 알려진 민족이다. 그에 반해 코리 부리야트인들은 현재 바이칼 지역에 사는 사람들로, 부리야트족의 일파다. 양자의 관계가 궁금하지 않을 수 없었다.

"그에 대해서는 조릭투에브 선생이 전공이시니 나중에 자세히 물어보시지요."

N이 웃으며 말했다.

7시가 되자 승무원이 칸마다 다니며 사람들을 깨웠다. 기차는 곧 치타 시내로 들어섰다. 러시아식 목조 가옥들이 언덕에 빽빽하게 들어서 있었다. 기차 복도에는 사람들이 줄지어 서 있었다. 기차가 서기 20분 전부터 화장실 사용이 금지되기 때문에 서둘러 볼일을 보려는 사람들과 세면을 하려는 사람들이 몰린 탓이다. 여승무원이 담요와 덮개 등을 수거해가기 시작했다.

8시에 기차가 치타 역사로 들어서자 사람들이 입구 쪽 통로로 몰려나왔다. 치타 역사는 전형적인 러시아풍 건물이었다. N이 여기저기 두리번거리더니 이내 한 노인에게 다가가 반갑게 인사했다. 조릭투에브 선생이었다. 부인도 함께 와 있었다. 조릭투에브 선생은 수행자처럼 짧게 자른 머리에 잿빛 점퍼를 걸치고 있었다. 학자다운 맑은 풍모가 인상적이었다. 부인은 노란 점퍼 차림이었다. 우리는 반갑게 인사했다. 조릭투에브 선생이 아침 식사를 간단히 하고 가는 게 좋겠다고 해서 우리는 역사 안으로 들어갔다.

식사는 간단히 수프에 밥을 곁들인 양식이었는데, 중국의 푸짐한 식단과는 전혀 달랐다. 그거 먹고 여행할 수 있을까 싶을 정도로 러시아인들의 식사는 간소했다. 조릭투에브 선생 내외는 어제 오후에 울란우데에서 출발해 아침 7시에 치타에 도착했다고 했다. 부인의 이름은 발다르였다.

식사를 마친 후 역사를 나오는데, 벽시계가 새벽 3시 12분을 가리키고 있었다. 얼른 시계의 치타 시간을 보니 오전 9시 12분이었다. 모스크바와는 여섯 시간의 시차가 났다.

역사를 나오니 치타의 중심 시가지인 듯 번화했다. 건너편에는 러시아정교회가 있었다. 돔에 황금칠을 한 것이 인상적이었다. 역 앞의 길에선 차들이 바쁘게 지나갔다. 우리는 조릭투에브 선생을 따라 길을 건넜다. 그곳에서 아긴스코예 가는 승합차를 탄다고 했다.

승합차가 우리 앞에 서자 발다르 부인이 운전기사에게 차비가 얼마냐고 물었다. 곁에 있던 N이 얼른 돈을 치렀다. 승합차가 치타 시내를 빠져나오자 아침 공기가 상쾌했다. 길가 양쪽의 산록에는 소나무가 빽빽했고, 간간이 자작나무 숲이 보였다. 치타는 산악 지대에

치타 역 광장에서 본 치타 역사(위). 치타 역 건너편의 러시아정교회(중간). 치타를 나오니 산림이 울창하다(아래).

있는 도시다. 치타 주에서도 위쪽에 치우쳐 있었다. 우리는 밤 기차로 왔기 때문에 볼 수 없었지만, 만저우리에서 기차 타고 오면, 오논 강을 건너면서부터 지형이 산악 지형으로 바뀐다고 한다. 러시아의 산림 지대는 끝없이 이어졌다. 곳곳에 수령이 오래된 금강송들이 눈에 띄었다.

조릭투에브 선생은 우리가 보고 싶어 하는 오논 강의 비장의 언덕을 1970년대에 답사한 적이 있다고 했다. 다행이었다. 조릭투에브 선생이 가본 적이 있다니, 비장의 언덕을 찾는 데 큰 어려움은 없겠다는 생각이 들었다.

한 시간쯤 달렸을까, 산림 지대에서는 보기 드문 넓은 들판이 나타났다. 좀 더 가자 강이 보이고 강가에 밀집해 있는 러시아식 목조 가옥들이 보였다. 그 강을 만저우리에서 오는 철로가 지나갔다. N이 말했다.

"저게 인고다 강입니다. 저 강이 보이면 이제 곧 초원 지대가 나온다는 걸 의미합니다."

인고다 강이라면 오논 강의 지류로, 바이칼 사람들이 그 강을 따라 오논 강으로 내려갔다는 바로 그 강이다. 다시 숲이 우거진 구릉이 몇 번 보이더니 과연 드넓은 초원이 나타났다. 구릉지이긴 했지만, 나무 한 그루 없는 전형적인 몽골 초원이었다. 그 초원을 다시 한 시간쯤 달리자 멀리 앞쪽에 마을이 보였다.

바로 아긴스코예였다. 멀리서 볼 때는 조그만 시골 마을로 보였다. 그러나 가까이 다가가자 언덕마다 목조 가옥들이 빽빽이 들어서 있었고, 시내로 들어가자 길 양쪽에 큰 건물이 늘어서 있었다. 아긴 부리야트 자치구 중심지였다. 우리는 차에서 내려 '오논' 호텔

인고다 강. 오논 강의 지류다. 강가에 목조 가옥들이 들어서 있다(위). 아긴스코예 주택가에 있는 오논 호텔(아래).

이란 곳으로 들어갔다. 주택가에 외따로 있는 호텔이었다. 1, 2층은 관공서로 사용하고 있었고, 3층이 호텔이었다. 러시아에서는 이처럼 호텔 1, 2층에 관공서가 들어선 경우가 흔하다고 했다.

우리는 방에 짐을 풀고 호텔 식당으로 내려갔다. 1층에 있는 식당의 조용한 방으로 들어가니 큰 원탁 테이블이 가운데 놓여 있었다. 그곳에 앉아 음식을 기다리는데 벽에 붙어 있는 커다란 그림이 눈에 들어왔다. 부리야트 전통 복장을 한 여인이 백마를 타고 초원을 달리는 그림이었다. 손에는 활과 화살을 들고 있었다. 여전사의 모습이었다. 나는 N에게 물었다.

"그림 속 여인은 누군가?"

"발진 하탄입니다. 부리야트인들이 숭배하는 여인으로, 부리야트 샤만의 시조입니다."

우리나라 무속의 시조인 바리데기에 해당하는 여인인 셈이다. 발진 하탄은 바이칼 일대를 지배하던 칸의 딸이었다고 한다. 그런데 아버지의 생명이 위태롭자, 바리데기가 생명수를 구하기 위해 저승에 가서 무장승과 결혼했던 것처럼, 그녀 역시 저승에 가서 코릴라르타이와 결혼했다고 한다.

생명수를 구해 가지고 돌아와 아버지를 살린 발진 하탄은 유명한 샤만이 되었다. 그런데 나라가 위기에 처하자 여전사가 되어 적과 싸우다 '알하나이'란 곳에서 죽었다고 한다.

부리야트의 발진 하탄 이야기는 고대부터 내려오는 무속 신화가 틀림없었다. 하지만 현재 남아 있는 발진 하탄 이야기는 17세기에 부리야트족이 라마교를 신봉하면서 라마교와 습합된 것이라고 한다. 어쨌든 우리의 무조巫祖 신화인 바리데기 이야기와 거의 똑같은 이야기가 부리야트족에 전해 내려오고 있다니 반가웠다.

그때 우리가 발진 하탄에 대한 이야기를 나누고 있다고 느꼈는지, 조릭투에브 선생이 한마디 거들었다.

"몇 년 전 달라이라마가 알하나이에서 법회를 열어 그녀의 영혼을 위로해준 적이 있다고 합니다."

N이 통역해주었다.

식사를 마친 우리는 호텔로 마중 온 발다르 부인의 남동생을 만나러 갔다. 발다르 부인의 남동생은 40대 중반쯤 되어 보이는 멋쟁이로 이름이 볼트였다. 그는 우리를 데리고 다니며 아긴스코예 시내의 자연사박물관이며 중학교, 역사박물관, 라마교 사원 등을 차례로 소개해주었다. 그동안 일본 사람과 유럽 사람들은 종종 이곳에 왔지만 한국 사람은 우리가 처음이라고 했다. N을 통해 칭기즈칸의 탄생지인 비장의 언덕을 아는지 물었더니 뜻밖에도 잘 알고 있다고 대답했다. 그래서 다시 도리이 류조가 1919년에 둘러보았다는 오논 강가의 '바가토르 하다'도 아느냐고 물었더니 물론이라고 말했다. 그러면서 내일 비장의 언덕과 그곳을 보여주겠다고 말했다. 나는 감격했다. 그가 더 멋있어 보였다.

관공서 순례가 끝나자 그는 저녁을 대접하겠다며, 우리를 식당으로 안내했다. 그곳에는 이미 발다르 부인의 가족과 친척들이 와 있었다. 그들은 너무도 한국적인 얼굴을 하고 있었고, 체형도 우리와 똑같았다. 마치 고향 마을의 아줌마, 아저씨를 만난 것처럼 편안했다. 왠지 그들과 깊은 인연이 있다는 생각을 피할 수 없었다.

우리는 오래전에 헤어졌다 다시 만난 사람들처럼 즐거운 시간을 보냈다. 다음 날 아침에 만나 승합차로 오논 강 일대를 둘러보기로

부리야트의 무조 발진 하탄(위), 아긴스코예 시내의 라마교 사원(중간), 발진 하탄 조각상(아래).

하고 밤늦게 헤어졌다.

도리이 류조는 치타 주 부리야트인들의 교육열이 몽골 사람이나 러시아인들보다 훨씬 더 높았음을 전하고 있다. 서점에 가면 러시아어로 된 책은 잘 안 보이고 부리야트어로 된 책들이 가득했다는 것이다. 러시아에서 소수민족인 부리야트인들이 러시아인들과 당당하게 어깨를 맞대고 살아갈 수 있는 데는 그들만의 남다른 교육열이 있음이 분명했다.

칭기즈칸은 부리야트인의 그런 남다름을 알아보고 일찍이 이렇게 말한 적이 있다.

바르코진 일대에서 태어난 젊은이들은 모두 현명하고 영웅적인 기질이 있다. 이들은 경험과 지도나 지시가 필요 없을 정도로 모두 똑똑하고 선량하다. 이 지역에서 태어난 처녀들 역시 좋은 모피 옷을 걸치거나 치장하지 않아도 모두 예쁘다.

발다르 부인과 볼트의 부인.

과연 그의 말이 아니더라도, 부리야트 사람들은 보면 볼수록 지적이고 인상적이었다.

오논 강가를 둘러보다

아침에 호텔로 찾아온 볼트와 함께 버스 정류장으로 가니 우리가 타고 갈 승합차가 대기하고 있었다. 나와 가이드 N, 조릭투에브 선생 내외, 볼트, 델리운 볼닥의 위치를 잘 안다는 말진양 노인, 그리고 어제 우리를 위해 러시아어를 몽골어와 한국말로 통역해준 한다가 함께했다. 그녀는 스무 살 전후의 아가씨인데, 한국의 어학당에 와서 한국말을 배웠다고 했다.

날씨는 쾌청했다. 전형적인 가을 날씨였다. 차는 남쪽을 향해 출발했다. 볼트가 오논 강가에 있는 비장의 언덕까지는 90킬로미터 거리라고 설명해주었다. 아긴스코예의 부리야트인이 얼마나 되는지 물었더니, 현재 인구는 76만 7,000명 정도인데, 그중 15만 명 정도가 아긴스코예 시에 거주하고 있다고 했다. 다시 '아긴' 부리야트란 이름이 어디서 유래했느냐고 물으니, 아긴스코예 근처를 지나는 아긴 강에서 유래했다고 했다.

아긴스코예는 칭기즈칸 시대에 타이치오드족의 세력권이었던 곳이다. 창밖을 내다보니 나지막한 구릉 위로 끝없는 초원이 이어졌다. 푸른 하늘과 초원이 조화를 이루어 아름다웠다. 유목민들이 살기에는 그만이었다. 그때 왼쪽에 커다란 호수가 보였다. 무슨 호수냐고 물으니, 볼트가 '노지 노르'라고 말했다. 노지 노르는 '가축들이 모여드는 호수'라는 뜻이다. 이곳 아긴스코예 초원의 요람 같은 곳으로, 9월 말에 백조가 날아오며, 12월에 결빙하면 5월이나 돼야 녹는다고 했다.

볼트는 노지 노르 주위에 유명한 라마교의 성소가 있다며, 그곳을 둘러보고 비장의 언덕으로 가자고 했다.

우리는 노지 노르 남쪽 언덕에 있는 라마교 사원 옆에 차를 세우고, 사원 주위의 성소들을 차례로 돌았다. 판석 형태의 돌들이 군데군데 서 있었다. 모두 흉노 시대의 무덤들이었다.

말진양 노인은 성소를 지날 때마다 참배를 하면 복이 온다고 우리에게 말해주었다. 마침 러시아의 한 젊은 부부가 자식 소원을 빌러 왔다며, 바위 앞에서 열심히 절을 하고 기도했다. 그곳을 지나 또 다른 성소에 이르자, 칭기즈칸이 소원을 빈 곳이라며 이곳에서 자

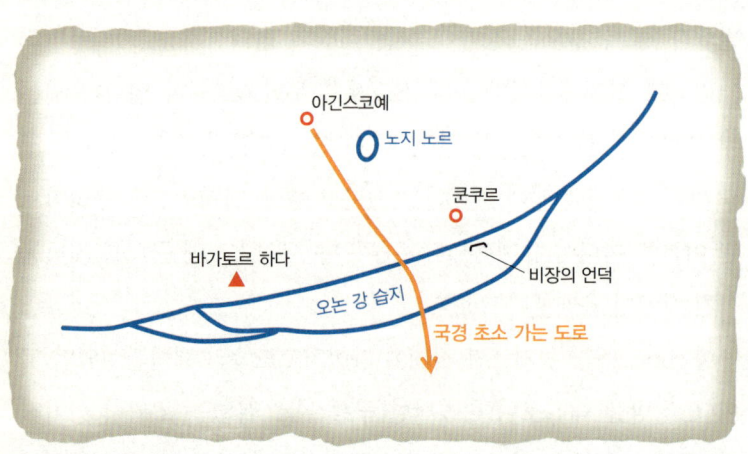

아긴스코예와 오논 강 일대.

사원 위쪽에서 내려다본 노지 노르.

식 소원을 빌면 효험이 있다고 했다.

우리는 노지 노르 일대의 성소를 한 바퀴 둘러본 후 오논 강을 향해 달렸다. 얼마 후 길 왼쪽에 '쿤쿠르'라는 표지판이 보였다. 표지판을 따라 좌회전해 들어가니 조그만 마을이 나타났다. 마을 앞에 차를 세운 뒤, 우리는 말진양 노인을 따라 강가로 갔다.

강가는 절벽을 이루고 있었고, 절벽 바로 아래 오논 강이 흐르고 있었다. 강물은 하늘빛을 받아 짙은 사파이어 빛을 내뿜었다. 강 너머로는 거대한 습지가 형성되어 있었고, 멀리 습지 건너편에 마을이 보였다. 몽골과 러시아의 국경 초소가 있는 마을이라고 했다. 주

노지 노르의 라마교 성소들. 젊은 러시아인 부부가 자식 소원을 빌러 왔다며 바위에 기도했다(위). 칭기즈칸이 소원을 빌었다는 바위(아래).

로 화물차들이 그 초소를 드나든다고 했다.

 그때 말진양 노인이 오논 강이 잘 보이는 절벽 위에 서더니 저곳이 '비장의 언덕'이라며 손으로 가리켰다. 모두들 그가 가리키는 곳을 보니 넓은 오논 강의 습지에 모래언덕처럼 올라온 곳이 있었다. 윗면이 평평했다. 칭기즈칸의 탄생지로 알려진 세 번째 비장의 언덕은 뜻밖에도 오논 강의 습지 한가운데 있었다. 저 모래언덕이 실제로 비장의 형태처럼 생겼느냐고 물으니, 말진양 노인은 그렇다고 했다. 가축의 비장 형태를 하고 있다는 것이다. 볼트나 말진양 노인은 그곳이 칭기즈칸의 탄생지임을 굳게 믿고 있었다. 하지만 내가 보기에 오논 강 습지의 비장의 언덕은 빈데르의 것은 물론 다달의 것과 비교해도 결코 유리해 보이지 않았다.

 허엘룬을 데리고 메르키트로 가던 칠레두가 이곳 치타 주의 오논 강을 통과했을 가능성이 높지만, 그렇다고 예수게이가 허엘룬을 약탈한 뒤 이곳 오논 강의 습지 한가운데 있는 언덕에 머물게 했을 것 같지는 않았다. 오히려 그는 불안해하는 허엘룬을 자기 게르가 있는 안전한 후방으로 데려갔을 것이다. 게다가 오논 강 습지에 있는 비장의 언덕은 홍수라도 나면 물에 잠길 가능성이 컸다.

 지도를 보니 이곳에서 몽골의 다달까지는 족히 100킬로미터는 되어 보였다. 다달에서 100킬로미터나 북쪽에 위치해 있다면, 금나라의 천리장성을 넘어 타타르 용병들과 싸우기엔 지리적으로 너무 북쪽에 치우쳐 있었다.

 그렇다면 세 군데 비장의 언덕 중 빈데르의 것을 칭기즈칸이 태어난 곳으로 보는 게 가장 합리적이라고 할 수 있었다. 치타 주의 비장의 언덕을 보고 나니 더더욱 그런 생각이 들었다.

치타 주 오논 강의 비장의 언덕. 가운데 평평하게 올라온 곳이 비장의 언덕이다.

그렇다면 왜 이곳 주민들은 오논 강에서 칭기즈칸이 태어났다고 믿는 것일까?

그러고 보니 라시드 앗 딘의 『집사』에 테무진의 탄생지와 관련하여 "오논 강 하류의 비장의 언덕에서 태어났으며, 탄생지에서 보르칸 칼돈 산까지 6일 거리"라고 기록한 부분이 있었다. 아마도 이 구절이 주민들과 러시아 학자들이 이곳을 탄생지라고 믿는 데 한몫했을 것이다.

하지만 그들이 기록 한 줄만 가지고 그렇게 주장할 리 없고 보면 이곳에 칭기즈칸과 관련된 모종의 전승이 있는 게 분명했다. 『집사』의 기록에 모종의 전승이 더해 주민들은 이곳의 비장의 언덕이 칭기즈칸의 탄생지라 철석같이 믿고 있는 것이리라.

오논 강 가운데 있는 비장의 언덕을 직접 둘러보고 싶었지만, 말 없이는 가기 어렵다는 말진양 노인의 설명에 우리는 멀리서 보는 것으로 만족해야 했다.

우리는 오논 강의 비장의 언덕과 아쉬운 작별을 하고, 아긴스코예 주민들이 신성시 여긴다는 샤만 바위들을 둘러보았다. 초원 여기저기에 널려 있는 바위들은, 코르코나크 조보르가 그랬던 것처럼 돌이 귀한 초원에서 특별할 수밖에 없었다. 우리는 다시 차를 타고 국경 초소로 가는 길을 지나 서쪽에 있는 높은 언덕으로 올라갔다.

언덕에 오르니 시야가 탁 트이는 게 사방이 한눈에 들어왔다. 발 아래에는 오논 강의 넓은 습지가 길게 펼쳐져 있었고, 그 너머로는 빽빽한 산림 지대가 있었다. N이 내 곁으로 다가오더니 말했다.

"바로 여기가 바가토르 하다랍니다."

그랬다. 마침내 바가토르 하다에 온 것이다. 당시 이곳을 둘러본 도리이 류조는 자신의 책에 이렇게 썼다.

오논 강을 따라가니 얼마 안 있어 멀리 건너편에 높이 200미터 정도의 구릉이 나왔다. 그 위치는 한편은 강에 접하고, 한편은 넓은 평원을 끼고 있어 그야말로 경치가 좋다. 주변 지역은 모두 광활한 평야이나 오직 그 구릉만은 우뚝 솟아 있어 사람들의 눈길을 끌었다. 몽골 사람들은 이 구릉을 '바가토르 하다'라고 불렀다. '하다'는 산을 의미하는데, 나무가 없는 붉은 바위산 등을 가리켜 하다라고 한다. '바가토르'는 용감한 사람, 영웅을 의미한다. 그러므로 바가토르 하다는 영웅산을 의미한다.

어떤 이는 칭기즈칸이 이곳에 성城을 가지고 있었다고 말한다. 구릉은 화강암으로 되어 있어 방어하기에 이보다 더 좋을 수 없다. 따라서 이곳은 오논 강 북쪽에선 최전방 방어선이라는 것을 알 수 있다. 지금은 이 구릉 정상에 라마탑이 있고, 좌우에 조그만 탑이 네 개씩 여덟 개가 서 있다.

그의 말대로 바가토르 하다 정상엔 흰 라마탑이 서 있었다. GPS를 보니 높이가 해발 700미터쯤 됐다. 하지만 도리이 류조가 썼듯이, 언덕 아래 초원에서 보면 불과 100~200미터밖에 안 돼 보이는 곳이었다. 전체적으로 지대가 높은 탓이다.

바가토르 하다에서 오논 강을 바라보니 서쪽 몽골 고원의 보르칸 칼돈 산에서 흘러와 동북쪽으로 아무르 강을 향해 달리고 있었다. 문득 이곳이 1200년 봄, 타이치오드군이 테무진과 옹칸의 군대에 대항하기 위해 최종 방어선을 쳤다는 홀레우트 토라스탄이 아닐까 하는 생각이 들었다. 앞쪽으로 오논 강의 넓은 습지 때문에 공격하기가 쉽지 않은 데다, 오논 강을 건너오는 적의 동태를 한눈에 파악할 수 있기 때문이다.

오논 강가 중에 남쪽에서 오는 대군을 방어하기에 지정학적으로 이만한 곳이 없어 보였다. 도리이 류조가 만났던 주민들도 칭기즈 칸이 이곳에 머물렀다고 하지 않던가. 더욱이 오논 강 주변에 넓은 습지가 있는데도 불구하고 몽골과 러시아의 국경 초소가 있다는 것은 예부터 이곳이 오논 강을 건너는 길목이었음을 시사한다.

그때 머리 위로 까마귀가 나타나더니 우리를 환영이라도 하듯 하늘을 날았다. 시원한 활공 모습이 보기 좋았다. 그때 말진양 노인이 N과 내 곁으로 다가오더니 이 산의 주인이 까마귀라고 말해주었다.

그렇다면 까마귀는 알고 있을까? 이곳에서 테무진과 타이치오드족이 치열하게 싸웠던 그 일을. 까마귀는 말없이 하늘을 두어 번 선회하다 사라졌다.

말진양 노인은 해마다 음력 4월 15일이면 주민들이 이 산에 올라 제를 지낸다고 했다. 해가 서녘으로 지기 시작하자 우리는 아긴스코예로 향했다. 아긴스코예에 도착하니 어느덧 날이 어두워져 있었다. 그때 볼트가 발다르 부인의 언니인 셀렌돌람 부인이 우리를 저녁 식사에 초대했다며, 그녀의 집으로 가자고 했다. 셀렌돌람 부인은 예순이 넘은 할머니로, 일찍이 의사를 그만두고 아긴스코예 역사박물관에서 학예사로 일한 적이 있는 인텔리였다. 셀렌돌람과 그녀의 남편 다완야마는 우리를 멀리서 온 친척처럼 따뜻이 맞아주었다.

말진양 노인이 발진 하탄이 죽은 알하나이에서 가져온 거라며 잣나무 열매를 나눠주었다.

발다르 부인과 그의 남동생 볼트, 그리고 셀렌돌람 부부 또한 인텔리였다. 모두 자기 문화에 대한 자부심이 대단했다. 그리고 뭔가를 말하고 싶어 했다. 하지만 그들은 말 대신 따뜻한 정을 듬뿍 나눠주었다. 밤이 깊도록 서로의 마음은 강처럼 흘렀고, 웃음이 끊이질 않았다. 먼 전생에 만났던 인연이라면 혹 이러할까. 하지만 우리는 내일이면 이곳을 떠나야 했다.

바가토르 하다 정상(위). 바가토르 하다에 서니 오논 강 일대의 습지가 한눈에 내려다보였다(아래).

자정이 다 되어 헤어질 때 셀렌돌람 부인은 우리를 한 사람씩 포옹하며 초콜릿 선물 상자를 주었다. 남편 다완야마는 우리의 손을 일일이 잡아주며 2012년에 치타에서 부리야트족의 축제가 열리니 그때 꼭 오라고 했다.

치타에서 울란우데로

조릭투에브 선생 내외와 우리는 다음 날 새벽 승합차를 타고 치타로 돌아왔다. 치타는 비가 내려 촉촉이 젖어 있었다. 매점에서 인스턴트 음식을 산 후, 치타 시간으로 오전 9시 울란우데행 기차를 기다렸다. 울란우데는 부리야트 자치주의 수도다.

"울란우데까지는 얼마나 걸릴까?"

"글쎄요, 저녁 무렵엔 도착할 겁니다. 오늘 밤은 울란우데에서 자고, 내일 아침 바이칼 동남쪽에 있는 바르코진으로 들어갈 겁니다. 바르코진은 '바르코진 터험'이라고도 부릅니다. '터험'은 습지, 저지대라는 뜻이지요. 그곳은 커다란 분지로, 분지 한가운데 바르코진 강이 흐르고, 강 주위에는 여의도 수백 개 넓이의 초원이 형성되어 있습니다. 게다가 수백 킬로미터의 산림이 주변을 둘러싸고 있어 예부터 대규모 군대가 접근하기 어려운 천혜의 길지로 알려져 있지요. 그 혼란스러웠던 칭기즈칸 시대에도 유일하게 전란이 없던 곳입니다."

"바르코진이라."

나는 가볍게 흥분되었다. 드디어 알랑 고아의 아버지 코릴라르타이 메르겐을 만나러 가는 것이다. 그는 코리족 군장으로 다른 부족 사람들과 사냥터를 둘러싸고 다툼을 벌인 뒤 몽골의 보르칸 칼돈 산으로 알랑 고아를 데리고 이주했었다.

기차는 9시가 되자 출발했다. 우리는 침대칸 두 개를 썼는데, 한 칸은 우리가 쓰고 다른 칸은 조릭투에브 선생 내외가 편안히 쓰시도록 했다.

창밖의 날씨는 흐렸다. 나는 치타에서 울란우데 가는 길이 궁금했다. 몽골에 갈 때마다 느끼는 것이지만, 몽골 북부는 산악 지대로 이루어져 있다. 때문에 그 위쪽 지역도 같은 산악 지대려니 생각했

울란우데 가는 기찻길 옆의 러시아 농가.

다. 그런데 치타를 떠난 기차의 창가에 비친 풍광은 뜻밖에도 넓은 골짜기였다. 멀리 보이는 산들은 산이라기보다 구릉에 가까웠고, 구릉에는 나무들이 빽빽했다. 낮은 지역은 초원을 이루고 있었고, 곳곳에 습지와 호수와 강이 있었다.

몇 시간이 지나도 차창 밖의 풍경은 별로 달라지지 않았다. 그렇게 시베리아 열차는 넓은 골짜기 사이의 평원을 달렸고, 숲은 멀어졌다 가까워졌다 하며 아름다운 풍광을 펼쳐 보였다. 그렇다면…….

나는 문득 시베리아 열차가 지나는 이 루트가 혹시 고대부터 유목민들의 이동 루트였던 것은 아닐까 하는 생각이 들었다. 그렇다면 이 길은 내몽골의 하일라르와 바이칼을 연결하는 고대의 루트였을 가능성이 높았다.

길이 평탄하고 강과 습지와 호수가 곳곳에 있어 유목민들이 다니기엔 부족함이 없었다. 시베리아 철도가 지나가고 있다는 것 역시 결코 우연이라 할 수 없었다. 길은 옛길 위에 새 길이 나는 법이기 때문이다.

그렇다면 메르키트의 칠레두가 허엘룬이 탄 마차를 끌고 굳이 산들이 많은 몽골 고원을 넘어갈 이유가 없었다. 하일라르 지역에서 헐런보이르 호수를 지나 만저우리 쪽으로 해서 오논 강을 건너, 지금 우리가 탄 이 시베리아 열차가 가는 루트를 따라가다 셀렝게 강쪽으로 올라가면 되기 때문이다.

그렇게 생각하니 예수게이가 허엘룬을 약탈한 것은 치타 주의 오논 강 쪽이 틀림없다는 생각이 들었다. 오논 강 습지에 있던 비장의 언덕에서 칭기즈칸이 태어났다고 아긴 부리야트 사람들이 믿는 것도 그와 무관해 보이지 않았다.

날씨는 간간이 해가 났지만 먹구름이 계속 밀려왔고, 이따금 비를 뿌렸다. 울란우데를 향해 달리는 기차는 작은 역에서 잠시 쉬고는 달리기를 계속했다. 넓은 들판은 좁아졌다 넓어졌다를 반복했다.

"울란우데는 어떤 곳이지?"

N에게 물었다.

"서부 몽골 북부 지역에서 시작된 셀렝게 강이 바이칼로 들어가기 전에 지나가는 곳이 바로 부리야트 자치 공화국 수도가 있는 울란우데입니다. 울란우데의 '울란'은 '붉다'는 뜻이고, '우데'는 동쪽에서 셀렝게 강으로 흘러드는 우다 강을 가리키지요. 두 강은 울란우데에서 만납니다. 그래서 셀렝게 강의 흙탕물과 우다 강이 합류하는 곳이란 뜻으로 울란우데라고 부릅니다. 셀렝게 강의 중류 지역이 메르키트부의 땅이라면, 울란우데를 포함한 바이칼 지역은 고대부터 부리야트족의 땅이지요."

그때 조릭투에브 선생이 우리 침대칸으로 오더니, 이번 여행에는 바르코진 지역에 대해 잘 아는 인민 시인 돌가르 도르지에바란 분이 함께할 예정이라고 했다. 그때 N이 내게 말했다.

"궁금한 게 있으면 선생님께 물어보세요. 이 방면의 세계적인 학자입니다. 궁금해하시는 것들에 대한 답을 주실 겁니다."

나야말로 기다리던 시간이었다.

코리 부리야트족이 바로 코리족이라고?

·
·

내가 조릭투에브 선생에게 질문하면 N이 통역해주었다.

"지금도 바이칼 주변에 부리야트인들이 살고 있습니까?"

그러자 선생은 종이에 바이칼 호수를 그리고는 그 주변에 사는 부리야트족들의 위치를 일일이 그려가며 설명해주었다.

"현재 이르쿠츠크의 안가라 강 쪽에는 혼고도르 부리야트족이 살고 있고, 바이칼 북쪽의 레나 강 쪽에는 에히리트 부리야트족과 볼라가트 부리야트족이 살고 있어요. 코리 부리야트족은 울란우데 남쪽에서 치타 주에 이르는 지역에 살고 있고, 울란우데 서남쪽에는 셀렝게 부리야트족이 살고 있지요. 이들 중 코리 부리야트족과 혼고도르 부리야트족은 백조를 숭상하고, 에히리트 부리야트족과 볼라가트 부리야트족은 황소를 숭상합니다."

코리 부리야트족이 울란우데에서부터 치타 주에 이르는 지역에 살고 있다는 말에 내 귀가 번쩍 틔었다. 그렇다면 시베리아 열차가 지나온 바로 그 길 주위에 코리 부리야트족이 살고 있다는 말인가? 나는 다시 물었다.

"코리 부리야트족은 본래 어디 살았습니까?"

"본래 바이칼 호수 북쪽에서 살았는데, 일부는 바이칼 호수에 있는 올혼 섬에서도 살았어요. 그러다 10세기 이전에 바이칼 남쪽에 있는 우다 강 지역으로 내려와 살았습니다."

그는 좀 더 자세히 설명했다. 알랑 고아의 아버지 코릴라르타이 메르겐이 바이칼 남쪽에서 몽골의 보르칸 칼돈 산으로 내려간 시기가 대략 10세기로 추정되므로, 늦어도 그전에는 코리족이 바이칼 남쪽으로 내려와 있었으리라는 것이었다. 하지만 정확한 시기는 알 수 없다고 했다.

그때 갑자기 조릭투에브 선생이 내게 물었다.

"바이칼 주변의 민족들은 전통적으로 백조를 숭상합니다. 한국에서도 백조를 신성시하나요?"

아니라고 대답하자, 실망하는 눈치였다. 우리도 당연히 백조 설화를 갖고 있을 거라 생각한 모양이었다. 나는 대신 백조 설화와 유사한 '선녀와 나무꾼' 이야기가 전해지고 있다고 말했다.

나는 다시 코리족에 대해 물었다.

"우리 민족의 기원으로 알려진 코리족과 코리 부리야트족은 어떤 관계입니까?"

그러자 선생은 부리야트족에 대해 먼저 설명하겠다고 했다.

"부리야트란 말이 역사에 출현한 것은 17세기예요. 러시아 사람들이 시베리아로 동진하면서 17세기 초에 바이칼 호수 쪽으로 내려오는데, 이때 바이칼 호수 주위에 사는 사람들과 처음 만났습니다. 러시아인들은 이들을 가리켜 '숲의 사람들'이라는 뜻으로 '부라트buraad'라고 불렀습니다. 그러다가 나중에 '부리야트buryat'라고 고쳐 부릅니다. 따라서 17세기 이전에는 부리야트란 민족명 자체가 없었습니다."

"그렇다면 고대의 코리족과 코리 부리야트족은 같은 것입니까?"

내 질문에 조릭투에브 선생은 단호하게 "그렇다!"고 대답했다.

갑자기 머릿속이 환해지는 것을 느꼈다. 아긴스코예에서 볼트 가족을 만났을 때 강물처럼 흐르던 그 감정의 정체도 확연하게 깨달았다. 그들이 바로 그 옛날 동명과 주몽이 떠나왔다고 하는 코리족의 후예였던 것이다.

나는 감격해서 선생에게 말했다.

"그렇다면 한국 사람들은 고대에 바이칼을 떠난 사람들이라고 할 수 있겠군요. 코리 부리야트족은 지금까지 그곳에 남아 살고 있는 사람들이고요."

내가 그 말을 하자 놀랍게도 선생이 자리에서 벌떡 일어났다. 그러고는 정색하며 나를 마주 보더니 선뜻 악수를 청했다. 내 말이 '맞다!'는 것이다. 마치 지금까지 그 말을 기다려왔다는 듯이. 그는 따스한 미소를 지으며 나를 쳐다보았다. 그리고 아주 흡족해했다.

부리야트인으로, 아니 대대로 바이칼 지역에서 살아온 사람으로, 이 방면 연구의 대가인 그의 태도는 내게 충격이었다. 이제 모든 게 명확해진 셈이었다. 고구려는 바이칼의 코리족으로부터 왔다! 그 사실을 우리만 모르고 있었던 것이다.

나는 충격과 흥분을 가라앉히고 조릭투에브 선생에게 다시 물었다.

"바이칼 일대에 살던 그들은 유목을 했습니까? 아니면 수렵을 했습니까?"

일종의 확인을 위한 질문이었다. 주몽과 동명은 유목민 출신이었으므로 만일 그들이 바이칼의 코리국에서 왔다면, 코리국 사람들 역시 유목을 하는 사람들이어야 하기 때문이다.

"바이칼 일대에 사는 사람들은 주로 유목을 했고, 유목만으로 부족하다 싶을 때는 농사와 수렵, 어로 등을 병행했습니다. 좀 더 구체적으로 말씀드리면, 바이칼 북쪽에 살던 부리야트인들은 1년에 두 번 이동하며 반목반농, 수렵, 어로 등을 했고, 바이칼 남쪽에 살던 부리야트인들은 주로 유목을 했습니다. 1년에 네 번에서 여덟아홉 번까지 이동하며 유목을 했지요."

그랬다. 그들은 유목민이었다!

그동안 바이칼 호숫가에 사는 사람들은 산림 부족으로 불려왔다. 때문에 사람들은 그들이 숲 속에서 수렵을 하며 살았을 거라고 생각했다. 하지만 부리야트족을 오랫동안 연구해온 조릭투에브 선생은 그들이 유목민이라고 단언하고 있는 것이다. 실제로 바이칼 주변 산림 지대에는 뛴 현상으로 생긴 초원들이 곳곳에 널려 있다. 몽골 초원처럼 대규모 유목은 어렵지만, 적은 수의 동물들을 키우는 데는 부족함이 없는 것이다.

시베리아 열차 창에 비친 초가을의 아름다운 풍광은 더없이 정겹고 따스했다. 왜 아니랴. 고구려의 선조들이 말 타고 거닐던 바로 그 길 아닌가. 아마도 그들은 그 길을 따라 동몽골을 거쳐 만주로 넘어갔을 것이다.

내가 그런 상념에 잠겨 있을 때 조릭투에브 선생이 또 다른 중요한 이야기를 꺼냈다.

"울란우데 쪽에 살던 코리족들은 러시아인들이 바이칼 쪽으로 밀고 내려오자, 하일라르 쪽으로 옮겨갔어요. 하일라르에 살고 있는 신바르가족이 바로 그들이지요. 일부 몽골인들이 포함되어 있긴 하지만, 99퍼센트가 코리족이라고 보면 됩니다."

나는 깜짝 놀랐다.

"헐런보이르 호수와 보이르 호수 사이에서 살고 있는 신바르가족이 바로 코리족이란 말입니까?"

"그렇습니다."

선생은 조용히, 그러나 진지하게 나를 바라보면서 말했다.

비로소 모든 상황이 이해되었다. 그때 신바르가 우익에서 만난 노인들은 자신들을 바르가족이라고 말했었다. 그들은 하일라르로 이주한 뒤 자신들의 뿌리를 잊어버린 것이다. 그래서 자신들이 코리 부리야트족, 정확히 코리족이라는 것은 알지 못했다. 그곳으로 이주한 뒤 많은 일들을 겪으면서 자신들의 뿌리를 잃어버린 것이다.

"소욜마 교수도 부리야트족이라고 했는데, 그러면 그분도 코리족이었을까?"

내가 N에게 물었다.

"그렇다고 봐야 할 겁니다. 하지만 그분 역시 자신이 코리족이라는 사실을 모를 가능성이 높습니다."

숨이 막혀왔다. 그렇다면 하일라르에 도착하면서 지금까지 계속 그 옛날 바이칼에 살던 코리족 후손들의 도움을 받고 있었다는 것이기 때문이다. 조릭투에브 선생의 부인도 코리족이 아니던가. 그리고 그녀의 도움으로 아긴스코예에서 고향 사람들 같은 코리족 사람들을 만났고. 이 무슨 운명의 장난인가 싶었다. 칭기즈칸의 발자취를 따라가는 여정에서 코리족을 만나다니, 그리고 그들이 나의 길을 안내하다니!

그랬다. 우리의 여정은 그렇게 코리족 후손들과 함께하고 있었다. 한데 또 하나 놀라운 점은 그들이 스스로를 몽골 사람이라 말하고 있는 것이다. 실제로 그들은 모두 몽골어를 사용했으며, 칭기즈칸에 대해 대단한 자부심을 가지고 있었다. 아긴스코예에서 마지막

날 저녁 셀렌돌람 부인의 집에 초대받았을 때, 다완야마 선생은 내게 물었다. 칭기즈칸을 어떻게 생각하느냐고. 내가 칭기즈칸은 위대한 전쟁 영웅이라기보다는 영적으로 매우 깊은 사람이었던 것 같다고 말하자, 그는 몹시 기뻐하며 좋아했다.

그것은 신바르가 노인들을 만났을 때도 그랬고, 소욜마 교수를 만났을 때도 그랬다. 칭기즈칸의 발자취를 따라 여행한다니까 모두들 적극적으로 길잡이가 되어주었던 것이다.

칭기즈칸 시대에는 바이칼 일대에 살던 민족들 역시 몽골 제국의 일원으로 참가했었다. 따라서 바이칼의 부리야트 사람들에게 몽골은 남의 나라가 아니었다. 그들의 국가요, 자부심이요, 정체성이었다.

조릭투에브 선생은 한동안 우리와 좀 더 이야기를 나누다 자기 침대칸으로 돌아갔다. 내가 여전히 충격 속에 빠져 있는 동안 기차는 어느덧 울란우데 교외로 들어서고 있었다. 기찻길 옆으로 목조 가옥들이 보이기 시작했다. 그 곁에는 금강송 특유의 수관(樹冠)을 이룬 소나무들이 서 있었다. 그 아름다운 모습은 몽골의 소나무들이 그랬던 것처럼, 내 눈을 사로잡았다. 주변 숲의 나무들을 살펴보니 자작나무는 드물고, 금강송이 압도적으로 많았다.

울란우데는 소나무의 도시라 해도 과언이 아니었다. 그렇다면 이곳에 살던 고대의 코리족들도 소나무를 매우 사랑했을 것이다. 그리고 소나무에 자신들의 염원을 담았을 것이다. 그러고 보니 그 옛날 고구려 사람들이나 지금의 한국인들 역시 소나무를 유별나게 좋아한다. 갑자기 우연은 없다는 말이 떠올랐다. 그래, 사람의 기호는 쉽게 바뀌는 것이 아니다.

우다 강. 셀렝게 강과 합쳐 바이칼로 흘러간다.

그때 창밖으로 강이 보였다. N이 우다 강이라고 알려주었다. 강폭은 그리 넓지 않았으나 우기가 되면 강물이 많이 불어나는지 몽골의 강들보다 강둑이 제법 높았다. 바로 저 강 주위에서 코리족이 살았다는 조릭투에브 선생의 말이 떠올랐다.

기차는 6시가 조금 넘어 울란우데 역에 도착했다. 울란우데 역 건물 역시 전형적인 러시아식으로 크고 웅장했다. 역 광장으로 나가니 차량과 사람들이 섞여 있었다. 조릭투에브 선생이 택시를 잡았다. 그리고 우리가 머물 사쿠라 모텔로 갔다. 일본계 사람이 지은 모텔 같았다. 조릭투에브 선생 내외는 우리와 함께 근처에 있는 식당에서 간단히 저녁 식사를 하고 자택으로 귀가했다.

울란우데 역사.

코리족 사람들이 만주로 이동한 경로

•
•

쉬려고 모텔 침대에 누웠지만, 좀처럼 잠이 오지 않았다.

사실 많은 한국 사람들이 오래전부터 우리 민족의 시원을 바이칼이라 믿고 있었다. 그들은 그 먼 러시아의 이르쿠츠크까지 날아가 바이칼 호수의 올혼 섬을 둘러보곤 했다. 그리고 바이칼 일대에 사는 부리야트인들을 만나면서 그들이 한국 사람들과 너무도 똑같은 얼굴과 감성을 갖고 있는 데 큰 충격을 받고 돌아왔다. 바이칼이야말로 우리의 본향이라고 말했다.

하지만 바이칼의 우리 조상이 언제 어떻게 만주로 이동했는지에 대해서는 아직까지 만족스럽게 설명하지 못하고 있다. 바이칼의 코리족이 우리의 조상임을 밝히려면 무엇보다 그들이 이동한 흔적들을 찾아 제시해야 했다. 그래야만 바이칼 시원설은 설득력을 얻는다. 그리고 바이칼의 코리족이 고구려의 맥족貊族이라는 것을 인정하게 된다.

앞에서 이미 언급한 것처럼, 동몽골은 북방 민족의 요람이며, 민족의 이동로다. 흉노족과 선비족이 그곳을 통해 중국으로 내려간 데 반해, 부여와 고구려의 맥족은 동몽골에서 만주로 넘어갔다.

동몽골에서 만주로 넘어가는 대표적인 길은 보이르 호수에서 아르샨 쪽으로 내려와 흥안령을 넘어가는 루트다. 실제로 내몽골의 아르샨에서는 한나절이면 흥안령 골짜기를 통과할 수 있다. 흥안령을 통과하면 우란하오터烏蘭浩特 시가 나오는데, 나지막한 구릉지에 끝없는 초원이 펼쳐져 있다. 여기서 동남쪽으로 내려가면 지금의 창춘 시가 나오고, 거기서 동쪽으로 가면 부여의 도읍지 길림吉林이 나온다.

그런데 부여의 건국신화에는 동명의 이동로와 관련하여 중요한 정보가 담겨 있다. 부여의 동명왕 건국신화를 보자.

고리국高離國의 왕이 출행한 사이에 시녀가 임신하자, 왕이 돌아와 이 사실을 알고는 그녀를 죽이려 했다. 시녀가 말하기를, "천상에 달걀처럼 둥근 기운이 있는 것을 보았사온데, 그 기운이 제 몸에 내려온 뒤로 잉태를 하였나이다" 했다.

왕이 그녀를 가둔 지 얼마 후 아들을 낳았다. 왕이 불길하게 여겨 돼지우리에 던졌으나 돼지들이 입김을 불어 보호하여 죽지 않았다. 다시 마구간에 갖다 버리게 했으나 말도 입김을 불어 보호해주었다.

왕이 혹 하늘이 보낸 아들이 아닐까 의심하여 시녀에게 도로 주워 다 기르게 했다. 동명이라 이름 짓고 소와 말을 돌보게 했다. 동명은 활을 잘 쏠뿐더러 날래고 용맹스러웠다. 왕이 그를 시기하여 죽이려 하자 동명이 도망쳤다. 엄리대수에 이르러 활로 물을 내려치니 물고기와 자라들이 모여들어 다리를 만들었다. 동명이 다리를 건너자 물고기와 자라들이 흩어져, 추격병들은 건너지 못했다. 그리고 부여 땅에 이르러 왕이 되었다.

하늘의 둥근 기운이란 태양을 말한다. 동명 역시 주몽과 마찬가지로 일광 신화를 갖고 있는 것이다.

동명 신화에서 우리는 고리국에서 동명으로 대표되는 일단의 세력이 길림 땅에 와 부여를 세웠음을 알 수 있다. 따라서 고리국의 위치를 알면 동명의 이동 루트가 좀 더 분명하게 드러날 것이다. 이 고리국의 위치에 대해 거란족의 『요사遼史』 지리지는 다음과 같은 중요한 단서를 남기고 있다.

봉주는 고리국의 옛 땅이다鳳州, 槀離國故地.

고리국槀離國은 고리국高離國을 말하고, 봉주鳳州는 지금의 창춘 서쪽에 있던 도시다. 놀랍게도 그곳이 바로 '고리국의 옛 땅'이라고 말하고 있는 것이다. 부여의 수도 길림에서 보면, 서쪽으로 대략 200킬로미터쯤 떨어진 곳이다.

창춘을 포함해 그 서쪽은 광대한 초원이 펼쳐져 있어 고대부터 대대로 유목이 행해지던 곳이다. 청나라 때까지도 몽골의 코르친 부족이 그곳에서 유목 생활을 했다. 따라서 창춘 서쪽에 있던 고리국 사람들이 유목민이었다는 것을 알 수 있다. 그들은 그곳 초원에서 말이나 양 떼를 길렀을 것이다.

그런데 고리국과 주목할 것은 기원후 1세기에 왕충王充이 쓴 『논형論衡』에 나오는 '북이 고리국北夷槀離國'이란 표현이다. 북이北夷는 북쪽의 오랑캐란 뜻이다. 주로 중국 북쪽의 유목민들을 가리킬 때 쓰는 표현이다. 중국인들은 만주와 한반도의 우리 민족을 동이東夷라 불렀다. 따라서 고리국은 동이족과는 다른 사람들이다. 그들이 '유목민'이라는 점을 고려할 때, 북방의 몽골 초원이나 바이칼 지역에서 왔을 가능성이 높다.

한편 중국의 사서에는 고구려의 주몽이 부여로부터 나왔다고 되어 있다. 그러나 광개토왕비에는 주몽이 "북부여에서 나왔다出自北夫餘"고 되어 있다. 후대에 쓰인 책의 기록은 오류가 생길 수 있지만, 당시 사람들이 돌에 새긴 금석문金石文은 오류가 있을 수 없다. 따라서 주몽은 부여가 아니라 '북부여'에서 도망쳐 졸본에 도착해 고구려를 세웠다고 보는 것이 옳다. 이는 부여 말고 북부여라는 또 다른 나라가 있었다는 이야기다.

그렇다면 '북부여'는 어디를 말하는 것일까? 북한의 리준영은 일찍이 고리국이 바로 북부여라고 주장한 바 있다. 그가 그렇게 주장하는 이유는 『구삼국사』와 『삼국사기』에 나오는 다음 내용 때문이다.

부여왕의 정승 아란불이 (왕에게) 말했다.

"요사이 하늘에서 저에게 이르시기를, '장차 내 손자(해모수)로 하여금 이곳에 나라를 세우고자 하니, 너희는 이곳을 피하라. 동해 가에 땅이 있으니, 가섭원이라 하는데, 토지가 오곡을 기르기에 알맞아 도읍으로 삼기에 적당하니라' 하시었나이다."

그리고 왕에게 도읍을 옮기기를 권하니 도읍을 그곳으로 옮기고 동부여라 했다. 부여의 옛 도읍 터에는 천제의 아들인 해모수가 와서 도읍을 정했다.

위의 인용문대로라면 부여 왕은 천제의 명에 따라 길림에서 동부여로 도읍을 옮긴 것이 된다. 하지만 기원 전후에 부여가 수도를 다른 곳으로 옮겼다는 기록은 없다. 이와 관련하여 『삼국유사』는 해모수가 부여의 옛 도읍 터에 내려와 세운 나라가 바로 '북부여'임을 명시하고 있다.

따라서 리준영은 부여의 동명이 나온 고리국을 부여의 옛 도읍 터, 즉 북부여로 본 것이다. 그런데 문제는 고리국은 부여 서쪽에 있으므로 북부여가 될 수 없다는 점이다. 그렇다면 북부여는 고리국의 모국이 될 수밖에 없다. 그 나라는 고리국과 같은 북방 유목권에 속하며, 고리국과 발음이 거의 같은 바이칼의 '코리국'일 가능성이 높다. 실제로 바이칼의 코리국은 위도상으로 길림보다 10도나 북쪽에 위치해 있어 부여의 '북쪽'에 있어야 하는 '북'부여의 조건과 정확히 일치한다.

이러한 사실들은 그 옛날 바이칼의 코리족이 흥안령을 넘어 만주로 왔고, 그들로부터 부여와 고구려가 탄생했음을 의미한다. 여기서 우리는 동명이나 주몽이 어렸을 때 말을 키우는 목동 일을 한 까닭을 이해할 수 있다. 그들은 유목을 주로 하는 코리족 출신이었던 것이다.

그러고 보면, 부여가 초원 지대인 창춘에서 물러나와 산악 지대인 길림에 웅지를 튼 것이나, 고구려가 선양 근처의 초원을 버리고 굳이 산악 지대인 졸본에 도읍을 둔 것은 동명이나 주몽이 바이칼 산림 지대 출신이었기 때문일 것이다. 초원은 사방으로 열려 있어 언제 어디서 적이 공격해올지 알 수가 없다. 더욱이 만주 평원은 몽골 초원과 하나로 연결되어 있다.

따라서 오랫동안 산림 부족으로 살아온 그들이 제로섬게임의 무대인 초원에서 한 걸음 뒤로 물러나와 산악 지대에 도읍 터를 잡은 것은 자연스러운 선택이라고 할 수 있다. 초원을 바로 곁에 둔 산악 지대야말로 초원에서 일어나는 변화를 관망할 수 있는 동시에 여차하면 초원으로 달려나갈 수 있는 위치이기 때문이다.

그런데 한 가지 의문이 남는다. 당시 고구려 사람들은 왜 바이칼의 코리국이라 하지 않고 북부여라고 했을까?

여기에는 두 가지 이유가 있어 보인다. 하나는 당시 만주 맥족 정권의 정통성이 부여에 있었다는 점이다. 주몽의 건국신화가 동명의 건국신화를 그대로 빼박았다는 사실이 바로 그것을 말해준다. 부여는 코리족 출신의 동명이 만주의 토착민들과 함께 세운 나라다. 따라서 고구려가 아무리 코리족이 중심이 되어 세운 나라 해도 동명이 세운 부여를 무시할 수는 없었을 것이다. 더구나 고구려가 건국할 무렵에는 부여의 힘이 훨씬 더 컸다. 유화가 부여의 금와왕에게 잡혀 있던 것도 그런 사정을 말해준다. 따라서 같은 맥족 정권으로 먼저 만주에서 일가를 이룬 부여를 끌어들이지 않고는 만주에서 고구려의 정당성을 말하기 어려웠으리라는 것이다.

또 하나는 부여 사람들이 바이칼의 코리국을 같은 부여의 나라로 여기고 북부여라 불렀을 가능성이다. 처음에는 당연히 '코리국'이라 불렀을 것이다. 그러나 부여가 더 커지자 바이칼의 코리국을 부여의 관점에서 바라보았을 것이고, 그 연장선상에서 자연스럽게 바이칼의 코리국을 '북쪽에 있는 부여' 또는 '부여의 모국'이란 의미에서 '북부여'로 불렀으리라는 것이다.

고구려 사람들은 그 용어를 채택하여 광개토왕비에 주몽이 '북부여'에서 나왔다고 썼다고 볼 수 있다.

그런데 우리는 또 하나 중요한 사실을 만나게 된다. 바이칼의 부리야트인들이 부여와 고구려 그리고 지금의 한국을 모두 '솔롱고스'라고 부른다는 점이다. 그동안 부리야트인들이나 몽골인들이 우리를 솔롱고스라고 부르는 것에 대해 누구도 합리적인 답을 내놓지 못했다. 한국사에서 솔롱고스란 국명을 갖고 있는 나라가 없기 때문이다. 그렇다면 그들이 부르는 솔롱고스는 부여와 고구려, 한국을 지칭하는 별칭일 가능성이 높다.

솔롱고스는 '무지개'라는 뜻이다. 무지개는 꿈과 이상을 나타낸다. 그렇다면 그 옛날 바이칼의 코리족 사람들이 자기 민족이 만주에 나가 세운 부여나 고구려를 바라보며 자신들의 꿈과 이상을 실현할 무대로 여긴 것은 아닐까? 그래서 많은 사람들이 그들의 꿈과 이상을 찾아 부여나 고구려를 솔롱고스라 부르며 달려왔던 것은 아닐까? 그 연장선상에서 지금도 그들은 부여와 고구려의 후예인 한국인들을 솔롱고스라 부르는 것은 아닐까?

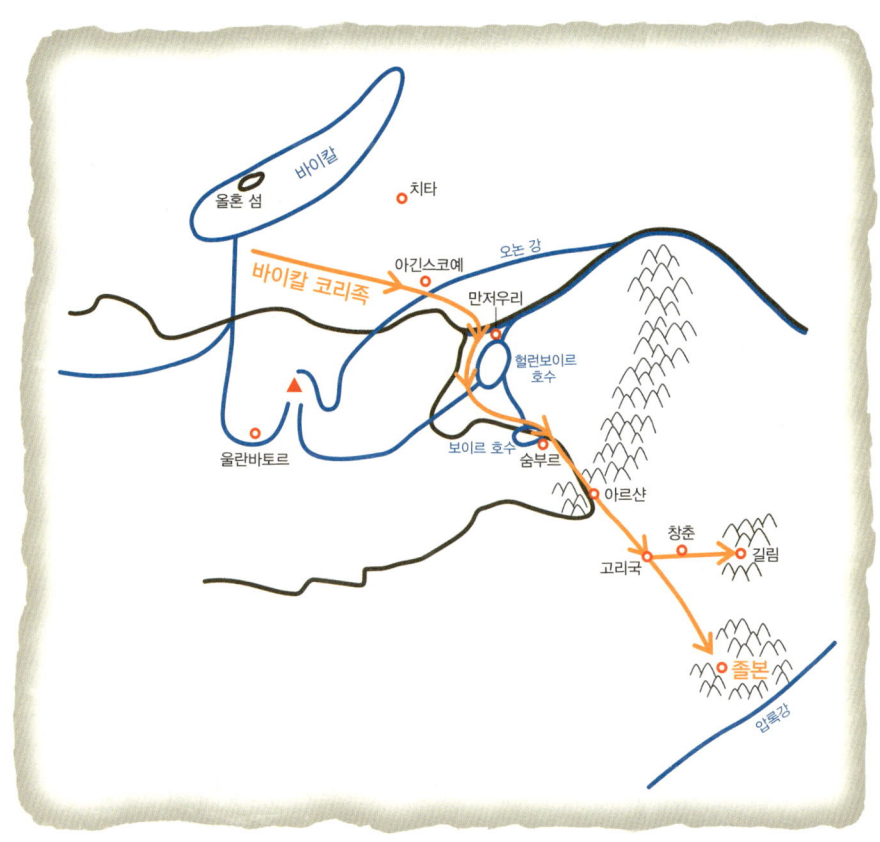

코리족의 이동로.

『몽골 비사』는 칭기즈칸 시대의 몽골 사람들이 고구려를 계승한 고려를 솔롱고스로 부르고 있음을 전하고 있다. 이는 중세의 몽골인들이 부여와 고구려를 솔롱고스로 인식했다는 것을 의미한다. 그들 역시 바이칼의 코리족이 만주로 건너가 부여와 고구려를 세운 것을 알고 있다는 이야기다.

우리는, 이미 제2장에서 살펴본 대로, 알랑 고아의 일광 신화와 고구려 유화의 일광 신화가 동일한 신화적 구조를 갖고 있다는 것을 알고 있다. 알랑 고아는 코리족 여인이다. 코리족 여인의 일광 신화와 고구려 여인 유화의 일광 신화가 같다는 것은, 그리고 알랑 고아가 버드나무 신대를 잡았듯이 유화 역시 버드나무 신대를 잡았다는 것은 그들이 같은 민족 또는 같은 문화권 사람들이라는 것을 의미한다. 따라서 바이칼의 코리족과 부여, 고구려는 하나로 연결되어 있음이 분명하다.

17세기에 바이칼 남쪽의 코리족이 치타 주를 거쳐 헐런보이르 호수와 보이르 호수 쪽으로 이동했다는 사실은 그 옛날 동명과 주몽 역시 그 루트를 따라 바이칼에서 헐런보이르 호수와 보이르 호수로 이동했을 가능성을 시사한다. 그런 점에서 아긴스코예에서 만난 코리족이나 하일라르에서 만난 신바르가족의 존재는 고대 바이칼 일대의 코리족이 어떤 루트로 헐런보이르 호수로 이동했는지를 단적으로 보여주는 사례다. 아긴스코예 초원에서 동쪽으로 곧장 가면 바로 만저우리이기 때문이다. 아마도 주몽은 헐런보이르 호수와 보이르 호수 부근에서 좋은 군마들을 확보한 뒤 만주로 들어갔을 것이다.

신바르가 우익기 마을에서 만난 두 노인은 헐런보이르 호수와 보이르 호수 사이의 습지에 고구려인들이 농사를 지은 유적들이 있다고 했었다. 소욜마 교수도 그와 비슷한 이야기를 했었다. 생각해보니, 그것은 고대의 코리족이 반목반농을 했다는 조릭투에브 선생의 말과 정확히 일치한다. 바이칼 호숫가에서 살며 반목반농의 생활을 했다면, 헐런보이르 호수 주변에 머물 때 농사짓기 좋은 습지를 결코 그냥 지나치지 못했을 것이다.

코리족 사람들이 헐런보이르 호수와 보이르 호수 부근에서 농사를 지었다는 것은 그들이 동몽골에서 제법 무리를 이루고 있었다는 것을 의미한다. 이는 또한 그 일대가 바이칼의 코리족이 만주로 넘어가는 중간 거점 역할을 했다는 것을 뜻한다.

최근 코리 부리야트족 학자들의 연구는 이러한 사실을 뒷받침한다. 역사학자 데 담딘자브Д.Дамдинжав는 "코리 부리야트의 선조(코리족)로부터 솔롱고스의 부여 씨족이 나왔다"고 말하고 있다. 그런가 하면 코리 부리야트족 학자 Б. 소미야바타르 교수는 논문에서 다음과 같이 말하고 있다.

보이르 호수로 흘러드는 할힌 강 주변에 코리 사람들이 살던 때에 북쪽의 바이칼 호수 저편에서 코리 투멘이라는 사람이 왔다. 그러자 솔롱고스(코리) 사람들은 그를 나라의 칸으로 모셨다.

코리 투멘Kori Tumen의 '투멘'은 유목 군장의 이름에 많이 나타난다. 위의 기술대로 코리 투멘, 즉 한 코리족 군장이 바이칼에서 만주로 넘어와 나라를 세웠다면, 투멘과 주몽 이름의 유사성으로 보아 고구려의 주몽을 가리킬 가능성이 높다.

이렇게 코리 부리야트 학자들의 연구는 우리가 미처 알지 못하는 새로운 중요한 사실들을 제시하고 있다. 비록 그들의 연구가 코리 부리야트족에 전승되어 내려오는 설화를 바탕으로 한 것이지만, 오랜 세월 전승되어 내려왔다는 점에서 역사적 진실을 담고 있을 개연성이 높다.

현재 국내 학계에서는 이 같은 전승에 대한 자료가 부족하다 하여 외면하고 있는 상태다. 하지만 최근 들어 일본이나 러시아, 중국,

심지어 미국에서도 바이칼 주변의 부리야트인들과 한국인의 관계에 관심을 보이고 있다고 한다. 바이칼 주변의 부리야트인들과 한국인들이 모종의 깊은 관계를 갖고 있음을 그들 역시 주목하고 있는 것이다.

바이칼의 성지, 바르코진에 들어가다

다음 날 아침 일찍 조릭투에브 선생 내외와 돌가르 도르지에바 인민 시인이 모텔로 왔다. 돌가르 도르지에바 시인은 제법 나이 든 할머니였다. 하지만 꽤 정정했다. 우리는 함께 바르코진으로 가는 버스를 타고 출발했다. 버스는 부정기적으로 다니는 12인승 승합차인데 출발 시간도 일정치 않았다. 손님이 차야 출발했다. 다행히 우리 인원이 많은 덕에 얼마 지나지 않아 만원이 되었다. 차는 아침 8시경에 출발했다.

버스는 울란우데 시가지

돌가르 도르지에바 인민 시인.

를 빠져나와 소나무가 울창한 산을 굽이굽이 넘었다. 고개를 넘어도 넘어도 보이는 것은 온통 울창한 소나무 숲이었다. 과연 바르코진은 거대한 산림에 둘러싸여 있다는 말이 실감 났다. 지금이야 도로가 나 있지만, 고대에는 좁은 숲길이었을 테니 그 길을 대군이 통과하기는 어려웠을 것이다.

"역시 듣던 대로 바르코진은 울창한 산림으로 둘러싸인 천혜의 요지군."

"저 울창한 산림을 보십시오. 누가 저 숲을 헤치고 들어갈 생각을 할 수 있겠습니까. 오직 길을 아는 사람들만 바르코진과 외부 세계를 넘나들었을 겁니다."

N의 말이었다. 숲길을 두 시간쯤 달린 후에야 우리는 드문드문 집들이 보이는 길가의 한 식당에서 간단히 아침 식사를 했다. 다시 차에 오르니 비가 오기 시작했다. 숲길을 30분쯤 달려갔을 때, 갑자기 왼쪽 차창 너머로 시야가 뻥 뚫리며 바이칼 호수가 보였다.

아, 바이칼! 호숫가의 나무들에 가려 제대로 보이지는 않았지만, 몇 년 만에 다시 보는 바이칼은 반가웠다. 호수 북쪽은 절벽으로 이루어져 있어 사람들이 접근하기 어려운데, 남쪽은 마치 바닷가 해변처럼 모래톱으로 되어 있었다. 그래서인지 더 편안하고 정다워 보였다. 하지만 빗속의 바이칼은 짙은 잿빛이었다. 몇 년 전 올혼 섬에 갔을 때, 그곳에서 꿈을 꾼 것이 생각났다. 바이칼의 여신 '바이켈 하탄'이 지하에서 깊은 잠을 자고 있는 꿈이었다. 그때의 기억이 되살아난 때문일까. 바이칼에서 정체를 알 수 없는 짙은 느낌의 손짓이 느껴졌다.

버스가 달리는 동안 바이칼은 이런저런 모습으로 변신하며 우리와 함께 움직였다. 운전기사는 바이칼 호수가 보이는 한 곳에서 잠시 차를 세웠다. 호숫가에는 서낭당 나무 기둥에 하닥이 걸려 있었다. 몽골이나 우리나라와 달리 이곳에서는 나무 기둥을 세워 서낭당으로 삼았다.

'바이칼'은 샤만의 호수란 뜻이다. 시베리아에서 '바이'는 샤만을 뜻하고 '칼'은 강이나 호수를 뜻한다. 아마도 고대부터 샤만들이 신성시해온 호수라 그리 불렀을 것이다. 실제로 바이칼 호수 주변에는 곳곳에 샤만들의 기도처가 남아 있다. 그중에서도 호수 안에 있는 올혼 섬의 '보르칸 바위'는 우리나라에도 샤만 바위로 널리 알려져 있다. 또 이르쿠츠크 인근 호숫가에서는 해마다 여름이면 대규

울란우데에서 바르코진으로 가는 길에 본 바이칼 호수.

모 샤만 의례를 치르곤 한다. 그 밖에도 많은 기도처들이 있었던 것으로 전한다. 그러나 이 지역에 라마교가 들어오고, 사회주의 시절을 거치면서 대부분 유실되었다고 한다.

비가 잠시 멈추자 바이칼에서는 좀 더 따뜻한 빛깔이 묻어났다. 밀려오는 파도에 갯내만 더하면 영락없는 바다다.

다시 차를 타고 한 시간쯤 달려 조그만 마을에 도착했다. 목조 가옥들이 길 양쪽에 길게 늘어서 있었다. 바로 오스치 바르코진이었다. '오스치'는 러시아 말로 '동쪽'이라는 뜻이다. 따라서 오스치 바르코진은 바르코진 동쪽 마을이란 뜻이다.

"이곳에서부터 바르코진 터험이 시작됩니다."

N이 말했다.

"드디어 바르코진에 온 셈이군."

바르코진 강에 도착한 우리는 차에서 내렸다. 강에 다리가 없어 배를 타고 건너야 하기 때문이다. 강폭은 20~30미터쯤 되었지만 강물은 도도했다. 강 위에 떠 있는 바지선 한 척이 양쪽을 왔다 갔다 하며 차와 사람들을 실어 날랐다. 그런데 놀랍게도 그 바지선을 움직이는 것은 조그만 동력선 보트였다. 보트가 바지선을 끌고 양안을 왔다 갔다 하는 모습이 신기해서 우리는 한동안 지켜보았다. 선착장에 서자 저 멀리 앞쪽으로 눈 덮인 산맥이 보였다. N에게 무슨 산이냐고 물으니 바르코진 산맥이라고 했다. 연둣빛 벌판 위로 솟은 산맥은 그림처럼 아름다웠다.

우리는 바지선을 타고 차들 틈에 끼여 강을 건넜다. 그곳에서 왼쪽으로 해안을 끼고 내려가면 '스비아토이 노스 반도'가 나오는데, 올혼 섬과 함께 바이칼 일대에서 첫손 꼽는 휴양지다. 우리는 바르

오스치 바르코진의 부두. 바르코진 강을 바지선을 타고 건넌다.

코진 산맥과 바르코진 강 사이의 들판을 달렸다.

한 시간쯤 지나 마침내 바르코진 마을에 도착했다. 조그만 시골 도시였다. 제법 큰 오래된 목조 건물들이 도심을 채우고 있었다. 도시 뒤쪽의 바르코진 산맥 기슭에는 소나무들이 빽빽했다.

우리가 터미널에서 기다리는 동안 돌가르 도르지에바 시인이 어딘가에 전화를 걸었다. 그러면서 차량이 준비되면 자신의 고향 마을인 힐가나로 갈 거라고 했다.

우리는 터미널 뒤편의 식당으로 가서 식사를 했다. 그 와중에도 노시인은 바쁘게 전화를 했다. 한참 만에 돌아온 노시인은 "차량을 구했는데, 오는 도중에 고장이 났다고 합니다. 그래서 오늘은 어렵

멀리 흰눈 덮인 바르코진 산맥이 보인다.

고, 내일 아침 일찍 이곳으로 온다고 하니 여기서 자고, 내일 떠납시다" 했다.

우리는 식당 2층에 있는 여관에 숙소를 정했다. 한 방에 다섯 명이 들어갈 수 있었다. 나는 짐을 내려놓고 잠시 쉴 겸 침대에 벌렁 누웠다. 바르코진에 와 있다는 게 실감 나지 않았다.

바르코진은 알랑 고아의 아버지 코릴라르타이 메르겐과도 관계가 깊다. 당시 그의 행적을 알려주는 코리 부리야트족 설화가 있다. 그 내용은 다음과 같다.

바이칼 남쪽 바르코진 터험이란 곳에 바르가 바타르란 코리족 장로가 살고 있었는데, 그에겐 일리우데이, 보리야다이, 코리다이라는 세 아들이 있었다. 막내아들 코리다이는 사냥에 뛰어나 사람들로부터 코리족 최고의 명사수라는 뜻의 '코릴라르타이 메르겐'이라는 칭호를 받았다. 그는 바르코진 터험의 주인인 바르고다이 메르겐의 딸 바르코진 고아와 결혼하여 아리크 오스(아리크 오손)에서 딸을 낳자 알룽 고아(알랑 고아)라고 불렀다. 그는 퉁긴 강 주변의 푸른 언덕에서 살았다.

그런데 부리야트의 다른 종족인 에히리트족, 볼라가트족과 사이가 나빠져 바이칼 안에 있는 올혼 섬으로 건너갔다. 그곳에서 두 번째 부인 샤랄다이와 결혼하여 다섯 아들을 두었다. 코릴라르타이 메르겐은 샤랄다이가 세상을 떠나자 올혼 섬에서 나와 바이칼 동쪽의 호린탈 지역에 와서 세 번째 부인인 나가다이와 결혼해 여섯 아들을 낳았다.

위의 내용 중 코릴라트타이 메르겐이 바르코진 고아와 결혼해 알랑 고아를 낳았고, 다른 두 명의 부인으로부터 열한 명의 아들을 더 두었다는 이야기는 바얀동에서 남답 할아버지가 들려준 이야기와 같다. 하지만 위의 설화에는 다른 곳엔 없는 중요한 내용들이 들어 있다.

우선, 코릴라르타이 메르겐이 아버지 대부터 바르코진에서 살았다는 사실이다. 이것은 코리족의 일부가 바르코진에 거주했다는 것을 말해준다. 또한 그의 원래 이름이 '코리다이'며 코릴라르타이 메르겐은 그에게 주어진 명사수라는 칭호임을 분명히 밝혀주고 있다.

둘째, 코릴라르타이 메르겐은 바르코진 터험의 주인인 바르고다이 메르겐의 딸 바르코진 고아와 결혼하여 신성한 물(강 또는 호수)이

바르코진 마을 정류장.

있는 곳에서 딸을 낳자 이름을 알랑 고아라 짓고, 퉁긴 강 주변의 푸른 언덕에서 살았다고 한다. 『몽골 비사』에는 그가 본래 코리 투메트 사람이라고 쓰여 있다. 따라서 그는 바르코진 터험에서 바르코진 고아와 결혼한 뒤 자신의 땅 코리 투메트로 돌아갔고, 그곳의 신성한 물가에서 알랑 고아를 낳았음을 알 수 있다.

셋째, 『몽골 비사』에는 코릴라르타이 메르겐이 다른 부족들과 사냥터를 놓고 다툰 후 몽골의 보르칸 칼돈 산으로 이주한 것으로 되어 있는데, 위의 설화에는 이주 과정이 좀 더 자세히 서술되어 있다. 즉 부리야트의 다른 종족인 에히리트족, 볼라가트족과 사이가 나빠져 바이칼 안에 있는 올혼 섬으로 건너갔다고 한다. 조릭투에브 선생에 의하면, 에히리트족과 볼라가트족은 바이칼 호수 북쪽에 거주하는 사람들이다.

넷째, 코릴라르타이 메르겐은 올혼 섬으로 들어가 그곳에서 두 번째 부인과 결혼해 다섯 아들을 두었다는 것이다. 올혼 섬 역시 코리족이 살던 곳이라는 조릭투에브 선생의 말과 일치한다.

다섯째, 코릴라르타이 메르겐은 다시 올혼 섬을 나와 바이칼 동쪽의 호린탈이란 곳에서 세 번째 부인과 결혼해 여섯 아들을 두었다고 한다.

나머지는 우리가 아는 대로다. 코릴라르타이 메르겐은 코릴라르라는 새로운 씨족을 만들어 알랑 고아를 데리고 몽골의 보르칸 칼돈 산으로 이주했다. 그리고 그녀의 딸 알랑 고아로부터 몽골의 역사가 시작되었다.

한편 알랑 고아의 몽골 자손들은 알랑 고아 사후에도 바르코진 사람들과 계속해서 친족 관계를 유지했던 것으로 보인다. 그러한 사실은 보돈차르의 5대손인 카이도의 행적에 잘 나타나 있다. 카이도에게는 다음과 같은 유명한 일화가 알려져 있다.

위구르족의 포로로 잡혀 카라코룸에서 유목 생활을 하던 이들 중에 잘라이르족이 있었다. 그들은 열 개의 씨족이 있을 정도로 아주 큰 부족이었다. 위구르족이 몽골 고원을 떠나 남쪽으로 내려가자 그들은 자신의 고향으로 돌아가기 시작했다. 그런데 도중에 거란족을 만나 모든 것을 빼앗기고 오논 강으로 쫓겨 올라왔다.

그때 보돈차르의 3대손인 메넨 토돈의 부인 모놀론과 일곱 아들이 보르칸 칼돈 산 근처의 오논 강가에서 유목을 하고 있었다. 모놀론은 재산이 많았는데, 이틀에 한 번씩 가축들을 끌어내 그 수를 세어보았다고 한다. 하루는 마차를 타고 가다 잘라이르족 아이들이 풀뿌리를 캐기 위해 자신의 유목지를 파헤치는 것을 보았다. 그녀는 "누가 감히 내 아들들의 목마장을 파괴하는 것이냐?" 하며 버럭 화를 냈다. 그러고는 마차를 몰아 아이들이 있는 곳으로 달려갔다.

그 바람에 아이들이 다치고 죽기까지 했다.

그러자 분노한 잘라이르족이 모놀론의 말들을 모두 몰고 가버렸다. 모놀론은 아들들에게 그들을 추격하게 했다. 다시 며느리들에게 갑옷을 입혀 뒤쫓게 했다. 하지만 그들은 전투에 패했고, 아들 여섯이 모두 죽었다. 잘라이르족은 모놀론까지 죽이고, 게르도 파괴했다.

모놀론의 과격한 성격이 화를 자초한 것이었다. 다행히 모놀론의 막내아들 나친은 바르코진에 데릴사위로 가 있어 화를 면했다. 그는 자기 집이 화를 당했다는 소식을 듣고 달려왔다. 와서 보니 모놀론의 장손 카이도가 유모의 품에 안겨 살아 있었다. 그는 형들의 말을 되찾은 다음 카이도와 부상당한 여인들을 데리고 바르코진으로 돌아왔다. 카이도는 그곳에서 삼촌 나친의 보호를 받으며 자랐다.

그 후 잘라이르족은 동쪽으로 이동하여 치타 주 오논 강 동쪽에 자리 잡았다. 그 바람에 에르군네 쿤에서 오논 강을 따라 내려오던 몽골족은 남쪽으로 내려갈 수 없었다. 잘라이르족이 길목을 가로막고 있었기 때문이다. 그 소식을 들은 카이도는 바르코진 사람들을 규합하여 오논 강 동쪽에 있던 잘라이르족을 정복했다. 덕분에 몽골족은 다시 남하할 수 있게 되었다. 만일 그때 카이도가 잘라이르족을 정복하지 않았다면 키야트족과 타이치오드족의 일부는 몽골 고원으로 내려오지 못했을 것이다.

이 일로 카이도는 큰 세력으로 부상했고, 많은 사람들이 그에게 귀부해왔다. 라시드 앗 딘의 『집사』는 카이도의 이름 뒤에 '칸'의 칭호를 붙이고 있어 당시 카이도의 위세를 짐작하게 한다. 칭기즈칸을 위시해 카볼칸이나 암바카이칸, 코톨라칸 등 보르지긴 가문의 이름 있는 인물들이 모두 그의 후손이란 점을 생각하면, 이때 카이도가 큰 세력을 쌓은 것이 몽골족이 융성하는 결정적인 토대가 되었음을 알 수 있다.

카이도가 위기를 극복하고 세력을 떨칠 수 있었던 것은 말할 것도 없이 바르코진 사람들과 친족 관계를 맺고 있었기 때문이다. 당시 바르코진과 친족 관계를 맺고 있던 것은 몽골족만이 아니었다. 셀렝게 강 중류에 거주하는 메르키트부의 토크토아 베키 역시 위기 때마다 바르코진으로 피신해왔다. 그렇게 몽골 고원의 사람들이 도움을 청할 때마다 바르코진 사람들은 도와주었다.

그렇다면 바르코진 사람들은 당시 이곳 바르코진에서 독자적인 세력을 형성하고 있었을 가능성이 높다. 나는 점점 더 바르코진 초원의 모습이 궁금했다. 바르코진 초원은 어떤 모습일까? 과연 이곳 사람들이 독립적인 세력을 형성할 정도로 규모가 클까?

그때 N이 저녁 식사를 하러 가자고 했다. 아래층 식당으로 내려가니 조릭투에브 선생 내외와 돌가르 도르지에바 시인이 벌써 자리를 잡고 있었다. 우리는 함께 식사를 하며 다음 날 일정에 대해 이야기를 나누었다. 그때 조릭투에브 선생이 바르코진 이야기를 들려주었다.

"몽골에 '보르칸 칼돈 산'이 있듯, 이곳에도 '보르칸 칼돈 산'이 있습니다. 몽골의 보르칸 칼돈 산이 있는 지방 이름이 '헨티'지요. 이곳에도 보르칸 칼돈 산 바로 옆에 '훈테'란 지명이 있습니다. 바르코진 평원의 옛 이름은 바로 '훈테탈Hunte-Tal'입니다. '탈'은 초원을 뜻합니다. 몽골의 보르칸 칼돈 산과 헨티가 떼려야 뗄 수 없는 관계에 있듯이, 바르코진의 보르칸 칼돈 산과 훈테탈 역시 떼려야 뗄 수 없는 관계에 있습니다. 그리고 헨티와 훈테는 같은 어원의 말로, 몽골과 이곳 바르코진이 밀접한 관계가 있다는 것을 의미합니다."

N이 통역해주는 말을 듣고 나는 깜짝 놀랐다. 보르칸 칼돈 산과 이곳의 보르칸 칼돈 산이 같은 기원을 갖고 있는 이름이라니 뜻밖이었다. 또 바르코진에 그런 산이 있다는 것도 놀라웠다. 더욱이 몽골의 보르칸 칼돈 산이 있는 헨티 아이막의 헨티란 이름까지 이곳 바르코진에 있다니…….

그렇다면 코리족의 코릴라르타이 메르겐이 바이칼 동쪽의 거주지를 떠나 몽골의 보르칸 칼돈 산으로 내려간 것 역시 우연이 아닐 가능성이 높다. 바르코진을 떠나기로 했을 때 또 다른 보르칸 칼돈 산과 훈테탈이 있는 곳을 택했을 개연성이 있는 것이다.

이렇게 되면 보르칸 산은 아시아에 세 개가 되는 셈이었다. 몽골의 보르칸 칼돈 산, 바이칼의 보르칸 칼돈 산, 그리고 불함산으로 알려진 백두산. 보르칸 칼돈 산은 본래 하나였을 것이다. 그것이 세 개가 되었다면 나중에 두 개가 더 생겼다는 이야기다. 그렇다면 세 개의 보르칸 산 중 최초의 산은 어디일까?

우선 바르코진 평원의 옛 이름인 훈테탈이 몽골의 헨티보다 오래된 이름이라는 점이다. 이것은 몽골의 보르칸 칼돈 산이 바르코진의 보르칸 칼돈 산에서 왔을 가능성을 시사한다. 바르코진의 보르칸 칼돈 산의 신격이 몽골의 보르칸 칼돈 산보다 복잡하다는 점도 그곳이 오래전부터 신성시되었음을 뜻한다. 몽골의 보르칸 칼돈 산이 주로 몽골족과 관련 있는 데 비해 바르코진의 보르칸 칼돈 산은 코리족 외에도 일찍이 이곳을 거쳐간 흉노족, 돌궐족 등 여러 민족들의 성산으로 추앙된 것으로 알려져 있다.

게다가 바이칼의 올혼 섬에는 샤만 바위로 알려진 '보르칸 바위'

가 있다. 또 일부 학자들에 의하면, 고대 오환족의 성산인 '적산赤山'이나 거란족의 성산인 '흑산黑山'도 이곳 보르칸 칼돈 산으로 추정된다고 한다.

따라서 경우에 따라서는 몽골의 보르칸 칼돈 산과 헨티의 지명을 코릴라르타이 메르겐이 바르코진으로부터 올 때 가져왔을 가능성도 배제할 수 없다. 고대의 유목민들은 타 지방으로 이동할 때 자신이 살던 곳의 지명을 가지고 가기 때문이다. 코리족 군장 코릴라르타이 메르겐이 몽골의 보르칸 칼돈 산으로 이주하면서 몽골의 역사가 시작되었다는 점도 그 가능성을 말해준다.

그렇다면 만주의 불함산은 몽골의 보르칸 칼돈 산이 아니라 바르코진의 보르칸 칼돈 산에서 유래했을 가능성이 높다. 불함산이란 이름이 기원전 2세기 전에 등장했다고 보면, 그전에 이미 바이칼 지역에서 일단의 사람들이 백두산 지역으로 이주했다는 것을 의미한다.

조릭투에브 선생의 이야기에서 시작된 코리족과 보르칸 칼돈 산의 관계는 불현듯 우리를 또 다른 역사의 근원으로 데려가고 있었다.

가이드 N이 조릭투에브 선생에게 물었다.

"바르코진은 무슨 뜻인가요?"

"부리야트 말로 '바르코'는 '수풀이 울창한' '산림이 빽빽한' '숲이 우거진' 등의 뜻을 갖고 있습니다. '진'은 평원, 벌판을 의미하지요. 따라서 바르코진은 숲이 빽빽하게 둘러싼 곳의 평원 또는 벌판을 의미합니다."

그의 설명은 명확했다. 내일 두 눈으로 확인하는 일만 남아 있을 뿐이다. 그때 우리의 대화를 듣고 있던 돌가르 도르지에바 시인이 조용히 입을 열었다.

"바르코진 강을 따라 좀 더 올라가면 쿠룸칸이라는 마을이 나오는데, 그곳에는 부리야트인들이 살고 있고, 그들이 세운 박물관도 있어요. 내일 그곳에 갈 생각이라우."

"그들은 바르코트인들이겠군요?"

내가 노시인에게 물었다.

"그들은 자신들을 '바르코진 부리야트'라고 불러요. 아마도 바르코트족 후예일 겁니다."

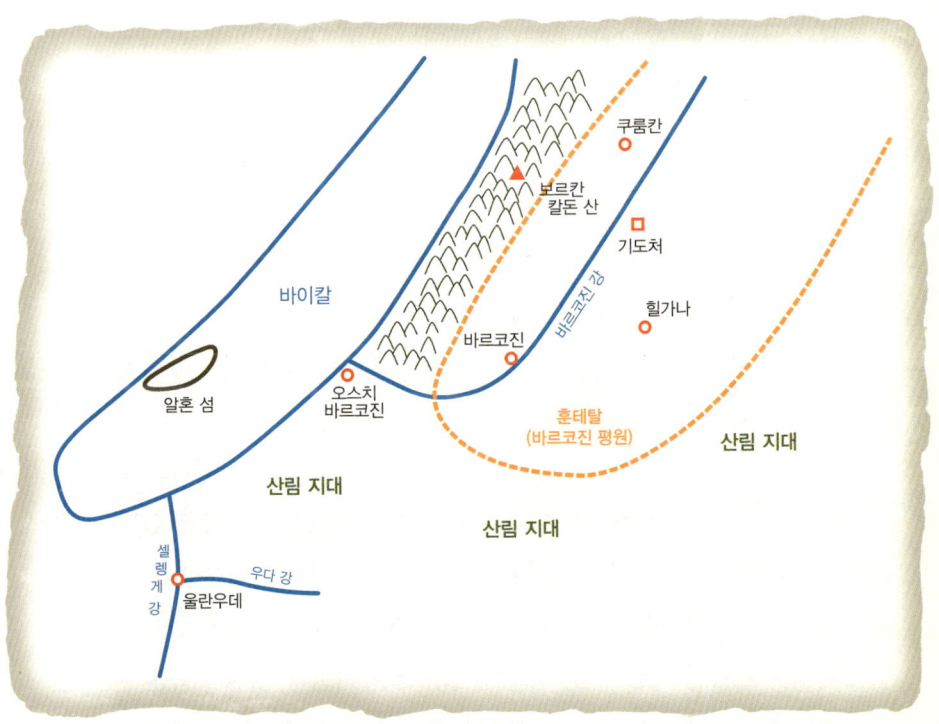

바르코진의 보르칸 칼돈 산과 훈테탈의 기도처.

7 몽골인들의 초기 이동로를 따라 433

돌가르 도르지에바 시인이 말했다. 노시인은 에히리트 부리야트 족 출신으로 예순아홉 말띠였다. 시와 소설을 20권 정도 썼으며 최근에는 『드넓은 바르코진 강』이란 책도 냈다고 했다. 그러면서 바로 어제, 러시아 정부로부터 가장 위대한 인민 작가에게 주는 상을 받았다고 했다. 우리는 그녀를 축하해주었다.

바르코진 평원, 훈테탈

다음 날 아침 식사를 마치자, 식당 밖에 12인승 승합차가 도착했다. 러시아 젊은이가 운전석에 앉아 있었고, 그의 어머니가 옆 좌석에 앉아 있었다. 렌터카에 운전자의 어머니가 함께하는 건 흔치 않은 일이다.

바르코진 마을 밖으로 나오자마자 오른쪽에 들판이 광활하게 펼쳐졌다. 나는 내심 경악을 금치 못했다. 상상조차 할 수 없는 풍경이 펼쳐져 있었기 때문이다.

바르코진 강은 굽이굽이 넓은 평원을 적시며 흐르고 있었고, 그 뒤로도 드넓은 벌판이 펼쳐져 있었다. 들판 끝에는 나지막한 산들이 보였다. 그리고 차창 왼쪽으로는 바르코진 산맥이 위용을 드러냈다. 9월 초인데도 산정에는 흰 눈이 덮여 있었다. 오스치 바르코진에서 보았던 바로 그 흰 눈 덮인 산의 모습이었다. 설산은 알프스에라도 온 듯한 착각을 불러일으켰다. 바르코진 산들의 기슭은 나

바르코진 평원, 훈테탈(위). 훈테탈 앞에 서 있는 기도대(아래).

바르코진 산맥. 9월 초인데도 산정엔 눈이 쌓여 있다.

무들로 빽빽이 채워져 있었는데, 대부분 금강송이었다.

눈 덮인 연봉의 산들과 바르코진 강은 나란히 북동 방향으로 달리고 있었고, 들판은 아름다운 전원풍의 모습을 한껏 드러냈다. 군데군데 말들과 소들이 풀을 뜯고 있는 모습이 보였다. 들판 끝에선 자욱한 안개가 군데군데 솜사탕 같은 봉우리를 만들면서 조용히 흐르고 있었다.

길가에 나무로 지은 유목민 집들이 보였다. 그 옆에는 가축우리가 있었다.

"바르코진 강 주위에 이런 놀라운 초지가 형성되어 있다니……. 한마디로 바이칼의 청학동이라 해야 할 것 같군."

라마교 사원, 바르코진스키 다찬.

왜 아니랴. 주변 산에는 나무가 풍부하니 땔감 걱정이 없고, 들판에는 풀이 가득하니 가축들이 살찔 테고……. 병란 걱정이 없으니 전쟁에 시달릴 일도 없었다.

그때 길가에 하닥이 걸려 있는 기도처가 보였다. 그 옆에 차를 세우니 돌가르 도르지에바 시인이 사람들을 불렀다. 가보니 땅에서 샘물이 올라오고 있었다.

그곳에서 조금 더 가자 라마교 사원이 나왔다. 정문에 '바르코진스키 다찬'이란 이름이 붙어 있었다. 사원은 크지 않았지만 깨끗했다. 눈 덮인 바르코진 산맥을 배경으로 서 있는 사원은 아름다웠다.

돌가르 도르지에바 시인이 앞장서 들어가고 조릭투에브 선생 내

기도처 가는 길의 돌탑들(위). 나무 기둥에 하닥이 잔뜩 걸려 있는 기도처(아래).

외가 뒤따라 들어갔다. 우리도 그 뒤를 따랐다. 나중에 들으니 바르코진에 라마교 사원이 세 개 있었는데, 다른 두 곳은 폐사가 되었고, 현재 이 사원만 명맥을 유지하고 있다고 했다. 돌가르 도르지에바 시인은 사원을 지나 숲이 우거진 산 쪽으로 우리를 안내했다. 아마도 산중에 유명한 기도처가 있는 모양이었다.

그런데 길을 가는 도중에 내 시선을 끄는 것이 있었다. 물이 마른 냇가에 돌을 쌓아 만든 작은 탑들이 무수히 널려 있었던 것이다. 마치 마른 냇가가 기도 탑의 길이라도 되는 것처럼. 우리나라에서도 사찰 같은 데 가면 신도들이 돌을 주워 쌓은 탑들을 흔히 볼 수 있지만, 이 정도는 아니었다.

아긴스코예에서 만난 코리족 사람들도 신앙심이 무척 깊어 보였는데, 이곳 역시 대단했다. 바이칼을 샤만의 고향으로 일컬어 온 게 우연은 아닌 듯싶었다.

한참을 더 올라가니 기도처가 나왔다. 주위에 잔뜩 걸려 있는 하닥이 대단했다. 몽골에 라마교가 들어오기 전에도 '잘라마'라고 해서 버드나무 가지에 종잇조각이나 비단 댕기를 매거나, 두 나무 사이에 비단 댕기를 묶는 풍습이 있긴 했지만, 이 정도는 아니었다. 티베트의 라마교가 몽골에 들어온 뒤로 하닥 문화가 더욱 성행한 탓이리라.

기도처 가운데에는 라마교 형식의 작은 건물이 있었는데, 그 안에 커다란 바위가 바닥에 드러나 보였다. 아마도 고대부터 신앙의 대상이 되어 온 바위인 듯싶었다. 돌가르 도르지에바 시인과 조릭투에브 선생 내외는 그곳을 돌며 정성스럽게 기도했다.

그곳을 둘러본 뒤 우리는 다시 사원 있는 곳으로 내려왔다. 다시 차를 타고 가니 제법 큰 마을이 나왔다. 마을 뒤에 병풍처럼 버티고 선 바르코진 산맥의 눈 덮인 산정이 인상적이었다. 그 마을에서 식사를 한 뒤 우리는 쿠룸칸에 있는 학교로 갔다. 목조 건물로 이루어진 아담한 학교였다. 역시 바르코진 산맥의 눈 덮인 산정이 멋진 배경을 만들고 있다.

학교 안으로 들어가니 건물 한편에 박물관이 있었다. 돌가르 도르지에바 시인이 바르코진 부리야트족의 박물관이라고 알려주었다. 박물관 입구에는 '바라그한스크 주민 역사 지리 박물관'이라는 팻말이 붙어 있었다. 박물관이라고 하지만 내부는 시골 학교 교실

쿠룸칸 학교. 전체 건물이 나무로 지어졌다.

과 다를 바 없었다. 박물관 관계자가 나와 우리를 안내했다.

그런데 박물관 안을 둘러보는 동안 묘한 기분에 사로잡히기 시작했다. 역사 유물보다는 이곳 주민들의 얼굴 사진이 사방에 잔뜩 붙어 있었는데, 놀랍게도 그들이 너무도 익숙한 전형적인 한국 사람의 얼굴을 하고 있었기 때문이다. 마치 일제 강점기에 독립운동을 한 사람들의 사진을 진열해놓은 듯한 느낌이었다.

도대체 무슨 일인가 싶었다. '이게 어디 부리야트 사람들이야. 한국 사람들이지.' 나는 속으로 외쳤다.

그랬다. 거의 모두 한국 사람 얼굴이었다. 그것도 너무나 전형적인. 한국의 시골 학교에 온 기분이라고나 할까. 마치 책 표지가 노랗게 변한 수십 년 전의 집안 사진첩을 펼쳐보는 것 같았다. 이 사진들이 왜 이곳에 있느냐고 물으니, 사회주의 때 공을 세워 러시아 정부로부터 훈장을 받은 이들이라고 했다. 그 사람들을 기념해 사진들을 전시해두었다는 것이다.

코리족이야 우리와 같은 핏줄이니 당연하다고 하겠지만, 이곳은 그 옛날 바르코트족의 후손들이 사는 곳이었다. 그럼에도 우리나라 사람들의 얼굴과 똑같았다. 도대체 이것을 어떻게 설명해야 할까?

그때 N이 말했다.

"현재 부리야트 기원 설화가 열 개쯤 알려져 있는데, 그중 한두 개를 제외하곤 모두 코리 부리야트족에 내려오는 것들이지요."

"그 말은 코리족이 바이칼의 중심 부족이라는 이야기로군."

그렇다면 이곳 바르코진의 부리야트인들 역시 코리족의 일파 중 하나일 가능성이 높다고 할 수 있다. 그러고 보니 라시드 앗 딘의 『집사』에는 코리족과 바르코트족이 매우 가까운 종족이라고 쓰여 있었다. 알랑 고아의 아버지 코릴라르타이 에르겐이 아버지 대부터 바르코진에 살았던 것도 이를 뒷받침한다.

나는 박물관의 사진들을 다시 한 번 살펴보았다. 보면 볼수록 그곳에서 발을 뗄 수가 없었다. 사진들 하나하나가 모두 전생에 인연이라도 있는 듯 친숙하게 다가왔기 때문이다. 심지어 내가 잘 아는 분들의 얼굴과 빼닮은 사진도 여럿 있었다.

주몽이 코리족이라 해도 측근 몇 사람 데리고 와서 고구려를 세웠다면, 코리족의 혈통은 진즉에 사라졌을 것이다. 고구려 인구 중 토착민들의 수가 훨씬 더 많았을 것이기 때문이다. 그랬다면 지금처럼 한국과 수만 리 떨어진 바이칼에 와서 코리족 사진을 보고 피를 나눈 형제에게서나 느낄 수 있는 이런 감정을 느끼는 일은 없었을 것이다. 어떻게 2,000년이나 시공간 격차를 두고, 한국 사람들 얼굴과 바이칼 원주민들 얼굴이 이렇듯 똑같을 수 있단 말인가.

이 현상을 설명하려면 주몽이 고구려를 세우는 과정은 물론, 나라를 세운 후에도 코리족의 피가 계속 수혈되었다고 보아야 한다. 그렇지 않고는 도저히 유전학적으로 이 현상을 설명할 길이 없기 때문이다.

그렇다면 바이칼 일대의 부리야트인들이 부여와 고구려 그리고 한국을 솔롱고스라고 부르는 이유는 명백하다. 그들에게 부여와 고구려는 무지개의 나라였던 것이다. 꿈과 이상을 찾아 그곳으로 달려갔던 것이다. 그들의 수가 결코 적지 않았기에 2,000년이나 지난 뒤에도 이처럼 바이칼의 코리족과 한국인의 얼굴이 똑같을 수 있는 것이리라.

친척 가운데 누군가 미국에 가서 성공하면, 사돈의 팔촌까지 그곳으로 달려가게 마련이다. 틀림없이 부여와 고구려 때의 코리족도 그랬을 것이다.

조릭투에브 선생의 말이 맞았다. 우리는 2,000년 전 이곳 바이칼을 떠나 만주를 거쳐 한국으로 간 사람들이고, 이곳 사람들은 대대로 고향을 지키면서 유목을 하며 살아온 사람들이었던 것이다.

나는 한동안 말을 할 수 없었다. 부리야트 박물관에서의 충격은 그날 오후 내내 나의 가슴을 강타했다. 우리는 일찍 일정을 마치고 쿠룸칸 관청 옆의 '투야'란 여관에 숙소를 잡았다. 눈을 감고 가만히 누워 있으려니 지금껏 제 뿌리조차 모른 채 살아오지 않았나 싶은 자괴감이 들었다. 내 친척들, 내 고향의 사람들, 내 친구들, 내 주변의 사람들과 너무도 똑같은 사람들이 살고 있는 바이칼. 어떻게 그들과 우리가 무관하다고 말할 수 있겠는가.

한참 만에 자리에서 일어나 창문으로 쿠룸칸 마을을 바라보니 마을 곳곳에 금강송들이 보였다. 이곳 금강송들 역시 다달의 금강송들 못지않게 아름다운 수관을 이루고 있었다.

저녁 식사 시간에 조릭투에브 선생이 내일은 훈테탈을 보여주겠다며 기대해도 좋을 거라고 했다.

다음 날 아침, 우리는 차를 타고 쿠룸칸 위쪽의 폐사된 라마교 사원을 잠깐 둘러본 뒤 차를 돌려 쿠룸칸으로 내려왔다. 쿠룸칸을 지나 한 장소에 이르자 조릭투에브 선생이 차를 세웠다. 길가에 넓은 공터가 있고, 그 안쪽에 라마탑 하나가 서 있었다. 넓은 공터는 사원 터인 듯했다. 그때 조릭투에브 선생이 우리에게 길가로 오라고 하더니 산정을 바라보라고 했다.

"저 흰 눈 쌓인 봉우리가 바로 보르칸 칼돈 산입니다. 바르코진

옛 라마교 사원 터에서 바라본 보르칸 칼돈 산. 산정에 눈이 쌓여 있다.

산맥의 중심 산이지요."

나는 라마탑 뒤쪽의 산정을 바라보았다. 흰 눈 덮인 산이 우뚝 솟아 있는 게 보였다. 조릭투에브 선생이 다시 말했다.

"보르칸 칼돈 산 밑에는 템테헤라는 평평한 곳이 있습니다. 그곳엔 '멍힌 하르 오스'라는 냇물이 흐릅니다. 영원한 순수의 물이라는 뜻이지요. 7월이 되면 템테헤 기도처에 갈 수 있는데, 여기 사람들은 그곳에 오른 사람은 죽을 때 좋은 곳으로 간다고 믿습니다."

N이 꼭 7월에만 갈 수 있느냐고 묻자 그가 말했다.

"다른 계절에는 눈이 덮여 있어 가기가 어렵습니다. 그곳에 갔다오려면 1박 2일이 걸리는데, 반드시 라마승이나 샤만과 함께 가야 합니다. 혼자 가면 위험합니다."

그 말은 영적으로 위험에 처할 수 있다는 뜻이다. 아마도 그곳엔 영들이 많은 모양이다.

우리는 다시 차에 올라탔다. 차는 바르코진 마을 쪽으로 내려가는가 싶더니 목조 가옥들이 모여 있는 작은 마을에서 왼쪽으로 꺾어 바르코진 강 쪽으로 달려갔다. 드디어 바르코진 평원 훈테탈로 들어가는 것이다.

15분쯤 달려가자 들판 곳곳에 보르가스 버드나무가 자라고 있었다. 바닥에 길 자국이 어지럽게 나 있는 걸 보니 비가 오면 습지로 변하는 곳 같았다. 이윽고 앞쪽에 바르코진 강이 눈에 보였다. 강가에도 버드나무가 자라고 있었다. 나는 N에게 물었다.

"이곳에서도 버드나무 신목을 썼을까?"

N이 그렇다고 대답했다. 이곳 역시 유목 문화권에 속하므로 바르코진 사람들도 버드나무 신목을 썼을 거라고 했다.

바르코진 강의 다리 건너편에서 본 바르코진 산맥.

바르코진 강의 폭은 50미터쯤 되어 보였다. 강에는 목조 다리가 있었다. 그때 돌가르 도르지에바 시인이 사람들은 걸어서 건너야 한다고 했다. 우리는 차에서 내려 천천히 다리를 건넜다. 건너와서 돌아보니 놀랍게도 바르코진 산맥이 한눈에 들어왔다. 산 아래 마을에서 볼 때는 산 일부만 보였는데, 강 쪽으로 나오니 산의 전체 모습이 보이는 것이다. 산 정상의 흰 눈 덮인 모습이 아주 특별했다.

그곳에서 차를 타고 10분쯤 가자 조그만 강이 나왔다. 바르코진 강의 지류였다. 다시 차에서 내려 목조 다리를 건넌 다음 차를 타고 앞쪽의 약간 높은 언덕을 향해 달렸다. 집들이 한두 채 보였다. 그곳에 이르니 바르코진 강이 내려다보였다. 거기서 다시 왼쪽으로 10여 분 달렸을까, 문득 봉긋하게 올라온 언덕이 보였다. 언덕 위에는 조그만 목조 건물이 서 있었다. 조릭투에브 선생이 우리를 돌아 보며 말했다.

"저곳이 바로 훈테탈에 있는 보르칸 칼돈 산의 기도처입니다."

그곳은 주변 지역보다 높아 주변을 조망하기에 좋아 보였다. 차는 곧장 기도처로 달려갔다. 언덕에는 건물 한 채와 라마탑이 서 있고, 그 앞에는 사람들이 앉아 쉴 수 있도록 나무 테이블이 놓여 있었다. 건물 오른쪽에는 하닥이 걸린 작은 기도대가 있었다. 전체적으로 사방이 탁 트였고, 주위에는 금강송들이 자라고 있었다. 기도처에 오르자 조릭투에브 선생이 말했다.

"저 앞에 보이는 봉우리가 바로 보르칸 칼돈 산입니다."

그러면서 보르칸 칼돈 산을 가리켜 보였다. 거대한 용처럼 꿈틀거리는 바르코진 산맥 한가운데 위치한 산은 한층 더 위엄이 있었다. 자세히 보니, 아까 산 밑에서 바라보았던 보르칸 칼돈 산 정상의 눈 덮인 곳 뒤로 큰 봉우리가 하나 더 있었다.

달리는 차 앞창으로 바라본 기도처. 다른 곳보다 봉긋이 올라와 있다.

나는 몇 발짝 앞으로 걸어가 보르칸 칼돈 산을 향해 기도했다. 곳곳의 소나무에 하닥이 걸려 있었다. 과거에는 성대한 산제가 열렸을 법한 곳이었다.

좀 더 앞쪽으로 내려가니 소나무들 사이로 바르코진 강이 있는 들판이 한눈에 내려다보였다. 바르코진 강은 들판을 이리저리 우회하며 유유히 흘렀고, 보르칸 칼돈 산은 말없이 고요한 모습으로 바르코진 평원 훈테탈을 내려다보고 있었다. 산정을 스치는 구름이 산의 말 없는 속내를 읽어주는 듯했다.

사방 어느 곳을 둘러보아도 삿된 것이 없었다. 참으로 기운 좋은 곳이었다. 가만히 서 있기만 해도 마음이 상쾌해지고, 오만 시름이 그치는 듯했다. 보르칸 칼돈 산 정상 바로 밑에 있다는 텝테헤 기도처도 특별하겠지만, 이곳이야말로 바르코진 최대의 기도처일 듯싶었다. 보르칸 칼돈 산을 정면에서 바라보며 기도할 수 있는 곳이기 때문이다. 뿐만 아니라 이곳에 서면 누구나 기도하고 싶어지는 곳이었다.

그곳에서 돌아서서 보르칸 칼돈 산 반대편 들판을 바라보니 산들이 아득히 물러나 있고 눈에 보이는 것은 망망초원이었다. 멀리 훈테탈 건너편의 구릉들이 벌레처럼 땅 위를 기고 있었다. 한마디로 바르코진 분지는 천상의 유목지라 할 수 있었다.

우리는 기도처 한쪽에 있는 테이블에 둘러앉아 준비해온 점심을 먹고 잠시 쉰 다음 다시 차를 타고 출발했다. 언덕에 집이 한두 채 있던 곳을 지나 왼쪽으로 꺾어 들판으로 달려가니 마을이 나왔다. 돌가르 도르지에바 시인의 고향이라는 힐가나였다. 노시인은 마을에 이르자 학교 앞에 차를 세웠다. 2층 건물 한 채와 조그만 운동장

훈테탈 기도처에서 바라본 보르칸 칼돈 산(위). 기도처 주위의 소나무 숲(아래).

이 딸린 학교였다. 그때 조릭투에브 선생 내외가 노시인을 따라 운동장 한가운데 있는 석상 앞으로 갔다. 이곳 힐가나 출신의 몽골 혁명가 이린치노의 비석이라고 했다.

그때 학교에서 나와 바르코진 산맥 쪽을 바라보던 나는 깜짝 놀랐다. 바라코진 산맥이 바로 코앞에 있는 것처럼 크게 보였기 때문이다. 바르코진 평원의 기도처에서 바라볼 때보다 더 가깝게 보였다. 신기했다. 분명 거리는 훨씬 더 먼데도 그랬다. 아마 이곳 힐가나가 주변 지역보다 높아서 그런 게 아닐까 싶었다.

아는 분을 찾아본다며 마을로 들어갔던 노시인은 아무도 만나지 못한 듯 이내 돌아왔다. 우리는 다시 차를 타고 달렸다. 힐가나 마을을 벗어나니 또다시 망망초원이 펼쳐졌다. 그렇게 거의 한 시간쯤 들판을 가로질러 달리자 건너편의 구릉들이 비로소 크게 보이기 시작했다. 숲으로 뒤덮인 산들은 선이 부드러웠다. 구릉 아래쪽에는 군데군데 목조 가옥들이 밀집해 있는 마을들이 보였다. 우리는 들판을 건너 오른쪽으로 꺾어 왼쪽의 산들과 나란히 달렸다. 오른쪽 차창 너머로 넓은 훈테탈과 눈 덮인 바르코진 산맥이 한눈에 들어왔다.

한 시간쯤 지나 오른쪽으로 꺾어 달리자 바르코진 강이 나왔다. 우리는 강을 건너 바르코진 마을로 돌아왔다. 어느덧 해가 서쪽으로 기울고 있었다. 그러고 보니 훈테탈을 둘러보는 데 꼬박 하루가 걸린 셈이었다. 하지만 우리가 본 것은 훈테탈의 일부에 불과했다. 거대한 산림으로 둘러싸인 비밀의 장소에 있는 초원이라곤 믿기지 않을 만큼 풍족하고 넓은 곳이었다.

돌가르 도르지에바 시인은 훈테탈을 돌고 나서 기분이 좋았는지, 저녁 식사 때 자리에서 일어나 춤과 노래를 부르며 우리를 위해 좋

몽골 혁명가 이린치노의 비석(위). 힐가나 마을에서 바라본 바르코진 산맥(아래).

은 이야기들을 해주고는 자신이 쓴 시집도 한 권씩 나누어주었다.

처음에는 알랑 고아가 태어난 바르코진이 어떤 곳인지 궁금한 정도였는데, 시간이 갈수록 바르코진이 바이칼에서 빼놓을 수 없는 중요한 성소라는 것을 깨닫게 되었다. 특히 보르칸 칼돈 산은 라마교가 들어오기 전까지 바이칼 최대의 성소가 아니었을까 싶은 생각까지 들었다. 아마도 숱한 샤만들이 훈테탈의 기도처를 다녀갔을 것이다. 안식과 도움을 필요로 하는 많은 사람들이 기도하기 위해 그곳을 찾았을 것이다. 그리고 영혼의 휴식과 축복을 받고 돌아갔을 것이다. 바르코진은 그런 곳이었다. 관광 삼아 잠시 둘러보기에는 너무나 고귀하고 신비로운 기운과 영적인 에너지로 가득 차 있었다.

몽-러 국경을 넘어 울란바토르로

다음 날 아침, 어제 우리를 태우고 훈테탈을 돌았던 승합차 주인이 마침 울란우데에 다녀와야 할 일이 생겼다고 해서 우리는 그 차를 타고 울란우데로 돌아왔다. 며칠 전 바르코진에 들어올 때만 해도 시퍼렇던 자작나무들 잎들이 그새 노랗게 물들어 있었다. 그래서인지 바르코진을 둘러싼 울창한 산림은 곳곳에 노란 버짐이라도 핀 것처럼 얼룩져 있었다.

"저것 봐. 파랗던 자작나무 잎들이 며칠 사이에 노랗게 단풍이 들었어."

"이제 며칠 있으면 눈이 내릴 겁니다. 몽골의 가을은 딱 보름이거든요. 가을이 그야말로 눈 깜짝할 사이에 지나갑니다."

N이 말했다.

우리는 우다 강을 지나 울란우데 시내로 돌아왔다. 사쿠라 모텔에 짐을 푼 다음 몽골의 수도 울란바토르로 가는 기차표를 구하기 위해 역으로 갔다. 그런데 울란우데에서 파는 기차표가 모두 매진되었다고 했다. 버스표 역시 매진된 상태였다. 난감했다. 그때 조릭투에브 선생이 역장한테 가보자고 했다. 선생이 한국에서 온 학자분이 울란바토르로 가려 하는데 기차표가 없다며, 혹시 표를 구할 수 없겠느냐고 도움을 청하자 역장은 이르쿠츠크 기차역에 전화를 걸더니 마침 그쪽에 표가 몇 장 남았다면서 이쪽으로 돌려달라 하겠다고 했다. 그러더니 얼마 후 이르쿠츠크에서 표가 넘어왔으니 기차표를 예매하면 된다고 우리를 안내해주었다. 지옥과 천국을 오르내린 기분이라고나 할까. 너무도 감사했다.

조릭투에브 선생 덕분에 바르코진의 멋진 모습들을 볼 수 있었는데, 결국엔 기차표까지 신세를 지고 말았다. 우리는 모텔 근처의 조그만 식당에서 마지막 저녁 식사를 했다. 나와 N은 두 사람에게 진심으로 감사하다고 인사했다.

다음 날 아침 조릭투에브 선생 내외가 차를 가지고 역전까지 우리를 데려다 주었다. 조릭투에브 선생 내외와 아쉬운 작별의 포옹을 나누고 우리는 울란바토르로 가는 기차에 올라탔다. 기차는 7시 30분 정각에 출발했다. 내일 아침 6시 10분에 울란바토르에 도착한단다. 침대칸에 짐을 넣고 나서 창가를 바라보니 구릉들이 지나갔다. 날씨가 흐린 탓인지 초원에서는 쓸쓸함이 묻어났다.

잠시 침대에 누워 눈을 감고 생각했다. 하일라르에서 치타와 아긴스코예, 바르코진에 이르기까지 이번 여행은 전적으로 부리야트인, 아니 코리족 사람들의 도움으로 이루어졌다. 그들과 한 핏줄임을 극명하게 확인한 여행이기도 했다. 또 개인적으로는 20여 년 걸려 추적해오던 코리족의 실체를 확인할 수 있는 뜻깊은 시간이었다. 두고두고 잊지 못할 것이다.

그런데 마음속에서 가만히 고개를 드는 것이 있었다. 코리족은 기원 전후부터 역사에 등장한 민족이다. 그처럼 오랜 역사를 가진 민족이 어째서 10세기쯤에야 역사에 등장하는 알랑 고아의 아버지 코릴라르타이 메르겐에게 자신들의 기원 신화를 의탁하고 있는가 하는 점이었다.

이미 앞에서 말했던 것처럼, 코릴라르타이 메르겐은 사람 이름이 아니라 '명사수'를 뜻하는 칭호다. 따라서 부리야트족 내에 명사수 코릴라르타이 메르겐에 관한 전설은 수없이 많을 것이다. 그리고 틀림없이 고대부터 내려오는 11개 부리야트 씨족의 기원과 관련된 코릴라르타이 메르겐 이야기도 있을 것이다. 부여와 고구려를 세운 명사수 동명이나 주몽 이야기처럼. 부리야트의 무조巫祖인 발진 하탄 이야기에 코릴라르타이가 나오는 것도 같은 맥락으로 볼 수 있을 것이다.

그럼에도 알랑 고아의 아버지 코릴라르타이 메르겐의 신화에 자신들의 기원 신화를 의탁한 것이다. 이는 몽골이 너무 커져 세계 제국이 되자 산림 부족으로서 몽골에 의탁할 수밖에 없었던 점도 있겠지만, 그들이 칭기즈칸 군대의 일원으로 활동하면서 스스로를 몽골 사람이라 생각했던 것도 적지 않은 영향을 미쳤을 듯싶었다.

그래서 칭기즈칸 가문의 시조인 알랑 고아를 자신들의 시조 할머니로 받들고, 고대부터 내려오던 부리야트 기원 설화의 또 다른 주인공 코릴라르타이 메르겐 이야기를 알랑 고아의 아버지 코릴라르타이 메르겐에게 붙인 것이리라. 그 결과, 지금처럼 칭기즈칸 가문의 시조인 알랑 고아 이야기와 고대부터 내려오던 11개 부리야트 씨족의 기원 신화가 결합되어 있는 것이다.

아침 햇살이 비치는 창 너머로 이따금 호수가 보이는가 하면 구릉지의 초원이 가까이 다가왔다 멀어지곤 했다.

나는 바람도 쐴 겸 복도로 나와 서쪽 창가에 기대고 섰다. 셀렝게 강이 가까이 왔다 멀리 사라지곤 했다. 초원을 배경으로 노랗게 단풍 든 자작나무들이 이따금 스쳐 지나갔다. 셀렝게 강이 보일 때마다 메르키트인 생각이 떠올랐다. 만주에서 멀리 이곳까지 끌려와 겨우 뿌리를 내리고 정착하는가 싶자마자, 몽골 고원의 패권을 둘러싼 싸움에 휘말려 역사의 뒤편으로 사라지고 만 사람들……. 그들의 지도자였던 토크토아 베키는 칭기즈칸에게 끝까지 저항했고, 그 결과 멸족되고 말았다. 세월이 무상하다지만 가슴이 저려오는 것은 어쩔 수 없었다.

기차는 달리다 섰다를 반복하며 몽-러 국경으로 향했다. 구릉 사이로 넓은 초원이 펼쳐진 풍경이 계속됐다. 칭기즈칸 시대에는 모두 몽골의 땅이었던 곳이다.

칭기즈칸은 1206년 대칸이 된 뒤 금나라와 서역 원정에 나서기 전에 큰아들 조치에게 시베리아 산림 지대를 정복할 것을 명했다. 그때가 1208년. 몽골군이 금나라와 서역 원정에 나서면 그 틈을 노려 산림 부족들이 비어 있는 몽골 땅으로 내려오는 것을 차단하기

몽-러 국경으로 가는 기차에서 바라본 주변 풍경. 초원과 호수가 번갈아 나왔다.

위해서다. 칭기즈칸의 명대로 조치는 바이칼의 산림 부족들을 정벌했고, 그 후로 바이칼은 몽골의 땅이 되었다.

그 땅이 러시아에 넘어간 것은 러시아가 시베리아로 진출한 뒤 얼마 후다. 1640년대에 러시아인들이 바이칼 지역으로 진출하자 몽골 지역에 러시아 상인들의 출입이 빈번해졌다. 그런데 이 무렵, 톈산 산맥 북쪽 초원에서는 '준가르'라는 마지막 유목 제국이 일어났다. 이 나라의 대칸은 갈단이라는 사람으로, 어려서 출가하여 라마승이 되었다. 그런데 궁중 쿠데타가 일어나 칸이었던 형이 피살된 것이다. 그는 환속해 형의 뒤를 이어 준가르부의 칸이 되었다. 그리고 주변 부족들을 흡수하며 빠르게 세력을 확장해갔다. 주변 정리가 어느 정도 끝나자 그는 몽골 통일의 기치를 들고 몽골 고원으로 쳐들어왔다.

갈단칸에 밀린 몽골은 청나라에 도움을 청할지, 러시아에 도움을 청할지를 놓고 고민하다 결국 청나라에 도움을 청했다. 이때 강희제는 지금의 내몽골 땅을 청나라에 할양하는 조건으로 몽골을 지원하기로 했다. 1696년 강희제가 직접 군사를 이끌고 출정해 준가르부를 쳤다.

하지만 러시아가 시베리아에서 빠르게 세력을 확장해가자, 청나라 왕실은 몽골이 러시아와 손을 잡고 청나라를 공격해오지 않을까 두려워했다. 몽골인들은 청나라와의 싸움에서 밀리면 바이칼의 산림 지역으로 피신하곤 했다. 그때마다 청나라는 속수무책이었다. 따라서 바이칼 지역은 몽골 사람들에게 생명선과 같은 곳이었다. 이를 알고 있던 청나라는 그들의 배후 도피지를 없앨 목적으로 러시아와 몽골 사이에 국경을 획정하는 교섭을 시작했다. 러시아 역시 시베리아를 경영하기 위해서는 바이칼 지역을 반드시 확보해야 했다. 결국 청나라와 러시아의 이해가 맞아떨어져, 1727년 캬흐타라는 소도시에서 조약을 맺고 바이칼 지역을 러시아에 넘겨주었으니, 그것이 바로 '캬흐타 조약'이다.

지금의 몽-러 국경은 그때 확정된 것이다. 사실상 청나라가 몽골을 압박하기 위해 바이칼 지역을 러시아에 떼어준 셈이다. 바이칼 지역이 러시아 땅으로 들어가자 몽골의 힘은 급격히 약화되었고, 마침내 청나라에 복속되었다.

복도 창가에 다시 강들이 보이기 시작했다. 그때 N이 말했다.

"이제 곧 국경 도시 나우시키가 나올 겁니다."

N의 말대로 기차는 잠시 후 셀렝게 강가의 나우시키에 도착했다. 현재 울란우데에서 버스를 타고 몽-러 국경을 넘을 때는 러시아

의 국경 도시 캬흐타를 통과하지만, 기차를 타고 넘을 때는 나우시키를 통과하게 되어 있다. 역사적인 도시 캬흐타를 보지 못하는 게 아쉬웠지만 어쩔 수 없었다.

기차가 멈추고 두 시간쯤 뒤 기차에 올라온 러시아 검사원들이 우리를 복도에 나가 있게 하고 침대칸을 샅샅이 뒤졌다. 혹시라도 몰래 숨어 월경하는 자가 있는지 수색하는 것이다. 한참 그러고 나서야 기차는 다시 출발했다. 해는 이미 뉘엿뉘엿하며 땅거미가 지고 있었다.

그런데 국경을 지나는 동안 벌판이 온통 버드나무로 가득했다. 아마 이 지역에 셀렝게 강의 거대한 습지가 형성되어 있는 모양이었다. 그렇다 해도 벌판 전체를 버드나무가 뒤덮고 있는 모습은 무척 인상적이었다.

N이 말했다.

"셀렝게 강은 여기서 두 갈래로 갈라져 한 줄기는 몽골 서북 지역으로 흐르고, 한 줄기는 우리가 탄 기차와 나란히 남쪽으로 달리지요. 그 강이 바로 오르혼 강입니다."

나는 비로소 이해되었다. 두 강 사이에 거대한 습지가 형성되어 있었던 것이다.

기차는 얼마 후 수흐바타르에 멈춰 섰다. 국경 도시라기보다는 조그만 시골 역사 마을 같은 곳이었다. 이곳에서 다시 입국 검사를 한다고 했다. 그러나 몽골 검사원들의 태도는 한결 부드러웠다.

검문을 마친 기차는 밤새 달렸다. 몽골의 밤은 달콤했다. 마치 고향에 돌아온 것처럼. 비록 하늘을 보석처럼 가득 수놓은 별들의 향연은 볼 수 없었지만, 여행에 지친 우리를 따뜻하게 감싸주었다.

8

모래알 같던 몽골 사람들을 단단한 바위로 만들다

옹칸과의 부자 동맹은 깨지고

1202년 쿠이텐 전투가 끝나자 옹칸과 테무진은 각각 겨울 유목지로 떠났다. 테무진은 달란 네무르게스를 넘어 내몽골의 실링골 초원으로 들어갔고, 옹칸은 도르노트 아이막 북쪽의 바얀올로 갔다.

몽골 고원에는 모처럼 평화가 찾아왔다. 하지만 몽골 고원의 절대 강자인 옹칸은 점점 연로해가고 있었다. 따라서 사람들의 관심은 옹칸의 두 아들, 테무진과 셍굼 중 누가 후계를 이을 것인가에 모여 있었다.

그러나 옹칸은 자신의 권력을 넘겨줄 생각이 아직 없었다. 하지만 셍굼의 생각은 달랐다. 자신이 옹칸의 뒤를 이어 칸이 되어야 한다고 생각한 그는 옹칸의 권력이 테무진에게 넘어가기 전에 후계자의 위치를 확실히 다져놓으려 했다. 그래서 기회 있을 때마다 옹칸에게 자신을 다음 칸으로 명해줄 것을 요구했던 것으로 보인다. 이러한 사실은 당시 테무진이 셍굼에게 전하라며 한 말을 통해 알 수 있다.

너 셍굼은 벌거숭이 맨몸으로 태어난 아들이고, 나는 옷을 입은 채 태어난 아들이다. 하지만 칸부께서는 우리 두 사람을 항상 똑같이 대해왔다. 내가 너희 부자 사이에 아들로 들어간 뒤부터 너 셍굼 안다는 나를 증오했다. 그리고 드디어 나를 몰아냈다. 너는 끝내 야심을 버리지 않고 칸부가 아직 살아 계시는 이때에 칸이 되려 하는 것이냐. 더는 그런 말씀을 드려 칸부의 마음을 어지럽히지 마라.

사신으로부터 테무진의 말을 전해 들은 셍굼은 흥분해서 사신에게 말했다.

그가 언제부터 나의 아버지를 '칸부'라고 불렀느냐. 그는 항상 나의 아버지를 '살인을 즐기는 노인'이라 말하지 않았더냐. 또 언제부터 나를 '안다'라 불렀느냐. 그는 오히려 나를 '위구르인들의 양 꼬리를 몸에 걸친 토크토아 샤만' 같다고 하지 않았느냐. 나는 그의 속셈을 알고 있다. 그는 싸움을 걸어오려는 것이다. 전투태세를 갖춰라. 그리고 거세마들을 살찌워라. 더 이상 머뭇거릴 시간이 없다.

테무진과 셍굼의 갈등은 옹칸이 어느 누구도 지지하지 않고 중립적인 태도를 취하면서 더 심해져, 급기야 두 사람이 대립하는 양상으로 발전했다.
겨울 유목지 실링골에 도착한 테무진은 옹칸과 셍굼의 마음을 돌려놓기 위해 고심했던 것으로 보인다. 그로서는 어떻게든 그들의 마음을 풀어 서로 대립하는 일이 없기를 원했기 때문이다. 그는 오랫동안 숙고한 뒤에 옹칸 가문과 결혼 동맹을 맺는 것이 가장 효과적이라는 결론을 내렸다. 자신의 큰딸 코진 베키를 옹칸의 아들 셍굼에게 시집보내고, 셍굼의 여동생 차오르 베키를 자신의 큰아들 조치의 아내로 맞는 것이었다.
당시 몽골에서 최고의 동맹은 결혼 동맹이었다. 따라서 성사만 된다면 두 집안은 겹사돈을 맺는 셈이었다. 그리되면 더 이상 자모카를 걱정하지 않아도 될뿐더러, 셍굼도 더는 자기를 의심하지 않을 것이라고 테무진은 생각했다.

테무진은 즉시 사람을 보내 옹칸에게 혼인을 제의했다. 옹칸은 테무진의 결혼 동맹 제의를 받고 고민에 빠졌다. 그 제안을 받아들여 결혼 동맹을 맺으면 자모카를 버리지 않을 수 없는데, 그리되면 테무진을 견제할 카드가 없어지기 때문이다. 그는 테무진과 두 번째 부자 맹약을 맺을 때, '테무진을 셍굼의 형으로 하면 아들이 두 명 있는 것이 되니 안심된다'며 테무진에게 후계를 물려줄 뜻을 비쳤다. 하지만 살아 있는 동안은 그 누구에게도 권력을 물려줄 뜻이 없던 옹칸은 자모카 카드를 끝내 버리지 못했다.

흔히 권력은 내놓기가 더 어렵다고 한다. 그래서 권력을 쥐고 있는 것을 호랑이 등에 올라탄 것에 비유한다. 호랑이 등에서 내리는 순간 잡아먹힐 수 있기 때문이다. 옹칸은 테무진의 제의에 자신이 답하는 것을 보류하고, 셍굼에게 이 문제를 맡겼다.

자모카는 옹칸의 후계를 놓고 테무진과 셍굼 사이가 좋지 않다는 것을 알고 있었다. 테무진이 옹칸에게 결혼 동맹을 제의했다는 소식을 듣자, 자모카는 서둘러 테무진에 반대하는 키야트족의 장로들을 불러 모았다. 그리고 코톨라칸의 아들 알탄 옷치긴, 예수게이의 형 네쿤 타이시의 아들 코차르 베키, 더르벤 씨족의 카치온 베키 등과 함께 허더 아랄 근처에 머물고 있는 셍굼에게 갔다. 셍굼을 안다라 부르면서 말했다.

"나의 안다 테무진은 나이만부의 타양칸과 비밀 협정을 맺고 사신을 왕래하고 있다. 테무진이 입으로는 옹칸을 아버지라고 부르지만 그의 뜻은 다른 데 있다. 그대는 아직도 테무진을 믿는가? 지금 그를 기습하지 않으면 반드시 후회하게 될 것이다. 테무진 안다를 공격한다면 나도 옆에서 함께 공격하겠다."

알탄 옷치긴과 코차르 베키도 거들었다.

"우리는 그대 셍굼을 위해 허엘룬 어머니의 아들들을 공격하여 그들을 처단할 것이다."

테무진 밑에서 자신들의 지위가 흔들리는 데 불안을 느끼던 알탄 옷치긴과 코차르 베키는 이번에야말로 테무진을 제거할 절호의 기회라 생각하고 자모카를 따라 셍굼에게 갔던 것이다.

자모카와 키야트족 장로들의 지지에 자신감을 얻은 셍굼은 테무진의 사신에게 도도한 태도로 이렇게 말했다.

"나의 여동생이 테무진에게 간다면, 게르 문 옆에 서서 늘 게르의 주인을 쳐다보아야 할 것이다. 하지만 테무진의 딸이 이곳에 온다면 오히려 주인 자리에 앉아 우리를 내려다보게 될 것이다."

한마디로 결혼 동맹을 맺으면 옹칸의 아들인 자신의 지위는 흔들리고 테무진이 모든 것을 좌지우지하게 될 거라며, 테무진의 제의를 거절했다. 그와 동시에 옹칸에게 사람을 보내 자모카와 키야트계 장로들의 말을 전했다. 그리고 이번 기회에 테무진을 칠 것을 제안했다. 그러자 옹칸이 노해서 말했다.

"너희는 나의 아들 테무진에게 어떻게 그럴 수 있는가? 지금까지 나는 그를 지팡이로 삼아왔다. 나의 아들 테무진에게 그런 나쁜 생각을 한다면, 우리는 하늘의 가호를 받지 못할 것이다. 자모카는 중상을 잘하는 자다. 그의 말은 근거 없는 말이다."

비록 옹칸이 자기 욕심 때문에 자모카를 끌어들여 테무진을 견제하긴 해도 그는 누구보다 테무진을 잘 알았다. 그리고 그를 아끼고 사랑했다.

셍굼은 옹칸의 말에 "어찌 아들의 말을 못 믿습니까!"라고 말하며 두 번 세 번 사람을 보내 옹칸을 설득했다. 그래도 옹칸이 말을 듣지 않자, 마침내 직접 찾아가서 말했다.

"테무진은 지금 칸이신 아버지와 나를 위해 아무것도 하지 않고 있습니다. 만일 아버지가 우유나 물조차 마시지 못할 때가 온다면, 할아버지 코르차코스 보이로크칸이 어렵게 모은 백성들을 제가 통치하도록 하시겠습니까? 아니면 다른 사람에게 맡기시겠습니까?"

옹칸이 말했다.

"내 자식과 같은 아들 테무진을 어떻게 버릴 수 있느냐? 그에게 나쁜 생각을 갖는 것이 과연 옳은 일이냐? 네가 그런 마음을 먹고 계속 고집을 부린다면, 하늘이 우리를 돌보지 않으실 것이다."

그 말을 듣자 셍굼은 화를 못 이겨 게르 문을 박차고 나갔다. 마음이 약해진 옹칸은 셍굼을 불러 다독인 뒤 이렇게 말했다.

"이러고도 우리가 하늘의 가호를 받을 수 있을까? 너는 어찌 테무진을 죽일 생각만 하느냐? 어쩔 수 없다. 네가 정 그리하기로 마음먹었다면, 잘해보아라. 성공하기를 빈다."

자식 이기는 부모 없다고, 옹칸 역시 자기가 낳은 자식 앞에서는 약해지고 말았던 것이다. 셍굼은 후사가 없던 옹칸이 어렵게 얻은 귀한 아들이다. 그러니 옹칸의 마음이 어떠했겠는가. 못난 아들이긴 해도 차마 끝까지 안 된다고 할 수가 없었던 것이다.

옹칸의 허락이 떨어지자, 셍굼은 은밀히 테무진이 머물고 있던 초원에 불을 지르게 했다. 그런 다음 측근들과 함께 테무진을 유인할 계책을 논의했다. 셍굼이 먼저 말했다.

"그는 나의 여동생 차오르 베키를 조치의 아내로 맞겠다고 했다. 혼인 날짜를 정해 그를 불러들인 후 사로잡자."

그 말에 측근들이 동의했다. 그래서 계획을 세우고, 1203년 봄에 테무진에게 사신을 보내 혼인하자고 전했다.

셍굼의 초청을 받은 테무진은 즉시 열 명의 호위병만 데리고 혼인 장소로 출발했다. 가는 도중에 테무진은 샤만 멍리크의 게르에서 잠을 자게 되었다. 그때 멍리크가 테무진에게 말했다.

"일찍이 차오르 베키를 달라고 했을 때, 그들은 우리를 박대하며 주지 않았습니다. 그러던 사람이 어찌 한순간에 생각이 바뀌어 차오르 베키를 데리러 오라고 하겠습니까? 자기야말로 칸이 되어야 할 사람이라고 여기는 자가 왜 이제 와서 갑자기 테무진칸을 초대했겠습니까? 이는 무언가 음모가 있는 것입니다. 말들이 겨우내 제대로 먹지 못해 쇠약해졌습니다. 말 떼를 돌보아야 한다는 구실을 붙여 직접 가지 말고 사신을 보내시기 바랍니다. 지금 그곳으로 가신다면 소용돌이치는 물과 타오르는 불 속으로 뛰어드는 격입니다."

그 말을 들은 테무진은 자신의 경솔함을 깨달았다. 보카타이와 키라타이를 대신 셍굼에게 보내고 서둘러 자신의 유목지로 돌아갔다. 두 사람이 셍굼의 처소에 당도하자, 셍굼 측은 음모가 탄로 난 것을 알고 자기들끼리 이렇게 말했다.

"내일 일찍 테무진이 있는 곳으로 쳐들어가자."

그런데 테무진을 치려는 기습 계획이 말 치는 목동 바다이와 키실리크에게 새어나갔다. 그들은 밤새 말을 달려 테무진에게 이 사실을 알렸다.

실링골 초원에 돌아와 있던 테무진은 그 소식을 듣자마자 인근에 있던 전사들을 불러 모은 뒤 한밤중에 마고 운두르 산의 북쪽을 지나 카라 칼지트라는 곳으로 이동했다.

　마고 운두르 산은 내몽골 우젬친 우익기에 위치한 사인 운두르 산으로 추정되고 있다. 하지만 카라 칼지트의 위치에 대해서는 아직까지 명확하게 밝혀지지 않고 있다. 그러나 당시 셍굼의 군대가 허더 아랄에서 곧바로 다리강가를 거쳐 실링골로 내려왔을 것이므로, 카라 칼지트는 마고 운두르 산 동쪽이나 남쪽에 위치해 있을 가능성이 높다.

　테무진에게는 셍굼의 군대를 맞아 싸울 병사가 없었다. 테무진이 셍굼에게 보낸 편지의 '드디어 나를 몰아냈다'는 구절에서 볼 수 있듯이, 당시 테무진은 자신의 유목민들과 멀리 떨어진 곳에 있었다. 때문에 셍굼의 군대가 올 거라는 급보를 받고도 대군을 모을 수가 없었다. 당시 테무진 곁에 있던 군사는 채 1만 명이 되지 않았던 것으로 보인다. 테무진으로서는 최대 위기를 맞은 셈이었다.

　비상사태에 돌입한 테무진은 적의 동태를 살피기 위해 마고 운두르 산으로 젤메를 보냈다. 그러던 어느 날, 마고 운두르 산 근처에서 군마를 관리하고 있던 병사들이 먼지가 하늘 높이 이는 것을 먼저 발견하고는 곧장 테무진에게 달려와 옹칸의 대군이 마고 운두르 산 남쪽으로 오고 있다는 것을 알렸다. 소식을 들은 테무진은 카라 칼지트에서 전열을 정비하고 옹칸의 대군을 기다렸다. 적은 군사로 옹칸의 수십만 군사를 맞아 싸워야 했던 이 전투는 테무진에게 절대적으로 불리했다.

　군대를 이끌고 마고 운두르 산까지 내려온 옹칸은 자모카에게 테무진 진영에 있는 사람들 가운데 누가 싸움에 능하냐고 물은 뒤, 자모카에게 자기 병사들을 지휘하여 테무진을 공격하라고 했다. 자모카는 그 말을 듣고 당황했다. 옹칸이 자신을 시켜 테무진을 제거하려는 속셈이라고 판단한 자모카는 동지들과 논의한 뒤 테무진에게 다음과 같이 전하라고 지시했다.

나의 안다 테무진이여, 옹칸은 나에게 테무진 진영에서 싸움에 가장 능한 자들이 누구냐고 물었다. 나는 오로오트족, 망코트족이라고 대답했다. 그러자 지르긴 씨족으로 그들을 공격하겠다고 했다. 옹칸은 나에게 그들을 통솔하여 안다를 공격하라고 한다. 하지만 나는 안다와 싸워 한 번도 이기지 못했다. 안다여, 두려워하지 말고 어려움을 잘 극복하라.

비록 테무진이 라이벌이긴 해도, 자모카는 안다인 테무진을 자기 손으로 제거하는 데 큰 부담을 느꼈던 것이 틀림없다.

자모카의 말을 전해 들은 테무진은 오로오트족과 망코트족을 전면에 내세워 옹칸의 공세를 막았다. 그렇게 테무진이 옹칸의 군대를 막고 있을 때 뜻밖의 행운이 찾아왔다. 테무진 측의 저항이 만만치 않자 성미 급한 셍굼이 본진에서 군사를 이끌고 달려나온 것이었다. 그때 코일다르 세첸과 함께 테무진군의 선봉에 섰던 주르체데이가 말 타고 달려나오던 셍굼을 향해 활을 쏘았는데, 그것이 그의 붉은 뺨에 명중했다. 셍굼이 말에서 떨어지자 놀란 케레이트 병사들은 테무진에 대한 공세를 멈추고 서둘러 셍굼을 둘러쌌다.

뜻밖의 사태가 벌어지면서 전투는 소강상태로 접어들었다. 밤이 되자 테무진의 병사들은 어둠을 틈타 재빨리 올코이 강 쪽으로 후퇴했다. 하지만 언제 적군이 뒤따라올지 모르는 긴박한 상황이어서

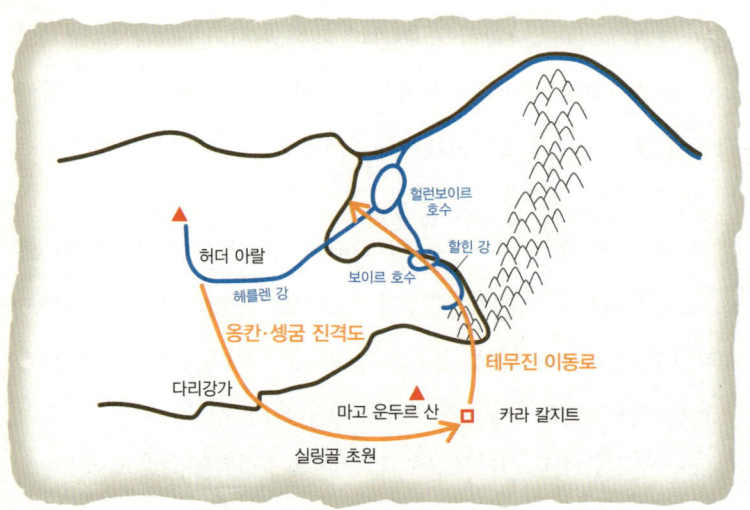

카라 칼지트 전투와 테무진의 이동로.

병사들은 말고삐를 움켜쥔 채 숙영했다.

  날이 밝을 무렵 한 사람이 테무진 진영으로 다가왔다. 보오르초였다. 테무진은 전투가 끝난 뒤 셋째 아들 어거데이와 보오르초, 보로콜 등이 보이지 않자 크게 걱정하던 참이었다. 보오르초는 전투 도중 말이 화살에 맞아 넘어지는 바람에 할 수 없이 두 발로 달려 몸을 피하고 있는데, 때마침 짐 실은 말 한 마리가 짐을 흔들어 떨어뜨리는 것을 발견하고는 그 말을 잡아타고 뒤쫓아왔던 것이다. 테무진은 감격하여 가슴을 치며 말했다. "영원한 하늘은 이 모든 것을 아시리라."

  그때 또 한 사람이 뒤쫓아왔다. 보로콜이었다. 그는 목에 화살을 맞은 테무진의 아들 어거데이를 말에 태워 부축하며, 그의 목에 응혈된 피를 빨면서 온 터라 입술이 피범벅이었다. 목에 부상을 입은 어거데이를 본 테무진의 눈에 눈물이 글썽거렸다고 한다. 그는 즉시 불을 지펴 상처를 지지게 했다.

보로콜로부터 적의 흙먼지가 마고 운두르 산 남쪽으로 길게 났다는 이야기를 들은 테무진은 적이 물러간 것을 알고 올코이 강의 지류인 실루겔지트 강을 거슬러 올라가 달란 네무르게스로 들어갔다.

한편 셍굼의 부상을 살핀 옹칸은 측근들에게 말했다.

"싸울 만한 상대도 없는데 공연히 전쟁을 일으켰다. 그 결과, 내 아들 셍굼이 뺨에 화살을 맞았다. 기왕 이렇게 되었으니 아들의 목숨이 붙어 있을 때 그들을 공격하여 끝장내자."

그때 아치크 시룬이라는 자가 나서서 옹칸을 만류했다.

"칸이시여! 고정하십시오. 칸이 후사가 없어 그토록 애타게 아들 얻기를 바랐을 때, 우리 또한 '아보이, 바보이' 하고 주문을 외우며 간절히 기도했습니다. 그리고 마침내 셍굼을 얻으셨습니다. 지금 테무진을 쫓는 것보다 어렵게 얻은 귀한 아들 셍굼이 빨리 회복하도록 돌보는 것이 더 중요합니다. 이미 자모카와 알탄 옷치긴, 코차르 베키 등이 우리와 함께하고 있으며, 또 몽골족 대부분이 우리 쪽에 있습니다. 테무진과 그를 따라간 몽골족은 얼마 안 됩니다. 그들이 가봐야 얼마나 가겠습니까."

그 말을 들은 옹칸은 옳다 여기고 회군을 결정했다. 달란 네무르게스에 도착한 테무진은 남은 군사의 수를 점검했다.『집사』에는 4,600명이라 하고,『몽골 비사』에는 2,600명이라고 쓰여 있다. 어느 한쪽의 정보에 오류가 있는 것이다. 그러나 어느 쪽이든 테무진의 1만 군사가 절반 이하로 줄어든 것을 알 수 있다. 그만큼 카라 칼지트 전투가 치열했던 것이다. 테무진은 군사를 둘로 나누어 할힌 강 양쪽에서 진군하게 했다.

군사들은 할힌 강을 따라 북상하면서 사냥을 했다. 카라 칼지트 전투에서 선봉에 섰던 코일다르 세첸은 테무진과 안다 맹약을 맺은 인물이다. 카라 칼지트 전투에서 부상당한 그에게 테무진은 사냥 금지령을 내렸다. 하지만 그는 사냥을 해야 병사들의 주린 배를 채울 수 있다며 있는 힘을 다해 동물들을 쫓다 그만 상처가 도져 세상을 떠나고 말았다. 테무진은 그의 죽음을 애도하여 행군을 멈추고 '어르 노오'라는 거북바위에 그를 묻었다. 그리고 카라 칼지트 전투에서 죽어간 수많은 병사들의 영혼을 함께 위로했다.

어르 노오는 할힌 강 동쪽에 있는 곳으로, 아직까지 정확한 위치는 확인되지 않고 있다. 장례를 마친 테무진은 다시 할힌 강을 따라 북상하다가 보이르 호수에서 멀지 않은 퉁게 강 동쪽에서 야영했다. 그곳은 풀이 좋아 전마들은 하루가 다르게 살이 쪘다. 테무진은 그곳에서 옹칸에게 사신을 보내 다음과 같이 전하게 했다.

나의 칸부여. 당신은 악의를 품은 주변 사람들에게 꼬드김을 당한 것입니다. 나의 칸부여, 우리 두 사람은 이전에 '질투가 심한 큰 이빨을 가진 독사의 꼬드김을 받더라도 그에게 넘어가지 않을 것이며, 이빨과 입을 맞대 서로 확인한 다음에만 믿기로 한다'고 서약하지 않았습니까. 나의 칸부여, 지금 당신은 나하고 이빨과 입을 맞대 확인한 다음에 헤어졌습니까……. 두 바퀴가 달린 수레의 한쪽 바퀴가 부서지면, 소는 그 수레를 끌 수 없습니다. 나는 당신의 한쪽 바퀴가 아니었습니까.

이에 옹칸은 이내 후회하면서 이렇게 말했다고 한다.

아아, 불쌍한 것. 내 어찌 아들 테무진과 헤어졌단 말인가. 사람으로서 지켜야 할 도리를 내 어찌 내던져버렸단 말인가.

옹칸은 테무진이 진심으로 자기를 아버지처럼 받든다는 것을 누구보다 잘 알았다. 그랬기에 옹칸의 자책은 더 컸을 것이다. 하지만 어쩌겠는가. 물은 이미 엎질러진 것을.

테무진은 자모카와 키야트계 귀족들에게도 각각 사신을 보내 자신의 서운한 마음을 전하게 했다. 이 시점에서 테무진이 옹칸과 자모카 그리고 키야트계 귀족들에게 사신을 보낸 것은 그들을 비난하는 뜻도 있지만, 자신이 아직 건재해 있음을 알리려 했던 것으로 보인다. 실제로 테무진의 사신이 옹칸의 군영에 도착해 그들을 비난하자 코이도 등 케레이트부 내에 있던 친테무진 세력이 테무진 진영으로 귀부해왔다.

퉁게 강가에서 잠시 휴식을 취한 테무진은 다시 발주나 호수로 이동했다. 테무진은 폭우와 번개가 치는 어느 날 초원의 조그만 호수인 발주나에 도착했다. 호수는 쏟아지는 빗물에 흙탕물로 변해 있었다. 테무진은 온갖 고통을 감내하며 끝까지 자신을 따라온 동지들에게 감격했다. 그리고 두 손을 들고 하늘을 향해 부르짖었다.

내가 이 모든 고난을 극복하고 대업을 이룰 수 있도록 도와주소서!
나와 함께 고난의 대업에 참가한 모든 병사들을 기억하소서!
내가 이날 이후로 나의 맹세를 저버린다면, 이 흙탕물처럼 나를 죽이소서!

그랬다. 그는 일찍이 버르테를 빼앗기고 메르키트 병사들에게 쫓겨 보르칸 칼돈 산에 숨어 있다 간신히 목숨을 구한 뒤 태양을 향해 기도했던 것처럼, 다시 한 번 하늘을 향해 감격해 외쳤던 것이다. 그때 테무진과 고락을 함께했던 병사들도 모두 울었다고 한다.

불행히도 이 역사적 장소인 발주나 호수의 위치에 대해서는 아직까지 밝혀지지 않았다. 몽골에는 비가 오면 생겼다가 날이 개면 사라지는 호수들이 많기 때문이다. 또 칭기즈칸 당시와는 지형이 달라졌을 가능성도 있다. 대략 보이르 호수와 헤를렌 강 하류 사이의 어느 지점으로 추정하고 있을 뿐이다.

카라 칼지트 전투에서부터 발주나 호수에 이를 때까지의 시기는 테무진 일생 중 가장 큰 시련에 봉착했던 때라고 할 수 있다. 테무진과 그의 병사들은 발주나 호수의 흙탕물을 걸러 마셨다고 한다. 테무진은 귀족들과 어설프게 손잡는 것이 얼마나 위험한 일인지를 뼈저리게 느꼈을 것이다.

발주나 맹약에 동참했던 사람들은 훗날 모두 최고의 은총을 입었으며, 사람들로부터 '발주나 사람들' 또는 '강물을 마신 사람들'로 불렸다고 한다.

테무진이 이 같은 위기를 헤쳐나올 수 있었던 것은 오랫동안 생사고락을 함께했던 하층 유목민들과의 끈끈한 동지애 덕분이라고 할 수 있다. 키야트족 귀족들이 배반한 상황에서 테무진이 자신의 꿈과 이상을 함께하는 하층 유목민들만으로 이 위기를 극복했다는 것은 장차 그가 만들 몽골 제국의 성격이 어떤 것일지 짐작하게 해준다.

케레이트부를 괴멸시키다

•
•

테무진이 발주나 호수에 도착한 뒤 얼마 후 엉구트부의 이슬람 상인 아산이 흰 낙타를 타고 1,000마리의 숫양을 몰며 발주나 호수로 올라왔다. 그는 에르구네 강 주변에 서식하는 수달 등의 가죽을 구하러 가던 도중 양들에게 물을 먹이기 위해 호수에 왔던 것이다. 테무진을 만난 아산은 굶주려 있던 테무진의 군사들에게 식량을 제공하는 한편, 카라 칼지트 전투 후 케레이트부 안에서 벌어진 일들과 각지의 정세까지 테무진에게 자세히 알려주었다. 이 인연으로 그는 훗날 테무진이 호라즘을 원정할 때 함께 따라갔다.

또 거란인 귀족으로 옹칸의 행궁에 왔다가 테무진과 인연을 맺은 야율아해耶律阿海가 찾아왔다. 테무진이 건재하다는 소식이 전해지자 각지에 흩어져 있던 군사들이 속속 모여들기 시작했다.

당시 옹칸은 카라 칼지트 전투가 끝난 후 허더 아랄에 머물고 있었다. 한데 그 무렵, 뜻밖에도 반테무진 세력이 주동하여 옹칸을 제거하려는 사건이 일어났다.

옹칸은 테무진과 자모카를 경쟁시킴으로써 그들을 견제하는 것에서 보듯이, 철저히 세력균형에 의한 정치를 해온 사람이다. 테무진이란 강력한 세력이 없어진 지금 반테무진 세력은 자신들이 공격 대상이 될 위험이 있음을 알고 있었다. 결국 반테무진 세력은 옹칸이 자신들을 치기 전에 먼저 그를 제거하려 했던 것이다. 반테무진 세력은 은밀히 모여 의견을 나누었다.

"우리는 테무진과도 같이 있을 수 없고, 옹칸과도 같이 있을 수 없다. 그러니 옹칸을 습격하여 우리가 군주가 되자."

이 음모에는 자모카와 키야트계의 알탄 옷치긴, 코차르 베키는 말할 것도 없고, 테무진의 숙부 다아리타이 옷치긴, 수케켄 씨족의 토오릴, 타타르부의 코토 테무르 등이 모두 가담했다.

하지만 그들의 음모는 사전에 발각되었고, 옹칸은 그들을 기습하여 그들이 가진 것을 모두 빼앗았다. 그러자 음모에 가담한 일부 세력들이 테무진에게 귀부해왔다. 하지만 알탄 옷치긴, 코차르 베키, 타타르부의 코토 테무르 등은 나이만의 타양칸에게 도망쳤다.

옹칸은 반테무진 세력의 음모를 분쇄한 후 거처를 돌로드 올 칠 형제봉 아래쪽에 있는 제제에르 운두르로 옮겼다. 한편 테무진은 옹칸이 셍굼과 함께 자기를 공격해온 이상 옹칸과 최후의 일전을 벌일 수밖에 없다는 것을 알고 있었다. 그것은 가슴 아픈 일이었다. 테무진은 자신이 아버지처럼 섬겨온 사람과 결투를 벌이는 것만은 어떻게든 피하고자 했다.

음모 사건의 전말을 전해 들은 테무진은 최후의 결전을 치를 때가 다가오고 있음을 알았다. 상황이 자신에게 유리한 쪽으로 돌아가고 있었기 때문이다. 그는 전열을 정비하는 한편 옹칸을 기습할 계획을 세웠다.

때마침 테무진의 동생 카사르가 가족들을 옹칸이 있는 곳에 남겨둔 채 소수의 동지들만 데리고 탈출해왔다. 카사르가 오자 무척 기뻐하던 테무진은 옹칸을 안심시킬 작전을 생각해냈다. 그리고 카사르의 이름으로 옹칸에게 사신을 보내게 했다.

형을 찾아 헤맸지만 어디서도 찾지 못했습니다. 내가 아무리 소리쳐 불러도 형은 듣지 못했습니다. 옹칸의 곁으로 돌아가고 싶습니다. 나의 처자는 당신이 있는 곳에 있습니다. 당신의 곁으로 가고 싶습니다. 옹칸께서 신뢰할 만한 사신을 보내주신다면, 나는 당신 곁으로 돌아가겠습니다.

테무진은 칼리오다르와 차오르칸에게 위의 내용을 옹칸에게 전하게 했다. 그런 다음 그들과 오논 강변의 아르갈 게우기 산에서 합류하기로 했다. 아르갈 게우기 산은 오논 강 상류 키모르카 냇가 아래쪽에 있는 산이다. 테무진은 사신들을 보낸 뒤 군대를 이끌고 곧바로 발주나 호수를 출발해 아르갈 게우기 산으로 향했다.

사신으로 보낸 칼리오다르와 차오르칸이 옹칸 진영에 도착하여 카사르의 서신을 전하자 옹칸은 크게 기뻐하며 사신들을 환대했다. 그리고 '카사르를 이곳으로 오게 하라'며 자기가 신뢰하는 이투르겐을 두 사람과 함께 보냈다.

칼리오다르와 차오르칸이 옹칸의 사신 이투르겐과 함께 약속 장소인 아르갈 게우기 산에 이르자 테무진의 깃발이 보이기 시작했다. 칼리오다르는 이투르겐이 그것을 보고 놀라 도망치지 않을까 걱정했다. 이투르겐이 좋은 말을 타고 있었기 때문이다. 그는 꾀를 내어 자기 말의 발에 돌멩이가 끼어 말이 절룩댄다며 이투르겐을 말에서 내리게 했다. 그리고 말의 앞발을 잡고 있게 했다. 그때 갑자기 테무진이 군대를 이끌고 나타났다. 테무진은 이내 상황을 눈치채고 이투르겐을 잡아 후방에 있는 카사르의 진영으로 보냈다.

칼리오다르와 차오르칸은 그 자리에서 옹칸은 아무 방비도 하지 않고 있으며, 황금빛 게르를 짓고 매일 연회를 베푼다고 테무진에게 전했다. 그리고 쉬지 않고 이동하여 불시에 그들을 포위하여 기습하면 성공할 것이라고 했다.

그들의 말이 옳다 여긴 테무진은 전열을 정비해 밤낮으로 쉬지 않고 이동했다. 마침내 제제에르 운두르 산 가까이 이르자 테무진은 옹칸의 군대가 산의 한 협곡에 있는 것을 확인한 뒤 입구를 포위했다. 그리고 주르체데이를 선봉 삼아 3일 동안 밤낮으로 공격했다. 사흘째 되는 날, 열세에 몰린 그들은 투항하기 시작했고, 전쟁은 테무진의 완승으로 끝났다.

옹칸과 셍굼은 전세가 불리해지자 은밀히 탈출했다. 『집사』에 의하면, 셍굼은 남고비 쪽으로 도주했다가 티베트로 들어갔다. 그곳에서 파괴와 약탈을 일삼다 티베트 사람들이 저항하자 타클라마칸 사막의 호탄과 카슈가르의 변경으로 도망쳤으나 그곳의 족장에게 붙잡혀 죽었다고 한다.

옹칸은 동나이만의 타양칸에게로 피신했다. 당시 동나이만의 타양칸은 반테무진 세력들이 속속 동나이만으로 귀부해오자, 몽골 고원의 상황이 심상치 않음을 알고 국경 수비를 철저히 하도록 지시한 상태였다.

동나이만 국경에 이른 옹칸은 마른 목을 축이기 위해 네쿤 강에 들어갔다가 동나이만의 척후병인 코리 수베치에게 발각되었다. 옹칸은 자신이 케레이트부의 옹칸이라고 말했지만, 옹칸의 얼굴을 몰랐던 그는 수상한 자라 여겨 그 자리에서 살해했다.

한 시대를 풍미하며 몽골 고원을 좌지우지했던 옹칸이 끝내 비참한 최후를 마친 것이다. 욕심이 과하면 화를 부르는 법. 어찌 옹칸이라고 저주의 여신이 쏜 화살을 피해갈 수 있으리.

동몽골의 보이르 호수로

하일라르로 해서 몽골의 기원지를 따라 바르코진까지 갔던 우리의 여행은 이제 다시 동몽골로 돌아간다. 테무진의 몽골 통일과 관련된 중요한 장소가 그곳에 있기 때문이다. 내가 초이발산에서 보이르 호수로 향한 것은 2011년 6월 5일이었다.

우리가 꼭 보고자 한 곳은 두 군데였다. 하나는 할힌 강이 보이르 호수로 흘러드는 곳으로, 그곳에 머물렀던 코리족의 흔적을 둘러보기 위해서였다. 다른 하나는 '어르 노오'로, 카라 칼지트 전투 때 옹칸군에 쫓겨 북상하던 테무진의 행적과 관련된 곳이다. 특히 어르 노오는 테무진이 케레이트군을 괴멸시킨 이듬해인 1204년, 동나이만군과 몽골 고원 최후의 일전을 치르기 전에 모든 몽골족을 집결시켰던 곳이다. 사실상 몽골 제국이 성립된 곳이라는 점에서 특별한 의미가 있는 곳이었다.

헤를렌 강에서 멜스 부부와 헤어진 나와 가이드 N은 도요타 사륜차를 타고 보이르 호수를 향해 달렸다. 가도 가도 보이는 것은 바다 같은 초원뿐이었다. 바로 메넨긴탈 평원이었다. 몽골의 초원 중에서도 가장 유명한 곳이다. 푸른 하늘과 어디를 봐도 지평선만 보이는 초원. 간간이 구릉이 보이더니 이내 그나마도 사라진다.

"운이 좋으면 가젤 무리가 떼 지어 이동하는 모습을 볼 수 있을 겁니다."

N이 말했다. 그때 거짓말처럼 멀리서 한 무리의 가젤이 나타났다. 마치 누루 떼가 무리 지어 있는 것처럼 보였다. 우리는 차를 세

보이르 호수로 가는 표지판. 할흐골 시까지 360킬로미터라고 적혀 있다.

우고 그 모습을 바라보았다. 가젤들은 우리를 보더니 서둘러 다른 곳으로 갔다. 가젤들이 사라진 초원은 적막강산 같았다.

우리는 다시 보이르 호수를 향해 달렸다.

"지평선밖에 안 보이는 이런 초원에서 적들을 만나면 어떻게 되는 거지?"

"그때는 사생결단을 내야 합니다. 도망갈 곳도, 숨을 곳도 없으니까요."

그때 멀리서 몇 마리의 낙타가 천천히 걸어왔다. 쌍봉낙타였다. 다시 한참을 가니 양 떼가 보였다. 그러나 이내 망망초원이다.

옛날에는 이 메넨긴탈에 사람들이 많이 살았다고 한다. 그런

초원에서 만난 쌍봉낙타들.

데 중국과의 국경선이 생기면서 사람들의 이동이 가로막힌 데다 1939년 할흐골 전투 때 주민들을 소개시키면서 유목하는 사람들이 크게 줄었다고 한다.

할흐골 전투는 일제 강점기 때 일본군이 동몽골에 침입한 사건을 말한다. 만주의 관동군은 일찍부터 '만몽 연합'을 꿈꾸었다. 중국으로부터 만주와 몽골을 분리시켜 일본이 지배하려는 것으로, 1932년에 청나라의 마지막 황제 부의溥儀를 앞세워 만주국을 세운 것도 그 일환이었다.

당시는 중일전쟁이 한창이었다. 관동군은 동몽골이 전략적으로 중요하다는 것을 알고 하일라르에 내몽골 자치 연합 정부를 세웠다. 할흐골을 점령하면 달란 네무르게스를 통해 중국의 츠펑, 베이징까지 밀고 내려갈 수 있기 때문이다. 마침내 그들은 하일라르 주민들을 앞세워 1939년 5월에 할흐골로 진격해왔다. 당시 일본군의 침입을 예상하고 있던 몽골과 러시아 연합군은 할힌 강 주변 초원에 병사들을 미리 매복시켰다가 그들이 나타나면 기습하는 작전을 썼다. 일본군은 이런 기습 작전에 속수무책이었고, 결국 이 전투는 할힌 강을 사이에 두고 8월까지 몇 차례 공방전을 벌이다가 종결되었다.

당시 전투는 굉장히 치열해서 일본 쪽 전사자만 6만 5,000명에 이르렀다고 한다. 그중에는 내몽골의 바르가족, 에벵키족과 하일라르 거주 몽골인들, 그리고 징병당한 조선인들이 상당수 포함되어 있는데, 일본의 야심 때문에 애꿎은 사람들만 수없이 죽었던 것이다. 그에 반해 러시아군 전사자는 대략 9,000명, 몽골군은 1,000명 정도였다고 한다.

만일 그때 일본이 할흐골 지역을 장악했다면 그대로 밀고 내려가 내몽골의 실링골과 츠펑을 점령했을 것이고, 그리되었다면 중국 북부 전체가 위태로워졌을 것이다.

과거 흉노나 칭기즈칸 때도 그랬지만, 동몽골은 현대에 와서도 전략적으로 중요하다는 사실이 입증된 셈이다. 동몽골을 장악하는 쪽이 아시아의 패권을 쥘 수 있기 때문이다.

그렇게 얼마나 갔을까, 초원 여기저기에 흰 소금 같은 것들이 보이기 시작했다. 소금을 본 N이 보이르 호수에 다 온 것 같다며, 습지가 마르면서 소금기가 올라온 것이라고 했다. 과연 얼마 안 있어 멀리 앞쪽에 보이르 호수가 보이기 시작했다. 구름 낀 하늘 때문인지 호수는 어두운 푸른빛 비단을 펼쳐놓은 것 같았다.

"보이르 호수는 북쪽 해안 일부가 중국에 속해 있을 뿐 나머지는 모두 몽골에 속해 있습니다. 할힌 강이 보이르 호수로 흘러드는 곳도 마찬가지고요. 때문에 내몽골 쪽에서는 보이르 호수를 제대로 볼 수 없습니다. 반드시 몽골 쪽에서 봐야 참모습을 볼 수 있지요."

N이 말했다.

만일 동몽골 초원에 보이르 호수와 헐런보이르 호수가 없었다면 어떻게 됐을까? 아마도 동몽골은 주목받지 못했을 것이다. 아무리 풀이 좋고, 드넓은 평원을 갖고 있어도 물이 없으면 사람은 물론 동물도 살 수 없기 때문이다. 그런 점에서 보이르 호수와 헐런보이르

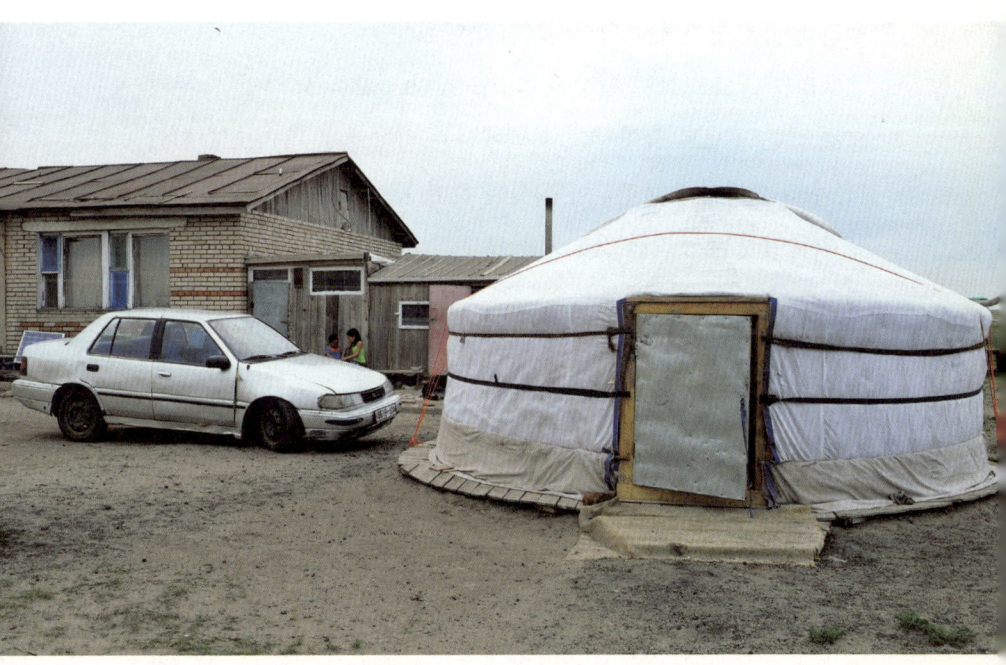

보이르 호숫가의 알탄 게르 할아버지 댁.

호수는 동몽골의 생명줄이자 오아시스 같은 곳이다.

호수 근처에는 소와 말들을 몰고 가는 유목민이 드문드문 보였다. 주위를 둘러보니 풀들이 허리춤까지 올라왔다.

그때 차가 목적지에 도착했는지 어느 집 앞에 멈추었다. 그러고 보니 예전에 왔던 곳이었다. 집 앞에는 옛날에 여행자 숙소로 쓰던 건물이 그대로 있었다.

할아버지와 할머니 두 분이 반갑게 우리를 맞아주었다. 예전에 왔을 때는 아들 내외가 살고 있었으므로 나는 두 분을 처음 뵈었다. 할아버지의 이름은 알탄 게르로 일흔여덟 살인데, 매우 건강해 보였다. 알탄 게르는 '황금의 빛'이란 뜻이다. 할머니의 이름은 파그마로 일흔한 살인데, 자애로우면서도 지혜로웠다. 두 분 모두 외모가 우리네 시골 할아버지, 할머니처럼 편안했다.

우리는 창고로 쓰는 뒷방에 침낭을 갖다 놓고 나서 부엌 겸 주방으로 쓰는 곳으로 들어갔다. 화덕에서는 김이 폴폴 올라오고 있었다. 우리는 탁자에 둘러앉아 식사를 하며 함께 노래를 부르고 술잔을 기울이며 다시 만난 것을 기뻐했다.

할힌 강 하구를 보다

다음 날 아침에 일어나 밖으로 나오니 파그마 할머니의 손녀딸이 벌써 소들을 붙잡고 젖을 짜고 있었다. 그 옆에서는 돼지들이 나무

소젖을 짜는 알탄 게르 할아버지의 손녀딸.

통에 코를 박고 있었다. 몽골 초원에서는 돼지를 기르는 일이 거의 없어 아주 특별하게 느껴졌다.

나는 알탄 할아버지 댁에서 100미터쯤 떨어진 호숫가로 갔다. 호수가 한눈에 바라보이는 곳에 서자 아침 햇살에 호수가 목욕하듯 물 빛깔이 무척 고왔다. 멀리 건너편 중국 땅이 아스라이 보이는 호수는 더없이 평온하기만 했다.

그런데 호숫가에는 온갖 새들이 바쁘게 왔다 갔다 했다. 윙윙하는 소리에 귀가 따가울 정도였다. 처음에는 말로만 듣던 모기 떼인가 싶어 놀랐다. 그러다 새인 것을 확인하고 자세히 살펴보니 뜻밖에도 제비였다. 초이발산의 헤를렌 강변에서 제비를 보긴 했지만, 이곳에서 저렇듯 많은 제비들을 볼 줄은 꿈에도 생각지 못했다.

보이르 호숫가의 제비 떼.

 그런데 호숫가에 절벽을 이루고 있는 흙벽을 보는 순간, 깜짝 놀라고 말았다. 그곳에 셀 수 없을 정도로 많은 구멍이 나 있었기 때문이다. 제비들이 수시로 그 구멍을 드나들고 있었다. 예전에 왔을 때는 그저 무심히 보았는데, 이제 보니 그 구멍들이 모두 제비집이었던 것이다.

 제비들은 바쁘게 왔다 갔다 하며 먹이를 물고 구멍으로 들어갔다. 나는 이 초원에 제비의 먹잇감으로 뭐가 있을지 궁금했다. 아직 메뚜기가 흔한 철이 아니었기 때문이었다. 나는 호숫가를 거닐며 제비 떼의 군무를 바라보다 언덕 위로 올라와 풀이 자란 쪽으로 갔다. 순간 어디서 나타났는지 모기 떼가 달려들었다. 모기가 얼마나 많은지 마치 검은 먹구름이 삽시간에 나를 덮친 것 같았다. 눈앞에서 벌 떼처럼 왔다 갔다 하며 위협하는 모기 떼의 모습에 덜컥 겁이 나 두 손으로 모기를 쫓으며 알탄 게르 할아버지 댁으로 달려갔다.

내가 겨우 모기 떼를 피해 집 안으로 들어가자 N이 일어나 앉았다. 풀숲을 건드렸는데 모기 떼가 벌 떼처럼 달려들더라고 했더니, 그가 웃으며 말했다.

"아직 모기가 힘이 없을 때입니다. 보름쯤 지나면 기운이 왕성해지는데, 그때는 정말 무섭습니다. 동물들도 모기 떼가 달려들면 비명을 지르며 난리를 치지요."

"지금도 저런데 여름 되면 장난이 아니겠군."

"이곳에서는 모기 떼를 '황색 연기'라고 부릅니다. 주민들은 소똥과 쑥을 태워 모기 떼를 쫓지요. 제비가 남쪽으로 내려가면 또 다른 새들이 몰려오는데, 그때쯤 잠자리들이 구름처럼 하늘을 덮습니다. 그러면 한순간에 모기 떼가 사라집니다."

잠자리가 뜨면 모기들이 사라진다는 사실이 재미있었다. 물린 데를 살펴보니 그리 많이 물리지는 않은 듯했다. 나는 그제야 제비들의 먹잇감이 모기 떼라는 것을 알았다. 이곳 모기는 우리나라 모기보다 몇 배는 더 큰 것 같았다. 그런 모기들이 삽시간에 벌 떼처럼 달려들면 꼼짝없이 당할 수밖에 없을 터였다. 나중에 파그마 할머니에게 여름이면 모기 때문에 고생이 많겠습니다고 했더니, 이곳 풍토가 그런 걸 어쩌겠냐면서 담담하게 받아들이셨다.

하긴 그렇다. 모기 떼가 무섭다고는 하지만, 그것을 두려워하면 어찌 그들과 함께 살 수 있겠는가. 그들도 다 존재의 이유가 있는 것을.

아침을 먹고 나자 알탄 게르 할아버지가 오늘 마을에서 열리는

말 경주에 나가는 알탄 게르 할아버지의 손주가 오토바이를 타고 나담 축제장으로 가며 손을 흔들었다.

나담 축제에서 손주가 말 경주에 나간다며, 구경 가자고 했다. 나담 축제라면 울란바토르에서는 7월에 열리는데, 이곳에선 6월 초에 열리는 모양이었다. 마당에 나가니 열 살쯤 돼 보이는 꼬마가 오토바이 뒷자리에 올라탄 채 손짓을 한다. 허리에 하닥을 두른 것이 나담에 나간다던 그 손주인 모양이었다. 나는 손으로 V자를 그리며 열심히 달리라고 격려해주었다.

잠시 후 우리는 차를 타고 마을을 향해 출발했다. 왼쪽으로 보이르 호수를 끼고 달리는데, 오른쪽에도 크고 작은 호수들이 보였다. 호수들을 지나자 마을이 나타났다. 조그만 시골 마을로, 옛 이름은 숨부르다.

마을은 벽돌로 지은 집들이 많았다. 하지만 창고나 헛간은 대부분 목조 건물이다. 일부 집은 본채도 나무로 지어져 있었다. 아마 시

멘트 벽돌이 공급되면서 목조 가옥을 벽돌집으로 개조한 모양이다. 그렇다면 과거에는 목조 가옥 마을이었다는 이야기다.

초원 지대의 목조 가옥이라……. 기분이 묘했다. 나무가 별로 없는 초원에서 마을 주민들이 목조 가옥을 짓고 살았다는 것은 그들이 이주민임을 뜻한다.

말 경주는 이미 시작한 듯 말들은 안 보이고, 사람들만 삼삼오오 여기저기 모여 있었다. 우리는 알탄 게르 할아버지와 파그마 할머니를 따라 터모르 바타르란 분 댁으로 들어갔다. 말 경주가 끝나려면 한참 걸리니 그동안 그곳에서 쉬자는 것이었다. 터모르 바타르란 분은 풍이 왔는지 몸이 불편했다. 이 지역에서는 유명한 지식인

보이르 호숫가 숨부르 마을의 가옥들.

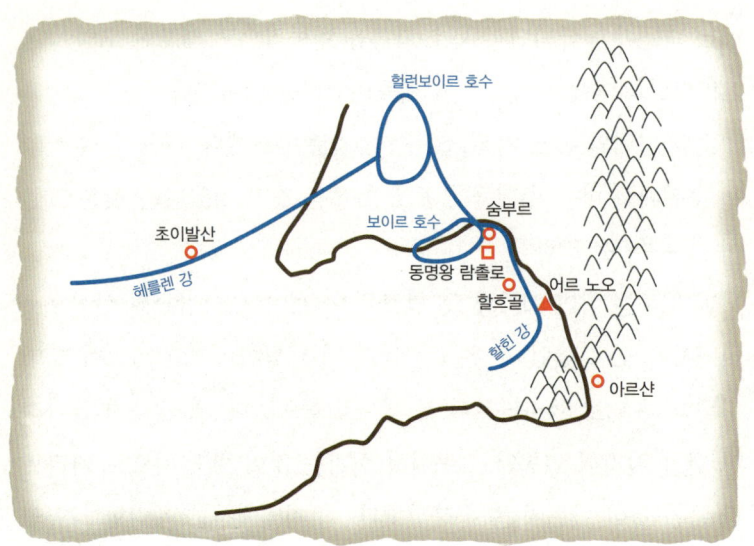

할흐골과 어르 노오.

이라고 했다. 우리가 한국에서 왔다고 하자 그는 관심을 보이며 이런저런 이야기를 들려주었다.

점심때가 되자 터모르 바타르의 부인이 식사를 내왔다. 그런데 식탁에 몽골에서는 보기 힘든 커다란 생선 요리가 올라왔다. 어디서 잡은 거냐고 물었더니 보이르 호수에서 잡은 거라고 했다. 생선은 검은빛을 띠고 있었는데, 살이 질기고 딱딱한 것이 씹는 맛도 있고 맛이 좋았다. 그때 파그마 할머니가 말했다.

"보이르 호수에는 물고기도 많고 조개도 많아요. 옛날에는 산모들이 몸을 푼 뒤에 잉엇국을 먹었다고 해요. 이곳에선 잉어를 볼로차강이라고 하는데, 작은 게 2, 3킬로그램, 큰 것은 7, 8킬로그램이나 나간답니다."

이곳 산모들이 잉엇국을 먹는다는 게 흥미로웠다. 우리도 산모들이 몸을 푼 뒤 잉엇국을 먹는 풍습이 있지 않은가.

그때 N이 술잔을 잡고 돌렸다. 몽골의 술 마시는 풍습은 주장자가 술잔 하나로 좌중에게 돌리는데, 술잔을 받은 사람은 반드시 축원을 하거나 좋은 시구를 읊거나 노래를 해야 한다. 파그마 할머니는 멋진 서사적 가사의 옛 노래를 불러 모두가 환호했다. '봄이 오면 초원에 꽃이 피고, 남쪽으로 날아갔던 제비들이 돌아오면 먼 곳으로 떠났던 가족들이 돌아오고……'라는 내용의 노래였다. 초원 사람들은 모두 가수요 음유시인이라더니, 알탄 게르 할아버지도 멋진 노래를 불렀다.

내가 보이르 호숫가에 패총이 있다고 들었는데 아느냐고 묻자, 알탄 게르 할아버지가 말했다.

"100여 년 전까지만 해도 있었지. 어렸을 때 노인들로부터 패총

노래 부르는 파그마 할머니와 알탄 게르 할아버지.

이 있다는 말을 들었어. 조개를 캐서 약으로 쓰기도 하고. 하지만 지금은 모두 사라지고 없어."

이 마을에는 예로부터 고구려인들이 농사를 짓고 살았다는 이야기가 전해 내려온다. 이 일대에서 농사지을 만한 곳은 할힌 강이 보이르 호수로 흘러드는 삼각주 부근뿐이다.

마을 남쪽에는 유명한 동명왕 람촐로가 있었다. 람촐로란 석상을 가리키는 몽골 말이다. 세월이 오래돼 삭으면, 다시 세우고, 또 삭으면 다시 세워 대대로 내려온 석상이었다. 주민들이 대대로 동명왕 석상을 만들어 세웠다는 것은 동명왕과 모종의 관련이 있기 때문일 것이다.

동명왕 하면 흔히 부여를 세운 동명왕을 떠올리지만, 주몽도 나중에는 '동명왕'이라 불렸으므로, 이곳 사람들이 세운 동명왕 람촐로는 동명보다는 주몽을 기리는 동상일 가능성이 높다. 이 지역에 고구려에 관한 전승이 남아 있는 것도 이를 뒷받침한다. 그렇다면 그 옛날 처음으로 동명왕 람촐로를 세운 사람들은 누구일까? 말할 것도 없이 코리족일 것이다. 동명왕과 코리족. 보이르 호숫가에서는 이렇게 코리족과 주몽이 겹치고 있었다.

이 지역은 통행로에 위치해 있어 예로부터 수많은 민족이 지나갔던 곳이다. 그럼에도 대를 이어 동명왕 람촐로를 조성해왔다는 것은 마을에 코리족의 전통이 그만큼 강하게 남아 있다는 것을 뜻한다.

그러고 보니 나무가 거의 없는 초원에 목조 가옥 마을이 있다는 것도 이상했다. 그렇다면 현재 이 마을에 사는 사람들은 누구인가? 그들 역시 동명왕을 배출한 코리족의 자손들이 아닐까? 하일라르에 사는 신바르가족이 자신들이 코리족이라는 사실을 잊고 사는 것처럼, 혹시 이 마을 사람들도 자신들이 코리족의 후예라는 사실을 모르고 사는 것은 아닐까? 내 머릿속은 바쁘게 움직였다.

술잔이 세 순배를 돌자, 파그마 할머니가 말 경주가 어떻게 됐는지 가보자고 했다. 모두 일어나 사람들이 모여 있는 곳으로 가니 씨름 경기가 한창이었다. 씨름 선수들이 밀고 당길 때마다 사람들은 환호하며 소리를 질렀다. 우리도 함께 웃으며 씨름하는 모습을 지켜보았다.

몽골에서는 열세 살 미만의 사내아이들은 말 경주를 하고, 그 나이가 지나면 씨름을 한다고 한다. 몽골 남자들의 말 경주와 씨름은 예로부터 내려오는 전통이다. 승리하면 사회적으로 인정을 받는다고 한다. 또 함께 씨름했던 사람들 사이에는 강한 연대감이 형성되

마을 공터에서 씨름 경기가 벌어졌다.

어 사회활동을 해야 하는 남자들의 경우 인맥 형성에 큰 도움이 된다고 한다. 그래서 몽골의 나담 축제는 여느 축제와는 다르다. 모든 남자들이 참가하는 일종의 통과의례인 것이다.

유사한 예로, 키르키즈의 서사시 「마나스」에는 남자들이 씨름으로 패권을 가리는 이야기가 나온다. 씨름을 하지 못하면 남자 축에 끼지도 못했다. 그게 어디 키르키즈뿐이겠는가. 기원전의 스키타이도 그랬고, 흉노족도 그랬다.

그러고 보면 북방 민족들은 말 경주나 씨름을 '신성한 내기'로 여겼던 것이 틀림없다. 고구려 벽화에도 역사力士가 무릎을 구부리고 두 손을 들어 천장을 받치는 모습이 있는데, 몽골 씨름 선수들이 시합 전에 다리를 벌리고 양손을 들고 춤추는 의식을 보면, 그와 비슷한 동작이 나오는 것을 볼 수 있다. 필시 고구려의 제천 행사인 동맹에서도 몽골의 나담 축제와 비슷한 말 경주와 씨름 등의 경기가 벌어졌을 것이다.

씨름이 한창 무르익을 무렵 갑자기 사람들이 한쪽으로 몰려가기 시작했다. 말 경주를 하는 아이들이 들어오는 모양이었다. 멀리서 흙먼지가 이는 게 보였다. 조금 있으니 과연 말들이 하나둘 들어오기 시작했다. 기수 중에는 여자아이들도 있었다. 알탄 게르 할아버지의 손주는 뒤에 처져 들어왔다.

초원과 말. 그랬다. 초원에선 말이 없으면 생활이 매우 불편한 곳이다. 말은 못 가는 곳이 없다. 강이든 산이든 가리지 않는다. 또 먹이를 준비할 필요도 없다. 초원에 지천으로 널린 것이 풀이기 때문이다. 뿐만 아니라 말은 익숙하게 다니던 길은 스스로 알아서 간다. 굳이 나서서 이리 가라 저리 가라 할 필요가 없다. 그렇게 편한 것이 말이다.

어디 그뿐인가. 말은 사람을 잘 따른다. 자신을 아껴주는 주인에게 평생 충성을 바친다. 문득 말 위에 올라타 초원을 마냥 달리고 싶은 충동이 일었다.

그때 주민들과 이야기를 나누던 N이 얼굴에 미소를 지으며 다가왔다. 할힌 강이 보이르 호수로 흘러드는 하구 쪽을 잘 아는 어부 한 사람을 찾아냈다고 했다. 나는 잘됐다며 기뻐했다. 할힌 강 하구는 중국과의 국경이 가까워 우리 같은 외지 사람들은 접근하기 어려운 곳이었다.

우리는 즉시 차를 타고 어부의 집으로 갔다. 어부는 자기의 어린 아들을 데리고 차에 올라탔다. 필시 가족을 데리고 놀러 가는 것처럼 보이려 하는 것이리라.

마을 뒤쪽으로 가니 국경 초소의 망루가 보였다. 어부는 그 망루 아래쪽 길로 가면 된다고 운전기사 K에게 알려주었다. 망루를 지나 잡초가 우거진 습지 쪽으로 들어가니, 보이르 호수로 흘러드는 작은 샛강이 보였다. 어부는 그곳에 차를 세워두고 걸어가야 한다고 했다. K는 그곳에 남겠다고 했다. 우리는 허벅지까지 바지를 걷은 다음 어부를 따라 샛강을 건넜다. 그리 깊지는 않았으나, 생각보다 물살이 셌다.

샛강을 건너자 앞쪽에 넓게 형성된 하구 모래펄이 보였다. 하구 안쪽에는 수초가 우거져 있었다. 사람이 다니지 않는 곳이라 그런지 마치 전인미답의 길을 가는 듯한 기분이 들었다. 고요한 물빛과 푸른 하늘 그리고 모래펄과 수초가 우거진 넓은 삼각주는 그야말로 비경이었다.

할힌 강 하구 가장자리에는 모래펄과 잡초들이 무성하다.

　　어부가 아이를 데리고 앞장서고, 나와 N은 뒤에서 천천히 따라갔다. 그런데 할힌 강 하구는 생각보다 넓었다. 금방이라도 강이 나올 것 같은데, 한참을 걸어도 보이지 않았다. 그때 호수 쪽에서 날아온 오리들이 열을 지어 삼각주 안쪽으로 날아갔다. 15분쯤 걸어갔을까, 마침내 보이르 호수로 흘러드는 강이 보였다. 이것이 할힌 강 물줄기냐고 묻자, 어부는 할힌 강 하구가 네 개로 갈라져 있는데 이 하구는 그 첫 번째라고 했다. 다시 허벅지까지 바지를 잔뜩 걷어붙였다. 어부는 강바닥이 패어 있는 곳이 많으니 반드시 자기 뒤를 따라오라며 주의를 주었다.
　　우리는 잔뜩 겁을 먹은 채 어부를 따라 강을 건넜다. 강물은 허벅지까지 올라왔다. 물살이 빨라 중심을 잃으면 금방이라도 강물에 휩쓸려갈 것 같았다. 하구를 건너자 다시 모래펄이 나왔다. 다시 얼마쯤 가니 아까보다 더 넓고 물살이 빠른 강이 나왔다. 어부는 아까보다 좀 더 깊다며 조심해서 따라오라고 했다. 우리는 조심조심 강물 속으로 들어갔다. 물살이 매우 빨랐다. 아랫도리가 다 물에 젖었다. 간신히 건너편 모래펄에 올라서니 어부는 저만큼 앞서 있다.
　다시 강을 하나 더 건너야 한다고 했다. 과연 넓은 모래펄 사이로 강이 보였다. 역시 아랫도리를 다 적시면서 건너자 드디어 할힌 강의 넓은 하구와 함께 강의 안쪽이 눈에 들어왔다. 할힌 강은 우리가 서 있는 모래톱 양쪽으로 도도하게 흐르고 있었다. 강둑에는 버드나무들이 무성했다.

할힌 강 하구. 강 안쪽에 무리 지어 있는 오리 떼가 보인다.

그런데 할힌 강 안쪽에 무언가 하얀 점들이 가득했다. 자세히 보니 오리들이었다. 아마도 할힌 강 하구가 오리들의 서식지인 모양이었다. 그때 어부가 우리를 바라보며 왼쪽에 보이는 네 번째 강을 건너면 중국 땅이라고 했다. 어느새 몽골 땅의 최북단에 와 있었던 것이다. 돌아서 보이르 호수를 바라보니 고요한 바다처럼 평온했다. 우리는 그곳에서 잠시 머무르다 되돌아 나왔다.

몽골의 강들은 폭이 그리 넓지 않기 때문에 할힌 강 하구가 그처럼 넓게 형성되어 있다는 것은 충격이었다. 이는 할힌 강이 홍수 때 자주 범람한다는 뜻이다. 강이 범람한다는 것은 그만큼 하구 주변에 비옥한 땅이 많다는 것을 의미한다. 학자들에 의하면, 보이르 호수의 수위가 옛날에는 더 높았다고 한다. 그렇다면 할힌 강 하구 주위의 습지는 지금보다도 넓게 형성되어 있었을 것이다. 이곳에 온 코리족은 그 습지를 그냥 지나치지 못했을 것이고, 하일라르에서 그랬던 것처럼 봄에 씨앗을 뿌려두었다가 가을에 낙곡을 거두었을 것이다.

할힌 강은 말이 없었다. 그러나 자신이 겪고 보았던 그 역사를 어찌 숨길 수 있을까. 강의 존재 자체가 바로 이야기인 것을.

차가 있는 곳에 당도하니 기다리고 있던 운전기사 K가 좋았느냐며 손을 흔들었다. 우리는 아주 멋있었다며 손을 들어 화답했다. 모두 차에 오르자, 어부가 조금 위쪽에 할힌 강 본류가 보이는 곳이 있다고 했다. K는 그가 안내하는 방향으로 차를 몰았다. 10분쯤 가니 과연 할힌 강 본류가 보이는 곳이 나타났다. 강에는 경비대 초병이 말이 끄는 수레를 강물 속으로 끌고 들어가 물통에 물을 담고 있었다. 강가에는 창포들이 여기저기 피어 있었다. 강은 아까 보았던

할힌 강에 수레를 끌고 물을 뜨러 온 초병.

하구의 어느 강보다도 넓었다. 건너편에는 버드나무가 무성하게 자라고 있었고, 그 사이로 너른 초원이 보였다.

아마도 그 초원 어디쯤에 칭기즈칸의 부인 버르테의 친정이 있었을 것이다. 어린 테무진은 그곳에서 목동 일을 하며 자신의 꿈을 키웠을 것이다. 그리고 가축들을 데리고 할힌 강 하구에도 놀러 왔을 것이다.

강가에서 마을 쪽으로 나오는데 갈색 깃털의 오리들이 길가에 잔뜩 내려앉아 있었다. 덩치가 거위만 했다. 우리는 해 질 무렵에야 알탄 게르 할아버지 댁으로 돌아왔다.

아니, 이거 수제비잖아!

∙

∙

저녁에 식사를 하는데, N이 한쪽에서 파그마 할머니와 진지하게 이야기를 나누고 있었다. 할머니에겐 체체그마라는, 시집가지 않은 딸이 하나 있었다. 나이는 서른 살쯤 되어 보였는데, 신이 들렸는지 수시로 집 안팎을 왔다 갔다 하며 횡설수설했다. 말도 데데거려 무슨 말인지 알아들을 수가 없었다. 눈에 초점도 없었다.

그러잖아도 새벽에 밖으로 나왔다가 집 주위를 서성거리던 체체그마를 보고 깜짝 놀랐던 나였다. 상체는 윗도리를 걸쳤는데 아랫도리는 팬티만 입고 집 주위를 배회하고 있었던 것이다. 실성하지 않고는 젊은 여인이 그럴 수 없는 노릇이어서 나는 체체그마의 상태를 짐작했었다. 그래서 체체그마를 볼 때마다 마음 쓰이던 참이었는데, N 역시 마음에 걸렸는지 할머니와 그 이야기를 나누었던 것이다.

다음 날 새벽에 일어나니 날이 환하게 밝았다. 밖으로 나오자 알탄 게르 할아버지와 파그마 할머니가 보이르 호수로 물 뜨러 간다며 물통을 챙기고 있었다. 우리는 양손에 물통을 들고 두 분을 따라갔다. 보이르 호수에 내려가 물통을 다 채운 뒤 언덕으로 올라오자 두 분은 옆에 있는 조그만 오보로 갔다. 할머니가 우리를 둘러보며 말했다.

"보이르 호수가 여행자들에게는 그저 그런 호수일지 몰라도 내게는 어머니 호수입니다. 오보 역시 그저 그렇게 보일지 모르지만, 나에게는 어머니 오보입니다."

소라고둥을 부는 알탄 게르 할아버지.

모두들 그 말에 숙연해졌다. 그때 알탄 게르 할아버지가 오보 앞에서 커다란 소라고둥을 꺼내 불기 시작했다. 그 소리는 깊고 신비로웠다. 나는 감동했다. 고둥을 불고 나자 할아버지는 바닥에 앉아 노래를 부르기 시작했다.

할아버지와 할머니는 보이르 호수의 고마움을 알기에 물을 뜨러 올 때마다 이렇게 늘 감사를 드린다고 했다.

그때 새들이 일렬로 호수 위를 날아가는 것이 보였다.

"와!"

우리는 소리를 질렀다. 그런데 멀리 호숫가 동쪽 숲에서 또 다른 새 무리가 날아오는 것이 보였다. 수십 마리는 되어 보였다. 그들이 호수 위로 날아갈 즈음 또다시 새들이 떼를 지어 날아올랐다. 자세히 보니 할힌 강 하구 쪽이었다. 새들은 그렇게 10여 마리 또는 수십 마리씩 비행기 편대처럼 떼를 지어 날아올라 호수를 가로질러 갔다.

보이르 호수 하구에서 호수를 가로질러 서쪽으로 날아가는 오리들.

알탄 게르 할아버지에게 오리들이 매일 이렇게 서쪽으로 날아가느냐고 물었더니 그렇다고 했다. 저녁때가 되면 다시 할힌 강 하구로 돌아간다는 것이었다. 새들의 편대는 한참이 지나도록 계속되었고, 나는 깊은 감동을 받았다.

아침 식사를 마치자 N이 진지한 표정으로 내게 물었다. 체체그마를 도와줄 방법이 없겠느냐는 것이었다. 내가 아메리칸인디언에 대해 공부한다는 것을 알고 있던 그는 그녀에게 도움이 될 만한 무언가를 해보았으면 좋겠다는 것이었다. 나 역시 나름 걱정하던 참이어서 장담할 수는 없지만 한번 해보자고 대답했다.

하지만 그 집에는 굿을 하는 데 쓸 만한 도구가 아무것도 없었다. 아쉬운 대로 부엌에서 스테인리스 솥을 내오게 하고 나무를 천으로 둥글게 싸서 북채를 만들었다. 엉성하기 짝이 없었지만, 북채로 솥을 두드려보니 그런대로 소리가 괜찮았다. 도구가 준비되자 나는 술을 한 병 준비해달라고 했다. 그런 다음 체체크마를 데리고 옆방으로 들어가게 했다. 나는 알탄 게르 할아버지 내외와 통역을 해줄 N과 함께 들어갔다.

나는 마음을 모은 뒤 북채로 솥을 치며 체체그마의 몸속에 든 영들을 불러냈다. 하지만 영들은 보이지 않았다. 잠시 나간 게 분명했다. 그래서 영들이 어디 갔느냐고 물었다. 체체그마는 영들이 자기 몸속에 들락날락한다고 했다. 그러자 옆에 있던 파그마 할머니는 깜짝 놀라며 체체그마가 그런 말을 하는 것을 처음 듣는다고 했다.

나는 언제부터 그랬느냐고 물었다. 그러자 체체그마는 어렸을 때 친구들이 같이 놀아주지 않아 초원의 꽃들과 풀들, 벌레들과 이야기를 나눴다고 했다. 문득 '체체그마'가 무슨 뜻인지 궁금해 N에게 물으니 '꽃'이라고 했다. 비로소 모든 게 이해되었다. 꽃이 꽃을 불러들인 것이다.

나는 체체그마의 영을 강화하고 보호막을 쳐준 다음, 술병을 들고 밖으로 나가 초원의 영들을 불러 그들에게 술을 뿌리며 사람의 길과 초원의 생명의 길은 서로 다르니 더 이상 체체그마의 몸에 들어가지 말라고 당부했다. 그런 다음 방으로 들어와 체체그마에게 말했다.

"나와 함께 춤추지 않겠니?"

체체그마는 자기 혼자서도 춤출 수 있다고 하더니 일어나서 아이들이 하는 율동 같은 것을 해 보였다. 커다란 덩치에 아이들의 율동이라니. 체체그마에게 어울리진 않았지만, 어쨌든 그녀의 정신이 깨어난 것이 분명했다. 그 모습을 지켜보던 파그마 할머니가 체체그마가 어렸을 적에 춤을 좋아했는데, 그때 추던 춤이라고 했다. 나는 다시 그녀에게 말했다.

"어머니와 아버지를 위해 맛난 음식을 해줄 수 있겠니? 나도 먹고 싶은데."

그러자 체체그마는 고개를 끄덕였다. 그럼 부엌에 가서 음식을 해보라고 하며 내보냈다. 그런 다음 알탄 게르 할아버지 내외에게 체체그마가 어릴 때 친구들이 같이 놀아주지 않는 바람에 너무 외로워 들판에 나가 노는 동안 초원의 영들이 몸에 들어왔던 것이라 말하고, 잘못해도 나무라거나 무시하지 말고, 체체그마의 말을 들어주고, 사랑해주고, 따뜻하게 감싸주면 차츰 좋아질 거라고 말했다.

파그마 할머니는 눈물을 흘리며 고마워했다. 그러면서 오래전에 라마승 한 분이 와서 경전을 읽으며 의식을 한 적이 있는데, 체체그마가 달려들어 경전을 찢고 라마승을 때리려 하는 바람에 혼비백산한 적이 있다면서, 체체그마가 저렇듯 공손하게 말하는 모습은 처음 본다고 했다.

굿을 끝내고 우리는 식당으로 건너갔다. 그곳에 가니 체체그마가 식탁에 앉아 고기를 썰고 밀가루를 반죽하고 있었다. 집안의 여자들이 모두 나와 구경거리라도 생긴 듯 그 모습을 지켜보았다. 파그마 할머니는 불안한 표정으로 옆에서 지켜보았다. 체체그마가 화덕의 솥에 재료를 넣고 끓이자 파그마 할머니는 간을 보더니 소금을 조금 더 넣어주었다.

예전에도 체체그마가 가족들을 위해 음식을 만든 적이 있느냐고 묻자, 할머니가 10여 년 전에 한 번 음식을 만든 뒤로는 처음이라고 했다. 마침내 음식이 다 되자 할머니가 한 그릇씩 퍼서 우리에게 주었다. 그런데 뜻밖에도 수제비였다. 맛이 있었다. 나는 체체그마를

체체그마가 만든 수제비. 동몽골에서는 한 번씩 별미로 해 먹는다고 한다.

바라보며 오른손을 들어 잘했다고 칭찬해주었다. 그녀의 얼굴에 가벼운 미소가 스치고 지나갔다.

그런데 음식을 보던 N이 깜짝 놀라며 말했다.

"저, 몽골에 와서 수제비는 처음 먹어봅니다!"

"몽골 사람들은 수제비 안 먹나?"

내가 의아해서 물었다.

"제가 몽골 곳곳을 다녀봤지만, 수제비를 본 적이 한 번도 없어요. 몽골에서는 칼국수를 해 먹지 수제비는 안 해 먹거든요."

가이드 N은 몽골 구석구석 안 가본 곳이 거의 없을 정도로 몽골통이다. 그렇다면 이곳 동몽골 지방에만 있는 음식 풍습일 가능성이 높았다. 몽골 사람인 운전기사 K도 수제비는 처음이라고 했다.

나는 파그마 할머니에게 이 지방 사람들이 수제비를 자주 해 먹느냐고 물었다. 할머니는 가끔 한 번씩 별미로 해 먹는다고 했다. 그렇다면 이곳 보이르 호수 일대에서는 수제비가 예로부터 내려오는 음식인 것이 분명했다. 하긴 중국이나 일본에서도 수제비를 해 먹는다는 소리를 들은 적이 없다. 그렇다면 동몽골 지방과 한국에만 있는 수제비의 연결 고리는 무엇을 의미하는 것일까. 이 또한 코리족이 남하하면서 남긴 풍습일까.

나는 어리둥절했다. 20년 넘게 신들려 사람 노릇도 못하던 체체그마가 겨우 정신이 들어 부모님과 나를 위해 만든 음식이 수제비라니, 참으로 불가사의한 일이었다.

식사를 마친 우리는 짐을 챙겼다. 그때 파그마 할머니는 농사지은 거라며, 쌀과 붉은빛이 도는 곡물을 자루째 꺼내 보여주었다. 그 옛날 코리족이 이곳 보이르 호숫가에서 지은 작물도 이런 거였을까?

우리는 알탄 게르 할아버지 가족과 아쉬운 작별 인사를 나누고 차에 올라탔다. 가족들 뒤에서 체체그마가 미소 지으며 살짝 손을 흔들었다. 그녀의 표정이 살아 있었다. '그래, 체체그마, 이젠 더 이상 외롭지 않을 거야. 아메리칸인디언들이 그랬지. 외로움은 질병이라고. 자기 안에 갇혀서 그런 거라고. 이젠 그 벽을 깨고 가족들과 행복하길 바라. 멀리서 응원할게. 안녕.' 나도 손을 흔들어주었다.

동명왕 람촐로가 있던 자리에는

하늘은 마냥 푸르렀다. 흰 구름들이 간간이 요트처럼 빠르게 물살을 가르듯 흘러갔다. 우리는 마을 남쪽의 동명왕 람촐로가 있던 장소를 둘러보기로 했다. 몇 개의 구릉을 넘자 N이 차를 세웠다. 주위를 둘러보니 예전에 왔던 곳이었다. 오른쪽 언덕에 석상 두 개와 주위에 드문드문 흩어져 있는 무덤이 보였다. 그때 왼쪽 편에 홀로 뚝 떨어져 있는 비석이 보였다.

우리는 그 비석이 있는 곳으로 갔다. N이 비석의 명문銘文을 읽어보더니 맞다고 했다. 이곳에 있던 동명왕 람촐로를 몽골 역사박물관에서 가져간 뒤 아무런 표식도 남겨놓지 않자 누군가 이곳에 비석을 세워놓았다는 이야기를 들었노라고 했다.

그리고 보니 동명왕 람촐로가 이곳에 서 있을 때, 동남쪽을 바라보고 있었다는 이야기를 들은 것 같았다. 그렇다면 혹 동명왕이 만

동명왕 람촐로(위). 그 자리에 대신 세워져 있는 비석(아래).

주로 간 것을 가리키는 건 아닐까? 이곳에서 곧장 동남 방향으로 가면 아르샨이 나오고, 거기서 홍안령 골짜기를 통과하면 바로 만주가 나오기 때문이다.

"몽골 역사박물관에 가 있는 동명왕 람촐로를 이곳에 다시 갖다 놓아야 하지 않을까?"

나는 N에게 말했다.

"그래야죠. 코리족과 고구려, 그리고 몽골과 한국의 관계를 상징적으로 보여주는 유물 아닙니까."

그랬다. 동명왕 람촐로가 없는 보이르 호수의 마을은 상상하기가 어려웠다. 동명왕 람촐로야말로 이곳 사람들이 대대로 지켜왔던 신화요, 전설이요, 역사이기 때문이다. 그 옛날 코리족 사람들이 솔롱고스의 꿈을 품고 만주로 건너갔던 기억을 간직한 기념물이다. 1990년대에 한국에서 동몽골 바람이 일어난 것도 바로 동명왕 람촐로 때문이었다. 한국 사람들은 동명왕 람촐로를 보기 위해 이곳에 왔고, 열광했다. 비로소 고구려의 흔적이 만주에만 있는 게 아니라는 사실을 깨달았던 것이다.

박원길 교수는 1992년 7월, 이곳에 왔을 때 주민인 잠수렌수렝 할아버지를 만나 다음과 같은 이야기를 채록했다고 했다.

할힌 강 유역은 농경과 어로, 수렵과 목축을 함께할 수 있는 곳이에요. 또 이 지방은 중국이나 만주로 가는 길목 역할을 하고 있지요. 그래서 오랜 옛날부터 수많은 민족이 이 지방을 거쳐갔습니다. 아주 오랜 옛날에는 고구려 사람들이 살았습니다. 보이르 호숫가에는 지금도 고구려 왕의 초상을 가진 석인상이 남아 있어요……. 고구려인들은 성을 쌓고 살았는데, 지금도 그 흔적이 남아 있지요. 전에 그 성터가 어딘가에 있다고 들었는데, 지금은 기억할 수가 없네요. 하지만 고구려 사람들은 이곳에 오래 머무르지 않고 동남쪽으로 갔습니다.

잠수렌수렝 할아버지의 이야기는 더없이 소중했다. 이 지역의 역사에 대한 얼마 남지 않은 증언이기 때문이다. 그가 말하는 고구려 사람이란 코리족을 말한다. 그리고 코리족이 이곳에 머물다 동남쪽으로 갔다는 말은 만주로 간 코리족의 이동로와 정확히 일치한다. 그리고 동명왕 람촐로가 의미하는 것이 무엇인지를 분명하게 보여준다.

우리는 떨어지지 않는 발걸음을 옮겨 다시 차를 타고 출발했다. 남쪽으로 얼마나 내려갔을까. K가 지름길로 간다고 초원으로 들어섰다 그만 길을 잃고 말았다. 우리는 남쪽 방향으로 계속 차를 몰았다. 그때 K가 큰 소리로 외쳤다.

그가 가리키는 방향을 쳐다보니 아직 어려 보이는 여우 한 마리가 멀찌감치 달아나고 있었다. K가 장난기가 발동했는지, 차의 방향을 돌려 여우의 뒤를 쫓았다. N이 말했다.

"여우는 체력이 약해 얼마 못 도망갑니다. 저렇게 도망가다 지치면 포기할 겁니다."

"그래 가지고 초원에서 어떻게 살지?"

"만일 여우가 초원에서 늑대를 만나면 끝장입니다. 늑대는 포기하지 않고 끝까지 쫓아가니까요."

여우는 이리저리 방향을 90도로 바꾸며 곡예하듯 필사적으로 달아났다. 하지만 초원에서 녀석이 숨을 곳은 없었다. 필사적으로 도

달리는 것을 포기하고 숨을 할딱거리는 여우.

망치던 여우가 갑자기 풀숲에 주저앉더니 우리가 옆으로 차를 갖다 대도 꼼짝하지 않았다. 창 너머로 보니, 혀를 길게 내놓은 채 숨을 할딱거리며 애처로운 눈으로 우리를 쳐다보았다. 그 모습이 너무 측은했다. 우리는 이내 차를 돌려 남쪽으로 출발했다.

N의 말이 맞았다. 여우는 영리하고 재빠르지만, 체력은 늑대를 당할 수 없었다. 아마 그래서 늑대를 초원의 왕이라고 하는 것이리라. 칭기즈칸의 군대가 바로 그랬다. 결코 지칠 줄 모르는 전사들이었으니까. 꿈과 야망을 가진 사람들이었으니까.

옹칸의 케레이트부가 무너지자 이제 남은 것은 알타이 지방의 동나이만족뿐이었다.

자기 수비대 병사에게 살해된 인물이 옹칸이라는 사실이 밝혀지자 동나이만은 경악을 금치 못했다. 케레이트부가 무너진 것도 놀라운 일이지만, 옹칸이 그처럼 허무하게 죽었다는 사실에 동나이만의 타양칸은 위기의식을 느꼈다. 머지않아 테무진의 병사들이 알타이 지방까지 밀물처럼 몰려올 게 확실해졌기 때문이다. 그들은 즉시 대책 회의에 들어갔다. 하지만 테무진이 쳐들어오기 전에 선제 공격하자는 쪽과 좀 더 사태를 지켜보자는 쪽으로 나뉘어 치열한 논쟁을 벌였다. 결국 두 진영 사이에 감정 대립까지 가는 양상을 보이자 고심하던 타양칸은 선제공격하자는 쪽의 손을 들어주었다.

그리고 쿠이텐 전투 때처럼 반테무진 세력들을 규합해 테무진 군대를 공격할 계획을 세웠다. 당시 타양칸에게 가세한 반테무진 세력에는 오이라트부의 고도카 베키, 메르키트부의 토크토아 베키, 그리고 옹칸을 제거하려다 실패하고 동나이만으로 도주했던 자모카와 키야트족의 알탄 옷치긴, 코차르 베키 그리고 더르벤족, 카타킨족, 살지오트족의 살아남은 귀족들이 포함되어 있었다.

나이만부는 몽골계와 혈통이 다른 돌궐계 사람들이다. 8세기에 서쪽으로 이동해간 돌궐의 잔여 세력과 시베리아 레나 강에서 남하한 키르키즈인, 그리고 위구르인이 뒤섞인 민족이다. 옹칸이 카라툰에서 케레이트부를 지배하고 있을 때, 알타이 지방에서 이난차 빌게라는 뛰어난 칸이 등장했다. 그는 전투 때 적에게 등을 보인 적이 한 번도 없다는 맹장이었다. 그는 짧은 시간에 서몽골 지방의 부족들을 정복하여 나이만이라는 큰 세력을 이루었다.

그에게는 아들이 둘 있었는데, 큰아들이 타양칸이고, 둘째 아들이 보이로크칸이다. 둘은 사이가 아주 나빴다. 『집사』에 의하면, 아버지가 총애하던 여인을 서로 차지하려고 다투다가 적이 되었다고 한다. 이난차 빌게칸은 두 아들이 서로 적대하고 반목하는 것을 알곤 이렇게 탄식했다고 한다.

"보이로크는 태양이 단 며칠이라도 나의 자리를 차지하는 것을 받아들이지 않을 것이다. 보이로크는 늑대가 자기 뒷다리를 반이나 뜯어 먹을 때까지 꼼짝하지 않는 낙타와 같다."

이난차 빌게칸이 사망하자 결국 나이만부는 둘로 쪼개졌다. 적장자인 타양은 아버지의 유목지 대부분을 물려받아 동나이만의 칸이 되었고, 동생 보이로크는 알타이 산중으로 들어가 서나이만의 칸이 되었다. 그들은 옹칸과 테무진에 대항해 싸울 때에도 각자 따로 행동했다.

당시 나이만의 군대는 타양칸의 어머니 구르베수가 장악하고 있었는데, 그녀는 정력적이고 거만했다. 그녀는 몽골족을 경멸하여 이렇게 말했다고 한다.

"몽골 사람들은 냄새가 지독하고 옷은 더럽다. 그들 가운데 괜찮은 부녀자들을 데려와 손발을 씻기면 그나마 겨우 우리의 소나 양의 젖을 짜게 할 수 있을 것이다."

타양칸은 귀족들로부터 사냥과 수렵 말곤 할 줄 아는 게 없다며, 여자처럼 나약한 군주라는 비난을 받고 있었다. 귀족들의 주장에 떠밀려 전쟁을 벌이기로 결정한 그는 '하늘에는 해와 달이 함께 비추지만, 대지에는 두 명의 칸이 동시에 존재할 수 없다'며, 전통적 우호 세력인 엉구트부에도 사람을 보내 몽골군을 쳐부수자고 제의했다. 그러나 엉구트부의 알라코시칸은 타양칸에게 '나는 그대의 오른손이 될 수 없다'고 선언하면서 테무진 측에 사람을 보내 타양칸이 한 말을 그대로 전하게 했다. 그 내용은 이랬다.

동쪽에 한 줌밖에 안 되는 몽골인들이 있다. 그대는 나의 오른손이 되어 저들을 공격하지 않겠는가? 나는 이곳에서 출발하고, 그대의 군대는 그곳에서 출발하여 회군하자. 그리고 저들의 화살통을 빼앗자.

엉구트부는 고비 사막 아래 인산 산맥 일대에 거주하는 유목 민족이다. 동서 교통로의 중심에 위치해 일찍부터 상업이 발달했다. 여섯 개 국어가 통용되는 국제무역의 중계지라 할 수 있었다. 그들은 중국은 물론 서방세계 그리고 몽골 고원의 정세를 누구보다 잘 알고 있었다.

알라코시칸은 자신들의 상권을 유지하기 위해 나이만이 몽골 초원의 지배자가 되는 것보다는 몽골 초원의 균형이 유지되는 것이 더 유리하다고 보았다. 그래서 동나이만 타양칸과의 관계에도 불구하고, 상대적으로 불리하다고 생각되는 테무진에게 타양칸의 정보를 흘려주었던 것이다.

당시 테무진은 케레이트부를 괴멸시킨 후 실링골 초원에서 머물고 있었다. 사냥을 하다가 엉구트부로부터 타양칸에 대한 소식을 들은 테무진은 사냥터에서 긴급 코릴타를 열었다. 그때가 1204년 봄. 코릴타에 참가한 이들은 대부분 말들이 살찌는 가을에 공격하자고 주장했다. 그때 테무진의 막냇동생 테무게 옷치긴이 분연히 일어나 말했다.

"그대들은 왜 군마들이 야위었다는 구실을 갖다 붙이는가. 나의 전마들은 살쪄 있다. 저들의 무례한 말을 듣고 어찌 가만히 앉아 있을 수 있단 말인가."

테무진의 이복동생 벨구테이도 일어나 거들었다.

"살아서 적에게 화살통을 빼앗긴다면, 살아 있다는 것이 다 무슨 소용인가. 이 세상에 태어난 이상 사람은 누구나 죽는다. 기왕 죽을 거라면, 자기의 화살통과 활과 뼈를 함께 묻는 것이 좋지 않겠는가. 나이만부는 백성이 많다는 것만 믿고 큰소리치고 있다. 나이만부로 출정해 저들의 화살통을 빼앗아오자. 만일 우리가 그곳으로 진격한다면, 저들은 수많은 군마를 그대로 세워둔 채 달아날 것이다. 또 그들의 백성은 높은 산으로 도망쳐 몸을 숨길 것이다. 자, 출전하자!"

코릴타의 논쟁을 지켜보던 테무진은 벨구테이의 주장을 받아들였다. 그리고 카라 칼지트 전투 때 선두에서 싸우다 부상을 입고 전사했던 코일다르 세첸을 장례 지낸 어르 노오로 이동했다.

창밖을 보니 차는 어느새 할흐골 시 입구에 도착해 있었다. 언덕에 올라서자 라마탑 비슷한 조형물 옆으로 할흐골솜을 알리는 안내판이 보였다. 참고로 보이르 호수 남쪽 초원과 메넨긴탈 평원, 넘러크 지역이 모두 할흐골솜에 속한다.

그때 N이 말했다.

"이 언덕을 '코의 고개'라고 합니다."

"코의 고개라. 재미있군."

좀 더 가니 높이 솟은 할흐골 전투 승전비가 눈에 들어왔다. 그 뒤로 할흐골 시가 멀리 아래쪽에 보였다.

코의 고개 언덕에서 바라본 할힌 강. 할흐골솜의 젖줄이다.

아무도 들어가보지 못한 땅,
어르 노오에 들어가다

해는 어느새 뉘엿뉘엿 서녘으로 지고 있었다. 우리는 언덕을 내려가 할흐골 시 서쪽 끝에 있는 할흐골 전투 승전 기념관으로 갔다. 기념관 안에 숙소가 있다는 말을 들었기 때문이다. 관리인은 일본인들이 단체로 와 있어서 방이 없다고 했다.

"일본인 관광객이라니?"

내가 의아해하며 N에게 물었다.

"할흐골 전투 때 전사한 일본인들의 영을 위로하기 위해 해마다 단체로 이곳을 찾는다고 합니다."

"그랬군. 생각해보면 그들 또한 전쟁의 희생자들이지. 자기들 의사와 상관없이 머나먼 타국에 와서 처참하게 죽어갔으니……. 그래도 그 정성들이 대단하이."

우리는 할흐골 시내에서 숙소를 찾아보기로 하고 시내를 배회했다. 그러다 한 슈퍼마켓에 들어가 숙소를 물으니 바로 자기 집에 숙소가 있다면서 보겠느냐고 했다. 우리는 주인을 따라 슈퍼마켓 뒤쪽으로 따라 들어갔다. 방이 서너 개 있고, 방마다 침대가 여러 개 있었다. 다른 손님이 없으므로 아무 방이나 넓게 써도 된다고 했다. 우리는 그곳으로 숙소를 정하고, 짐을 날랐다.

내가 한국에서 왔다고 하자, 주인은 자기 아들이 한국에 유학 가 있다며 무척 반가워했다. 곧 일을 보는 아가씨가 방에 있는 난로에 나무를 넣고 불을 지폈다.

집은 벽돌로 쌓은 1960~1970년대식 슬래브식 건물이었지만, 식당 겸 댄스홀도 있었다. 겉보기보다 살림이 괜찮은 듯했다. 이런 시골에서 한국으로 아들을 유학 보낸다는 것은 쉬운 일이 아니다. 식당에서 저녁을 먹은 우리는 곧바로 자리에 누웠다. 그때 N이 어딘가로 전화하더니, 이내 표정이 시무룩해지며 말이 없었다. 한참 만에 입을 연 그는 이곳에서 우리를 도와주기로 한 분이 갑자기 일이 생겨 울란바토르로 출장을 갔다는 것이다.

　몽골 여행은 현지인의 도움 없이는 아무것도 할 수가 없다. 도로 안내판도 없고, 유적지 지도도 없다. 게다가 초원의 길은 외지인들에게는 미로와 같아서 한번 길을 잘못 들면 온종일 그 일대를 헤매고 다니기 십상이다. 운 좋게 유적지를 찾아갔다 해도 기념물이나 비석 같은 것이 세워져 있지 않아 정확한 위치를 알 수가 없다. 따

1939년 할흐골 전투 승전 기념관.

라서 반드시 현지 사정에 밝은 가이드가 있어야 한다.

우리가 어르 노오에 가는 것을 도와줄 사람이 없으니 N으로서는 난감했을 것이다. 하늘에서 귀인이라도 나타나지 않는 이상 달리 뾰족한 수가 없기 때문이다.

우리가 어르 노오를 보고자 하는 것은 1204년, 모든 몽골인들이 모인 자리에서 천호제, 만호제를 선포하고, 케식텐을 정비함으로써 사실상 몽골 제국의 골격이 그곳에서 완성되었기 때문이다. 몽골 제국은 1204년 어르 노오에서 성립했다 해도 과언이 아니었다.

한데 아무도 그곳에 대해 이야기해주는 사람이 없었다. 아이러니한 일이었다. 몽골사를 연구하는 학자들에게 물어봐도 대답이 시원찮았다. 지도상으로 보면, 어르 노오는 할힌 강 동쪽 흥안령 산림 지대에 위치하는 것으로 되어 있었다. 하지만 그곳 지형을 고려할 때, 과연 수십만 명이 모일 만한 장소가 있는지 의심스러웠다. 그래서 이번 여행길에 꼭 확인해보고 싶었던 것이다. 그런데 칭기즈칸이 보냈는지, 우리를 도와줄 사람이 기적처럼 나타났다.

다음 날 여기저기 수소문하던 중에 만난 사람에게 우리는 칭기즈칸을 공부하는 사람들로, 어르 노오를 보고 싶은데 어떻게 해야 할지 모르겠다고 하자 그가 선뜻 어르 노오에 대해 잘 안다며 도와주겠다고 한 것이다. 그는 오직 '칭기즈칸을 연구하는 사람'이라는 말에 기꺼이 마음을 냈던 것이다.

그런 점에서 몽골은 신기한 나라였다. 칭기즈칸이라면 안 통하는 게 없으니 말이다. 늘 그런 것은 아니지만 칭기즈칸은 종종 이런 기적을 선사했다. 그만큼 몽골 사람들이 칭기즈칸을 존경하고 우러른다는 뜻일 것이다.

할힌 강 동쪽 흥안령 산악 지대에는 사구가 발달해 있었다.

그는 차에 올라타더니, 운전기사 K에게 할흐골 시 동남쪽 방향을 가리켰다. 그리로 가라는 것이었다. 이내 할힌 강이 보였다. 저지대 습지 곳곳에 창포가 무더기로 피어 있었다. 우리나라에선 단오가 되면 여인들이 창포물에 머리를 감았는데, 혹시 북방 여인들이 봄이면 창포에 머리 감던 풍습이 우리나라에 전해진 것은 아닌가 하는 생각이 들었다. 혹시 또 알랴. 우리의 옛 조상들이 초원에서 창포에 머리 감던 풍습을 한반도까지 가지고 온 것인지도.

할힌 강 다리를 건너 좀 더 내려가자 왼쪽으로 흥안령의 산들이 보였다. 그가 산 쪽으로 난 길을 따라가야 한다며 K에게 길을 가르쳐주었다. 산기슭 언덕에 오르니, 오른쪽은 할힌 강 저지대이고 왼쪽은 흥안령 산악 지대인데, 흥미롭게도 산들은 거대한 사구砂丘로

8 모래알 같던 몽골 사람들을 단단한 바위로 만들다   519

폐허가 된 라마교 사원 터에 남아 있는 두 수호 신장(위). 흥안령의 좁은 산길을 지나자 갑자기 너른 초원이 나타났다(아래).

이루어져 있었다. 산에는 고비 사막에서 볼 수 있는 키 작은 작나무가 자라고 있었다. 우리를 안내하는 이가 이곳에는 큰사슴 복과 멧돼지 등이 많다고 했다. 산에 오르니 오른쪽의 할힌 강이 한눈에 들어왔다. 강 주위에는 거대한 습지가 형성되어 있었다.

작은 고개 몇 개를 넘자 멀리 앞쪽에 왼쪽 경사면이 거의 절벽처럼 생긴 산이 보였다. 이곳에선 까마귀산이라 부른다고 했다. 우리는 까마귀산을 벗 삼아 사구 언덕을 넘었다.

그렇게 한 시간쯤 갔을까, 라마교 사원 유적지가 나왔다. 사원의 모습은 간데없고, 한쪽에 두 개의 비석이 버려져 있었는데, 모두 라마교의 수호 신장이 새겨져 있었다. 수호 신장들 옆에는 커다란 구덩이가 파헤쳐져 있었다. 무슨 구덩이냐고 묻자, 우리를 안내하던 이가 할흐골 전투 때 일본군의 포탄이 떨어진 자국이라고 했다. 그때 이곳의 사원이 파괴되었으며, 남은 유물들은 보이르 호수에서 가까운 할힌 강가의 이블랑가 사원으로 옮겼다고 했다. 두 개의 수호 신장은 아직 옮기지 못해 남아 있는 것이라고 했다.

다시 차를 타고 왼쪽으로 난 조그만 길로 들어가니 이제까지 흥안령 산록과 할힌 강이 나란히 달리던 지형이 변하면서 갑자기 초원이 나타났다.

"이런 곳에 초원이 있다니!"

나는 너무 놀라 외쳤다.

두 눈을 믿을 수가 없었다. 10분쯤 달리자 초원은 더 넓어지고, 산들은 멀리 물러났다. 그때 초원 한가운데에 조그만 바위산이 보였다. 가까이 다가가니 누가 봐도 거북이처럼 생긴 바위였다. 우리를 안내하던 이가 말했다.

거북바위 어르 노오.

"저 바위산이 바로 어르 노오입니다."

우리는 서둘러 바위산 동쪽에 차를 세웠다. 막상 그 앞에 차를 세우자, 조그맣게 보였던 거북바위는 제법 컸다. 높이가 30미터는 족히 되어 보였다.

"어르 노오가 무슨 뜻이지?"

N에게 물었다.

"거북바위란 뜻입니다."

"과연, 정말 거북이처럼 생겼구먼."

우리는 시계 방향으로 어르 노오 주위를 천천히 세 바퀴 돌며 어르거 의식을 하고 나서 어르 노오 위로 올라갔다. 정상에 오르니 주변 초원이 한눈에 들어왔다. 아무도 생각지 못한 흥안령 자락에 이렇게 넓은 초원이 숨어 있었다니, 참으로 놀라웠다. 이곳이라면

100만 명도 능히 수용할 수 있을 것 같았다.

과연 테무진이 새로운 몽골 제국의 탄생을 선언할 만큼 상서로운 곳이었다. 순간, 거북바위 주위의 초원에 모인 사람들의 함성이 들리는 듯했다. 그 사이로 말 달리는 소리, 마차 끄는 소리, 물 길어 오는 소리, 아이들이 뛰노는 소리, 병사들이 행군하는 소리가 들리는 것 같았다.

동나이만의 타양칸과 몽골 고원의 마지막 결전을 앞둔 테무진은 결단을 내렸다. 모든 몽골인을 이곳에 집결시켰다. 이제까지 자신이 꿈꾸어왔고, 또 저들과 굳게 약속했던 꿈과 이상을 구체적인 현실로 만들기 위해서였다.

그는 무엇을 말하려고 몽골인들을 모두 모이게 했던 것일까? 그것은 앞에서 말했듯이 바로 천호제, 만호제의 선포였다.

귀족제를 타파하고 천호제, 만호제를 선포하다

천호제, 만호제는 기본적으로 게르를 10호 단위로 묶고, 그 열 개를 100호라 하고, 100호 열 개를 1,000호라 하고, 1,000호 열 개를 묶어 1만 호라 한 것이다. 각 단위의 10호, 100호, 1,000호, 1만 호마다 장長을 두어 다스리게 했다. 형식적으로만 보면 천호제, 만호제는 그게 전부인 듯 보일 것이다. 기존의 이동식 군영 쿠리엔을

100호, 1,000호, 1만 호 단위로 개편한 것에 지나지 않아 보일 것이다. 게다가 그 전에도 천호장, 만호장의 개념이 있었다.

사람들은 물을 것이다. 그렇다면 천호제, 만호제가 뭐 그리 대단해서 동나이만과의 최후 결전을 앞둔 중대한 시점에서 모든 몽골인들을 모아놓고 그것을 선포했느냐고. 만일 형식적인 조직 개편이 전부였다면 천호제, 만호제는 그리 중요하다고 할 수 없다. 하지만 천호제, 만호제에는 몽골 제국의 탄생을 알리는 중요한 의미가 있다.

이제까지 몽골 사람들은 부족이나 씨족 단위로 움직였다. 그리고 각 부족이나 씨족의 귀족들이 그들을 지배했다. 그런데 몽골 고원의 패권을 차지하려는 치열한 제로섬게임 과정에서 수많은 부족들과 씨족들이 힘센 부족이나 씨족의 예속민으로 전락했다. 그것은 노예의 삶이나 다름없었다.

오랫동안 그 폐악을 지켜봐오던 테무진이 귀족 중심의 신분제도를 깨기 위해 몽골족을 이곳 어르 노오로 불러들였던 것이다. 또한 그것은 오랫동안 고락을 함께했던 하층 유목민들과의 약속이기도 했다.

테무진은 몽골인들이 어르 노오에 모이자 천호제, 만호제를 코릴타에 붙여 논의케 한 다음 그것을 만천하에 선포했다. 이로써 몽골 고원에서 귀족과 평민, 예속민의 차별은 영원히 사라졌다. 몽골을 지배했던 상위 1퍼센트의 귀족과 그에 예속되었던 나머지 99퍼센트의 몽골 사람들 사이의 경계가 사라진 것이다. 그것은 혁명이었다. 모든 사람이 평등하다는 것을 만천하에 선포한 사건이기 때문이다. 당시의 모든 나라들이 봉건 체제를 고수하고 있을 때, 신분제도를 철폐하고 민주화의 이념을 제시했다는 점에서 어르 노오는 몽

어르 노오 거북바위는 한쪽이 절벽을 이루고 있었다.

골사에서 영원히 잊을 수 없는 신성한 곳이라고 할 수 있다.

테무진은 2년 전인 1202년 봄, 타타르의 두 부족을 공격하기 전에 모든 사람들이 전리품을 공동 분배하자는 원칙을 정한 바 있었다. 그것이 귀족과 하층 유목민 간의 경제적 평등을 선언한 것이라면, 천호제, 만호제의 선포는 봉건시대 신분제도의 악습을 타파하고 사회적 평등을 실현한 것이라고 할 수 있다.

어르 노오에서의 개혁은 그뿐만이 아니다. 테무진은 키야트계의 칸이 된 이후 사람들이 자신의 능력을 마음껏 펼치고, 또 그것을 인정해주는 사회를 만들려고 노력했다. 그리고 그동안 시험적으로 해오던 케식텐을 어르 노오에서 제도화하여 150명의 케식텐을 선발했다.

케식텐은 각 분야의 최고 전문가를 칭기즈칸의 호위 무사로 뽑아 그들로 하여금 각 분야의 일을 하게 하는 한편 젊은이들에게 노하우를 전수함으로써 보다 많은 사람들이 각 분야의 전문가가 되게 하는 시스템이다.

일부 문서에 남아 있는 당시 케식텐의 분야들을 살펴보면, 활과 화살로 무장한 전사, 칼을 잘 쓰는 전사, 매를 관리하는 자, 문서를 정리하는 자, 서기관, 요리사, 군마를 관리하는 자, 종마를 관리하는 관리자, 술을 만들고 관리하는 자, 역참을 관리하는 자, 마차를 관리하는 자, 천막과 의상을 관리하는 자, 통역관, 낙타 돌보는 자, 양 떼 돌보는 목동, 도적을 잡는 자, 음악을 연주하는 자, 아이들을 돌보는 자, 야영을 관리하는 자, 맹견을 관리하는 자, 정보를 수집하는 자, 정보를 전달하는 자 등등을 망라한다. 아마도 당시 숙련된 기능과 지식을 필요로 하는 모든 분야가 망라되었다고 보아야 할 것이다.

케식텐으로 선발된 이들은 자유로운 분위기에서 창조적으로 일할 수 있었으며, 중요한 문제에 대해서는 상하가 함께 모여 코릴타를 개최하여 의견을 조정했다고 한다. 또한 그들은 개인의 명예나 출세보다는 공동체에 봉사하고 헌신하는 것을 더 중요시했다. 그리고 몽골 제국과 자신을 하나로 여겼다. 몽골 제국이 중국과 중앙아시아와 중동 지방까지 세를 확장해가면서 그처럼 탄탄한 조직을 유지할 수 있었던 것은 이런 확고한 국가관을 가진 몽골 병사들을 각 분야 최고의 전문가로 키워 적재적소에 공급했기 때문이다.

이 케식텐 제도는 빠르게 정착하여 1206년에는 1만 명으로 확대되었고, 코빌라이칸 때는 1만 2,000명까지 늘어났다.

또한 테무진은 귀족 중심의 회의 체제였던 코릴타를 하층 유목민에게까지 확대했다. 두 타타르 부족을 치기 전에 귀족들과 군사들을 모두 불러놓고 전리품의 공동 분배에 관한 자신의 생각을 코릴타에 붙인 것이나, 어르 노오에 모든 몽골인들을 불러들여 천호제, 만호제를 코릴타에 붙인 것 등이 대표적이다.

테무진은 이미 오래전부터 하층 유목민들과 자주 코릴타를 열어 그들의 꿈과 이상을 함께 나누었다. 또 전시에는 군사들과 함께 야전 생활을 하며 즉석에서 코릴타를 열어 문제를 해결했다.

테무진은 이렇게 하층 유목민들에게까지 코릴타를 확대하는 한편, 코릴타에서 한 말은 반드시 책임을 지게 했다. 테무진 또한 자기가 한 말에 대해서는 끝까지 책임을 졌다.

하층 유목민들이 테무진을 절대적으로 신뢰한 이유는 바로 이런 사회적 평등과 민주화에 대한 일관된 태도, 그리고 사람이 사람답게 사는 사회를 건설하려는 의지 때문이라고 할 수 있다.

테무진의 이 같은 개혁은 초원의 승냥이처럼 서로 으르렁거리던 몽골 사람들을 순한 양처럼 변화시켰다. 사람들은 서로에 대한 믿음을 회복했고, 자신보다는 공동체를 먼저 생각하기 시작했다. 모래알같이 흩어졌던 몽골 사람들이 마침내 단단한 바위처럼 하나로 뭉치게 된 것이다.

이 모든 변화가 바로 어르 노오에서 일어났다.

마침내 몽골 고원을 통일하다

어르 노오에서 기존의 신분 질서를 폐지하고 천호제, 만호제로 개편한 테무진은 1204년 4월 16일 나이만부를 정벌하러 헤를렌 강을 따라 진군했다. 그리고 초여름, 사아리 케에르에 도착했다.

당시 반테무진 세력을 규합한 타양칸은 척후병들을 사아리 케에르 인근까지 파견하고 있었다. 척후병들은 몽골군의 말들이 야위었으며, 군사의 수도 생각보다 많지 않다고 보고했다. 나이만의 군사들은 사기가 충천했다.

그때 도다이 체르비가 칭기즈칸에게 말했다.

"우리는 타양칸의 군사에 비해 수가 적습니다. 게다가 먼 거리를 행군해온 탓에 모두 지쳐 있습니다. 그러니 이곳에서 일단 행군을 멈추고, 말들이 살찔 때까지 사아리 케에르에 널리 포진하는 게 좋겠습니다. 그리고 밤에 군사들마다 다섯 개씩 모닥불을 피우게 하여 불의 수로 적을 놀라게 합시다. 나이만 백성들의 수가 많다곤 하지만 저들의 칸은 게르에서 나와본 적이 없는 약골이라고 합니다. 모닥불의 수를 보고 적들은 틀림없이 혼란에 빠질 겁니다. 그동안 우리의 말은 포식할 수 있으니 그때 나이만의 척후병들을 뒤따라가 그들의 본거지를 공격하는 것이 좋겠습니다."

그 말을 들은 테무진은 좋은 생각이라며 그 제안을 받아들였다.

한편 척후병들로부터 "몽골의 병사들은 사아리 케에르를 가득 메울 정도로 많습니다. 날마다 병력이 충원되는 듯합니다. 그들의 진영에선 별보다 많은 모닥불이 타오르고 있습니다"는 보고를 받은 타양칸은 지레 겁을 먹고 귀족들에게 일단 알타이로 후퇴한 다음 추격해오는 몽골군이 지쳤을 때 공격하여 일거에 섬멸하자고 제안했다.

하지만 타양칸의 아들 쿠출루크와 장로 코리 수베치 등은 타양칸의 나약한 태도에 강력히 반발하며, 나이만의 명장 커그세우 사브라크가 늙은 것을 한탄했다. 그러자 타양칸은 분노하여 외쳤다.

"어차피 죽을 목숨, 살아 있다는 것은 고통이다. 모두가 똑같은 운명이다. 정 그렇다면 차라리 전쟁을 하자!"

그러고는 군대를 동쪽으로 이동하여 나코 산으로 진군했다. 나코 산은 오르혼 강 동쪽에 있는 것으로 추정되는 산으로, 한쪽 사면이 절벽을 이루고 있었다. 타양칸은 산 남쪽 기슭에 진을 쳤다.

그러나 타양칸은 몽골군이 하르가나처럼 일사불란하게 움직이며 진군해오는 모습에 겁을 먹고 본진을 계속 산기슭 위쪽으로 옮겼다. 그 모습을 지켜보던 자모카는 타양칸에게 승산이 없다고 여겨 타양칸의 군영을 빠져나온 뒤 몰래 테무진에게 사람을 보내 타양칸의 상황을 알려주었다.

 타양칸은 이미 내 말을 듣고 패한 거나 다름없다. 나는 그들을 말로 죽이고, 입으로 두렵게 만들었다. 그는 두려움에 떨며 산 정상 쪽으로 올라갔다. 나의 안다여, 조금만 참고 극복하라. 그들은 몽골군과 맞서 싸울 용기가 없다. 나의 군대는 나이만 진영에서 떨어져 나왔다.

 테무진 군대는 날이 어두워지자 나코 산을 포위한 채 숙영했다. 다음 날 몽골군은 타양칸의 군대를 향해 총공세를 펼쳤다. 이 전투에서 타양칸은 온몸에 상처를 입고 가파른 산기슭 위로 도망쳤다. 나이만의 장로들이 타양칸에게 "그래도 힘을 내어 일어나 싸웁시다"고 외쳤지만 이미 심하게 부상을 입은 타양칸은 움직일 수도 없었다. 그러자 장로들은 "타양칸이 죽기 전에, 우리가 죽는 것을 그가 보도록 나가서 싸웁시다" 하고 외치며 산기슭에서 내려와 격렬하게 저항했다.
 테무진은 장로들을 생포하려 했지만, 그들은 필사적으로 저항하며 단호하게 죽음을 택했다. 테무진은 그들의 결의와 충성심에 놀랐다. 그러나 타양칸이 죽었다는 사실이 알려지자 나이만군의 전선은 순식간에 무너졌고, 군사들은 혼란 속에 다투어 도망쳤다.
 나이만군이 패하자 타양칸에게 붙었던 대부분의 반테무진 세력이 모두 투항했다. 테무진은 두말없이 그들을 받아들였다. 이미 대세가 결정된 터라, 새삼 그들을 징벌할 필요가 없었기 때문이다.
 나이만군을 멸망시킨 테무진은 이해 겨울 나코 산 전투에 참가했던 토크토아 베키의 메르키트부를 정벌했다. 그리고 이듬해인

1205년, 테무진은 남쪽의 서하를 침공하여 수많은 낙타를 빼앗아 가지고 돌아왔다.

한편 나이만군이 패하자 자모카는 몇몇 병사들과 함께 러시아의 투바 지방에 있는 탕누 산으로 도주했다. 그러나 자모카에게 더 이상 희망이 없다고 생각한 병사들은 자모카의 손을 묶은 뒤 테무진에게 넘기려 했다. 주인을 배반하고서라도 살길을 찾으려 한 것이다. 이에 분노한 자모카는 은밀히 사람을 시켜 테무진에게 자신이 부하들에게 포박되어 잡혀왔다는 사실을 전하게 했다.

테무진 안다여, 천한 유목민들이 자기 주인인 칸을 모반하고 그를 포박했다. 나의 성스러운 안다여, 어떻게 이럴 수 있단 말인가.

자모카의 말을 전해 들은 테무진은 자모카를 잡아온 이들을 포박한 다음 그들의 일족까지 모두 주살했다. 주인을 배반한 죄였다.

그 점에서 테무진은 일관성이 있었다. 비록 자모카가 정적이긴 하지만, 부하들이 주인을 배반하는 행위만은 용서할 수 없었던 것이다. 형제와 부자지간의 도리까지 무너졌던 몽골 고원에 다시 평화를 가져오려면 무엇보다 인간에 대한 믿음을 회복하는 것이 중요하다고 생각한 테무진은 인간적으로 신뢰를 잃은 사람들에 대해서는 철저히 징벌했다.

실제로 테무진이 모래알 같던 몽골 사람들을 단단한 바위로 만들 수 있었던 것은 바로 그와 같은 사람에 대한 믿음과 신뢰였다고 할 수 있다.

잡혀온 자모카를 바라보며 테무진은 만감이 교차했을 것이다. 마침내 테무진은 자모카에게 말했다.

"오랜만에 다시 만났구나. 예전처럼 다시 친구로 지내자. 짝을 이루는 두 바퀴의 하나가 되어 다시는 헤어질 생각을 하지 말자. 이제부턴 같이 지내면서 잊어버린 게 있으면 서로 일깨워주고, 잠이 들면 서로 깨워주자. 그동안 서로 멀리 떨어져 있었지만, 너는 변함없이 나의 소중한 안다다. 내가 메르키트 병사들에게 버르테를 빼앗기고 죽을 것만 같았을 때, 너는 진심으로 마음 아파했다. 나와 헤어져 적들과 함께 있을 때도 네가 힘들어 했다는 것을 안다. 그래서 케레이트족과 카라 칼지트에서 전투를 벌일 때, 네가 옹칸 아버지에게 했던 말을 내게 은밀히 알려주었던 것 아니냐. 또 나이만족을 말로 죽이고 입으로 두렵게 만든 뒤, 그들은 전투에 진 거나 다름없다고 내게 말해주었던 것 아니냐."

그러자 자모카가 말했다.

"옛날 코르코나크 조보르에서 안다를 다시 맺을 때, 우리는 결코 잊을 수 없는 언약의 말을 했었다. 그리고 함께 이불을 덮고 잤다. 그러나 너는 주변 사람들의 말에 속아 나를 떠났다. 바위처럼 단단한 약속을 해놓고 내 검은 얼굴에 모욕을 주었다. 그래서 다시는 안다와 가까이할 수 없을 것 같았다. 그런데 지금 대칸이 된 안다가 다시 친구가 되자고 한다. 하지만 나는 친구로 있을 때도 친구가 되지 못했다. 지금 안다는 모든 몽골의 씨족들을 평정했다. 그리고 몽골의 대칸 자리는 네게 주어졌다. 천하가 완성되려 하는 지금, 내가 친구가 되어 네게 무슨 도움을 줄 수 있겠는가. 도리어 나는 그대 안다의 꿈에 검은 악몽이 되어 나타날 것이다. 그리고 대낮에도 너의 마음을 괴롭히는 존재가 될 것이다. 너의 옷깃에 들끓는 이 같은 존재가 되거나 너의 소매를 찌르는 가시 같은 존재가 될 것이다. 나는 많은 거짓과 위선을 행했다. 나는 안다를 넘으려는 잘못된 생각을 가졌던 사람이다. 나는 어릴 때 부모와 사별해 홀로 남겨졌고, 아우들도 없다. 나의 처들은 허황된 말을 좋아했고, 주위엔 믿음 없는 친구들뿐이었다. 그 결과, 나는 천명을 받은 안다에게 패했다. 내가 안다에게 마지막으로 바라는 게 있다면 빨리 죽여달라는 것이다. 또 하나, 죽일 때 피가 나오지 않게 죽여달라는 것이다. 내가 죽으면 나를 높은 산 위에 매장해달라. 그러면 나는 영원히 네 자손의 자손에 이르도록 축복할 것이다. 지금 나를 빨리 죽여달라."

아무리 설득해도 자모카가 말을 듣지 않고 죽음을 결심하자, 마침내 테무진은 그가 원한 대로 피 흘리지 않고 저세상으로 갈 수 있도록 해주었다. 그리고 그 시신을 수습해 양지바른 곳에 묻어주었다.

두 사람 간의 대화에서도 볼 수 있듯이, 지난날 섭섭했던 점을 말하면서도, 서로에 대한 신뢰와 우정에는 변함이 없었다. 몽골 고원의 패권을 놓고 다투기는 했지만, 서로에 대한 우정만은 버리지 않았던 것이다.

사실 자모카는 테무진 못지않은 걸출한 인물이다. 하지만 그는 테무진이란 더 큰 산에 가로막혀 번번이 그 꿈을 잃었다. 만일 테무진이 없었다면 그는 능히 몽골 통일의 주역이 되었을 것이다. 하지만 자모카는 테무진과 달랐다. 그에게는 테무진이 가졌던 꿈과 이상이 없었다. 오직 야망이 있을 뿐이었다. 따라서 자모카가 몽골 고원을 통일했다 해도, 새로운 시대를 열지는 못했을 것이다.

하늘이 테무진을 택한 것은 무엇보다 그에게 꿈과 이상이 있었고, 그것을 이루기 위해 기꺼이 귀족의 신분을 버리고 하층 유목민

어르 노오에서 만주로 넘어가는 길. 동남쪽으로 내려가면 내몽골의 아르샨이 나오고, 그곳에서 흥안령을 넘어가면 된다.

들과 뜻을 같이한 데 있다고 할 수 있다. 결국 테무진과 자모카의 대립은 걸출한 두 영웅의 대립이라기보다는 새로운 시대를 열려는 자와 그렇지 않은 자의 대립이었다.

그렇게 자모카를 보낸 뒤, 테무진은 이듬해인 1206년 호랑이해에 오논 강 상류에 모여 아홉 개의 술이 달린 백기를 세우고 대코릴타를 개최했다. 오논 강 상류는 우리가 갔던 빈데르 벌판을 말한다. 그곳에서 열린 대코릴타에서 테무진은 몽골의 대칸으로 추대되었다. 그리고 샤만 텝 텡그리는 테무진에게 '칭기즈칸'이란 칭호를 주었다.

이 '칭기즈'란 칭호에는 여러 가지 설이 있다. '왕 중의 왕'이란 설도 있고, 바다를 뜻하는 '탱기스tänggis'에서 왔을 것이란 설도 있다. 하지만 칭기즈의 의미가 무엇이든 칭기즈칸은 칭기즈칸일 뿐이다. 그 이상 더 무엇이 필요하랴.

　구름에 가려 있던 햇빛이 나면서 거북바위는 한결 아름다운 빛을 내뿜었다. 초원의 바람도 조용했다. 마치 큰일을 치른 뒤의 평온한 바람처럼. 나는 어르 노오에서 내려왔다. 들판 곳곳에서 할미꽃 씨앗들이 날아다녔다. 마치 그 옛날의 신화를 어디론가 퍼뜨리기라도 하듯.

　그때 문득 우리가 서 있는 곳에서 동남쪽으로 계속 가면 내몽골의 아르샨이 나온다는 것이 생각났다. 그곳에서 흥안령을 넘으면 바로 만주였다. 그렇다면 보이르 호수에서 할힌 강을 따라 내려오다 만주로 넘어가는 루트 한복판에 어르 노오가 있는 셈이었다. 놀라운 일이 아닐 수 없었다. 지금 이 길이 보이르 호수에서 만주로 넘어가는 길이라니. 나는 무언가에 취한 사람처럼 한동안 멍하니 서 있었다.

　정신을 차리고 차를 타려는데 새 한 쌍이 푸드덕 하늘로 날아올랐다. 모습이 화려했다. 기러기인가 싶었다. 그때 우리를 안내해준 이가 몽골 말로 크게 외쳤다. N이 "원앙새래요" 하고 통역해주었다.

　어르 노오에 원앙새라니. 아마도 바로 옆 할힌 강에서 놀던 새일 것이다. 원앙새는 흔히 부부의 정을 상징하는 새로 알려져 있다. 하지만 우정을 뜻하기도 한다. 아마도 어르 노오에 잠든 영들이 우리가 이곳에 온 걸 환영한다는 표시로 보낸 새이리라.

　우리는 할흐골로 돌아온 뒤 어르 노오로 우리를 안내해준 이와 아쉬운 작별 인사를 했다. 그는 어르 노오를 볼 수 없어 거의 절망적이었던 우리 앞에 천사처럼 나타난 귀인이었다.

8　모래알 같던 몽골 사람들을 단단한 바위로 만들다

다시 숙소에 짐을 푼 우리는 저녁을 먹은 뒤 어르 노오에 다녀온 것을 자축했다. N은 한국 사람으로 그곳에 다녀온 것은 아마 우리가 처음일 거라고 했다. 아니, 몽골 학자들 중에서도 그곳에 다녀온 사람들이 거의 없으니 아마 우리가 최초라 해도 좋을 것이다. 어찌 기쁘고 감격적인 일이 아니랴.

9

칭기즈칸은 죽지 않았다

예크 자사크, 칭기즈칸의 대법령

동나이만 세력을 토벌한 테무진은 1206년 대칸으로 등극한 뒤, 휴식을 취하며 다음에 할 일을 생각했다. 측근들에게 그들의 생각을 물었다. 흔히 사람들은 테무진이 몽골 고원을 통일하자마자 중국과 서역 정벌에 나섰다고 생각하지만 그렇지 않다. 오히려 그는 중국과 서역 정벌을 결정하기까지 많은 사람들의 의견을 들었다.

물론 몽골의 숙원인 금나라에 대해서는 어떻게든 응징할 생각을 했을 것이다. 하지만 금나라는 몽골보다 컸다. 중국 북부와 만주를 지배하고 있던 금나라의 인구는 대략 4,000만~5,000만 명 정도로 추산된다. 당시 몽골 인구를 200만~300만 정도로 볼 때 무려 20배나 된다. 게다가 생산력에서도 비교가 되지 않았다. 결코 쉽게 상대할만한 나라가 아니었다.

칭기즈칸이 주변 사람들에게 의견을 물은 것은 금나라를 치기 위한 작전보다는 앞으로 몽골 제국이 나아갈 큰 방향과 틀을 잡기 위해서였다고 생각된다. 그야말로 어렵게 이룬 몽골 고원의 통일이 아니던가. 이제는 그 평화를 어떻게 영구히 지켜나갈지를 생각해야 할 때였던 것이다.

칭기즈칸은 통일된 몽골이 오래도록 평화를 누리고 번영을 구하려면, 전쟁보다 교역이 더 중요하다는 것을 잘 알고 있었다. 무엇보다 10여 년에 한 번씩 닥치는 가뭄과 한파는 몽골인들의 삶을 근본적으로 위협했다. 전쟁은 약탈을 통해 필요한 생필품을 손쉽게 얻을 수 있지만, 주변 국가들을 적대 세력으로 만듦으로써 또 다른 대가와 희생을 치러야 했다. 때문에 전쟁은 대안이 될 수 없었다. 그렇다면 방법은 한 가지, 다른 나라와의 안정적인 교역 체계를 확립하는 것뿐이었다.

칭기즈칸은 몽골 고원을 통일한 후 측근들에게 의견을 물으며 오랫동안 '어떻게 하면 안정적인 교역 시스템을 구축할 수 있을까'를 고민했던 것으로 보인다. 하지만 중국의 왕조들은 늘 교역을 빙자해 초원 사람들을 정치적으로 지배하려 했다. 자연히 만리장성을 두고 유목민과 농경민 사이의 감정이 좋을 리 없었다. 그래서 초원 사람들은 북방에 가뭄과 한파가 닥칠 때마다 종기가 곪아 터지듯 말에 올라 만리장성을 넘었고, 그 보복으로 중국인들은 대규모 원정대를 구성해 초원을 쓸어버렸던 것이다.

칭기즈칸은 어떻게든 차제에 안정적인 교역 체계를 세워 다시는 몽골에 가난과 전쟁이 없는 세상이 오기를 원했다. 그러자면 몽골에 적대적인 주변 환경을 바꾸어야 했다. 몽골에 반감을 품은 세력들을 그대로 두고는 안정적인 교역 체계를 세울 수가 없기 때문이다.

따라서 칭기즈칸이 주변 국가들의 정벌에 나선 것은 단순히 세계 제국을 이루려는 야심에서 시작된 것이라고 볼 수 없다. 그것은 한때의 바람처럼 덧없는 것임을 그는 누구보다 잘 알았다. 또 권력의 무상함도 잘 알고 있었다.

안정적인 교역 체계를 세우려면 몽골과 주변 국가 모두에 이익이 되는 새로운 정치·경제 환경을 만들어야 했다. 칭기즈칸이 주변 나라들을 정복하기 전에 반드시 먼저 정중히 예를 갖춰 사절단을 보낸 것은 그 때문이다. 몽골과의 교역을 받아들이는 나라는 즉시 몽골 제국의 일원으로 받아들였다. 하지만 교역을 거부하거나 몽골에 적대적인 국가에 대해서는 늑대처럼 무자비하게 밀고 들어갔다.

그것이 바로 초원의 늑대가 살아가는 법칙이다. 초원의 늑대는 결코 함부로 살생하지 않는다. 오직 자기에게 적대적인 자에게만 적대적으로 대할 뿐이다. 늑대에게 적의를 품지 않으면 결코 공격하지 않는다는 뜻이다.

한편 칭기즈칸은 케레이트부와의 전쟁에서 승리를 거둔 직후 무질서와 혼란에 종지부를 찍고 초원에 새로운 질서를 세울 필요를 느꼈다. 천호제, 만호제를 도입하고, 전리품의 공동 분배와 같은 체계를 마련하긴 했지만, 사람들은 여전히 부족 시대의 관습에서 벗어나지 못했기 때문이다.

말 위에서 세상을 지배할 수는 있어도 사람들의 마음을 얻을 순 없는 법. 평화를 이루려면 그에 맞는 새로운 규범이 있어야 한다. 마침내 그는 대코릴타를 소집하고, 자신이 생각한 새로운 규범을 토론에 붙였다. 그런 다음 앞으로 몽골인들이 지켜야 할 새로운 법령을 선포했다. '예크 자사크', 즉 '대법령'이란 이름으로 불리는 이 법령은 이미 자기를 따르던 하층 유목민들에게 일관되게 요구해오던 것들이다. 다만 그것을 정리해 대법령으로 선포한 것이다.

칭기즈칸의 대법령 가운데 현재는 35개 조항 정도만 알려져 있는데, 그중에는 다음과 같은 것들이 있다.

거짓말과 절도를 금하고, 이웃을 자신처럼 사랑해야 한다.
노인과 가난한 사람을 정성껏 돌봐주어라. 이 명령을 지키지 않는 자는 사형에 처한다.
고의로 거짓말한 자, 다른 사람의 일을 몰래 훔쳐본 자, 남의 싸움에 끼어들어 고의로 한쪽 편을 든 자, 그리고 간통한 자는 사형에 처한다.

    음식을 먹고 있는 사람들 옆을 지나가는 객客은 말에서 내려 주인의 허락 없이도 그 음식을 먹을 수 있다. 주인은 이를 거부해서는 안 된다.

    옷은 너덜너덜해질 때까지 입어야 한다.

    술을 끊을 수 없다면 한 달에 세 번만 마셔라. 그 이상 마시면 처벌하라.

    막내아들은 아버지의 게르와 가재도구를 상속받는다.

    탁발승, 이슬람 성직자, 법관, 의사, 학자, 기도하는 자, 해탈을 위해 수행하는 자, 장의사 등은 조세와 부역을 면한다.

    만물의 어떤 것도 부정하다고 말하면 안 된다. 만물은 애초부터 모두 청정하며, 깨끗한 것과 부정함의 구별은 존재하지 않는다.

    대칸을 비롯한 그 누구에게나 경칭 대신 이름을 불러라.

대법령의 일부에 지나지 않지만, 무엇보다 도덕률이 상당히 엄했음을 알 수 있다.

    우선 눈길을 끄는 것은 거짓말하거나 고의로 남을 해코지한 자, 못된 짓을 한 자들은 대부분 처형했다는 점이다. 이 점에 대해 사람들은 이의를 제기할 것이다. 칭기즈칸의 마음을 이해하지 못하는 바는 아니지만, 거짓말 좀 했다고, 해코지 좀 했다고, 못된 짓 좀 했다고 처형까지 하는 것은 너무 심하지 않느냐고.

    일리 있는 말이다. 하지만 칭기즈칸은, 독풀은 그 씨앗까지 제거해야만 뿌리가 뽑힌다고 본 게 아닐까.

칭기즈칸이 살았던 몽골 고원이 어떤 곳이던가. 부모 형제가 서로 적이 되어 칼을 겨누던 사회가 아닌가. 그만큼 사람들 사이에 믿음이 깨진 사회였다. 그런 사회를 서로 신뢰하는 사회로 만들기 위해서는 극단적이지만 불가피하다고 생각했을 것이다.

이 법령들 중에서 또 우리를 놀라게 하는 것은 어른과 윗사람을 공경하는 문화가 뿌리 깊게 자리한 동양 사회에서 직위 대신 이름을 부르게 한 점이다. 심지어 대칸조차 이름을 부르게 했다. 권위보다는 '인간 대 인간'으로 사람들을 만나고자 하는 그의 소탈한 면모를 엿볼 수 있는 대목이다.

이웃을 자신처럼 사랑하라는 조항은 요즘의 법률에선 찾아볼 수 없는 것이다. 한마디로 사람 냄새가 나는 것이다. 칭기즈칸이 몽골의 미래를 생명에 대한 공경과 사람 간의 신뢰, 그리고 이웃에 대한 사랑과 진실성에 두고자 했음을 엿볼 수 있다.

예크 자사크를 선포한 뒤 칭기즈칸은 이렇게 말했다고 한다.

나의 후손들 가운데 법령을 한 번 어기면 말로써 충고하라. 두 번 어기면 엄중히 질책하라. 세 번 어긴다면 부모 형제로부터 떨어진 먼 곳으로 보내라. 그곳에서 돌아온다면 반성할 것이다. 만일 그래도 뉘우치지 않는다면 그를 묶어서 감옥에 보내라. 거기서 나와 정신을 차린다면 괜찮다. 하지만 그때도 변치 않는다면 형과 아우들이 모두 모여 그에 대한 처리 방도를 찾으라.

잘못한 사람이 있으면 가르치고 또 가르쳐서 바르게 되도록 힘쓰라는 것이다. 그가 선포한 대법령은 엄하기 그지없지만, 막상 그

법을 실천하는 데 있어서는 서로를 챙기고 배려하기를 원했던 것이다.

칭기즈칸의 대법령이 시행되자 혼란과 무질서와 파괴가 횡행하던 몽골 사회는 완전히 변했다. 이러한 사실은 당시 몽골을 여행한 사람들의 글을 통해 확인할 수 있다.

칭기즈칸에 대해 부정적이었던 카르피니조차 "싸움, 분쟁, 상해, 살인과 같은 일은 일어나지 않았고, 강도나 도둑도 찾아볼 수 없었다. 때문에 그들은 물건을 쌓아두는 천막이나 수레에 자물쇠를 채우거나 빗장을 지르지 않았다"고 적고 있다. 이러한 모습은 몽골뿐만이 아니었다. 이븐바투타는 자신의 여행기에서, "이라크를 여행하던 중 두 마리 말을 잃어버리고 다른 지방으로 떠났다가 22일 만에 돌아왔는데, 그 말을 돌보고 있던 사람이 내게 돌려주었다"고 적고 있다. 또 어떤 이는 "땅에 채찍이 떨어져 있어도 주인이 아니면 아무도 주워가지 않았다"고 전하고 있다.

칭기즈칸은 이런 말도 했다고 한다.

> 부모의 충고에 귀를 기울이지 않는 자식들, 형들의 말에 주의를 기울이지 않는 동생들, 부인을 신뢰하지 않는 남편들, 남편의 지시에 따르지 않는 부인들, 며느리를 괴롭히는 시어머니들, 시어머니를 공경하지 않는 며느리들, 아이들을 보호하지 않는 어른들, 연장자의 충고를 무시하는 젊은이들, 아랫사람의 마음을 헤아리지 않는 윗사람들······. 그런 사람들이 있다면, 도둑과 사기꾼과 반도와 불법자 들로 창궐할 것이다.

그가 생각하는 가정과 사회가 어떤 것인지 알게 해주는 대목이다.

한편 대법령에는 들어가지 않지만, 그 못지않은 권위를 갖고 있는 것이 있다. 바로 칭기즈칸이 했던 말들이다. 그가 했던 말들 중에는 다음과 같은 것이 있다.

집안을 잘 다스리는 자는 그 영지도 잘 다스릴 수 있다.
자기 내면을 깨끗이 하는 사람은 나라의 악도 없앨 수 있다.
윗사람 앞에 나아가서는 그가 말하기 전에 먼저 입을 열지 말고, 물어볼 때만 답하라. 먼저 윗사람의 말을 듣는 것이 좋다.
자신을 알아야만 남을 알 수 있다.
사람은 무릇 천지신명께 빌어 마음의 평정을 얻어야 한다. 늘 신께 기도를 드리고 마음을 의탁하라.
집안에서는 모든 것이 주인을 닮는다. 부인은 언제든 손님이 집을 방문하면 모든 것이 잘 갖추어지고 정돈된 것을 보여주어야 한다. 훌륭한 남편은 훌륭한 부인이 만든다.

한마디 한마디가 모두 귀에 쏙쏙 들어오는 것들이다. 아마도 이런 마음으로 갈가리 찢기고 상처투성이인 몽골 사람들의 마음을 달래고 어루만져주었기에 그들을 단단한 바위처럼 뭉치게 할 수 있었을 것이다.

몽골을 여행해본 사람들은 안다. 울란바토르를 벗어나 초원으로 나가면 사람들이 그렇게 순박하고 착할 수 없다는 것을, 전혀 가식 없이 처음 본 손님들한테 주저 없이 자기 게르를 내준다는 것을. 몽골 초원의 여인네들이 손님을 그렇게 대접하는 것은 칭기즈칸의 가르침 때문이다. 칭기즈칸 시대의 전통이 지금도 몽골에서 그대로 이어지고 있는 것이다.

몽골 사람들은 칭기즈칸을 통해 진정한 몽골인으로 다시 태어났다고 할 수 있다. 칭기즈칸 없이 몽골은 없는 것이다. 역으로 몽골 사람들을 이해하려면 칭기즈칸을 알아야 한다고 한다. 칭기즈칸이 곧 몽골이고, 몽골이 곧 칭기즈칸이다. 800년이 지난 지금도 몽골 사람들이 칭기즈칸에 대해 절대적인 신뢰와 존경을 표하는 것은 그 때문일 것이다.

중국과 서역 원정에 나서다

칭기즈칸의 몽골군이 주변국 정복에 나선 것은 1208년부터다. 칭기즈칸은 1208년 큰아들 조치에게 시베리아 산림 부족들을 정벌하게 했다. 주변 국가들을 정복하기 전에 먼저 몽골 고원을 안정시켜야 하기 때문이다. 몽골 고원에 강력한 세력이 없으면 북방의 산림 부족들이 밀고 내려왔던 것을 알고 있는 칭기즈칸은 사전에 이를 방비하려 했던 것이다.

그런 다음 1209년부터 본격적으로 주변 국가에 대한 정복에 나섰다. 첫 번째 원정 대상은 당연히 금나라였다. 몽골족의 암바카이 칸이 그들에게 끌려가 수레바퀴에 매달려 살해되는 수모를 겪었을 뿐 아니라 수많은 몽골인들이 노예로 끌려갔기 때문이다.

하지만 금나라는 대국이었다. 쉽게 공략할 수 있는 상대가 아니었다. 그래서 칭기즈칸은 상대적으로 약한 서하를 먼저 치기로 했다. 서하를 제압하면, 북쪽과 서쪽에서 동시에 금나라를 공격할 수 있기 때문이다.

서하는 티베트계의 탕구트족이 세운 나라다. 그들은 실크로드의 동서 교역로를 장악하고 있었기 때문에 경제적으로 풍요로웠다. 그래서 칭기즈칸이 몽골 고원을 통일했다는 소식을 듣고도 무시했다. 칭기즈칸이 친교의 사신을 보냈을 때도 마찬가지였다. 칭기즈칸은 1209년 서하 정벌에 나섰고, 6차에 걸친 공격 끝에 마침내 서하를 굴복시켰다.

서하가 몽골에 항복하자, 톈산 지방에 있던 위구르인들이 투항해 왔다. 위구르인들은 몽골이 에르군네 쿤에서 오논 강을 따라 남하하기 전에 이미 몽골 고원을 쓸고 지나갔던 사람들이다. 그들은 지금의 톈산 산맥 북쪽 초원과 타클라마칸 사막의 오아시스를 기반으로 동서 무역을 통해 막대한 부를 축적하고 있었다. 몽골 고원을 통일한 칭기즈칸 군대의 힘을 알고 있던 위구르의 왕 이두우트는 서하가 가볍게 무너지는 것을 보고 서둘러 몽골에 귀부했다. 테무진은 이에 화답하여 그를 다섯 번째 아들로 삼고 딸을 주었다.

초원과 오아시스의 복합 문화를 가지고 있던 위구르인들은 막대한 부 외에도 그들이 오랫동안 쌓아온 정치, 경제, 언어, 문화적 유산을 몽골에 주었고, 이는 훗날 몽골이 세계 제국을 건설하는 데 결정적인 기여를 하게 된다. 흔히 색목인色目人으로 알려진 그들은 몽골 제국 시대에 몽골의 행정과 세금, 경제를 담당했다. '색목인'이란 말은 위구르인들의 눈빛이 동양인과 다르기 때문에 붙여진 말이다.

서하가 몽골에 항복하고, 위구르인들마저 몽골에 귀부하자 금나라와 강남의 송나라는 비로소 몽골에 위협을 느끼기 시작했다. 칭기즈칸은 금나라에 선전포고를 한 뒤, 서하국을 앞세워 서쪽에서 금나라를 공격해 들어갔다.

동시에 칭기즈칸은 거란 사람 야율아해 등을 앞세워 거란인들의 고향인 요서 지방의 시라무렌으로 진군했다. 몽골군에 위협이 될 수 있는 금나라 기마 군단의 주력 부대인 거란족 병사들을 회유하기 위해서였다. 당시 금나라는 그곳에 대규모 국영 목장을 만들고 거란족 병사들로 하여금 군마를 사육하게 했다. 하지만 거란족 병사들은 여진족과의 혼인을 거부할 정도로 금나라에 대한 반감이 컸다.

칭기즈칸의 군대가 닥치자 예상대로 거란족 병사들은 별 저항 없이 투항했다. 거란인들로서는 자신들을 멸시하고 착취하는 금나라보다 새로운 초원의 강자인 몽골에 붙는 게 더 유리하다고 판단했던 것이다. 칭기즈칸은 그들을 몽골국의 일원으로 받아들이고, 그들의 조직을 천호제로 개편했다. 그 결과, 1206년에 95개였던 천호의 수가 1211년에는 129개로 늘어났다.

금나라는 자신들의 군마와 거란족 병사들까지 칭기즈칸에게 빼앗기자 충격에 휩싸였다. 거란족의 이탈로 기동력을 상실한 데다 정예군마저 무너진 금나라는 궁여지책으로 도시와 요새를 중심으로 방어 전략을 바꾸었다. 하지만 그도 여의치 않자 화베이華北와 랴오둥遼東 지방을 포기하고, 1214년 수도를 남쪽의 카이펑汴京으로 옮겼다.

남쪽으로 쫓겨간 금나라를 공격하던 칭기즈칸은 1215년, 바이칼 산림 부족들이 반란의 조짐을 보인다는 첩보를 받자, 당시 랴오둥과 만주 지역을 원정 중이던 모칼리를 불러 권權 황제로 임명한 뒤 금나라에 대한 공격을 맡기고 몽골 초원으로 회군했다.

모칼리는 칭기즈칸이 자모카와 코르코나크 조보르에서 공동 유목을 할 때 그의 사람이 된 자로, 무장이면서도 뛰어난 영적 능력을 갖고 있었다. 그때 모칼리는 칭기즈칸이 몽골의 대칸이 될 것을 예언했다. 『원사』 '모칼리전'에는 모칼리 부자에 대한 다음과 같은 일화가 소개되어 있다.

나이만족이 반란을 일으켰을 때 칭기즈칸은 겨우 여섯 명의 기병과 함께 도망치고 있었는데 허기가 밀려왔다. 그때 모칼리의 아버지 구운 고아가 두 살 된 낙타를 찾아 요리하여 음식을 마련했다. 음식을 먹고 나서 다시 길을 재촉하는데, 갑자기 적들이 나타나 활을 쏘았다. 그때 칭기즈칸이 탄 말이 활을 맞고 쓰러졌다. 다섯 명의 다른 기병이 어쩔 줄 몰라 하고 있는데, 구운 고아가 자신이 타고 있던 말을 칭기즈칸에게 주어 도망치게 하고 자신은 그곳에서 전사했다.

모칼리의 충성심과 용맹함 또한 그의 아버지에 뒤지지 않았다. 칭기즈칸이 30여 명의 기병과 함께 계곡을 지날 때였다. 칭기즈칸이 "여기서 적을 만나면 어찌하느냐?"고 하자 모칼리는 "그런 일이 있으면 제가 몸을 던져 막아내겠습니다"고 했다. 그때 적들이 숲에서 튀어나오며 활을 쏘았다. 화살이 비 오듯 퍼붓자 모칼리가 활 세 발을 쏘아 세 사람을 명중시켰다. 적장이 누구냐고 외치자 "나는 모칼리다"고 대답했다. 그러고는 자신이 타고 있던 말안장을 내려 칭기즈칸의 몸을 보호하며 포위망을 뚫고 나왔다.

그 아버지에 그 아들이라 할 수 있다. 이런 모칼리 부자의 충성심을 높이 샀던 칭기즈칸은 모칼리에게 자신과 버금가는 권 황제의 지위를 주고 금나라로부터 빼앗은 땅을 다스리게 했던 것이다.

한데 모칼리가 중국 북부 지역을 다스리고 있을 때, 거란족 9만 명이 반란을 일으키는 사건이 발생했다. 모칼리의 군대에 쫓긴 그들은 고려 북쪽, 지금의 평안도 지역으로 밀려들어왔다. 고려는 변경의 성을 점령하고 난동을 부리는 거란족 때문에 골머리를 앓고 있었다. 그런데 1218년 몽골군이 거란족을 추격해왔다. 몽골군의 원수 카진哈眞은 고려 장수 조충에게 함께 거란족을 토벌할 것을 제의했다. 그리고 "칭기즈칸이 명을 내리기를, 적을 물리친 후에 형제의 맹약을 맺으라고 했다帝命, 破賊之後, 約爲兄弟"는 사실을 알려주었다.

이에 거란족을 토벌한 고려와 몽골은 "형제의 맹약을 맺고 자자손손 대대로 이날을 잊지 말자結兄弟之盟世世子孫無忘今日"고 맹세했다. 형제의 맹약은 우호적인 분위기에서 맺어졌다. 칭기즈칸은 역사와 신의를 중시하는 사람이다. 그는 몽골과 고구려가 모두 코리족의 후예이며, 고려가 고구려를 계승한 국가란 사실을 잘 알고 있었던 것이 틀림없다. 그래서 일부러 명을 내려 고려를 형제 국가로 인정하고, 그 같은 맹약을 맺게 했던 것이다.

그렇게 형제의 맹약을 굳게 맺었던 고려와 몽골의 관계에 균열이 생긴 것은 1221년 이후 몽골 사신들이 과도한 공물을 요구하면서부터다. 당시 칭기즈칸은 호라즘 원정을 떠나며 몽골의 전통에 따라 막냇동생 테무게 옷치긴에게 제국의 통치를 맡겼다. 따라서 당시 몽골과 고려의 관계를 지휘한 것은 테무게 옷치긴이었다. 이러한 정황은 고려에 지나친 공물을 요구한 것이 바로 그의 지시였음을 시사한다. 이를 뒷받침하듯, 『고려사』는 당시 분위기를 이렇게 서술하고 있다.

> 몽골의 칭기즈칸은 멀리 있어 그 소재를 알 수 없고, 테무게 옷치긴은 탐욕스럽고 포악하며 어질지 못했다. 마침내 지난날의 좋던 관계가 끊어졌다 蒙古成吉思師老絶域不知所存, 訛赤忻貪暴不仁. 已絶舊好.

결국 공물 문제로 갈등을 빚던 고려와 몽골의 관계는 1224년 몽골 사신 저고여著古與가 피살되는 사건이 일어나면서 파국을 맞는다. 이후 7년 동안 고려와 몽골은 국교가 단절되었다. 칭기즈칸에 이어 몽골의 대칸에 오른 어거데이는 1231년 저고여 피살 사건을 문제 삼아 고려 침공을 지시했고, 고려 무신 정권은 강화도로 천도하며 몽골에 30년 동안 저항했다. 몽골과 고려의 관계가 회복된 것은 코빌라이 황제 때다.

칭기즈칸은 몽골 고원으로 돌아간 뒤 호라즘을 원정할 계획을 세웠다. 호라즘 원정은 1218년에 시작되었다. 칭기즈칸은 호라즘의 술탄 무함마드와 우호 관계를 맺고 교역하기를 원했다. 그는 1217년 호라즘의 술탄에게 선물과 함께 세 명의 사절단을 보내며 이렇게 말했다.

> 나는 양국 사람들이 서로 안전하게 교역하고, 완벽한 화합을 이루어 모든 왕국이 바라는 최고의 축복인 평화와 풍요를 함께 누리기를 바란다.

당시 호라즘 술탄은 칭기즈칸의 말에 반신반의했던 것으로 보인다. 하지만 몽골의 기병 2만에 서요西遼가 무너지는 걸 본 술탄은 서둘러 몽골에 사절단을 파견했다. 칭기즈칸은 그에 대한 화답으로 1218년 무슬림과 힌두 상인들과 시종을 뽑아 450명의 사절단을 구성해 호라즘으로 보냈다.

그런데 잘 알려진 것처럼, 오트라르 성주가 몽골 사절단이 가져온 금은보화를 빼앗고 그들을 간첩으로 몰아 죽이는 사건이 일어났다. 흔히 성주의 개인 욕심에서 그랬다고 말하지만 그보다는 오트라르 성주가 몽골과의 화해에 반대한 호라즘의 중심인물 가운데 한 사람이었을 가능성이 높다. 그래서 몽골과의 화해를 차단하고, 호라즘의 술탄에게 저항하는 표시로 그런 무모한 행동을 저지른 것이 아닌가 생각된다.

그러나 신뢰를 중시하는 칭기즈칸은 호라즘 술탄의 명조차 무시한 오트라르 성주의 행패를 도저히 묵과할 수 없었고, 그에 대한 응징으로 오트라르 성을 무자비하게 공격했던 것이다. 그렇게 본다면, 오트라르 성주가 몽골과 칭기즈칸에 대해 너무 몰랐다고 할 수밖에 없다. 상황을 제대로 파악하지 못한 채, 자신의 정치적 신념만 고수하여 무모한 행위를 저질렀기 때문이다.

그 대가는 참혹했다. 오트라르 성이 함락되고 주민들이 무참하게 살육되는 것을 본 호라즘 제국은 걷잡을 수 없는 혼란 속에 빠져들었다. 그들은 파죽지세로 밀려드는 몽골군에 변변히 대응도 못한 채 무너졌고, 술탄 무함마드는 이란 쪽으로 도주했다.

칭기즈칸은 제베와 수베테이 장군에게 군사 3만을 주어 술탄 무함마드를 추격하게 하고, 자신은 이란과 아프가니스탄에서 저항군을 이끌고 대항하던 무함마드의 아들 잘랄 웃딘을 추격했다. 인도까지 쫓아간 그는 마침내 1222년 인더스 강변에서 잘랄 웃딘의 군대를 섬멸했다. 그때 살아남은 잘랄 웃딘이 투항을 거부하고 인더스 강으로 뛰어들자, 칭기즈칸은 추격을 중지시키며 이렇게 말했다고 한다.

"잘랄 웃딘은 훌륭한 전사다. 아버지라면 마땅히 저런 아들을 두어야 한다. 그가 무사히 강을 건너도록 내버려둬라."

호라즘의 저항 세력이 거의 다 분쇄되자 칭기즈칸은 점령지에 몽골 관리(다루가치達魯花赤)들을 두어 다스리게 하고, 1225년 봄에 몽골로 돌아왔다. 무려 7년 만의 회군이었다.

한편 무함마드를 쫓아 이란으로 들어갔던 수베테이 군대는 1221년 무함마드가 카스피 해의 조그만 섬에서 폐렴으로 죽자 이듬해에 카스피 해와 흑해 사이에 있는 캅카스 산맥을 넘어 흑해 지역으로 들어갔다. 그리고 그곳의 키예프 연합 세력을 무너뜨린 뒤 역시 1225년에 몽골로 돌아왔다.

호라즘을 정복함으로써 몽골은 유라시아의 동서 지역을 평정하고 명실공히 세계 제국이 되었다. 칭기즈칸이 회군할 때 이미 중앙아시아의 사마르칸트에서는 그의 얼굴을 새긴 금화가 통용되었으며, 각 지역의 상업 활동도 다시 활기를 띠기 시작했다.

몽골 제국은 상인들의 자유로운 상업 활동을 부추기고, 제국 내 다른 지역들과의 교역을 확대하기 위해 상인들에게 3퍼센트의 상업세만 부담시켰다. 물품의 3퍼센트에 해당하는 세금만 내면 그 밖의 어떤 세금도 낼 필요가 없었다. 지금도 그렇지만 장사를 하려면 등록세니, 물품세니, 통관세니, 부과세니 각종 항목들이 줄줄이 붙는 법이다. 한데 그것을 3퍼센트로 통합해버린 것이다. 가히 혁명적인 조치가 아닐 수 없다.

뿐만 아니라 몽골의 경제를 담당했던 색목인들은 종이 화폐인 교초交鈔를 발행하여 백성들이 일상의 거래에 무거운 은이나 동전을 들고 다니지 않아도 되게 했다. 말하자면 오늘날의 종이 화폐와 같은 것이 당시 몽골 제국 내에서 통용된 것이다. 마르코 폴로는 『동방견문록』에서 다음과 같이 묘사하고 있다.

대도(大都, 지금의 베이징)에는 칸의 조폐국이 있다. 이곳에선 뽕나무의 내피를 벗겨 아교를 넣고 풀같이 찧어 종이를 만든다. 종이는 검은색을 띠고 있는데, 화폐 단위에 따라 여러 가지 크기로 재단한다. 이 종이 화폐에는 칸의 옥쇄가 찍혀 있으며, 금이나 은과 동등한 권위가 부여된다. 칸은 모든 지불을 종이 화폐로만 한다. 종이 화폐는 그의 통치하에 있는 모든 지방과 왕국에서 통용된다. 사람들은 어디를 가든 이 종이 화폐로 모든 거래를 할 수 있다. 칸의 백성들은 그들이 원하는 것을 사고팔 때 이 종이 화폐를 사용한다. 종이 화폐가 오래 사용하여 낡았을 땐 조폐국에 가서 3퍼센트의 수수료만 내면 새것으로 교환해주었다. 황제의 군대도 이 종이 화폐로 봉급을 받는다.

이러한 일련의 새로운 경제 정책들 덕분에 각 지역의 독립된 지역 경제들이 빠르게 하나의 경제체제로 통합되었고, 상인들과 물자의 왕래가 더욱 활발해졌다. 마침내 칭기즈칸이 그토록 간절히 꿈꿔왔던 안정적인 교역 체계가 이루어진 것이다.

그리고 다른 나라에 대한 정보와 지식이 풍부해지면서 각국 간의 문화적 융합이 일어났다. 그 결과 중국인들은 이란의 의학과 천문학을 알게 되었고, 반대로 이란에서는 극동의 기술과 학문에 대한 관심이 고조되었다. 중국의 의학서를 비롯한 많은 책들이 서양어로 번역되었고, 몽골인과 무슬림의 의술 학교가 여러 곳에 세워졌다. 또 원나라 때 성행한 몽골 잡극雜劇의 영향을 받아 중국 문학과 연극에 이른바 구어체인 '백화체白話體'가 등장했다. 중동의 소주가 고려에 전래된 것도 이때다.

그런가 하면 몽골 제국 내에서는 누구나 자유롭게 여행할 수 있었다고 한다. 이전 시대에는 상상도 할 수 없는 변화였다.

칭기즈칸의 죽음과
그의 무덤을 둘러싼 미스터리

몽골 초원으로 돌아온 칭기즈칸은 그해 가을과 겨울, 카라툰의 행궁에서 쉬었다. 하지만 칭기즈칸은 더 쉴 수가 없었다. 몽골에 항복했던 서하인들의 태도가 심상치 않았기 때문이다. 서하는 동서 교통로의 중간에 위치해 있어 금나라나 남송과 손을 잡고 몽골에 반기를 든다면, 몽골 제국이 동서로 양분될 수도 있었다. 게다가 서하의 재상이었던 아사 감부는 칭기즈칸에 대한 모욕적인 언사마저 서슴지 않았다.

마침내 칭기즈칸은 1226년 가을, 60대 중반의 나이에 서하 원정을 단행했다. 그는 고비 사막을 지나 곧바로 지금의 간쑤 성으로 내려가 서하의 수도 중흥부가 있던 지금의 인촨銀川을 포위 공격했다. 그리고 카라호토黑水城를 공격하여 마침내 서하의 왕을 붙잡아 목을 쳤다. 하지만 1227년 음력 7월 5일, 서하 멸망을 눈앞에 두고 칭기즈칸은 사냥을 나갔다가 말에서 떨어지는 참변을 당했다. 당시의 상황을『몽골 비사』는 이렇게 전하고 있다.

　　칭기즈칸은 평소 아끼던 홍사마紅紗馬를 탔다. 야생말들이 다가오자 홍사마는 갑자기 두 발을 들고 몸을 일으키더니 칭기즈칸을 말에서 떨어뜨렸다. 그 바람에 칭기즈칸은 엉덩이와 발목에 큰 부상을 입었다.

　　칭기즈칸은 젊어서부터 사냥을 좋아했다. 그러한 성향은 말년까지 이어져 전쟁 중에도 틈이 나면 사냥을 즐겼다. 결국 몸이 안 좋은 상태에서 무리하게 사냥을 나갔다가 낙마했던 것이다. 칭기즈칸은 심한 고열과 기침에 시달렸다. 예수이 카톤과 측근들이 모여 퇴각을 논의했으나 칭기즈칸은 끝까지 서하를 정벌할 것을 명했다.
　『몽골 비사』에 의하면, 칭기즈칸은 발병 후에도 하루 이틀 더 서하 정벌을 이끌었던 것으로 보인다. 하지만 끝내 그곳에서 사망하고 만다.
　칭기즈칸은 그 전해인 1226년 봄에 이미 병을 앓고 있었다. 오르도스에 머물던 어느 날, 그는 자신의 죽음을 암시하는 꿈을 꾸었다. 꿈에서 깨어나자 옆에 있던 카사르의 아들 예숭게에게 꿈 이야기를 들려주고는 어거데이와 톨로이를 부르게 했다. 그리고 어거데이를

테무진이 사냥할 때의 모습.

후계자로 지명한 것을 확인한 다음, 마지막으로 자신이 제정한 '법령들을 바꾸지 말라'는 유훈을 내렸다고 한다.

칭기즈칸이 죽자 측근들은 그의 유언대로 유해를 사아리 케에르의 갈로트 행궁으로 옮겼고, 음력 7월 12일 그곳에서 장례를 지낸 다음 보르칸 칼돈 산의 '기련곡起輦谷'에 묻으니 칭기즈칸의 나이 예순여섯의 일이다.

칭기즈칸은 생전에 보르칸 칼돈 산을 자신의 매장지로 택하면서 "우리와 우리 후손들의 매장지는 이곳이 될 것이다"라고 말했던 것으로 전한다. 몽골 제국 당시부터 보르칸 칼돈 산 일대가 일반인의 출입이 금지된 '대금구'로 묶여 있던 것도 그런 추정을 뒷받침한다. 이곳에는 칭기즈칸뿐 아니라 멍케칸, 코빌라이칸, 아릭 부케칸, 톨로이 등과 그들의 자손들이 묻힌 것으로 알려져 있다. 따라서 기련곡은 몽골 황실의 성지라고 할 수 있다.

라시드 앗 딘의 『집사』에는 칭기즈칸을 묻은 기련곡과 관련해 다음과 같은 일화가 실려 있다.

칭기즈칸이 사냥을 나갔다가 그곳의 들판에 이르렀을 때, 매우 성성한 나무 한 그루가 자라고 있었다. 그는 그 나무의 푸르름에 기분이 좋아 한동안 그 아래 서 있었다. 마음속에 기쁨이 넘쳐나자 그는 장로들과 측근들에게 말하기를, "이곳은 내가 묻힐 만한 곳이다. 이곳을 잘 기억해두어라"라고 했다. 그 뒤 그는 사망했고, 그의 말대로 그 나무 아래에 무덤을 만들었다.

칭기즈칸의 무덤과 관련된 또 다른 유명한 이야기는 평장平葬설이다. 매장한 뒤 봉분을 만들지 않고 땅을 평평하게 만들어 그 위치를 감추었다는 것이다. 이와 관련해서는 섭자기葉子奇의 『초목자草木子』에 다음과 같은 흥미로운 이야기가 실려 있다.

기련곡에 깊은 구덩이를 판 후 흙을 순서대로 쌓아두었다가 시신을 넣고 파낸 흙을 순서대로 다시 넣었다. 이렇게 하면 표면은 원래의 흙과 같은 흙이 되었고, 이듬해 봄에 풀이 나면 묻은 장소는 더더욱 찾을 수 없게 되었다. 무덤에 마지막 흙을 덮기 전에 어린 낙타 한 마리를 순장시켰다. 그리고 제사 지낼 때는 순장시킨 낙타의 어미 낙타를 데려갔다. 어미 낙타는 새끼 낙타가 묻힌 곳에 이르러 슬피 울며 움직이지 않았는데, 그러면 사람들은 그곳에서 제사를 지냈다.

의도적으로 평장을 썼다기보다는 그것이 몽골인들의 오랜 전통이었기 때문에 그런 방식으로 묻었을 가능성이 높다. 몽골인들은 지금도 평장을 하기 때문이다. 평장은 시간이 지나면 시신을 매장한 곳을 알 수 없게 된다. 따라서 간혹 매장지를 확인할 필요가 있을 때 어린 낙타를 순장해 그 위치를 파악하는 풍습이 있었던 게 아닐까 생각된다. 아마도 그런 풍습이 이 같은 이야기를 낳았을 것이다.

그런데 왜 낙타 새끼를 매장한 것일까? 그것은 몽골인들이 낙타를 '하늘의 동물'로 신성시하기 때문이다. 몽골 속담에, '여인은 시집갈 때 흰 낙타를 타고, 남자는 장가갈 때 말을 타고 간다'는 말이 있다. 하지만 죽을 때는 모두 낙타를 타고 하늘나라로 간다고 믿는다. 때문에 전쟁터에서 시신을 수습해올 때는 모두 낙타에 태워서 온다고 한다.

또 몽골 사람들은 낙타가 병이 들면 그 옆에 가서 마두금을 연주한다고 한다. 그러면 낙타가 감동해서 눈물을 흘리는 것이다. 얼마 전에도 TV에 그런 장면이 방영되어 화제가 된 적이 있다. 그만큼 낙타는 몽골인들의 정서와 깊은 관계가 있는 동물이다. 따라서 어린 낙타를 매장한 것은 단순히 평장한 곳을 찾기 위해서라기보다는 오히려 그곳에 이르러 곡을 하는 낙타의 모습을 통해 매장된 주인공과 소통하려는 의도에서 그런 게 아닌가 싶다.

그 밖에 시신을 운반하는 도중에 마주친 모든 생명들을 죽여 칭기즈칸의 죽음을 은폐했다는 이야기도 있지만, 이는 후대에 칭기즈칸의 죽음을 둘러싸고 신비감이 더해지면서 생겨난 것에 불과하다. 신성한 이가 마지막 가는 길에 뭇 생명을 살해한다는 것은 비상식적이기 때문이다. 아마도 칭기즈칸이란 인물에 대한 궁금증과 호기심을 충족시키기 위해 그런 식의 이야기를 퍼뜨렸을 것이다. 왜 아니랴? 역사에 칭기즈칸만 한 인물이 또 있었던가? 그만큼 사람들의 마음을 사로잡은 이가 또 있었던가?

그렇다면 칭기즈칸은 자신을 어떻게 평가했을까? 이런저런 문헌에 남아 있는 그의 말을 살펴보면, 칭기즈칸은 무척 소박하고, 상식적이었으며, 진지했던 사람임을 알 수 있다. 그는 곧잘 "나에게는 특별한 자질이 없다"고 말했다. 그는 엄청난 부와 권력을 모았지만, 소박한 생활을 했다. 그는 1119년 5월 전진교의 교주인 장춘진인長春眞人에게 보낸 서한에서 이렇게 쓰고 있다.

나는 북방의 초원에서 태어나 자랐소. 바라는 게 있다면 그저 사람들이 본래의 순박한 삶으로 돌아가기를 원할 뿐이오. 나는 사치를 멀리하고 늘 절제한다오. 소 치는 목동이나 말몰이와 똑같은 옷을 입고 똑같은 음식을 먹으오. 우리는 재물도 함께 나누고 제사 음식도 함께 나누오. 나는 백성들을 내 아이들처럼 생각하고, 병사들을 친형제처럼 돌본다오.

테무진의 이런 소박한 모습은 그와 동시대의 젊은이들에게 뛰어난 인간적인 친화력을 발휘했다. 그는 이미 10대 초에 자모카와 두 번의 안다 맹약을 맺었고, 테무진을 처음 만난 보오르초는 곧바로 평생동지가 되었다. 또 소르칸 시라의 두 아들은 아버지의 만류에도 불구하고 테무진의 목에 채워진 나무 칼을 잘라 벗겨주고, 양털 더미 속에 숨겨주었으며, 금나라 사신으로 옹칸의 행궁을 찾았던 거란인 야율아해는 테무진과의 첫 대면에서 깊은 인상을 받아 그의 막료가 되었다.

그의 행궁에서는 아무런 격식도 필요 없었으며, 그와 측근들 간의 교류는 자유로웠다고 한다. 그는 결코 은혜를 잊지 않았으며, 재물보다는 그 마음을 중시했다.

『원사』 '보투전'에는 다음과 같은 이야기가 실려 있다. 그가 여동생 테물룬을 이키레스 씨족의 보투에게 시집보내기로 했을 때의 일이다. 이키레스 장로들이 혼인을 위해 찾아왔다. 그러자 테무진이 물었다.

"보투에게는 가축들이 얼마나 되는가?"

그들이 대답했다.

"서른네 마리가 있는데, 그중 절반을 예물로 가져왔습니다."

그러자 테무진이 화를 내며 말했다.

"혼인을 하면서 재물을 논하는 것은 장사꾼들이나 하는 짓이다. 옛사람들의 말에, 마음은 어려움 속에서 함께 나누는 것이라 하였다. 어찌 재물로써 혼인을 말하려 하는가."

하면서 그들을 책망했다. 천하를 얻어도 사람들의 마음을 잡지 못하면 다 소용없는 법. 오직 사람들의 마음을 잡는 자만 세상을 잡을 수 있다는 진리를 칭기즈칸은 알고 있었던 것이다.

그는 자신이 이룬 업적에 확신을 갖고 있었던 것으로 보인다. 칭기즈칸은 톨로이가 보낸 무슬림 지도자를 귀히 여겨 그와 자주 대화를 나누었는데, 하루는 칭기즈칸이 이렇게 물었다고 한다.

"내가 사라진 뒤에도 세상이 내 이름을 기억하겠는가?"

그러자 무슬림 지도자는 칭기즈칸에게 자신의 목숨을 해치지 않겠노라는 보장을 받은 다음 이렇게 말했다고 한다.

"사람이 있는 한, 명성은 남을 것입니다. 그러나 함부로 사람을 학살한다면 과연 그대의 이름을 전해줄 사람들이 남겠습니까?"

이 말에 분노한 칭기즈칸은 들고 있던 활과 화살을 땅에 떨어뜨렸다고 한다. 그는 등을 돌리고 섰다가 잠시 후 돌아서서 무슬림 지도자를 향해 말했다.

"나는 그대가 현명한 사람이라 생각했는데, 그대가 말하는 걸 보니 내 말을 잘못 이해하고 있는 듯싶다. 그럼에도 사람들은 내 이야기를 하게 될 것이다."

칭기즈칸은 자신이 '큰일'을 하고 있음을 의식했던 것이 분명하다. 비록 많은 도시를 파괴하고 사람을 살육하긴 했으나, 전 세계를 하나로 통일하는 대업을 위해서는, 그리고 전쟁과 굶주림이 없는 세상을 만들기 위해서는 불가피하다고 생각했던 것이다. 하지만 아무리 목적이 고귀해도 과정이 잘못되면 무리가 따르는 법. 그것은 고귀한 목적을 가리게 마련이다.

그런 칭기즈칸이지만, 그도 매사에 자신 있었던 것만은 아닌 듯싶다. 그는 이런 말을 했다고 한다.

"우리가 가고 난 뒤에 우리의 후손들은 금실로 짠 외투를 입고, 기름지고 달콤한 음식을 먹고, 잘생긴 말들을 타고 다니며, 예쁜 부인을 얻을 것이다. 그들은 그 풍요로움이 우리의 부친과 형들 덕분이라고 말하지 않을 것이다. 그리고 우리와 이 위대한 시대를 망각할 것이다."

그는 자기 시대가 지나가면 후손들이 과연 그의 꿈과 이상을 기억하고, 그것을 이어갈 수 있을지 걱정했다. 그가 대법령을 선포한 것도, 그리고 자신이 죽은 뒤 법령들을 바꾸지 말라는 유훈을 내린 것도 다 그 때문이라고 할 수 있다.

그럼에도 그가 뛰어난 군주였고, 도량이 넓었으며, 사람들을 감화시키는 인간적인 매력을 갖고 있었다는 점에 대해서는 어느 누구도 부정하지 않는다. 마르코 폴로는 칭기즈칸에 대해 이렇게 쓰고 있다.

그는 대단한 강인함과 통찰력과 용맹을 지녔다. 그가 군주로 선출되었을 때, 그는 얼마나 뛰어난 절제와 정의로 다스렸던가. 그에 대한 사랑과 존경은 한 사람의 군주가 아니라 거의 신에 대한 것과 같았다.

『집사』를 쓴 라시드 앗 딘 역시 칭기즈칸이 넓은 도량으로 사람들의 마음을 휘어잡았다고 쓰고 있다. 또 14세기 영국의 작가 초서는 『캔터베리 이야기』에서 칭기즈칸을 이렇게 평하고 있다.

이 고귀한 왕은 당대에 큰 명성을 떨쳤으니,
세계 어디에도 그와 같이 모든 점에서 뛰어난 왕은 없었다.
그는 강인하고 지혜로웠으며 정이 많고 정의로웠다.
그는 약속은 반드시 지켰으며 자비롭고 용맹스러웠다.
그는 공정한 사람이었으며,

왕의 직위를 현명하게 잘 수행했다.

이 세상 어디에도 그와 같은 사람은 없다.

그랬다. 그는 분명 신이 아니다. 그 역시 많은 약점과 결점을 가진 사람이다. 또 정복 과정에서 숱한 살육을 자행하기도 했다. 그럼에도 그는 많은 사람들에게 신에 버금가는 사랑과 존경을 받았다.

초이발산으로 돌아오다

우리는 다음 날 아침 일찍 할흐골을 떠나 초이발산으로 향했다. 할인골 언덕, '코의 고개'에 서 있는 승전비가 아침 햇살을 받아 눈부시게 빛났다. 승전비 앞에 서서 할인골 시내를 돌아보니 뿌연 안개 속에 잠겨 있었다. 칭기즈칸 역시 보이르 호수로 북상하는 도중 코의 고개에 올라 저 햇살을 바라보았을 것이다. 할흐골 지역을 통과하려면 반드시 넘어야 하는 언덕이기 때문이다.

우리는 멋진 여행을 할 수 있도록 가슴을 열어준 할흐골에 감사하며, 다시 차에 올랐다. 초원에는 강수량이 부족한지 풀들이 성글게 나 있었다. 우리는 메넨긴탈 초원을 향해 달렸다.

칭기즈칸이 죽고 2년 뒤인 1229년, 허더 아랄에서 열린 코릴타에서 어거데이가 대칸에 올랐다. 어거데이는 대칸이 되자 허더 아랄의 행궁을 서쪽에 있는 자신의 영지로 옮기니, 바로 카라코룸이

할흐골 들판에서 바라본 '코의 고개'.

다. 어거데이가 행궁을 옮긴 이유는 막내아들에게 아버지의 가산을 물려주는 몽골의 전통 때문이다. 허더 아랄과 오논 강, 헤를렌 강 일대의 땅이 칭기즈칸이 죽은 뒤 막냇동생 톨로이의 영지가 된 것이다.

때문에 어거데이는 부득이 톨로이의 영지를 떠나야 했다. 어거데이는 카라코룸에 성을 쌓고, 그곳에 몽골 제국 각지를 다스리는 행정관들을 머물게 하는 한편 세계 각지에서 들어오는 공물을 쌓아둘 창고를 짓게 했다.

그런데 어거데이가 금나라를 원정하는 도중 막냇동생 톨로이가 죽는 사태가 발생했다. 어거데이는 톨로이의 부인 소르칵타니를 위로하고 자신의 아들 구육과 결혼할 것을 권했다. 몽골 고원에는 흉노 때부터 남자가 죽으면 다른 형제나 그 자식이 부인을 거두는 전통이 있다. 초원에서는 여자 혼자 살아가기가 어렵기 때문이다.

하지만 어거데이가 소르칵타니에게 구육과 결혼하라고 권한 데는 나름대로 정치적 계산이 있었다. 소르칵타니가 구육과 결혼하면 톨로이 가문의 영지는 자연스레 아들 구육의 소유가 되기 때문이다. 게다가 자기 사후에 대칸 경쟁에 뛰어들 수 있는 소르칵타니의 아들들을 일찌감치 경쟁에서 배제시킬 수 있었다.

어거데이가 점잖게 권유했지만 하늘과 같은 대칸의 말이니 사실상 명령이나 다름없었다. 하지만 구육과 결혼하면 네 아들의 미래가 없어질 것을 걱정한 소르칵타니는 고심 끝에 남은 생을 아비 없는 네 아들을 보살피는 데 쏟겠다며 구육과의 혼인을 정중히 거절했다.

톨로이의 네 아들은 첫째가 멍케, 둘째가 코빌라이, 셋째가 훌레구, 넷째가 아릭 부케다. 큰아들 멍케는 어거데이의 아들 구육에 이어 몽골 제국의 네 번째 대칸에 오른 인물이고, 둘째 아들 코빌라이는 멍케에 이어 다섯 번째 대칸이 되어 원나라를 세웠으며, 셋째 아들 훌레구는 중동 지방을 정벌하여 일칸국을 세웠다.

따라서 칭기즈칸의 유업을 실질적으로 계승하여 몽골 제국을 세운 집안은 막내 톨로이 가문이라고 할 수 있다. 만일 그때 소르칵타니가 어거데이의 권위에 밀려 구육과 결혼했다면 멍케나 코빌라이는 대칸이 될 수 없었을 것이다. 아니, 역사에 이름조차 남기지 못했을 것이다.

역사가들은 그녀가 대단히 총명하고 강인한 여성이었음을 전하고 있다. 아마도 그런 소르칵타니였기에 톨로이 가문을 지켜냈을 것이다. 소르칵타니는 케레이트부의 자카 감보의 딸이다. 케레이트부를 멸한 후 테무진은 동조 세력이었던 자카 감보의 세 딸을 귀히 여겨 그중 이바카 베키는 자신이 취했다가 카라 칼지트 전투에서 공을 세운 주르체데이에게 주었다. 그리고 벡투트미쉬 푸진은 큰아들 조치와 결혼시키고, 셋째 딸 소르칵타니는 넷째 아들 톨로이와 결혼시켰던 것이다.

어거데이는 칭기즈칸의 유업을 완수하기 위해 1235년 코릴타를 열어 새로운 정복 계획을 논의했다. 일찍이 캅카스 산맥을 넘어 키예프를 공격한 적이 있는 수베테이는 유럽 정복을 주장했다. 하지만 어거데이는 남송 정복을 원했다. 두 견해가 하나로 모이지 않자 코릴타는 몽골군을 둘로 나눠 남송 정벌과 유럽 원정을 동시에 수행하기로 했다. 몽골군은 2년에 걸친 준비 끝에, 1237년부터 1241년까지 5년 동안 유럽에서 정복 전쟁을 벌였다.

정복 전쟁이라곤 하지만, 늘 그렇듯 사절단을 먼저 보내 몽골 제국의 봉신이 될 것을 요구했다. 하지만 대부분 몽골의 요구를 거부했다. 그러자 몽골군은 1240년에 키예프를 무너뜨리고, 다시 헝가리, 독일, 폴란드를 차례로 정복했다. 그런데 1241년 12월 11일 카라코룸에서 어거데이 대칸이 죽었다는 급보가 날아왔다.

어거데이칸은 술을 좋아했는데, 죽을 때도 취한 상태였다고 한다. 뒤를 이어 어거데이의 아들 구육이 대칸에 올랐지만, 2년 만에 죽고 말았다. 소르칵타니는 자신의 언니가 있는 조치 가문과 연합해 1251년 허더 아랄에서 코릴타를 개최했다. 그리고 큰아들 멍케를 네 번째 대칸에 올려놓으니, 마침내 톨로이 가문의 시대가 열린 것이다. 이후 몽골의 황제들은 모두 톨로이 가문에서 나왔다.

몽골 제국은 멍케가 칸이 되면서 다시 제자리를 찾아갔다. 멍케 칸은 수학적인 머리가 대단히 뛰어난 천재로 알려진 사람이다. 그는 몽골 제국의 화폐 제도를 표준화하고 부실해진 재정을 튼튼하게 했다. 그런데 남송 원정을 위해 쓰촨 성四川省에 가 있던 1259년 여름, 병에 걸려 갑자기 사망했다. 대칸에 오른 지 8년 만의 일이었다.

다음 대칸 자리는 톨로이의 막내아들인 아릭 부케에게 돌아가는 듯했다. 그는 막내였으므로 몽골의 전통에 따라 가문을 이을 자격이 있었다. 뿐만 아니라 멍케칸이 남송 원정을 떠나면서 그에게 몽골 제국의 통치를 위임했다. 따라서 그는 다음 대칸을 선출할 때까지 제국을 다스리고 대칸을 뽑는 코릴타를 개최할 권한을 가지고 있었다. 누가 봐도 다음 대칸은 아릭 부케가 유력했다.

문제는 야심이 큰 둘째 아들 코빌라이였다. 그는 대칸이 되어 몽골을 세계 제국으로 키우려는 야심을 갖고 있었다. 당시 그는 몽골 최강의 군대를 거느리고 있었다. 하지만 대칸이 되려면 코릴타를 개최해야 하는데, 다음 대칸을 뽑는 코릴타를 개최할 권한은 아릭 부케에게 있었다. 동생이 개최하는 코릴타에서 그가 대칸이 될 가능성은 희박했다.

그가 대칸이 될 수 있는 유일한 방법은 독자적으로 코릴타를 개최하여 대칸이 된 다음 아릭 부케를 치는 것뿐이었다. 하지만 그에게는 코릴타를 개최할 명분이 없었다. 코빌라이로서는 이러지도 저러지도 못하는 어려운 처지였다. 바로 그때 고려가 코릴타를 개최할 수 있는 결정적인 명분을 제공했으니, 사정은 이렇다.

멍케칸이 죽은 뒤에도 코빌라이는 회군하지 않고 남송의 수도였던 지금의 우창武昌을 공격하는 일에 집중했다. 하지만 후계 구도를 둘러싼 상황이 그에게 점점 불리해지자, 공격을 중지하고 자신의 지휘 본부가 있는 지금의 카이펑開封으로 올라왔다. 그것이 1259년 겨울이다.

바로 그해에 고려 조정에서는 몽골에 강경한 입장을 취하던 최씨 무신 정권이 무너졌다. MBC 드라마 〈무신〉의 주인공인 김준이 최씨 무신 정권을 무너뜨리고 막부의 권한을 왕실에 돌려주자 왕실을 중심으로 몽골과의 화해를 주장하는 강화파가 부상했다. 당시 고려의 왕 고종은 마침내 몽골에 항복할 것을 결정하고, 태자 전倎을 멍케칸에게 보냈으니, 그것이 1259년 5월의 일이다.

그런데 태자 전 일행은 멍케칸을 만나러 가는 도중 칭기즈칸이 낙마했던 류판 산 근처에서 멍케칸이 죽었다는 소식을 들었다. 그들은 그곳에 머물며 몽골의 다음 대칸의 향배가 아릭 부케와 코빌라이 두 사람 중 누구에게 돌아갈지 관망했다. 그러다 무슨 정보를 들었는지 갑자기 코빌라이가 머무는 카이펑으로 향했다. 그리고 마침 남송 공격을 중단하고 카이펑으로 올라오던 코빌라이와 카이펑 근처에 있는 변량汴梁에서 만났던 것이다.

그런데 당시 전 일행은 코빌라이를 만나고도 고종의 친서를 전달하지 않았다. 만일 전 일행이 코빌라이를 택했다면 곧바로 고종의 친서를 전달했을 것이다. 하지만 그러지 않은 것으로 미루어 귀국 길에 코빌라이 진영을 한번 둘러보고 가려 했던 것으로 추정된다.

코빌라이 측으로서는 이런 호재가 없었다. 당시 섬나라인 일본을 제외하고, 아시아에서 몽골에 복속하지 않은 나라는 남송과 고려뿐이었다. 그런데 고려 태자 전이 코빌라이를 찾아온 것이다. 태자 전 일행의 속내야 어떻든 코빌라이는 이 사건을 정치적으로 이용해 30년 전쟁을 통해서도 복속시키지 못했던 고려가 제 발로 코빌라이를 찾아왔다며 대대적으로 선전하기 시작했다. 그리고 이는 하늘의 뜻이 코빌라이에게 있는 것이라고 말한 뒤 독자적으로 코릴타를 개최했다.

1260년 5월 자신이 개최한 코릴타에서 대칸으로 추대된 코빌라이는 즉각 아릭 부케를 치기 위한 원정에 나섰다. 1264년, 마침내 아릭 부케를 누르고 몽골 제국의 대칸이 되었다.

과정이야 어찌 되었든 코빌라이가 몽골의 대칸이 되는 데 고려가 결정적인 역할을 한 셈이다. 고려는 이 일로 코빌라이의 신임을 얻어 몽골 제국 내에서 특별한 지위를 얻는다. 충렬왕 등 고려 왕들이 몽골 황제의 부마가 되었던 것이다.

코빌라이는 대칸이 되자 금나라의 수도였던 연경, 지금의 베이징에 원나라의 수도 대도大都를 건설했다. 그리고 남송을 정벌하여 중국을 완전히 지배하는 위업을 세웠다. 하지만 그가 집권한 이후 몽골 제국은 분열되기 시작했다.

우선, 칭기즈칸의 차남인 차가타이가 물려받은 신장 성과 중앙아시아에서 차가타이의 아들 알루구가 1260년 '차가타이칸국'을 세웠다. 페르시아와 이라크를 지배하고 있던 코빌라이의 동생 훌레구는 '일칸국'을 세워 몽골 제국에서 떨어져 나갔다. 지금의 카자흐스탄과 러시아 남부 지방을 지배하고 있던 조치의 아들 바투 역시 '킵차크칸국'을 세워 떨어져 나갔다. 결국 1300년경 몽골 제국은 코빌라이의 원나라를 포함해 네 개의 제국으로 분리되었다.

게다가 1294년에 코빌라이가 죽으면서 원나라 정국은 매우 불안

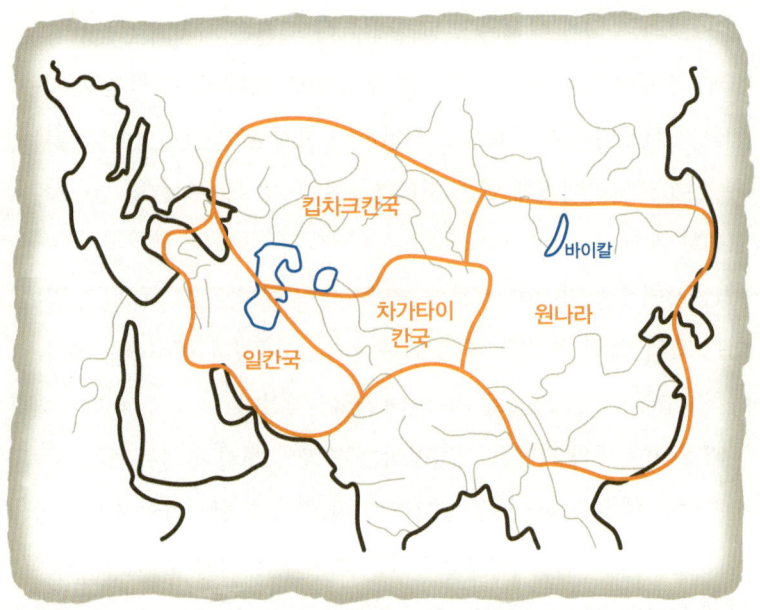

13세기 말 네 개의 칸국으로 분열된 몽골 제국.

정해진다. 이후 10대를 더 내려가지만, 결국 원나라는 1368년 명나라의 주원장에게 밀려 중국을 포기하고 몽골 고원으로 돌아갔다.

  원나라는 쿠빌라이 사후 무너졌지만, 알루구의 차가타이칸국과 훌레구의 일칸국, 그리고 바투의 킵차크칸국은 그 뒤에도 상당 기간 동안 존속했다. 따라서 1368년에 몽골 제국이 망했다고 말하는 것은 옳지 않다. 뿐만 아니라 원나라는 몽골 고원으로 돌아간 뒤 오랫동안 존속했다. 역사 학자들은 중국을 지배한 원나라와 구별하기 위해 이 시기의 원나라를 '북원北元'이라 부른다.

  몽골인들이 몽골 고원으로 돌아간 뒤 동아시아의 정치 지형에는 큰 변화가 일어났다. 중국 땅에는 명나라가 들어서고, 우리나라에는 조선이 등장한 것이다.

몽골 고원으로 돌아간 북원은 1388년 명나라 군대에 패하면서 한동안 명나라의 공세에 시달렸다. 하지만 그로부터 수십 년 뒤 몽골은 명나라가 감히 넘볼 수 없는 강성한 나라로 변했다. 역시 몽골 사람들은 초원에 있을 때 그 활달한 기질과 창조적 에너지가 분출했던 것이다.

몽골도 마찬가지지만, 북방 유목 민족들은 중국을 정복할 때까지는 창조적 에너지가 넘치다가 막상 정복한 다음부터 통치하는 데 어려움을 느끼는 것을 볼 수 있다. 거란의 요나라와 여진의 금나라가 그랬고, 뒤의 청나라도 그랬다. 불과 수십만의 인구로 그들보다 수십 배나 인구가 많은 중국을 다스리려니 어려울 수밖에 없었을 것이다.

만일 코빌라이가 아닌 아릭 부케가 대칸이 되었다면, 몽골 역사는 달라졌을지 모른다. 아릭 부케는 초원의 제국을 그대로 유지해야 한다는 생각을 갖고 있었다. 만일 그의 생각대로 초원의 제국을 유지했다면 몽골은 훨씬 더 오랫동안 세계를 지배했을 것이다. 그랬다면 지금의 아시아 지도도 달라졌을 것이다.

버스 타고 울란바토르로

우리는 저녁 무렵에야 초이발산에 도착했다. 날짜를 보니 5월 11일이었다. 호텔에 짐을 풀자 운전기사 K는 몸 상태가 안 좋다며,

내일 울란바토르까지 갈 수 있을지 모르겠다고 했다. 사실 그는 여행 내내 혼자 운전하느라 무리한 참이었다. 게다가 초이발산에서 울란바토르는 600킬로미터가 넘는 거리인데, 그중 300킬로미터가 비포장도로다. 컨디션이 괜찮다 해도 결코 쉽지 않은 거리였다.

하지만 나는 다음 날인 12일 한국에 들어가야 했다. 13일에 포항에서 워킹 일정이 있었기 때문이다. 그때 가이드 N이 이곳에서 울란바토르까지 가는 비행기가 있는데, 그거라도 타고 가겠느냐고 물었다. 달리 선택의 여지가 없었다.

그가 공항에 전화하더니 내게 말했다.

"2시 비행기에 자리가 있답니다. 기상 상태가 아주 나쁘지만 않으면 비행기가 뜬대요. 요금은 250달러랍니다."

별도리가 없었다.

"그걸로 예약하지 뭐."

그때 무슨 생각이 났는지 N이 말했다.

"잠시만요, 혹시 울란바토르행 버스가 있을지도 모르니까 오윤 부인에게 전화해볼게요."

그는 오윤 부인에게 전화를 걸었다. 그러더니 아침 8시에 이곳에서 울란바토르행 시외버스가 출발하는데, 그걸 타면 요금도 쌀뿐더러, 비행기 타는 데 문제가 없을 거라고 했다. N 역시 비행기는 기상 상태에 따라 안 뜰 수도 있지만, 버스는 무슨 일이 있어도 매일 아침 출발한다고 하니 그걸 타고 가는 게 좋겠다고 했다.

우리는 오윤 부인을 만나 터미널로 갔다. 버스 요금은 몽골 돈으로 2만 투그릭이었다. 몽골 돈과 우리나라 돈은 환율이 거의 같아서 2만 투그릭은 대략 2만 원쯤 된다.

"매일 아침 두 대의 버스가 동시에 출발해요. 한 대가 수렁에 빠지면 다른 차가 끌어주기 위해서죠. 버스를 타고 몇 차례 울란바토르에 가봤는데, 열두 시간쯤 걸리니까 저녁 8시쯤이면 충분히 도착할 거예요."

오윤 부인은 버스 편이 가장 확실하다며, 환한 미소를 지었다. 우리는 오윤 부인 댁으로 갔다.

멜스 화백이 반갑게 맞아주며 동몽골 소식이 궁금했는지 이것저것 물었다. 우리가 즐거웠다며 이런저런 이야기를 해주자, 그는 자기 일처럼 기뻐했다. 오윤 부인이 서둘러 저녁을 준비했다. 그리고 칭기즈칸 상표가 붙은 보드카를 내왔다.

마침 우리가 준비해간 보드카가 모두 떨어졌는데, 그 술을 보니 반가웠다. 몽골에서 제일 좋은 술은 칭기즈칸 상표가 붙는다. 술뿐 아니라 다른 제품도 마찬가지다. 몽골에서는 최고의 품격을 갖춘 제품에만 칭기즈칸 상표를 사용할 수 있다. 그렇지 않을 경우 사람들로부터 비난을 받거나 외면당할 수 있다. 심지어 테러를 당하기도 한다고 한다.

"그만큼 칭기즈칸에 대한 신뢰와 존경심이 대단하다는 거로군."

"그렇습니다. 몽골에서 칭기즈칸은 죽은 사람이 아닙니다. 아직도 살아 있는 신과 같은 존재지요."

N이 말했다.

우리는 저녁 내내 즐거운 시간을 보냈다.

다음 날 아침 나는 버스 터미널로 갔다. 멜스 부부가 나를 배웅해주었다. 그녀는 울란바토르에 두 아들이 살고 있는데, 내가 도착하면 큰아이가 나와서 나를 공항까지 데려다 주도록 연락해놓았다며

초이발산에서 울란바토르로 가는 정기 버스.

아들의 전화번호를 적은 쪽지를 건네주었다. 자상하고 따뜻한 오윤 부인의 배려가 너무도 감사했다.

　두 대의 울란바토르행 소형 버스 주위에는 울란바토르로 가는 사람들과 그들을 배웅 나온 사람들이 우르르 몰려 있었다. 8시가 다 되어, 나는 일행과 작별 인사를 하고 버스에 올랐다. 가방을 의자 밑에 넣을 수 있어서 편했다. 25인승 버스였다. 옆자리에는 젊은 여성이 앉았는데 대학생인 듯했다. 어느덧 버스는 만원이고, 운전기사 옆의 엔진 덮개 위에도 사람들이 여럿 앉아 있다. 영락없이 옛날 시골에서 읍내 나가던 버스 분위기다. 사람들도, 차도. 과연 8시가 되자 옆의 버스가 먼저 출발했다. 내가 탄 차도 곧 출발하려나 하고 기다리는데 차장인 듯한 여성이 말하기를, 한 사람이 아직 안 왔다고 했다. 9시가 다 돼서야 젊은 여인이 나타났다. 그제야 운전기사가 올라타더니 차의 시동을 걸었다.

신기한 것은 한 시간이나 늦게 온 그녀에게 아무도 눈총을 주지 않는 것이었다. 다들 무슨 사정이 있겠거니 하며 무심한 표정들이었다. 아마 이런 일이 다반사인 모양이었다.

한 시간이나 늦게 출발했지만, 기분은 좋았다. 가이드 N과 운전하느라 수고해준 K에게 손을 흔들고, 오윤 부부에게도 고맙다고 인사했다. 아쉬운 작별이었다.

차는 벌써 초이발산 남쪽 도로로 달리기 시작했다. 백양나무 가로수 사이로 보이는 초원이 상쾌했다. 밤새 비가 왔는지 초원의 풀들도 한결 파릇파릇해 보였다. 버스는 비포장도로에 나 있는 수렁을 능숙하게 피해 다녔다. 그때마다 차는 이리 기우뚱 저리 기우뚱 했지만, 승객들은 모두 편안하고 차분한 표정이었다. 두어 시간쯤 달렸을까, 버스가 길가의 한 마을 앞에 주차했다. 게르가 줄지어 서 있었다. 이곳이 어디냐고 옆자리의 학생에게 물으니 헐런보이르 마을이라고 했다. 그러고 보니 예전에 울란바토르에서 초이발산 갈 때, 들른 적이 있던 마을이었다. 헐런보이르에서 이주해온 사람들이 사는 곳이라 그리 불렀다.

사람들이 버스에서 내려 우르르 게르로 들어갔다. 사람들을 따라 버스에서 내리니 여러 대의 트럭이 서 있었다. 앞쪽에 우리보다 먼저 떠난 버스도 보였다. 나는 사람들을 따라 들어가 코릴태 셜 칼국수를 먹고 나왔다.

두 대의 버스는 12시 30분에 함께 출발했다. 초원길은 눈이 시원하지만, 볼 건 별로 없다. 사방을 둘러보아도 망망초원뿐이기 때문이다. 하지만 망망초원이라 해도 구릉이 있고, 산이 있었다. 게다가 초원의 빛깔이 다 똑같은 초록빛이 아니다. 어떤 곳은 갈색빛이 더 진한 곳도 있고, 어떤 곳은 지난해 자랐던 풀들이 아직 남아 있는 곳들도 있었다.

초원을 바라보며 이제 곧 몽골을 떠난다고 생각하니 몽골에서 만났던 사람들의 얼굴이 하나하나 떠올랐다. 사아리 케에르에서 아디야의 게르에 들렀던 일, 보르칸 칼돈 산에 갈 때 알탄 자야의 게르에 들렀던 일, 코르코나코 조보르에 갈 때 체렌 한부르항 할머니 댁에 들렀던 일, 그리고 자모카 안다 여관이며, 푸른 호수에서 만났던 관리인 차드라발, 하일라르에서 만난 소욜마 교수의 환대며, 조릭투에브 선생 내외와 함께 만났던 아긴스코예의 코리 사람들, 보이르 호숫가 알탄 게르 할아버지와 파그마 할머니, 그리고 초이발산에서 만난 멜스 화백 부부……. 하나같이 사람 좋아하고, 시와 노래와 이야기를 사랑하는 이들이었다. 칭기즈칸의 예크 자사크가 몸에 밴 사람들이었으며, 어머니 대지에 감사할 줄 아는 사람들이었다.

그래서일까. 몽골에 다녀온 사람들은 말한다. 몽골에서는 정치인들보다 시인이나 지식인을 더 높이 평가한다고. 그래서 정치인이 오면 잘 안 모이지만, 시인이나 지식인이 오면 마을 사람들이 몰려든다는 것이다. 그리고 몽골에서 행세하려면 멋진 시구나 격언 또는 칭기즈칸의 말 몇 마디쯤은 외고 있어야 한다고 말이다.

과연 그랬다. 초원의 게르와 유목민들의 차림은 허름하기 짝이 없다. 하지만 노래를 시키면 주저 없이 장가長歌나 민요를 멋지게 불러젖혔다. 이런 몽골 문화는 그들이 고대부터 시와 노래와 이야기를 좋아하는 것과 무관하지 않을 것이다. 지금은 음유시인이 없는 시대이지만, 이야기꾼이 마두금이나 다른 몽골 악기를 연주하며 옛 영웅들과 신화들을 이야기하면 인근의 사람들이 모두 모이게 마련. 그리고 그런 이야기 모임은 대개 며칠씩 이어졌다고 한다.

왜 아니랴. 사람 좋아하고, 초원의 외로움을 달래기에 시와 노래와 이야기만큼 그들을 행복하게 하는 것이 또 무엇이 있겠는가.

시간이 지나면서 승객들은 대부분 잠을 자기 시작했다. 옆자리의 학생도 어느새 잠들어 있었다. 한데 마치 자기 집 게르에서 편하게 잠을 자는 듯한 모습들이어서 놀라웠다. 다리를 들어 올려 앞자리 의자에 올려놓고 뒤로 벌렁 누운 사람하며, 옆 사람에게 기대고 자는 사람, 앞 좌석에 팔을 얹고 자는 사람 등등. 그러나 어느 누구도 다른 사람의 행동에 관심 갖지 않았다.

얼마나 지났을까. 밖은 변함없는 초원인데, 갑자기 목조 주택들이 나타났다. 제법 큰 마을이었다. 여기가 어딜까 궁금해하는데, 버스가 한곳에 멈추어 섰다. 옆자리 학생이 내게 알려주었다.

"여기서 벤젠을 넣고 가요."

그러고 보니 버스 밖에 주유대가 있었다. 이곳이 어디냐고 물었더니 언더르항이라고 했다. 언더르항이라면 울란바토르와 초이발산 중간에 있는 도시로, 헨티 아이막의 중심 도시다. 나는 비로소 버스가 언더르항 시 외곽 지역을 지나고 있다는 것을 알았다.

버스가 언더르항 시를 빠져나오자 멀리 남쪽으로 헤를렌 강이 보였다. 그런데 이제까지 비포장이던 길이 아스팔트 포장길로 바뀌기 시작했다. 버스는 한결 부드럽게 달렸다. 이대로 달리면 울란바토르에 9시쯤이면 도착할 수 있을 듯싶었다. 얼마쯤 달리자 주위에 산

버스는 중간중간 잠시 쉬며 볼일을 볼 수 있게 해주었다.

들이 보이기 시작했다. 자연히 중간에 언덕들이 자주 나타났다. 그런데 버스가 언덕을 오르는데 속도가 점점 떨어졌다. 운전기사가 기어를 바꿀 때마다 차는 '끼익끼익' 소리를 냈다. 차는 거의 기다시피 하며 언덕을 올라갔다. 옆으로 일제 도요타 사륜차들이 휙휙 지나갔다.

지금까지 야트막한 언덕은 무리 없이 잘 달리던 러시아제 버스가 조금 높은 언덕들이 나오자 힘을 못 쓰는 것이다. 아마 너무 오래돼 엔진이 수명을 다한 것이리라. 초이발산에서 언더르항까지 일곱 시간 넘게 걸렸는데, 이런 식으로 가면, 과연 울란바토르에 9시나 10시까지 도착할 수 있을지 조금씩 걱정되기 시작했다.

아니나 다를까, 버스가 울란바토르에 도착한 것은 늦어도 한참 늦은 11시 30분이었다. 아침에 한 시간 늦게 출발한 데다 열두 시간 걸린다던 것이 열네 시간 반이나 걸린 것이다. 비행기 출발 시간

보다 늦은 시간이었다. 게다가 공항까지 가려면 거의 한 시간쯤 걸리니 설령 비행기가 연착한다고 해도 탈 가능성은 거의 없었다.

짐을 챙겨 버스에서 내리는데 한 젊은이가 버스 입구 쪽으로 올라와 나를 향해 손짓했다. 오윤 부인의 큰아들 바트 자야였다. 오윤 부인이 내 인상착의를 알려준 모양이었다. 정말 친절하고 마음 따뜻한 여인이다. 바트 자야를 따라가니 근처에 세워둔 승용차에 그의 부인이 타고 있었다. 인사를 하고 차에 올라탔다.

바트 자야 부부는 그래도 혹 비행기가 연착되었을지 모르니 공항에 가보자고 했다. 고마웠다. 암갈랑에서 두 시간 넘게 나를 기다린 그들이었다. 서둘러 공항에 갔지만 사람은 하나도 없었다. 우리는 허탈한 기분으로 KAL 사무실로 가서 비행기 티켓을 다음 날 것으로 연기하고 공항을 나왔다.

바트 자야에게 미안하다고 말하자, 괜찮다며 시내에 있는 호텔까지 데려다 주겠다고 했다. 시내로 들어와 호텔이 보이자 바트 자야가 잠깐 기다리라고 하더니 혼자 호텔에 들어갔다. 방이 있는지 확인하려는 것이다. 바트 자야는 방이 없다면서, 다시 다른 호텔로 차를 몰았다. 일요일이라 그런 모양이었다. 그렇게 몇 번 허탕을 친 다음 한 호텔에 들어갔다 오더니 방이 있다며, 이 호텔에서 주무시면 되겠다고 했다. 나는 늦은 밤에 호텔을 잡느라 고생한 바트 자야 부부를 아쉬운 마음으로 보내고 호텔로 들어섰다. 입구에 사찰풍의 장식을 한 운치 있는 호텔이었다. 이름이 '아마르바야스칼란트'였다.

초이발산에서 울란바토르 여행은 그렇게 해프닝으로 끝났다. 인천공항에서 울란바토르행 비행기를 탈 때도 하루 연착되더니, 이번

아마르바야스칼란트 호텔.

에는 비행기를 놓쳐서 못 타고. 이 무슨 조화일까 싶었다. 호텔 방에 짐을 풀고 나서도 한동안 잠이 오지 않았다.

자나바자르를 만나다

-
-

아침에 일어나 아래층 식당에서 식사를 하고 나니 밤 11시까지 어떻게 보내야 할지 막막했다. 가이드 N은 초이발산에 있으므로 달리 연락할 사람도 없었다. 잠시 창밖을 보고 있는데 길 건너편에 한국 대사관이 보였다. 나는 비로소 바트 자야가 이곳으로 데려온 이유를 알았다. 혹시라도 무슨 일이 생기면 한국 대사관에 가면 되니까 대사관 가까운 곳에 있는 호텔을 잡아주었던 것이다.

나는 울란바토르 지도를 펼쳐놓고 보다가 역사박물관 등 몇 곳을 둘러보기로 했다. 그때 문득 자나바자르 박물관이 눈에 띄었다. 자나바자르라면 몽골의 종교 지도자이면서도 뛰어난 예술적 감성으로 많은 불상과 탱화를 남긴 인물이다. 그래서 종교 지도자보다는 예술가로 더 많이 알려진 인물이다.

실제로 서양에서는 그가 만든 불상들을 극찬하여 그를 몽골의 미켈란젤로라고 불렀다. 서양인들은 그의 불상들이 정확히 황금분할의 원칙에 따라 제작된 데 놀라움을 금치 못하고, 일찍부터 그의 불상 수집에 열을 올렸다. 그런 연유로 현재 그의 최고 걸작품들은 몽골보다 서구의 박물관이나 미술관에 많이 전시되어 있다.

자나바자르는 몽골이 라마교로 개종한 후 몽골 라마교의 제1대 복드칸에 오른 인물이다. 복드칸은 티베트의 달라이라마에 해당하는 인물로, 종교와 정치를 총괄하는 최고의 신정 책임자다. 그가 복드칸이 된 것은 불과 네 살 때다. 티베트에서 달라이라마가 환생하여 어린 나이에 다시 달라이라마로 오듯, 그 역시 환생한 인물로 일찌감치 몽골 라마교의 수장이 되었던 것이다.

몽골이 중국 지배를 포기하고 만주로 돌아간 지 200년쯤 지났을 때, 칭기즈칸의 후손 중에 알탄칸이란 뛰어난 인물이 태어났다. 그는 내몽골의 수도 후허하오터를 건설한 인물로, 그 지역을 중심으로 크게 세력을 떨쳤다. 그는 1543년 칸에 올라 1583년까지 재위했는데, 1550년에는 수도 베이징 근처까지 밀고 들어가 명나라를 위협하기도 했다. 그는 1571년에 한 떠돌이 라마승으로부터 당시 티베트의 유명한 라마승이었던 소남 갸초에 대해 들었다. 그는 즉시 소남 갸초를 초청해 법문을 듣고 싶어 했지만, 소남 갸초는 아직 때가 안 됐다며 만남을 후일로 미루었다.

7년 뒤인 1578년, 마침내 중국 칭하이 성에 있는 칭하이 호숫가에서 10만여 명의 군중이 지켜보는 가운데 알탄칸과 티베트 라마교의 지도자인 소남 갸초의 역사적인 만남이 이루어졌다. 이 회담에서 알탄칸은 소남 갸초에게 '달라이라마'란 이름을 주었다. 이때부터 티베트 라마교의 최고 지도자를 '달라이라마'라고 부르는 전통이 생겼다. '달라이'란 몽골 말로 바다란 뜻이니 달라이라마는 '바다와 같은 지혜를 가진 라마'란 뜻이다.

알탄칸은 이 회담에서 몽골인들이 티베트의 라마교를 개종할 것을 결정했다. 그리고 이를 규정하는 법률을 공포했다.

알탄칸이 몽골의 종교 개혁을 시도한 이유는 소남 갸초란 뛰어난 라마승에 감화된 면도 있지만, 몽골이 중국 지배에 실패하고 혼란 속으로 빠져들면서 대다수 몽골인들이 말할 수 없는 고통을 겪고 있었기 때문이다. 이를 늘 안타깝게 생각하던 알탄칸이 라마교를 통해 그런 현실을 극복하고자 종교 개혁을 시도했던 것이다. 종교 개혁은 많은 몽골인들의 호응을 받았고, 몽골 각지에 라마교 사원이 들어서기 시작했다. 또 수많은 젊은이들이 삭발을 하고 라마승이 되었다.

당시 자나바자르의 할아버지 아브타이는 몽골의 서부 지역을 지배하던 칸이었다. 당시 몽골은 세 칸국으로 나뉘어 있었는데, 그중 서쪽에 있던 칸국이 바로 구세트칸국이었고 아브타이는 구세트칸국의 칸이었다. 그는 1580년, 당시 후허하오터에 머물고 있던 달라이라마 소남 갸초를 만난 뒤 라마교로 개종했다. 그리고 돌아와서 달라이라마의 가르침대로 명나라의 침입을 받아 파괴된 카라코룸의 에르데네 사원을 다시 건설했다.

자나바자르는 아브타이칸의 증손자로, 아브타이칸이 죽은 지 48년 뒤인 1635년 에르데네 사원에서 태어났다. 세 살 때 라마승으로부터 '지혜의 천둥'이란 뜻의 이름을 받는데, 그것이 바로 '자나바자르'다. 몽골의 칸들은 그가 몽골 역사에서 아주 특별한 역할을 할 것임을 깨닫고, 네 살이 되던 이듬해 1639년, 그를 몽골 라마교의 수장인 복드칸으로 모시고, 그를 위해 사원을 건설했다. 복드칸이란 제정일치의 '신성한 군주'란 뜻이다.

자나바자르는 열네 살 되던 1649년에 티베트로 가서 판첸라마로부터 계를 받았다. 그리고 달라이라마로부터 '젭트순담바'란 칭호를 받았는데, '성인聖人'이란 뜻이다. 그는 1651년 티베트 라마교 각 종파의 대가들과 천문·지리·의학·언어 학자들 그리고 예술가들로 이루어진 600여 명의 승려들을 이끌고 몽골로 돌아왔다. 그리고 티베트 라싸의 간단사를 모델로 삼아 같은 이름의 사찰을 울란바토르에 지었다. 에르데네 사원에서 이곳으로 행궁을 옮겼다.

자나바자르는 백성들을 변화시키기 위해서는 신앙 이상의 것이 필요함을 깨달았다. 그는 몽골어로 라마교 경전을 펴내고 새로운 사원들을 건설하는 한편, 문학과 예술에 관한 많은 책을 썼다. 특히 그의 예술적 재능은 불교미술에서 절정을 이루어 1680년대에 수많은 불상들과 탱화들을 직접 제작했는데, 오늘날 남아 있는 불상들과 탱화들이 바로 그때의 작품들이다. 그는 칭기즈칸의 행적을 좇아 보르칸 칼돈 산에 오르는가 하면, 오논 강 상류의 오농 온천에 가서 머물기도 했다. 그리고 일찍이 칭기즈칸이 그랬던 것처럼, 몽골인들이 과거의 순박했던 마음을 되찾도록 가르치고 인도했다.

나는 자나바자르 미술관의 위치를 지도에서 확인한 후 호텔을 나왔다. 저 멀리 남쪽 산록에 칭기즈칸의 모습이 그려져 있는 것이 보였다.

몽골 정부 청사는 사회주의 시절에 지은 건물답게 웅장했다. 정부 청사 정면 중앙에는 칭기즈칸의 좌상이 있는데, 2006년 몽골 제국 탄생 800주년을 기념하여 세워진 것이라고 한다. 정부 청사 앞에는 몽골 독립의 영웅 수흐바타르 광장이 있고, 그 앞쪽에 수흐바타르 조각상이 세워져 있다. 몽골인들은 1991년 사회주의가 붕괴될 때 이 광장에 모여 민주화 운동을 했다고 한다. 이 광장은 연중 24시간 개방되어 있으며, 몽골 사람들은 결혼식이나 이벤트가 있을 때면 이 광장을 찾는다고 한다.

그 앞을 지나자 바로 몽골 역사박물관이 나왔다. 이곳 몽골 역사박물관에는 보이르 호숫가 마을에 있어야 할 동명왕 람촐로가 있었다. 박물관 안으로 들어간 나는 곧장 2층으로 향했다. 아무리 바빠도 동명왕 람촐로를 그냥 지나칠 수는 없기 때문이다.

2층 계단을 올라서니 바로 왼쪽에 동명왕 람촐로가 있었다. 왼손에 술잔을 들고 오른손은 무릎에 얹은 채 의자에 앉아 있는 그가 '왜 이제 왔느냐?'며 못난 후손을 야단이라도 칠 것 같은데, 지그시 눈을 감은 채 가타부타 말이 없다. 마치 감옥에라도 갇혀 있는 사람처럼. 그를 바라보는 내 마음이 애잔했다. 그를 자유롭게 해주기 위해서라도 하루속히 원래 놓여 있는 자리에 갖다 놓아야 할 것 같았다. 솔롱고스의 꿈이 아직 끝나지 않았다는 것을 보여주기 위해서라도 말이다.

몽골 역사박물관. 몽골의 역사와 민속을 알 수 있는 유물들이 전시되어 있다(위). 몽골 역사박물관에 있는 동명왕 람촐로(아래).

동명왕 람촐로 주위를 한 바퀴 도는데 뒤쪽에 모란꽃이 장식되어 있는 게 눈에 띄었다. 모란꽃이라면 청나라 때 몽골의 국화國花가 된 꽃이다. 그렇다면 지금의 동명왕 람촐로는 청나라 때 만들어졌다는 것을 의미한다. 이래저래 사연 많은 동명왕 람촐로다.

동명왕 람촐로에게 눈도장을 찍고 박물관을 나온 나는 서둘러 자나바자르 미술관으로 향했다. 한 블록을 지나 오른쪽으로 돌아서니 미술관이 있었다.

자나바자르는 어떤 인물일까? 미술관 문을 열고 들어서는 순간, 그에 대한 궁금증이 가벼운 흥분으로 바뀌었다. 미술관 2층으로 올라가 안쪽 방으로 들어가니 크고 작은 불상들이 가득 진열되어 있었고, 그 하나하나에 자나바자르의 작품임이 적혀 있었다. 뜻밖에도 그의 불상들은 대단히 현대적인 미적 감각을 갖고 있었다. 밀교 분위기가 느껴지는 불상들의 얼굴에는 하나같이 깊은 명상에 잠긴 듯 침묵이 감돌았다.

태어나면서부터 상서로운 꿈과 길상吉祥을 갖고 왔던 그. 그리고 네 살의 어린 나이에 몽골 라마교의 중심인물로 떠오른 그. 그런 특별한 이력이 아니더라도 불상들은 미묘하고도 깊은 물음을 던져주고 있었다.

그다음 방에는 자나바자르가 제작한 탱화들이 수십 점 걸려 있었는데, 하나같이 아름답고 세련된 작품들이었다. 그렇게 2층 전시실들을 한 바퀴 돌아 나오는데, 문득 오른편 구석에 불상 하나가 눈에 띄었다.

바로 자나바자르 불상이었!
19세기에 그를 추모하는 이들이 제작한 불상이라고 되어 있었는

자나바자르 박물관.

데, 그 분위기가 너무 특별해서 시선을 뗄 수가 없었다. 생전의 모습을 그대로 묘사한 듯 화려한 비단 가사를 걸치고, 오른손을 들고 있는 모습에서는 그의 인품이 그대로 느껴지는 듯했다. 나는 그 불상 앞에서 한동안 멍하니 서 있었다.

정신을 차린 뒤에도 좀처럼 그곳을 떠날 수가 없었다. 나는 자나바자르 불상 아래 계단에 앉아 박물관에서 구입한 자나바자르 자료집을 읽었다. 그런데 자료를 읽어나가다 깜짝 놀랐다. 아마르바야스칼란트 사원에 대한 이야기가 실려 있었기 때문이다. 읽어보니 자나바자르가 죽기 전에 마지막으로 머물렀던 사원이라고 되어 있었다. 그렇다면!

그랬다. 어제 내가 묵은 호텔 이름이 바로 아마르바야스칼란트였

자나바자르 불상.　　　　　　　　　　　　　© Don Croner 2012

던 것이다. 바트 자야가 어렵게 빈방을 찾아주었던 호텔이 바로 자나바자르가 생전에 마지막으로 머물렀던 사원의 이름이라니……. 우연이라고 하기엔 너무도 신비로웠다. 그렇다면 버스가 지체해 울란바토르에 늦게 도착한 것은 자나바자르를 보게 하려는 신들의 뜻이었을까. 나는 자나바자르 상을 다시 쳐다보았다. 그는 가만히 미소 짓고 있었다.

그렇다면 칭기즈칸은 무엇을 말하기 위해 나를 자나바자르에게 이끈 것일까? 순간 자나바자르의 얼굴에 칭기즈칸의 얼굴이 포개졌다. 나는 깜짝 놀랐다. 그렇다면 칭기즈칸에게도 자나바자르의 저런 고요하고 평온한 모습이 있었던 것일까?

만일 칭기즈칸이 평화로울 때 태어났다면, 자나바자르처럼 정신적인 것을 위해 살았을지도 모르겠다는 생각이 들었다. 비록 난세의 영웅으로 태어났지만, 그는 누구보다 사람이 사는 도리를 알았다. 또 자신을 벌레보다 더 낮출 줄 알았다. 그래서 전쟁터에선 병사들과 똑같은 식사를 하고, 똑같이 거친 모포를 덮고 이슬과 서리를 맞으며 잤다. 뿐만 아니라 떠돌이 하층 유목민들의 꿈과 이상을 기꺼이 자기 것으로 받아들인 사람이었다.

모래알 같던 몽골 사람들을 단단한 바위처럼 뭉치게 만들었다. 하지만 난세를 평정하는 일은 하늘이 그에게 준 운명일 뿐. 그의 마음은 늘 내면의 깊은 곳으로 향하고 있지 않았을까.

어느 면에서 칭기즈칸은 기도하는 사람이었다고 할 수 있었다. 메르키트부의 급습을 받고 보르칸 칼돈 산으로 도망쳤다가 기적적으로 살아났을 때 약속했던 대로, 그는 매일 보르칸 칼돈 산을 향해 기도했다. 또 전투를 하기 전에는 늘 산에 올라가 기도했다. 따라서 그는 우리가 생각하는 것보다 훨씬 더 영적인 소양을 갖고 있었던 것이 틀림없다.

이런 사실은 특히 그의 종교에 대한 태도에서 잘 드러난다. 그는 대법령에서 종교에 대해 다음과 같이 규정하고 있다.

모든 종교를 차별 없이 존중해야 한다. 종교란 신의 뜻을 받든다는 점에서 모두 같다.

모든 종교의 종파에 대해 좋거나 싫은 정을 나타내거나 과대 포장하지 말고 경칭도 사용하지 마라.

신을 받드는 성전의 조세를 면제하고, 성전과 그 일에 봉사하는 성직자들을 우러러보라.

한마디로 종교적인 사람이라고 해도 좋을 만큼 그는 종교에 대한 이해가 깊었다. 그랬기에 모든 민족에게 종교적 자유를 허용하고, 모든 종교에 대해 개방정책을 폈을 것이다.

내가 칭기즈칸을 공부하면서 가장 특별하게 느낀 것도 바로 이러한 태도였다. 그와 장춘진인의 만남 역시 그렇다. 만년에 그의 관심사가 무엇이었는지를 알게 해주기 때문이다.

장춘진인. 그의 본명은 구처기丘處機로, 산둥山東 성 사람이다. 1148년에 태어나 열아홉 살 때 출가했으며, 1217년에 전진교의 5대 교주가 되었다. 구처기는 학 같은 흰머리에 얼굴이 어린아이처럼 해맑았으며, 푸른 눈에 눈동자가 네모나 있었다고 한다. 그래서인지 사람들은 그가 장생불로술에 정통하다고 믿었다.

칭기즈칸은 호라즘을 원정하던 중 유중록劉仲祿으로부터 장춘진인에 대한 이야기를 들었다. 그는 나이가 300살도 더 되었고, 말 그대로 '인생의 긴 봄'을 누리고 있는 사람이라고 했다. 이미 젊음을 잃은 테무진은 오랜 원정으로 심신이 지쳐 있었다. 그는 무엇보다 자신의 일을 다 끝내지 못하고 죽는 것이 두려웠다.

마침내 그는 유중록을 보내 자신이 있는 곳으로 와줄 것을 요청했다. 하지만 장춘진인은 먼 길 떠나기를 주저했다. 현실 정치와 거리를 두어온 데다 칭기즈칸이 있는 서역까지 가려면 1년은 족히 걸릴 텐데 칠순이 넘은 나이로는 무리였던 것이다. 그러자 칭기즈칸은 그의 마음을 이해하고 자신이 직접 구술한 내용을 받아 적게 한 뒤 파발을 띄워 보냈다. 다음은 그 초청장이다.

송나라와 금나라 조정의 초청을 받고도 가지 않았다는 말을 들었소. 단기 필마로 사신을 보내니 부디 좋게 보시고 마음을 내기 바라오. 짐에게 하늘의 가르침을 말해준다면 내 기꺼이 따를 것이오. 오시겠다는 글이 내게 도착한다면, 그보다 더한 기쁨과 위로가 어디 있겠소. 군사와 국가의 일은 짐의 생전에 이룰 수 있는 일이 아니지만 도덕의 마음은 정성을 다하면 가히 이룰 수 있지 않을까 하오. 달마대사가 동쪽으로 간 것이 법을 전하려는 마음이었듯이, 이제 선생이 서쪽으로 오시면, 혹여 오랑캐를 가르쳐 도를 이루지 않겠소?

초청장에는 칭기즈칸의 솔직한 마음이 그대로 표현되어 있다. 그는 몽골의 기치 아래 하나로 통합된 세상을 꿈꾸었다. 그리고 자신의 꿈과 이상이 온전히 실현된 세상을 보기를 원했다. 그러나 그것은 자신의 대에선 이룰 수 없는 꿈이지만, '사람이 사는 바른 도리 道德之心'는 정성을 다하면 그래도 어느 정도 이룰 수 있지 않겠느냐고 말하고 있는 것이다. 이 한마디에 마음이 움직인 장춘진인은 1221년 음력 2월, 일흔둘의 노구에도 불구하고, 열여덟 명의 제자를 데리고 서역으로 떠났다.

칭기즈칸의 막냇동생 테무게 옷치긴의 초대를 받은 적이 있는 그는 바이칼로 올라가 음력 4월 1일 테무게 옷치긴을 만난 다음, 알타이 산을 넘어 10월 초 탈라스 강을 건넜다. 그때 사신으로부터 칭기즈칸이 사마르칸트에 있지 않고, 술탄 무함마드의 아들 잘랄 웃딘을 쫓아 인도에 가 있다는 소식을 듣는다. 음력 11월 중순 사마르칸트에 도착한 장춘진인은 그곳에서 칭기즈칸이 돌아오기를 기다렸다. 그러나 이듬해 3월 칭기즈칸으로부터 힌두쿠시 산맥 남쪽의 카불로 와달라는 전갈을 받고 길을 떠나 아무다리야 강을 건너 마침내 칭기즈칸의 행궁에 당도하니 1222년 음력 4월 5일이었다. 장장 1년이 넘게 걸린 여정이었다.

칭기즈칸이 만난 장춘진인은 300살의 도인이 아니라 일흔 살이 넘은 백발의 노인이었다. 그러나 칭기즈칸은 무척 기뻐했다.

"만 리가 넘는 먼 길을 이렇게 와주시니 몹시 기쁘오."

그러자 장춘진인이 말했다.

"저는 그저 칸의 명을 받들 뿐입니다. 제가 이곳에 온 것은 하늘의 뜻입니다."

그 말에 칭기즈칸은 더욱더 기뻐하며 장춘진인에게 자리를 내주고 음식을 대접한 다음 물었다.

"나를 위해 가져온 장생불사약이 무엇이오?"

도가 높기로 알려진 터라 시험 삼아 물어본 것이다.

장춘진인의 대답은 단호했다.

"위생衛生의 방도는 있으나, 장생불사약과 같은 것은 없습니다."

칭기즈칸은 그의 솔직한 대답에 무척 흡족해했다. 사실 장생불사약은 없다는 것을 그는 누구보다 잘 알고 있었다. 장춘진인이 말하는 위생의 방도란 하늘이 준 생명을 건강하게 지키는 방도를 말한다.

칭기즈칸은 즉시 행궁 동쪽에 게르 두 개를 설치하게 하고 그곳에 장춘진인 일행이 머물도록 했다. 칭기즈칸이 그의 제자에게 장춘진인의 호가 뭐냐고 묻자, 제자가 말하기를 사람들이 그를 존경하여 '사부師父'라 하기도 하고, '진인眞人'이라고도 하고, '신선神仙'이라 한다고도 하자, 칭기즈칸은 앞으로는 신선이라 부르라고 명했다.

장춘진인은 칭기즈칸 옆에서 1년 가까이 머물며 칭기즈칸이 부

칭기즈칸 초상.

를 때마다 달려가 많은 이야기를 나누었다. 칭기즈칸은 장춘진인을 몹시 좋아하여 '하늘이 보내준 사람'으로 여겼다고 한다.

1223년 음력 2월, 장춘진인이 집 떠난 지 3년이 되었다며 돌아가고 싶다고 하자, 칭기즈칸은 놀라며 이미 동쪽으로 회군하고 있는데 같이 돌아가면 어떻겠느냐고 말했다. 장춘진인이 재차 돌아갈 것을 청하자 칭기즈칸은 아쉬움을 감추지 못하며 무엇을 주면 좋겠느냐고 물었다. 하지만 장춘진인이 아무것도 필요하지 않다고 말하자 5,000명의 군사를 붙여 편안히 돌아갈 수 있도록 배려해주었다.

덕분에 장춘진인 일행은 올 때 1년이 걸렸던 길을 4개월 만에 돌아갈 수 있었다.

장춘진인이 돌아간 뒤 칭기즈칸은 네 차례나 글을 보내 장춘진인의 안부를 물었다. 그리고 베이징에 있는 금나라의 궁전에 머물며 전진교를 포교할 수 있도록 배려하는 한편, 전진교도들에게 세금을 면해주게 했다. 칭기즈칸이 1223년 음력 11월 15일에 마지막으로 보낸 글에는 다음과 같은 내용이 들어 있다.

구신선이여, 그대가 이곳에서 떠난 때는 봄이지만, 곧 여름이 되어 길은 뜨겁고 어려움이 많았을 텐데, 혹 거친 길을 말은 타고 가시었소? 길에서 음식은 적지 않았소? 선덕주宣德州 등지에 도착했을 때 관원들이 거칠게 대하지는 않았소? 백성들은 많이 얻었소? 나는 이곳에서 늘 신선 그대를 생각하고 있소. 한시도 그대를 잊은 적이 없소. 그대도 나를 생각하오?

구절구절 장춘진인을 생각하는 마음이 묻어난다. "나는 이곳에서 늘 신선 그대를 생각하고 있소. 한시도 그대를 잊은 적이 없소. 그대도 나를 생각하오?"란 마지막 구절에선 그가 얼마나 장춘진인을 좋아했는지 알 수 있다.

어쩌면 장춘진인처럼 수행하며, 살벌한 전쟁터의 전사가 아닌 '영적인 전사spiritual warrior'로 살아가고 싶었던 것이 칭기즈칸의 마음 아니었을까?

흥미롭게도 칭기즈칸이 죽은 1227년에 장춘진인 역시 죽는다. 우연일까, 운명일까.

나는 칭기즈칸에 대한 생각에서 깨어나 자나바자르를 쳐다보았다. 스승의 얼굴에 맑은 미소가 스쳐 지나갔다. 칭기즈칸의 마음을 안다는 뜻일까? 아니면 나의 마음을 안다는 뜻일까?

에필로그

몽골 여행을 마치며

몽골에서 돌아온 뒤 나는 한동안 몸살을 앓았다. 북방사를 공부하면서 수수께끼와 같던 몽골의 실체가 손에 잡히기 시작했을 뿐 아니라 몽골과 고구려 그리고 바이칼 코리족의 관계도 가닥을 잡을 수 있었기 때문이다. 이제는 부족하긴 하나마 그런대로 북방에 대한 밑그림을 그릴 수 있을 것 같았다.

물론 몽골과 북방에 대해 공부하려면 앞으로도 끝이 없을 것이다. 하지만 북방사와 관련해서 가장 큰 고리인 몽골과 코리족, 고구려에 대한 열쇠를 얻었으니 무엇이 걱정이랴.

아직도 많은 사람들이 북방은 우리나라와 먼 지방 이야기로 생각한다. 하지만 우리 역사의 뿌리는 북방이다. 고구려, 백제, 신라, 가야, 심지어 일본까지도. 그래서 북방을 알지 못하면 고구려를 제대로 이해할 수 없다. 흔히들 광개토왕 때 고구려의 영토가 가장 넓었다는 이유로 광개토왕을 찾지만 그런 식으로 역사를 바라본다면 중국의 패권주의와 하나도 다를 게 없다. 고구려의 참모습은 그런 게 아니다. 그들의 역사적 의의는 높은 정신과 소박함 그리고 영적인 삶에서 찾아야 한다. 우리는 고구려인들의 삶을 통해 사람이 사람답게 사는 게 무엇인지를 물어야 한다.

몽골은 유라시아 초원의 중심에 있는 나라다. 몽골 고원에는 사방으로 뻗은 초원의 고속도로가 발달한 덕에 여차하면 대규모 기마군단이 뜰 수 있다. 더욱이 몽골 고원은 불안한 기후로 인해 늘 태풍의 눈이었다. 몽골에 변화가 올 때마다 유라시아는 요동쳤다. 따라서 몽골을 알지 못하면 유라시아의 역사를 제대로 알기 어렵다. 달리 말해 몽골을 알면 유라시아의 역사가 보인다. 국제정치가 보인다. 한반도가 붙어 있는 만주와 몽골은 하나다. 흥안령이 있다지만 넘나드는 데 별 어려움이 없다. 더욱이 지금의 흥안령은 과거의 흥안령이 아니다. 그저 구릉 정도에 지나지 않는다는 이야기다. 따라서 몽골과 만주는 하나라는 점을 늘 기억해야 한다.

역사적으로 만주가 불안하면 몽골이 들썩이고, 몽골이 움직이면 만주는 움츠렸다. 그래서 몽골과 만주는 입술과 이의 관계라고 하는 것이다. 입술이 없으면 이가 시리게 마련이다.

그런데 몽골의 역사는 바이칼 코리족의 이주민 알랑 고아와 함께 시작된다. 고구려 또한 코리족과 떼려야 뗄 수 없는 관계에 있다. 부여의 동명과 고구려의 주몽이 그들로부터 왔고, 유화 또한 알랑 고아와 마찬가지로 코리족 출신일 가능성이 높기 때문이다.

고구려가 바이칼의 코리족에서 온 것이 사실로 밝혀질 경우, 우리 역사는 다시 쓰여야 한다. 만주와 한반도의 범위에서 벗어나 몽골과 바이칼까지 확장되어야 하기 때문이다. 그때 우리는 기존의 식민 사관에서 벗어나 새로운 역사를 쓰게 될 것이다.

나는 지금도 내몽골의 신바르가족이나 코리 부리야트인들의 생생한 표정과 그들의 말과 행동에서 느껴지던, 시간을 초월한 깊은 강물의 노래를 잊을 수가 없다. 그리고 핏줄로 연결된 정이야말로 시공을 뛰어넘는다는 것을 알았다.

우리가 고구려의 태동을 전후하여 바이칼을 떠나온 사람들이라면, 그들은 지금까지 그곳에서 그들의 조상들이 살아온 방식대로 유목을 하며 살아온 사람들이다. 그러나 2,000년의 시간과 뚝 떨어진 공간은 아무 의미가 없었다. 말하지 않아도 그들의 마음을 다 알아듣고, 느낄 수 있었기 때문이다. 그들 역시 마찬가지다.

몽골 사람들도 그랬지만, 바이칼 코리족의 소박하고 신심 깊은 마음이야말로 내가 고구려의 실체를 알기 위해 부단히 찾고 있었던 것이다. 처음에는 칭기즈칸을 통해 그 모습을 어렴풋이 보았고, 그래서 몽골에 관심을 갖게 되었다. 나는 칭기즈칸을 공부하는 가운데 그에게서 뛰어난 정치가이자 전술가이기 이전에 한 인간으로서 깊은 영적인 모습을 발견했고, 그 모습은 몽골과 코리족, 고구려 사람들의 심성을 그대로 관통한다는 것도 알게 되었다.

그 점에서 고구려와 몽골, 코리족은 하나다. 물론 지나온 세월과 살아온 환경이 다른 만큼 상이한 모습도 있을 것이다. 하지만 그것은 큰 강물의 지류에 불과하다. 나는 이번 여행에서 그것을 확인할 수 있었다. 그래서 무척 행복했다고 말한 것이다.

이제 앞으로의 세상은 물질보다는 정신과 영성이 지배하게 될 것이다. 그것은 칭기즈칸이 장춘진인에게 보낸 편지에서 말했듯이, 본래의 소박한 삶으로 돌아가야 함을 뜻한다. 무엇이 두려우랴. 우리 조상들이 그렇게 살았고, 코리족이 살고 있고, 또 몽골이 있는데.

그 과정은 우리의 정체성을 되찾아가는 과정이 될 것이다. 정체성이란 무엇인가. 그것은 내가 누구이며, 어디서 왔는지를 묻는 질문이다. 그것은 나무의 뿌리와 같은 것이다. 그런 점에서 전쟁 영웅으로만 알고 넘어갔을지도 모를 칭기즈칸에게서 인간적이고 영적인 모습을 발견하는 것은 기쁨이 아닐 수 없다. 그의 뿌리가 무엇인지를 보여주기 때문이다.

그렇다면 우리의 뿌리는 어디서 찾을 것인가. 그것은 이론과 지식으로 찾아낼 수 있는 것이 아니다. 오직 마음으로 찾아야 한다. 그리고 그 마음이 흐르는 대로 따라가야 한다.

우리 역사가 고구려와 백제가 멸망한 뒤로 방황과 사대와 굴욕의 시간을 보내온 것은 우리들 자신의 뿌리를 잃어버렸기 때문이다. 이제 다시 그 뿌리를 찾아야 할 시간이다. 그 뿌리는 고구려에 있고, 코리족에 있고, 몽골에 있다.

마음을 잡는 자, 세상을 잡는다
사람답게 사는 사회를 꿈꾸었던 칭기즈칸 이야기
ⓒ 서정록, 2012

2012년 10월 10일 초판 1쇄 발행

지은이 서정록
펴낸이 우찬규
펴낸곳 도서출판 학고재

주소 서울시 종로구 계동 101-12번지 신영빌딩 1층
전화 편집 (02)745-1722 영업 (02)745-1770
팩스 (02)764-8592
홈페이지 www.hakgojae.com
ISBN 978-89-5625-187-5 03910

이 책에 실린 내용의 전부 또는 일부를 이용하려면
반드시 저작권자와 도서출판 학고재의 동의를 받아야 합니다.